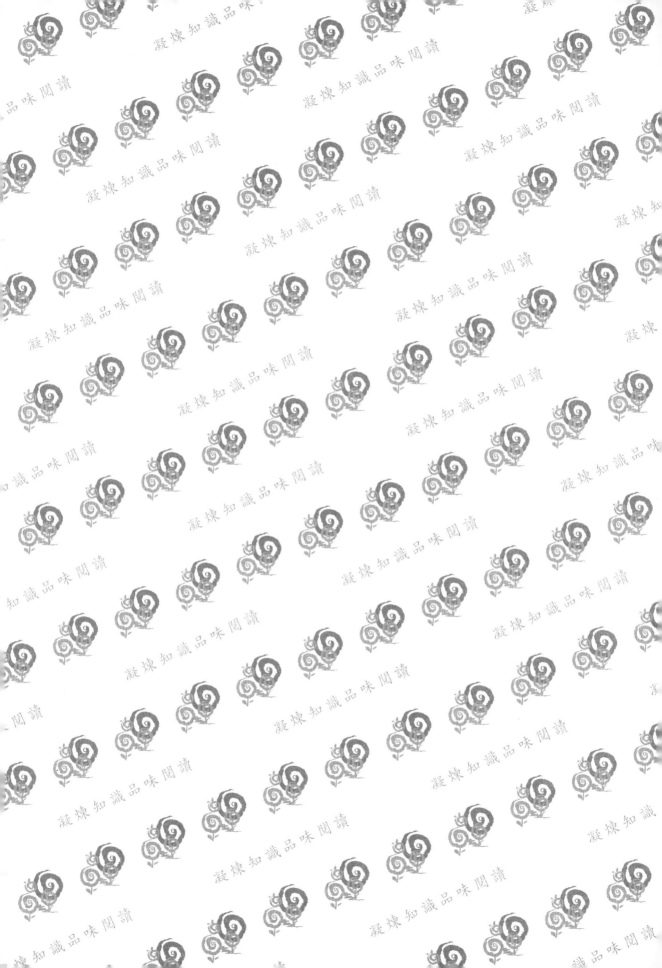

研究&方法

全新六版

量化研究與統計分析
SPSS與R資料分析範例解析

邱皓政 著

五南圖書出版公司 印行

六版序

　　記得有一回聽一位老師演講，問臺下聽眾樣本多大才算大？我回答 1068，因爲電視新聞總要說抽樣誤差要小於正負三個百分點，那麼樣本至少要有 1068，那位老師笑笑說，其實 30 就夠了，因爲中央極限定理這麼說。我啞然失笑，沒有辯駁，因爲我這本書裡就是這麼寫的，一時間，我只當我倆的對話是暖場的幽默。到了今天，我突然覺得，20 對我來說就夠大了。

　　爲什麼是 20？……這本書是我學術生涯的第一本著作，我一向十分重視它。著手寫這篇序時，我特別把電腦打開來，想要看看這本書的第一個檔案是什麼時候開始的。結果我找到了一個簡報檔，內容是關於這本書的內容規劃，檔案日期是 2000 年 2 月中旬。我才驚覺，這本書已經要從第 19 年邁向第 20 年。心裡突然一陣恍惚，許多過往記憶的影像片段從我眼前不斷閃過，還好這不是瀕死經驗，而是一種對於時光流逝的記憶海浪。心想，一本書要流通 20 年，其實不容易，自己在學術圈子裡行走這 20 多年，也眞的很多起伏。20 年對一本書來說，夠長了，20 年對於學術生命來說，也算是一個足夠大的大數據了，所以是 20。

　　翻閱一頁頁簡報內容，除了重新溫習 20 年前的心情，也發現了其他幾個有趣的數據，例如當年的 SPSS 是從第 6 版邁向第 8 版，剛剛從 PC/DOS 版轉換成 Windows 視窗版，而今天，我爲第 6 版寫下本書是依照最新的 SPSS 第 25 版而改寫，換言之，這些年間 SPSS 也是要從第 19 次邁向第 20 次更迭，坊間能夠改版這麼多次的軟體並不多，SPSS 眞的很耐操，又是一個足夠大的 20。

　　今天下午，主持進修推廣學院研究方法專題課程的結業典禮，致詞時，我向學員們提到我正在改版這本書，最大的改變是納入 R 來與 SPSS 搭配，因爲 R 可以彌補諸多 SPSS 的不足，如果他們想學 R，可以參考這一版，更重要的原因是，R 已經發展得十分成熟，我在本書的附錄中寫到，R 從 1992 年開始由兩位 first name 開頭爲 R 的紐西蘭學者所開發（所以叫做 R），到了 2000 年發行 beta 版而趨於穩定，至今也要邁向第 20 年，也是一個足夠大的 20。

　　雖然，20 年對一本書、一個軟體、或一段人生，都是大樣本、大數據，但是對於統計的學理知識而言，卻無從撼動它的基礎。這本書不是高階統計專書，而是規規矩矩地介紹基礎統計與資料分析方法，因此內容沒有什麼太多需要精進之處，與 20 年前沒有什麼不同，但是要一張圖、一張圖抽換 SPSS 的範例圖表，改爲最新版本，還是花掉了大半年的時間，尤其是消耗了林碧芳教授的大量心力與眼力，在此要特別誠摯感謝她的付出，如果要把她列爲這本書的第二作者實不爲過，更何況使用這本書的經驗，詮釋教導書中素材的功力與能耐，她遠勝於我，更接地氣。

20年來，因為寫書而累積許許多多的讀者，有些甚至於晉升為粉絲，集滿我的每一本著作，就像今天結業典禮，好幾位學員完成最後一門《結構方程模式》，他們參與了每一堂我所開授的專題課程，後面沒有了，他們很焦慮，因為他們除了看慣了文字多、公式少的我的寫作方式，也聽慣了白話多、文言文少的我的講課風格，我笑笑說，新書新課要交給你們吧，學術界沒有多少個20年，我的人生也難有第二個20年，如果經驗無法傳承，知識無法創新，那將是教育的悲哀，希望以後是我聽他們說、看他們寫，那麼我們的子孫就有另一個20年的知識饗宴了，所以我邀他們繼續參加未來舉辦的研討活動，也承諾新書出版了跟他們說。

因為是結業典禮，因為是最後一門課，笑鬧中帶有一點離愁，我刻意多給他們一些期許與勉勵。他們多半是研究生或年輕教授，是未來的希望，很高興他們喜歡我的作品，我的課程。我喜歡教學、我熱愛寫作、我眷戀校園、但我更希望傳承，所以只要還有能力，我將會繼續改版、努力新作，持續讓讀者有最新的學問素材，也請讀者持續給我指教。

在這本書的附錄〈R的小世界〉的最後一段話，我說道，在學問的世界裡，學習永遠不嫌多，透過這扇窗，我們可以看到更多的風景，也看到更多的希望。這扇窗，不僅是因為我們認識了R，我們熟習了SPSS，而是我們開啟了我們的智慧，開放了我們的心靈，創造了永續的生命，這就是教育的最高境界，讓我們繼續一起走過，在不同的角落，創造許許多多的人生大數據。

邱晧政

謹誌於臺師大管理學院

2019月3月

章次目錄

目録 *Contents*

第二篇　資料處理與數據查核

chapter　3　資料編碼與資料庫建立

chapter　4　**資料檢核與整備**

chapter　5　描述統計與圖示

第三篇　統計分析的原理與技術

chapter 6　類別資料的分析：卡方檢定

chapter 7　平均數檢定：t 檢定

---

chapter　8　**變異數分析：ANOVA**

---

chapter　11　多元迴歸

chapter　16　因素分析：驗證取向

附錄：R 的小世界──R 簡介與操作說明

第一篇　量化研究的基本概念

　　作為社會與行為科學研究的主流方法，量化研究在學術與應用領域占有相當重要的角色。本篇的內容在介紹量化研究的基本學理與重要概念，希望讀者在進入實務操作之前，能夠建立一套量化研究的基本架構，以協助發展適切的研究系統，順利銜接後續的資料處理與分析。

　　社會與行為科學的量化研究，是實證科學典範的產物，依循科學研究的概念與邏輯，主要的研究方法包括了調查、相關與實驗法。近年來在電腦科技的發展下，量化研究有著快速的發展。

　　變數反映變異，數據來自測量。測量理論是量化研究的核心知識，提供量化研究資料獲取與處理的技術與知識，並得據以發展研究所需的測量工具。

科學研究與量化方法

科學（science）是什麼？學術研究（academic research）又是什麼？若從哈佛大學教授湯姆斯孔恩（Thomas Kuhn）的觀點來看，科學就是「解謎的活動」（Kuhn, 1970），因為在人類世界中，充滿許多有待解決的謎題，經由訓練有素的研究人員、學者專家所從事的研究，一個一個謎題逐漸解開，知識得以累積與擴展，讓我們逐漸掙脫懵懂、無知、迷信及神祕的牢籠，創造了人類今日的文明。

科學不同於猜謎、算命或經驗知識，並非因為解迷活動絕大多數都在大學或研究機構進行，而是因為它採用一套學術界普遍接受的研究方法與程序，因此稱為學術研究。從科學發展史中可以看到，人類追求知識的活動，在十九世紀末之後走入以量化實證為主流的科學典範。從人類脫離黑暗時代，走出啟蒙運動後的唯心傳統，一套以數學為基礎的符號邏輯思考體系，取代了亞里斯多德以來的形式邏輯概念，發展出以量化研究（quantitative research）為主軸的科學研究典範，學術圈當中的學者專家，共同建構了一套區分科學與非科學的科學程序與檢證標準，而這套邏輯即決定了二十世紀以來科學的發展。

這本書的主要目的，主要是在介紹量化研究方法的原理程序與分析方法，並搭配統計軟體（SPSS 與 R）來進行示範解說，讓讀者除了擁有從事量化研究方法的基本概念之外，更能具備一定的操作實踐能力。

基本上，對於科學活動的探討，可以區分為方法論（methodology）與研究方法（research method）兩個層次。科學研究的方法論，涉及科學活動的基本假設、邏輯及原則，目的在探討科學研究活動的基本特徵。其內容多屬基本概念，牽涉各門科學在方法上共同具有的特徵。相對於方法論所具有濃厚的知識論的色彩，研究方法則是指從事研究工作所實際採用的程序或步驟。由於不同的科學學門所關心的問題不同，研究方法自有差異，本書作為量化研究的入門工具書，所討論的議題屬於研究方法的層次，內容為社會與行為科學研究領域進行研究所實際運用程序。一旦熟習本書的內容與技術，不僅具備基礎量化研究的實踐能力，也等於是拿到往更高層次的分析與哲學層次邁進的門票，可以說是踏入學術領域最重要的一本入門教材。

第一節　科學研究的概念與方法

一個研究要符合科學的原則，必須具備科學的精神，並使用學術領域認可的程序與方法。美國心理學會（APA, 1952）將科學的最低要求定位在具備理解、執行、應用研究發現的能力。同時更重要的是，學術研究者必須將科學的精神融入任事態度與工作程序當中。基於此一概念，我們可以將科學定位成一種態度（attitude）與方法（method），以進行有系統的觀察與控制、精確的定義測量與分析、完成可重複檢證的發現。而科學研究就是採取「系統性實徵方法」所進行的研究。

對於科學家而言，他們所研究的現象往往不能夠親身經驗，因此科學活動所採取的過程與標準，是決定一個「眞相」是否存在的重要依據。一般而言，科學的知識，必須通過邏輯（logical）與實徵（empirical）的支持，不但使得科學的知識能夠合理的解釋各種現象，也符合經驗世界的觀察。這兩個重要的科學判準的實踐，使得知識的發生具有自我修正（self-correcting）的功能，也就是能夠從舊的發現到新的發現當中，找到更具有解釋力的結果。或是從客觀資料當中不同的線索與事實的辯證中，得到最符合眞實的結果。

基本上，學術領域所涉及的知識範疇與專業領域相當廣泛，要在一本專書當中窮盡所有領域的研究方法議題非常困難，需要有所取捨也才能務實而聚焦。本書所提及量化研究與統計分析的概念，主要是以社會與行爲科學爲範疇，涉及的學科包括了社會學、心理學、經濟學，以及教育、管理、傳播等相關應用領域。這些學門的共同性，是對於人類社會的現象、活動與行爲特質的好奇。過去，這些學科統稱爲社會科學（social sciences），其後，因爲科學心理學在美國的高度發展，一群美國學者倡議在社會科學之外，另行發展行爲科學（behavioral sciences）的概念，因此逐漸分離出所謂社會與行爲科學的科學領域（Miller, 1955）。事實上，兩個學科出自同源，皆以「人」與「社會」作爲研究焦點，研究方法與策略亦相通，本書將不針對社會或行爲科學做特別區分與介紹。

一、科學的目的與功能

科學活動是一套以系統化的實證方法，獲得有組織的知識的過程與活動。科學的知識可以用於對於現象的描述、解釋、預測與控制，最終目標在改善人類的生活品質。

從學術研究者的立場，研究工作的主要目的是在進行社會現象與行爲特性的描述（description）與解釋（explanation）。對於某一特定的社會現象或行爲模式，研究者首先必須能夠清楚而完整的加以描述，使得研究者本身或他人能夠完整而明確的理解該議題內涵與屬性，進一步透過實際的研究，發現事情的成因與關係，提出合理解釋。

描述與解釋可以說是科學的基本目的，科學活動所產生的結果與發現，不但可以讓我們對於所研究的主體有一個清楚的了解，同時這個了解還可以擴展到相類似的情境當中。然而，在類化的過程，往往會遇到一些歧異的狀態，需要進一步的探索與再解釋，或是透過單一的研究，為所觀察的現象或現象間的關係提出充分的描述與解釋，因此，這個描述與解釋的過程是動態與持續進行的，經由科學發現的累積，最終可以形成一個完整的描述與解釋系統，也就是理論的提出。透過理論，對於我們的世界可以提出完整有效的解釋與說明。

除了能夠描述與解釋之外，科學的活動還能達成預測（prediction）與控制（control）等積極功能。相對於描述與解釋的消極性，預測與控制則包含有預知與介入的積極意義。其中，預測是基於先前研究的發現所發展的概念架構，或是運用知識或理絡網絡（nomological network）的推導，對於尚未發生的事項所作的推估。預測的功能除了具有實用的價值，用作實際行動的依據，預測亦有研究的價值，引導研究假設的發展。而控制作為科學的最後一個目的，即在於控制具有超越預測的功能，可經由研究者或實務工作者操縱某一現象的決定因素或條件，產生預期的改變。

一套發展成熟的科學知識，不但能夠描述、解釋、與預測人類行為與社會現象，最重要的是具有實務運用的價值，可以用於改善人類的生活品質，為人類社會的發展貢獻力量。

二、科學研究的特性

人類使用科學方法來追求知識或解決問題，是近幾世紀的事。在此以前，人類往往採用一些非科學的方法來追求知識或解決問題。例如我們從過去的經驗、慣例、傳統及先入為主的印象觀念甚至於直覺來理解我們的世界，對於過去總是如此或天經地義的事情，便認為是真實的或可信的。或者我們聽從一些權威的個人、團體或典籍。全盤接受來自於權威的想法與觀念。對於有反思與邏輯能力的人，可能會去詳加思考事物發生的原則與道理，進行一些推理或邏輯判斷，但結果未必是正確有效的。

學術工作者在追求知識或解決問題時，在起點或是過程當中雖有可能運用上述傳統的策略，但是研究的完成，則須依循系統化的實證步驟。例如杜威（Dewey, 1910）認為研究者在面對問題時，解決的程序會經歷五個階段：(1) 遭遇問題與困難、(2) 認定和界定問題與困難、(3) 提出問題的解決方法與假設、(4) 推演假設的結果、(5) 考驗假設。這五個步驟也可被視為科學方法的基本步驟。在此同時，研究者也需要運用歸納（induction）與演繹（deduction）的原則與方法，來整合知識並擴大其範疇。其中歸納法是透過觀察、記錄訪問各種方法，針對具有同一特質或現象的不同案例，探求其共同特徵或關係，進而尋求一個具有解釋力的普遍性結論。至於演繹法則是自一項通則性的陳述開始，根據邏輯推論的法則，獲得對於現象的個別性陳述。

更具體來說，一個符合科學精神的研究，應具有系統性、客觀性和實徵性三個特徵。研究活動從一個清楚明確的問題為起點，以獲致顯著結果的結論為終點。雖然並不是每個問題的研究都有特定、相同的系統步驟，但是任何科學研究的本質是具有相當的系統性，學者稱之為紀律的探究（disciplined inquiry）（Cronbach & Suppes, 1969; Wiles, 1972）。一般而言，科學研究的呈現，無不詳細交代研究樣本選取的過程、變數的選定與界定、實驗的操縱與控制、測量工具的發展過程與特性、資料收集、研究發現與限制因素等，使他人能夠理解、甚至重複研究，這些學術工作者所普遍接受的程序，反映了科學研究系統性的特性。

其次，客觀（objectivity）是科學研究的另一個重要特徵。所謂客觀性，係指研究者所使用的一切方法和程序，均不受個人主觀判斷或無關因素的影響。一個沒有客觀性的研究，無法進行比較，失去應用的價值。要具備客觀性，研究者必須使用或設計有效的測量工具（包括測驗、量表和各種儀器），在一定的程序下進行觀察、測量和記錄。同時，所收集的資料分析與解釋，必須盡可能不涉入個人的成見或情緒色彩。控制實驗情境時，研究者應排除無關的因素干擾，確立研究程序的標準流程與步驟，使不同研究者得以重複進行研究。

實徵性（empirical character）是指科學研究的內容，必須是基於實際觀察或資料收集所得，而獲有明確的經驗性證據來支援或否定研究者所提出的假設。一個沒有實際資料證據的概念或想法，僅是一種臆測或個人的推想，無法被接受為科學的證據。透過集體的努力，學術工作者得以建構出整合性的知識，推導出理論的發展。研究的成果，除了必須能夠通過其他研究者重新驗證的考驗之外，更能夠啟發新的觀念與想法，擴大科學活動的意義，並延伸其影響的層面。因此，科學活動具有集群性與合作性的特質。

最後，科學活動除了上述的特性，同時也是一個連續、循環發展的過程，其成果的發展具有累積性。當科學家發現了某一個問題，從一個渾沌未知的謎團，逐步釐清其脈絡，建立一套解釋性的知識架構，到最後能夠提出一套為人們所運用的實用知識，展現了科學活動的嚴謹與豐富性內涵，為人類生活帶來源源不絕的發展動力。一個社會擁有完整成熟的學術體系，也正代表該社會持續發展的可能性。

三、量化研究的內容

（一）變數與操作型定義

　　回顧科學發展史，以數學為基礎的符號邏輯貫穿了二十世紀以來科學活動的核心內容。科學研究所處理的內容，主要是實證性的概念或變數。實證研究常與量化研究拉上等號，統計學成為許多不同學科的共同必修課程。

　　在量化研究的架構下，科學探究的基本元素是由數字構成的變數（variable），描述變數與變數之間的關係則稱為假設（hypothesis）。所謂變數，是在表現被研究對象的某一屬性因時地人物不同，而在質（quality）或量（quantity）上的變化。單一的變數可對某單一現象與特徵進行描述，透過變數之間關係的描述與檢證，我們才能了解現實世界的種種情況，發展具有意義的知識與概念。因此，大部分科學研究，目的在探討多個變數間的關係。

　　一般學術領域對於研究議題內涵與現象所進行的描述，多採用文義定義（literary definition）來進行。但在量化研究中，變數的內涵與數據的獲得方式係由操作性定義（operational definition）決定，亦即基於研究上的需要、滿足研究目的或操作上的可行性，所做的關於某個概念的操作特徵的說明，例如「智力」被界定為「人類在進行認知思考活動的表現優劣」，或更具體定義成「在魏氏智力測驗各分量表的得分」、「以 100 乘以心理年齡與生理年齡的比值」。這種定義方式未必能夠充分辯證「智力」的真實內容，但是卻可以提供特定研究程序的具體說明，他人可以依據相同程序得到相同結果，因此又稱為約定性定義（stipulated definition）。相對之下，文義定義則是關於某個議題或概念的真實意義的描述與釐清，因此需要大量的文字來論述，也涉及理論與概念性的討論，因此 Mandler 與 Kessen（1959）稱之為真實性定義（real definition）。在本書當中，對於變數的定義，主要是從操作性定義的角度來處理。

（二）假設、假說與定律

　　所謂假設（hypothesis），簡單來說，是研究者對於一個有待解決的問題所提出之暫時性或嘗試性答案。其形成的過程可能來自於研究者的猜想與推論、過去研究的引導與暗示、或從理論推導而來，以作為研究設計的依據。若以量化研究的術語來說，假設是指變數間的可能關係或對於變數關係的陳述，且其內容必須是具體而可以被客觀程序來驗證。在形式上可以由條件式陳述、差異式陳述、函數式陳述等不同方式來呈現。條件式陳述型的假設是以「若 A 則 B」的形式加以表達，其中 A、B 分別代表兩個不同條件；A 代表先決條件（antecedent condition），B 代表後果條件（consequence condition）。例如 A 是指「父母使用民主的教養方式」，B 則可能是「子女的學習行為傾向主動積極」，以若 A 則 B 的形式所表示則為「如果父母使用民主的教養方式，則子女的學習行為傾向於主動積極」。

差異式陳述是在表現不同個體或事物之間是否存在差異的假設形式，內容多牽涉分類。在某個分類架構下，研究的對象被區分為不同的組別，假設的內容在說明各組間在其他變數上的可能差異。例如：不同性別的學生對於婚前性行為接受度不同。而函數式假設多是以數學方程式的形式，表現變數之間的特定關係，其基本形式是「y 是 x 的函數」，其中 x 為自變數，y 為依變數。與條件式與差異式假設相較，函數式假設更能表現假設所涉及的變數關係，一般多個連續變數之間關係的檢驗，多以函數式的假設來表示。例如：「年齡愈大，對資訊科技的接受度愈低」、「學習動機愈強，學習成果愈佳」。

在一個量化研究當中，假設的功能有下列幾項，第一，研究假設可引導研究的方向與內容、擴大研究的範疇。研究假設的擬定，除了具體指出研究所欲探討的變數內容與關係，更具有演繹推論的功能，研究者可自特定的假設中，延伸出更特殊現象或關係，擴大研究的範圍。第二，假設有增進知識的功能。因為假設通常自某一個理論演繹推論而得，假設的支援或推翻，皆有助於科學知識的進步。如果某一個假設獲得證實，此時便成為被實證資料證實的一套命題假說（assertion），也就是說，假說是具有實證證據支持的假設。

如果一個假說的真實性經過了反覆證實，最終獲得相關研究者一致認可與接受，便可視為法則或定律（law）。在自然科學中，法則與定律的數目甚多；但在社會及行為科學中，法則與定律的數目則很少。假說與法則，並不代表真理，而假說與法則的身分亦可能被推翻，如果假說與法則無法解釋某一個新的現象，或曾經解釋的現象經再次驗證不再受到支持，或有新的證據顯示假說與法則的缺陷，此一假說與法則即可能會喪失身分，再度成為假設層次的概念。

四、理論及其功能

科學的目的是在對於自然或人文現象進行描述、解釋、預測及控制。因此，科學知識不能以記錄零星事實與孤立的科學發現為滿足，而應朝向發展一組有組織、架構、與邏輯關係的知識系統為目標，也就是理論（theory）的發展。

基本上，理論是科學領域對於特定現象所提出的一套解釋系統。這套解釋系統可能是以科學研究所證實的普遍法則所構成的理論，或是透過某些中間機制所形成的概念與解釋系統（Anderson, 1971），此一中間機制牽涉到其他的相關概念或理論觀點，間接協助了科學家去理解未知的現象。

理論的建立可以說是科學的主要價值之所在，因為理論能夠統合現有的知識、解釋已有的現象、預測未來的現象，並進而指導研究的方向。由於理論能夠統合現有的知識，使不同研究者的研究發現系統化、結構化，並據以用來解釋各種現象，進而形成科學的共識。

進一步的，理論能夠根據由實證資料整合分析得到的假說與命題，推論、引導出尚未發生的現象。正如理論是解釋的主要工具，理論也是預測的主要依據，透過理論的陳述與推導，研究者可以獲得更多可待研究的假設，擴展研究的空間，進而影響現實生活空間的運作。

一個優越的科學理論，必須能夠清楚、正確的說明變數間的關係與現象的特徵，因此好的理論應具備可驗證性（testability）、簡約性（simplicity）、效力（power）與豐富性（fertility）幾個基本特質（Arnoult, 1976）。尤其是可驗證性的存在，使得理論能夠在有憑有據的基礎上，對於現象進行合理的說明。因此多被列為首要的條件。

對量化研究而言，理論的驗證性也正是量化研究最能夠有所發揮的優勢。透過假設的檢驗，研究者得以建立法則、定律或假說，進而形成理論。然而，如同假說與定律的特性，理論應被視為是暫時性知識，而非絕對的真理，理論、假說或定律應持續被直接或間接的檢證，如有疑義應進行修改，以使其更為精確。此種實事求是、精益求精的精神，也是科學研究的重要價值之一。

第二節　主要的量化研究設計

幾乎所有的研究方法都會涉及數字的使用，不同的研究方法因為資料獲得的方式與來源的差異，對於數字處理的需求也就不同，因而必須選用適切的統計技術來進行不同程度的分析與應用。有些研究方法對於研究過程所產生的數字，僅做最簡單的計數（counting）處理，甚至將數字資料作為文本（text）資料來運用，這類研究多著重於現象的探討，以質化研究的邏輯進行概念與意義的分析，對於數量化的資料分析需求也就相對較低，在本書不予介紹。而各種量化研究方法當中，與資料分析最為密切的研究取向為調查法、相關法與實驗法。分別介紹如下：

一、調查法

社會科學研究者經常向一群受訪者發放問卷（questionnaire），或是經由面對面、電話訪談（interview），做爲收集經驗性資料的重要途徑，稱爲調查研究（survey research）。調查法的原理是透過一套標準刺激（如問卷），施予一群具代表性的受訪者所得到的反應（或答案），據以推估全體母體對於某特定問題的態度或行爲反應。調查研究大量使用在民意調查、消費者意見蒐集、行銷調查等各種應用領域，題目通常十分簡單，因此能夠在短時間內蒐集到大量樣本數據去推知母體的狀況。相對之下，學術領域的調查內容則會趨於複雜，處理資料的時間也會拉長。

調查研究最重要的工作，是在透過樣本去推論母體的特性，因此，樣本代表性是研究品質的重要關鍵。例如要想了解女性消費者對於不同品牌洗髮精的喜好程度，必須挑選一群足以反映女性消費族群的女性樣本，對其進行調查，才能有效的推論全體女性消費者對於各廠牌洗髮精的態度。換句話說，調查研究的樣本應能完全反映母體的各種特性（例如人口學特性），所蒐集得到的統計數據才能據以推估到母體之上，除了以隨機抽樣（random sampling）的方法來避免系統化的偏差，樣本的代表性必須透過嚴謹的抽樣設計與確實的執行來確保。此外，根據抽樣的統計原理，樣本人數愈多，抽樣誤差愈小，因此調查研究的樣本多爲超過千人的大樣本設計，此時在 95% 的信心水準下，抽樣誤差會低於 ±3%。

調查法所問的問題通常是行爲頻率（例如有沒有購買某種產品）、事實狀態（例如屬於哪一個政黨）與態度看法（對於政策的支持度）。透過調查問卷所蒐集到的資料，多以描述統計的次數分配與百分比來呈現受訪者的反應，同時研究者多半會取用一些人口變數（如性別、居住地）或背景變數（教育水準、社經地位、職業別），以卡方檢定來進一步分析受訪者的反應傾向，即俗稱的交叉分析。

從測量的觀點，調查法的主要問題在於受訪者回答問題的眞實性。除了迎合一般社會所期待答案的社會讚許性（social desirability），受訪者還會迴避敏感與禁忌的話題，或是誇大某些個人的感受與負面的意見（John & Robin, 1994）。因此，調查研究者必須詳細評估所使用的工具與問題，從資料分析的觀點來看，研究工具設計不當與執行過程的缺失無法透過統計的程序來予以補救，事前嚴謹的研究準備是調查研究成敗的關鍵。

二、相關研究法

除了利用調查法的代表性樣本去推估母體的特性，社會科學與行爲科學研究者經常遇到的另一類研究問題，是關於兩個或多個變數之間關聯性的討論。探討多個變數之間關聯性問題的研究，即稱爲相關研究（correlational research）。此法通常涉及測驗或量表對於某一現象精密的測量，測定兩個或兩個以上的變數之間的關聯情形。所謂精密的測量，主要是以連續性的分數，對於不同受試者在某一概念反應的程度進行評定與測量，例如以 10 個題目來測量學生的自尊，受試者以 1（非常不符合）至 5（非常符合）之 5 點量表來評定每一個題目，而自尊的高低即以 10 個題目的總分來代表，可能的分數介於 10 至 50 分之間。兩個以上的連續性變數，其間的關係強度可以藉由相關係數（correlation coefficient）來表示，正相關代表兩個變數具有相同的變動方向，負相關則代表兩個變數數值的變動方向相反。

相關研究所測量的變數，多為無法直接觀察的抽象概念或心理屬性，研究的成敗取決於抽象變數的定義與有效的測量，因此又稱為測驗研究法。此類研究的限制是只能說明變數之間的相關，但不能推斷因果關係與影響的方向。例如：相關分析指出學生的焦慮感與學業成績兩個變數，具有明顯的負相關，此時，我們可以明瞭這兩個變數的互動關係，但我們並沒有充分的證據可以證明是焦慮感決定學業表現或是學業表現造成了焦慮。雖然統計學者發展了許多分析技術，使得相關性資料可以進行預測或因果性的分析（例如迴歸分析、路徑分析等），但是這些研究數據距離真實的因果關係尚有一段距離。

三、實驗法

實驗法（experimental method）需要在嚴謹且精密控制的情形下來進行研究工作，也因此是唯一被社會科學領域認為可以用來檢驗因果關係（causal relationship）的量化研究方法。實驗法雖然也在探討多個變數之間的關係，但實驗法的變數可以明確的區分因（自變數）與果（依變數）。透過嚴謹的實驗操弄與受試者隨機分派程序，研究者得以將一群實驗受試者隨機分派到實驗因素（自變數）不同的實驗處理中，並控制其他條件使每一位受試者在實驗處理以外的狀況都保持一致，然後對於某一特定的行為或態度加以測量。

實驗研究多在實驗室中進行，又稱為實驗室實驗法。其基本要件是將受試者「隨機分派」到不同的實驗處理中，然後「操弄自變數、觀察依變數、控制干擾變數」。如果在現實生活中的開放場域進行實驗研究，稱為場地實驗研究，此種方法通常無法做到受試者完全的隨機分派與嚴謹的環境操控，因此又稱為準實驗法（quasi-experimental method）（Cook & Campbell, 1979）。

實驗研究的主要目的在探討依變數的改變來自於何處。當其他可能影響這自變數與依變數關係的第三變數被合理的控制情況下，依變數的改變可以被歸因於隨機波動與自變數因素兩種影響來源，當統計分析指出自變數的影響大於隨機波動，依變數分數的變動即可被視爲來自於自變數的影響，而獲得因果關係的結論。

實驗法的成敗取決於自變數是否是引起依變數改變的唯一原因，因此干擾的排除或環境的控制即成爲重要的工作。一般在實驗過程中，自變數之下可以區分爲有自變數效果的「實驗組」與無自變數效果的「控制組」等兩群受試者。實驗組的受試者則可能分別接受不同的實驗處理，而「控制組」受試者則完全沒有接受自變數的影響或「實驗處理」，然後比較各實驗組與控制組在應變數得分上的差異。

從資料分析的觀點，統計分析的角色在檢驗依變數分數的變動是否受到自變數的影響。而自變數多是類別變數，因此多涉及平均數差異檢定（如變異數分析）。但是，由於不同的實驗設計在自變數的設計與安排有許多變異（例如使用重複量數設計、共變數的處理等等），因此發展出不同的變異數分析技術，來解決不同的實驗設計問題。

四、量化方法之比較

（一）就研究目的來比較

相關與實驗法的目的在於特定變數之間關係的找尋，相關法的優點是可以在研究中同時探討多個研究變數的關係，進而在統計技術的協助下，進行變數間交互關係的探討，相對之下，實驗法雖不善於同時處理多個變數的共變關係，但是透過嚴謹的控制程序，實驗法得以確立特定變數間的因果關係，兩種研究方法各有所長，終極的目的均在建立一套社會與行爲科學的通則，探究各種現象之間的關係。

調查法與相關法及實驗法最大的不同，在於調查法的主要目的是就樣本的統計量去推估母體的特性，而非建立一套行爲通則。如果所選擇的隨機樣本具有相當的代表性，調查所得的數據即可用以估計母體的特性，此一自樣本推估母體過程的成敗，取決於抽樣過程的嚴謹與否，高等統計分析所扮演的角色相對較小。

（二）就樣本特性來比較

爲了有效降低抽樣誤差、提高推估母體的正確性，調查法所需要的樣本數目通常不會少於 1,000 人。目前許多民意調查機構多以容許 ±3% 的誤差範圍來進行調查，其樣本數即需大於 1,068 人。

實驗法與相關法的樣本需求與統計分析方法的數學原理（如第一類型與第二類型錯誤、統計檢定力）有關，當實驗的組數愈多，樣本需要愈多。若以統計的常態性爲基礎，每一組須至少有 30 個受試者才能維繫抽樣分配的常態性，當有 k 組時，樣本數則爲 30 的 k 倍之多。

相關法的樣本需求與研究所使用的測驗與量表長度有關，量表愈長，樣本需求即較高。此外，當統計分析較為繁複時，樣本也須較大，樣本的大小必須能夠提供一個變數足夠的統計變異量，同時能夠維持常態分配的假設不被違反。Ghiselli, Campbell 與 Zedeck（1981）建議牽涉到量表的使用時，樣本人數不宜少於 300。以因素分析（factor analysis）為例，樣本數約為題數的 10 倍，一個 50 題的量表，即須 500 人樣本，如此才能獲致較為穩定的統計分析數據。

整體而言，三種研究方法中，以調查法所需要的樣本規模最大，而以實驗法所需的樣本最少，相關法居中。調查法的樣本數需求大，為考慮問卷發放與資料處理的便利性，調查研究所使用的工具受到相當的限制（如題目較少）。實驗法的重點在於樣本是否隨機分配到不同的組別，樣本愈多雖然可以提高統計檢定力，然而實驗效果是否顯著，主要並非取決於統計的程序，而是控制的嚴謹程度與實驗的效果。相關研究的重點在於測驗的信效度，因此樣本的大小與研究設計及信效度的提升有關（Cohen, 1988）。

（三）就研究工具特性來比較

調查研究為了在短時間內收集大樣本的資料，在問卷上多力求精簡易懂，便於調查人員的實施，避免過度冗長與艱澀的問題，內容多為具體、客觀的問題（例如人口統計資料、個人生活狀態、行為頻率等等），或是一些與態度及意見有關的問題，使問卷回收後得以在最快的時間內完成鍵入與分析。在一些民意調查機構甚至使用電腦軟體將調查過程與資料庫相連結，使得調查數據得以在第一時間即獲得系統化的處理。

相關法所蒐集的資料較調查研究多元且複雜，除了人口學資料或事實性資料之外，相關研究通常需要蒐集抽象的特質，此時必須運用須經信效度考驗的測驗或量表，測量工具的長度較長，問卷的實施須由受過訓練的人員，在標準的情境與程序下進行，測量分數的運用與解釋多須經過專家以特定的方式來處理。通常相關研究者為了發展一套測驗量表，要花費相當的時間額外進行另一項研究，或者是取用其他研究者發展完成的測驗或量表，以縮短研究的時程。至於實驗法，如果需要測量受試者的心理狀態，也必須使用測驗量表，但為了探討因果關係，實驗研究所使用的變數通常最少，同時在測量過程上力求客觀、單純、明確，甚至借助實驗儀器的精密測量。

（四）就統計分析需求來比較

每一個研究，由於研究假設的差異，測量的變數形式的不同，所適用的統計方法即有所不同。因此無法明確的指出調查、相關以及實驗法在統計方法的需求上有何確切的差異。但是，一般而言，調查法所牽涉的統計問題較爲單純，多與類別、名義變數有關的描述統計或區間估計；在資料分析實務上，次數分配、列聯表或是統計圖形即可對於調查的數據進行清楚的說明；而在推論統計上，則多使用無母數分析（如卡方檢定）。相較之下，相關法與實驗法在統計分析的運用上，即顯得多變與繁複。同時必須建立在特定的統計假定之上。

拜電腦科技發展迅速之賜，許多繁雜的統計運算過程均可運用電腦來進行運算，更進一步刺激了高等統計的發展。實驗法的統計技術，則多涉及變異數分析，配合各種實驗設計，ANOVA 已成爲許多研究學府高等統計與實驗設計的基本內涵。在統計技術與分析工具的高度發展下，學生學習的內容與難度也就相對增加。調查法、相關法及實驗法三種方法的比較列於表 1-1。

→ 表1-1　三種主要的量化研究設計的比較

	調查法	相關法	實驗法
主要目的	由樣本推論母體 對於母體的描述與解釋	探討變數間關係 建立通則與系統知識	探討因果關係 建立通則與系統知識
樣本特性	大樣本 具母體代表性	中型樣本 立意或配額抽樣	小樣本 隨機樣本、隨機分派
研究工具	結構化問卷	測驗或量表	實驗設備、測驗量表
測量題項	事實性問題 態度性問題 行為頻率	態度性問題 心理屬性的測量 多重來源的評量	反應時間 行為頻率 心理屬性的測量
研究程序 (學理基礎)	抽樣與調查 （抽樣理論）	測驗編製與實施 （測驗理論與技術）	實驗操弄 （實驗設計）
測量尺度	類別變數爲主	連續變數爲主	類別自變數 連續依變數
統計分析 常用統計技術	描述統計 次數分配 卡方檢定 無母數統計	線性關係分析 相關 迴歸 路徑分析	平均數差異檢定 t 檢定 變異數分析 共變數分析

第三節　量化研究的結構與內容

一、學術論文的類型

　　學術上所稱之正式論文，大體可區分為學位論文與期刊論文兩類。學位論文係指學術機構培養研究學者所要求的正式研究論文，在英文上，學位論文有 thesis 與 dissertation 之分，前者多指碩士學位論文，後者則為博士學位論文，在世界各國，政府或學術機構對於學位論文的格式均有明文規定與特定格式，同時賦予一定的法律地位。由於篇幅較長，並具有學位授與的功能，一般並未廣為出版與流通。

　　另一類正式論文，稱為期刊論文（journal articles），不但數量龐大、流通性大，同時也具有實質影響力。根據《美國心理學會出版手冊第六版》（*American Psychological Association, APA*, 2010）的內容，期刊論文有五種主要形式：實徵研究（empirical studies）、回顧論文（review articles）、理論論文（theoretical articles）、方法學論文（methodological articles）與個案研究（case studies）。

　　實徵性研究為研究者原創性的研究報告，多半具有實際的資料與分析；回顧性論文是將過去有關文獻加以整理、歸納或加以批判的論文或研究，包括後設分析（meta-analyses），所使用的素材多為二手資料；理論論文則是研究者根據既有文獻資料所提出的新觀點或理論架構的論文，重點在於理論性的闡述，而非舉證。

　　2010 出版的第六版 APA 手冊新增了方法學論文，鼓勵研究者提出新的方法學取向、對於現存研究方法的修正、以及量化與資料分析技術的討論。《方法學》論文強調方法學議題與資料分析技術的探討，而僅將實徵資料的分析作為示範。目的是帶領讀者了解量化數據的分析原理與操作程序，詳細了解技術發展歷史與內涵，並能釐清各種技術的優劣異同與使用時機，避免訛誤與濫用。

二、論文的結構與內容

　　本書所討論的焦點在於量化研究的原理與分析技術，因此，本書使用者最可能完成的研究或論文體裁與性質，應最接近實徵性論文。一份實徵性論文，大體而言應包括四個主要的部分，即緒論、方法、結果與討論，茲描述於後：

（一）緒論（introduction）

　　緒論的主要目的與功能，在於與讀者進行初步的溝通，因此必須詳盡的介紹研究的背景、問題與目的，同時，為了強化研究者本身的立論，研究者必須提出相關的文獻與理論背景作為研究的基礎。應包含下列具體事項：第一，研究問題的介紹與說明，包括研究的焦點、研究的假設、研究設計的概念、本研究理論性的意涵、與該領域其他研究的關係、以及研究可能產出的結果與理論命題。第二，研究背景的整理與說明。對於研究所涉及的相關學理與研究文獻，應做摘要性的整理，提及他人研究之時，應針對他人研究的主要議題、使用的方法、與重要結論作簡要的介紹，而非過度細節的報導。第三，研究目的與實務的陳述。在緒論的最末，研究者應具體說明研究的目的與探討的假設為何，明確交代研究者所操弄、測量或觀察的變數與定義，以及研究者所期待的結果與理由。

　　傑出的論文緒論，並不在於文章的長短或理論的重要性，而在於縝密嚴謹的立論闡述與清楚明確的演繹推理，以及引用適切、相關的理論文獻，並撰文說明引用理論文獻與研究者所進行的研究的邏輯關聯（logical continuity）。初學者最大的弱點與迷思，即在於過度冗長的背景說明與理論介紹，而易使讀者失去閱讀的興趣，或是迷失於龐雜的文獻資料當中。因此，強化理論的思考訓練，多方吸收各領域的經典知識與理論主張，對於撰寫一個好的緒論，有著重要的意義。

（二）方法（method）

　　方法的部分詳細記載研究者執行該研究的相關內容。其功能是使得讀者能夠理解研究是如何開展與進行，並根據流程來進行個人的評估，甚至於研究的再製。基於不同的研究題材與執行過程，方法的介紹並不一定有一固定的格式，但是下列三個部分是不可或缺的：

　　第一，參與者（participant）或樣本（sample）：對於社會與行為科學研究，誰是受試者、參與者、被觀察者、被訪問介紹者，是重要的資訊。從樣本特性與樣本結構的說明，讀者可以掌握研究的運作與可能發生的現象，並判斷是否存有偏誤或缺失。

　　第二，研究工具與器材（apparatus）：實證研究的進行，多半使用特定的測量工具以蒐集資料，在實驗研究中，更可能涉及實驗儀器設備的使用。一個追求客觀、精確的測量，必須能夠具有一定的標準化程序，此時，標準化的工具與設備操作，便成為關鍵的因素。

　　第三，研究程序（procedure）：科學的研究，強調標準化與客觀化的操作過程。因此，一個研究的執行過程應詳細的交代說明。包括研究實際執行之前的準備工作、受試者的挑選與安置、工具發展與準備的過程、人員訓練與器材準備的狀況等等，凡是對於研究的結果可能存在影響的每一個步驟，皆應在此段中說明。

　　最後，研究者通常會將資料分析的方法與策略放置在第四個段落，以交代研究資料如何整理、組織與分析，包括所使用的分析技術、統計軟體、資料轉換的方法與目的等內容。對於科技發達的今天，研究者的企圖心隨著科技的進步而提高，資料的筆數、處理的難度、統計分析的不透明度皆與日俱增，資料分析一節的重要性，也隨之提高。

（三）結果（results）

研究的第三部分是研究結果與發現，主要內容與資料分析有著密切的關係。在量化研究中，結果分析與統計的應用有著密不可分的關聯。研究者如何透過適切的統計方法與分析程序來驗證其假設，提出具體且數量化的論證，可以說是一個研究成敗的關鍵，也是研究者最重要的任務。

結果一節的內容，除了文字性的介紹，最重要的是圖表及統計術語的使用。經過數百年的發展，數學與統計學已趨成熟，幾乎所有可能面臨的資料分析問題，在統計技術上都有解決因應之道，研究者除了選用最佳的分析方法之外，還需經過正確的程序，以普遍接受的正確方法來表現結果。在論文撰寫時，必需正確且充分提供所有重要的數據，例如自由度、樣本數、顯著水準、效果量（尤其被 APA 第五、六版所重視）、誤差與信賴區間等資料以供閱讀比對查考，並將重要的參考資料（例如變數定義、演算法與公式、各種重要數據）附於文末。如果文中受限於篇幅而不敷列舉時，則可指明獲得資料的方式（例如提供網頁連結與聯絡方式）。

（四）討論（discussion）

當研究者完成分析工作之後，即可進行研究結果整理與結論的步驟。本節的內容，主要在於摘述研究設計與發現、詮釋主要的發現與立場澄清、評論研究價值與意義、量化數據意義的討論（例如效果量大小、測量數據的穩定性等）、以及指出缺失與發展方向等重心。

值得一提的是，在結果一節中，研究者的文字與說明有其標準化、共識性的作法，純然的格式化、數學化與統計化，但是在討論一節，研究者可以用自己的語言，提出自己的論證，甚至於採取立場性的主張，與他人或其他的理論進行對話。科學的價值，在最富有創造力、批判性、與啟蒙性的結果討論中，得以發揮無遺。

除了前述各主要內容之外，在準備論文手稿時，研究者必須就文章的標題（title）、作者與機構資訊（含註解）、摘要（abstract）、參考文獻（references）、註解（footnotes）、附錄與補充資料（appendices and supplemental matrials）依規範呈現。近年來由於統計技術的發展迅速，對於量化數據與分析結果呈現有大幅擴充與變革，這些關於統計結果的陳述、圖表的標示與應用，可參考 APA 手冊當中的詳盡說明。

第四節　量化研究的程序

簡單來說，一個典型的科學研究包括了理論基礎、資料蒐集與資料分析三個部分，它也可以被視為量化研究的三個階段：第一是理論文獻引導階段，透過文獻的整理與理論的引導，可以清楚的勾勒出一個研究的問題內涵與進行方向，並作為整個研究進行的邏輯基礎與理論內涵；第二個階段是資料蒐集，是由一連串實際的研究活動所構成，目的在獲取真實世界的觀察資料；第三個階段是資料分析，針對實證觀察所得到的資料進行分析，提供具體的比較與檢驗的證據，用以回答研究者所提出的命題是否成立，以做出最後的結論，詳見圖 1-1。茲將三個階段的內容與操作流程描述於下：

一、理論引導階段

研究者對於現象界的好奇與疑問，可以說是一個研究的起點。研究者的好奇與疑問可能來自自己親身的經驗、自己的觀察所得、或是先前的研究者所留下來的疑問。例如報紙大幅報導網咖在都會地區快速興起，研究者可能會問，年輕人為什麼那麼喜歡去網咖？鄉村地區的年輕人是不是也是如此，網咖可以滿足年輕人的何種需求？或是研究者對於前人的研究有所質疑，提出不同的假設觀點，有待進一步的檢驗。

一旦研究者的腦海裡對於他所關心的問題有了一個大略的圖像之後，下一個重要的工作是這個圖像轉換成完整而有意義的概念，也就是概念化或構念化的過程。此時，他可能要把研究問題（上網咖的原因）與年輕人的發展歷程與需求特質進行連結，那麼他就要去閱讀與發展或人格心理學有關的書籍，協助他形成研究主題有關的重要概念；如果他想要比較城鄉地區的差別，那麼他可能要去相關單位調閱網咖設置的數目的工商資料，形成網咖設立的城鄉差異的具體概念。在這個階段中，除了研究者進行文獻探討的工作之外，如果他先前已經具備充分的理論或背景知識，問題概念化將會更有效率的進行。

經過了概念化過程，一個研究所要處理的問題應該已經十分明確，例如研究者認為上網咖的行為可能與同儕的互動有關，是一種人際的需求，此外，城鄉地區年輕人上網咖的行為差異，可能與他們生活周遭資訊設備的可提供性有關。因此，他

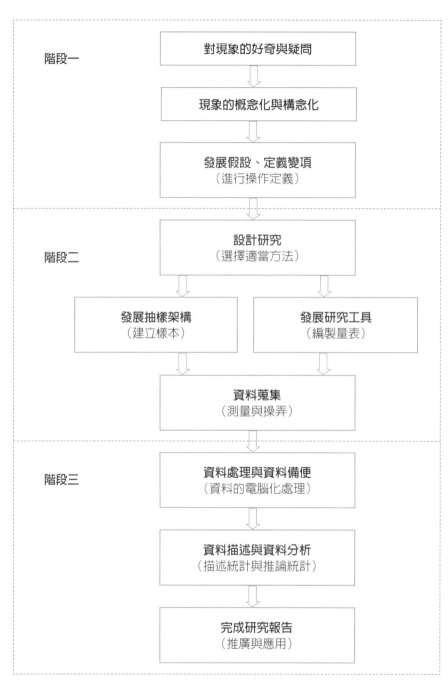

圖1-1　量化研究的基本程序

具體的提出下面幾個假設：

假設一：城鄉地區的年輕人，他們的資訊設備可提供性不同。
假設二：人際需求愈強者，上網咖的動機愈強、頻率也愈高。
假設三：城鄉地區資訊可提供性不同，造成上網咖的行為差異。
假設四：資訊設備提供性、人際需求強度，影響上網咖的頻率。

第一個假設是以差異式陳述來表現的假設，重點在比較差異；第二個假設則是一個函數式陳述的假設，主要在探討變數互動關係；第三個假設則是條件式假設，涉及因果關係的檢驗；第四個假設則綜合了函數式陳述與條件式陳述兩種假設，涉及的變數較多，需以結構模型來處理。

在形成假設的同時，研究者必須將假設當中的變數進行明確的描述與界定。例如研究者所謂的「資訊設備可提供性」與「人際需求」到底所指為何？除了用文字來描述之外，他必須清楚的描述測量這些概念的具體方法，才能在研究當中去進行資料蒐集，也就是說，他必須對於這些概念進行操作型定義，指出將概念轉變成可以具體測量的變數的方法。例如資訊設備的可提供性可能被界定為一個人每週接觸到電腦的時數，或是距離一個人最近的電腦的空間距離。透過這個操作化的過程，研究者就可以開始具體執行他的研究。

二、資料蒐集階段

經過了第一個階段的概念澄清與變數定義的過程，研究者就必須提出一套研究執行計畫，來檢驗他所提出的假設的正確性。

（一）進行研究設計

選擇一個正確的研究方法，是一個研究問題是否能夠獲得解答的重要決定。一旦選擇了某一種方法，研究者就必須遵循該種方法的要求來進行整個研究。

以網咖的研究為例，研究者的問題是：年輕人為什麼喜歡上網咖？他提出了幾個有關的概念，並舉出了四組假設，顯而易見的，他的目的並不在為上網咖的行為找到一個特定的原因，而是整理諸變數之間的關聯，因此應採用非實驗研究設計來進行他的研究。

（二）發展抽樣架構

研究方法的選擇，直接影響資料蒐集的方式與過程。首先，在樣本的建立上，研究者必須考量研究的母體是誰？所謂的青少年的範圍爲何？是指全臺灣還是特定區域的年輕人？年齡層幾歲到幾歲？研究母體的指定，決定了抽樣的範圍，也決定了未來研究結果類化的範圍。而在抽樣方法上，研究者有多種選擇，其中以隨機抽樣最能夠建立一個具有代表性的樣本，有關抽樣方法的討論，讀者可以自行參閱其他研究方法的書籍。

（三）發展研究工具

除了決定研究的對象是誰之外，研究者同時要準備研究所需的工具，以便樣本選取之後，可以利用這些工具取得所需的資料。通常一個大型的調查研究，抽樣範圍廣泛、樣本數龐大，因此研究工具以精簡爲宜，例如編製一個簡單的問卷去詢問年輕人上網咖的頻率、他們身邊最近的一部電腦在哪裡等等。

如果研究者的關心層面是複雜變數關係的討論，那麼他所使用的工具就要能夠涵蓋這些變數的測量。例如採用標準化的測驗來測量人際需求強度。一個用來測量心理特質的心理測驗或量表，他的編製必須遵循一定的發展歷程，並能夠確立測量的信度與效度，因此，如果研究者無法找到一些現存、適用的測驗或量表，那麼他可能要花費許多額外的時間來自行發展量表。有關量表的發展步驟與技術，我們將在第四篇當中詳細的討論。

（四）資料蒐集

一旦樣本確定，研究工具也準備妥當之後，即可以進入階段二的最後一項工作：資料蒐集。如果是實驗研究，此時便涉及樣本的分派與實驗的操弄，藉以獲得依變數的觀測資料。如果是非實驗設計，就可能涉及抽樣的實施，問卷的發放與回收等作業。這一個過程，可以說是研究實際執行的主要階段。從實際樣本的獲得到資料蒐集完成，往往動員相當人力與物力，耗費相當時日。

三、資料分析階段

第三個階段是資料的整理與分析，包括資料的備便、分析與報告撰寫三個部分：

（一）資料備便

經過實際執行之後，研究所獲得的原始資料，就好比剛從市場買來的材料，要送給大廚烹調之前，先要進行必要的處理，才能讓大廚的手藝有所發揮。例如問卷回收之後，要先行過濾無效問卷，進行廢卷處理，如有必要，還必須回到前一個步驟，繼續蒐集資料，補足充分的樣本，直到滿足研究所需爲止。

拜科技發展之賜，電腦化的研究資料處理與分析模式，已完全取代人工作業；因此，原始資料蒐集完成後，接下來的工作可以由電腦來代勞。電腦化的處理，必須依賴嚴謹的編碼、輸入、檢查的程序，才可能降低錯誤的發生，此外，經過初步整理的電腦化資料，還需經過適當的轉換，才能作為統計分析的數據，稱之為資料備便。

目前廣泛使用於社會科學研究的統計軟體以 SAS 與 SPSS 為主，其中又以 SPSS 的應用較為簡便。應用 SPSS 之後，資料分析作業得以更快捷、便利與精確的進行，但是事前仍有賴一套縝密的編碼、鍵入前置作業，以及研究者細心的偵錯與檢查，使得各種問題得以在第一時間即獲得處理。本書將詳細介紹 SPSS 應用於資料備便的程序，另外也將介紹免費軟體 R 的分析功能。讀者除了熟悉 SPSS 與 R 軟體之外，也應該學習其他文書處理工具（例如 Excel），如果再搭配統計軟體的使用，是使分析工作順利進展的重要因素。（有關 R 的簡介與功能介紹請參見本書附錄）

（二）資料分析

電腦化的備便資料一旦準備完成，研究者就可以利用適當的統計方法，來分析研究的數據。首先，針對研究所蒐集的各個變數，研究者可以利用描述統計與統計圖表，將電腦化的原始數據進行初步的呈現，了解變數的特性。其次，便是利用各種推論統計技術，來檢驗研究假設是否成立。

選擇正確的統計方法是資料分析是否得以順利完成的主要因素。從資料分析的立場來看，量化的變數可以區分為強調分類的類別變數，與強調程度的測量的連續變數兩大類，針對不同類型的變數，以及變數之間的不同組合，適用不同的統計分析策略。各種統計分析涉及不同類型變數關係的檢測，受到的限定也不同，從卡方、t 檢定到迴歸各種應用技術，研究者需熟悉了解原理與限制，才不至於誤用了統計工具，誤解統計結果。

（三）完成報告

一旦資料分析完成，整個研究也接近尾聲。只要研究報告完成，整個研究工作的本身也就大功告成。有趣的是，有許多研究者懂得如何執行統計分析，也能夠了解統計報表的意義，但是卻不知如何把分析結果寫成流暢易懂、符合學術規範（例如 APA 格式）的文字報告。尤其是入門的研究者，缺乏撰寫研究報告的經驗，使得辛苦獲得的研究成果無法有效的呈現在眾人面前，殊為可惜。

相對的，一些資深的、熟習統計術語的研究人員，不僅可以洞悉統計報表背後的玄機，並且能夠巧妙的運用文字的力量，有效的整理研究發現，並加以詮釋。因此，在大學研究所的訓練課程當中，獨立研究的訓練是很重要的一環，許多系所明訂學生必須在學術會議或學術期刊發表一定的論文數目才能獲得學位，目的就是在磨練學生在研究執行與研究報告的整合能力。

第五節　結語

科學研究是研究者對問題的深入觀察與創意思辨、尋找能反映現象差異的變數、擬定變數間的假設關係，並利用適切的方法加以檢證的一連串的整體過程。隨著資訊科技的發展與統計方法的進步，過去因為資料分析技術的限制而不能探討的問題，現在已能輕易的解決；計算繁複的統計公式，在電腦套裝軟體的協助下，也變得輕而易舉。本書的主要特色之一，即是利用相當受到社會科學界歡迎的 SPSS（第 23 或 25 版）與 R 來示範各種量化資料處理與統計分析的操作，並以相當篇幅來說明結果報表的分析與解釋，目的就是希望能夠善用電腦軟體來協助我們從事量化研究，快速有效的解決學術或實務上的問題。

然而，套裝軟體的發展固然提供了研究者便利，但是高科技並不代表精確與正確，同時許多研究者及學生也產生了對套裝軟體的依賴性，造成了負面的影響。例如 Pedhazur 與 Schmelkin（1991）將電腦科技與套裝軟體比喻為一個黑箱（black boxes），意味著在技術的背後潛藏著一些未知的危機。同時，當人們倚賴高科技設備來進行統計運算之時，對於整體概念的統整與操作技術的建立即有負面的影響。

由於依賴套裝程式，許多學生忽略甚或逃避各種統計程式理論基礎與計算方法的理解，因此無法正確判斷統計方法的使用時機，電腦報表的判讀亦可能存在偏差與誤用。因此，教師在教授相關科目時，宜以基礎概念的建立為主，計算與演練為輔。在初學階段，避免過度使用套裝軟體，而能確實建立穩固的分析知識與統計原理，軟體的應用練習配合獨立研究或實作最為適宜。尤其在研究所階段，電腦運作能力不僅可以協助研究者進行高等統計與大量資料的處理，更能培養資料處理的實證研究能力。

值得注意的是，應用電腦於資料分析與統計檢定，雖大量的節省運算的時間，減少計算的錯誤，但是卻新增加了一些傳統方法不致發生的問題。例如檔案與系統的破壞造成資料的喪失，或是當多個電腦資料庫合併時，忽略了不同資料庫對於數據處理的程度與方式不同，造成合併後的混亂。甚至於由於套裝程式的方便性，有些研究者往往反其道而行，先作大量的統計分析後，再自分析結果中去找可以解釋的結果。如此不但違反了基於學術的倫理，並扼殺了科學求知求是的精神。

　　總之，前述這些因為科技發展所帶來的問題不一而足，但卻無法抹煞其所帶來的效益與便利。因此除了在得失之間力求平衡之外，研究者本身的自我期許與學術倫理的要求，才是根本的解決良方。至於在方法原理與分析技術的精進，則有賴研究者不斷的學習與練習，累積資料處理分析的經驗，才能將科技的助益有效的發揮，也是本書撰述出版的目的初衷與期許。

變數與測量

第一節　前言

　　量化研究的基本單位是變數，而變數來自於測量（measurement）。測量是運用一套符號系統去描述某個被觀察對象的某個屬性（attribute）的過程（Nunnallly & Bernstein, 1994）。此符號系統有兩種表現形式：第一，以數字的形式去呈現某個屬性的數量（quantities），第二，以分類的模式，去界定被觀察對象的某個屬性或特質是屬於何種類型。前者是一個度量化（scaling）的過程，後者則是一種分類（classification）的工作。在多數情況下，人們進行測量工作主要是在進行精密的度量，亦即採用前者的界定，於是測量便與工具（量尺）的選用與統計分析的應用有密切的關係，這即是很多人常把測量與統計拉上等號的原因。

　　從統計分析的觀點來說明，測量是一個將某個研究者所關心的現象予以「變數化」的具體步驟，也就是把某一個屬性的內容，以變數的形式來呈現。此時，被觀察對象可能是個別的人、一群人的集合、或各種實體對象。科學化的測量，除必須符合標準化（standardization）的原則，也需要注意客觀性（objectivity）。一個有意義的測量應不受測量者的主觀因素而影響其結果，同時其過程應有具體的步驟與操作方法，以供他人的檢驗。值得注意的是，在社會行為科學的研究當中，許多抽象特質不易掌握其操作型定義，因此測量的客觀性遭到相當的質疑，許多統計方法因而被發明出來，以克服心理特質測量的難題。

　　在社會與行為科學領域，為了探討人的心理狀態與社會當中的複雜關係，測量工作通常會涉及抽象的心理構念（construct），而構念的定義牽涉不同的理論，測量的實施更具難度，使得測量問題在社會科學領域自成一門學問。同時隨著領域的不同與研究課題的差異，測量的內涵與分析的焦點有所不同，例如經濟領域的經濟計量學，多偏重於預測模型的建立、時間序列資料的分析，而心理領域的心理計量學（psychomatrics），必須面對抽象心理特質的測量問題。

第二節　變數的類型與尺度

一、變數的性質與類型

　　簡單來說，變異（variety）是統計的根本，而測量與統計是一門研究變異的科學。人類社會充滿著變化與差異，因此科學領域充滿許多值得探討的變數。變數（variable）表示某一屬性因時地人物不同的內容，例如智商是一個變數，每個人的智力水準都不一樣。相對的，如果某一個屬性或現象不因時地人物而有所不同，則稱為常數（constant），例如同一個系所的學生必修課學分數都相同、人的手指頭數目都是十指。

從定義來看，變數表示某一屬性因時地人物不同的內容。一個變數包括兩個重要的概念，第一是其所指涉的屬性（attribute）為何，此一屬性即是研究所關心的現象或特殊層面，具體來說，就是變數的名稱。例如「智商」指涉的屬性是智力水準的高低，第二是變數包含不同的數值（value or quantities），也就是變數的存在形式，在量化研究中，變數均以數字的形式存在，例如智商是一個變數，其存在形式是 100、120、125 等分數，代表個體在「智商」此一屬性的程度。這些數值是透過測量過程，以特定的量尺去測得。

在科學研究當中，變數有多種不同的分類方式。從因果關係的角度來區分，變數可以分為自變數（independent variable, IV）和依變數（dependent variable, DV）。自變數即原因變數，而依變數則為結果變數。在自變數與依變數的對偶配對關係中，自變數是不受任何因素影響的前置變數，而依變數的變化主要歸因於自變數的變動。

從被測量的對象的性質來看，變數可分為離散變數（discrete variable）和連續變數（continuous variable）。前者是指被測量的對象，在變數的數值變化上是有限的，數值與數值之間，無法找到更小單位的數值。例如家庭子女數、性別、國籍等。連續變數則指被測量的對象，其特徵可被變數中以無限精密的數值來反映。如果技術上允許，數值可以無限切割，例如以米尺測量身高，測量刻度可以無限精密。

在資料分析實務上，連續變數係指利用等距或比率尺度等有特定單位所測量得到的變數，變數中的每一個數值，皆代表強度上意義，又稱為量化變數（quantitative variable），相對之下，以名義尺度所測量得到的資料，數值所代表的意義為質性的概念，也就是一種質性變數（qualitative variable），或稱為類別變數（categorical variable）。這幾種變數的分類列於表 2-1。

若從測量的量尺來區分，變數可以分為名義變數、順序變數、等距變數和比率變數。這四種變數分別由四種對應的量尺所測得（表 2-2），詳述如下一節。

→ **表2-1** 變數的不同類型整理表

分類形式	意義與特性	範例
依研究設計區分	反映因果關係	
自變數（IV） Independent Variable	反映前因，通常發生時間在前。又稱為獨變數、操弄變數、受試者變數、預測變數、解釋變數、外生變數。	實驗組別、資金投入多寡、學生努力程度。
依變數（DV） Dependent Variable	反映後果，通常發生時間在後。又稱為效標變數、結果變數、被預測變數、被解釋變數、內生變數。	反應時間（秒）、企業獲利能力、學生學業表現。
依測量對象性質區分	反映測量內容特性	
質性變數 * qualitative variable	反映性質，為分門別類的結果，數值沒有單位與強度意義，又稱為類別變數。	名義尺度下的性別、種族、宗教信仰、產業、政黨、品牌等；順序尺度下的教育程度、社經地位等皆屬之。
量化變數 quantitative variable	反映程度，為強度測量的結果，數值具有特定單位與強弱意義，又稱為連續變數。	等距尺度下的溫度、分數、智商、心理變數等；比率尺度下的度量衡變數、時間、金額、經濟指數等皆屬之。
依測量數值特性區分	反映量化數據的單位特性	
離散尺度 discrete scale	尺度具有最小單位（通常為整數），測量結果稱為間斷數值變數。變數數值有限。適用間斷機率分配原理。	員工人數（人）、家戶數（戶）、家庭子女數（人）、學校數（校）、班級數（班）。
連續尺度 continuous scale	尺度沒有最小單位，測量結果稱為連續數值變數。變數數值為連續。適用連續機率密度分配原理。	度量衡變數、金額、時間、分數等（可求無限小數位數）。

註：標示＊者，表示變數的數值沒有測量單位或數值強度意義。

→ **表2-2** 不同測量尺度的整理表

分類形式	意義與特性	範例
依測量尺度特性區分	反映測量精細程度	
名義尺度 * nominal scale	又稱為名目尺度，測量結果稱為名義變數。數值反應不同性質，沒有強弱大小數值關係，可進行「≠」或「＝」的比較。	性別、學號、種族背景、宗教信仰、產業類型、政黨屬性、品牌名稱等。
順序尺度 * ordinal scale	又稱為次序尺度，測量結果稱為順序變數。數值具有特定的大小順序關係，得依序排列，可進行「<」或「>」的比較。	名次、學測級分、出生序、教育程度（研究所以上、大學、中學、小學及以下）、社經地位（高、中、低）等。
等距尺度 interval scale	又稱為間距尺度，測量結果稱為等距變數。數值具有特定單位但無絕對零點，0 無實質意義，有可能有負值，可進行「＋」或「－」的運算。	溫度（華氏或攝氏）、考試成績（分）、智力（IQ）、憂鬱分數等，多為人為創造的變數。
比率尺度 ratio scale	又稱為比例尺度，測量結果稱為比率變數。數值具有特定單位且有絕對零點，0 有實質意義無負值，可進行「×」或「÷」的運算。	度量衡變數、年齡、時間等，多為自然界的固有變數，或是財務、金融與經濟指數。

註：標示＊者，表示變數的數值沒有測量單位或數值強度意義。

二、變數的測量尺度

測量是進行資料分析之前的主要工作，資料的性質則決定於測量所使用尺度（scale）或層次（level），因此測量尺度的判斷與選用，可以說是決定量化研究品質的先行因素。統計學者 Stevens（1951）依不同測量方法的數學特性，將測量尺度分成四種類型：名義、順序、等距和比率，茲介紹如後：

（一）名義尺度

名義尺度（nominal scale）的測量，係針對被觀察者的某一現象或特質，評估所屬類型種類，並賦予一個特定的數值。由名義尺度所測量得到的變數，稱為名義變數。如性別（男、女）、籍貫（臺北市、新竹市等等）、種族（本省、外省、原住民）、婚姻狀態（未婚、已婚、離婚、喪偶等）、就讀學校等等。

以名義尺度測量得到的名義變數中，每一種類別以一個數字來代表，變數的數值僅代表不同的類別，而沒有任何強度、順序、大小等數學上意義。名義尺度必須符合兩個原則，第一是互斥（mutually exclusive），不同類別之間必須完全互斥，沒有交集或重疊；第二是完整（exhaustive categories），測量尺度的分類必須包括所有的可能性。這兩個原則若有違反，將造成資料調查者或填答者的困擾。因此在進行測量工作之前，建立一套適當的分類架構（classification schemes）是使測量工作順利進行的重要工作。例如宗教信仰的測量，國內多樣化的宗教型態，從特定的宗教類型如佛教、道教、一貫道，到比較模糊的民間信仰，即使是宗教學者可能都有不同的界定，因而如何清楚明確的區分不同的宗教類型，減低類別的模糊性，使填答者能夠清楚的選擇一個正確的反應，成為一項重要的挑戰。

（二）順序尺度

順序尺度（ordinal scale）的測量，指對於被觀察者的某一現象的測量內容，除了具有分類意義外，各名義類別間存在特定的大小順序關係。以順序尺度測量得到的變數稱為順序變數，如大學教授層級（教授、副教授、助理教授、講師）、教育程度（研究所以上、大學、高中職、國中、國小及以下）、社經地位（高、中、低）等，皆屬以順序尺度所測得之順序變數。

在順序尺度的測量過程當中，每一種類別以一個數字來代表，這些數值不僅代表不同的類別，且需反映不同類別的前後順序關係。名義尺度在指定類別的數值時，可以依研究者的需要任意指定，但是順序尺度的數值分配則需考慮順序關係，研究者僅可選擇升冪或降冪來排列不同的順序類別，不能任意指定數值給尺度中的不同類別。順序尺度所測得的數值雖具有順序的意義，但是由於沒有特定的單位，除了大小順序之外，數值並無數學邏輯運算的功能與意義。

　　以順序尺度來進行測量，互斥與完整兩原則仍需遵循，否則仍將造成資料調查者或填答者的困擾。值得注意的是，由於順序變數與名義變數所處理的資料以分立的類別為主，在統計分析過程中，兩者均因不具備特定單位，而須以類別變數的方式來處理，適用的統計分析如列聯表分析等。

（三）等距尺度

　　等距尺度（或稱間距尺度）（interval scale）的測量，係針對被觀察者的某一現象或特質，依某特定的單位，測定程度上的特性。等距尺度測量得到的數值，除了具有分類、順序意義外，數值大小反映了兩個被觀察者的差距或相對距離。以等距尺度測量得到的變數，稱為等距變數，其數值兼具分類、次序和差距的意義。如以溫度計量出的「溫度」、以考試決定的「學業成績」、以智力測驗測得的「智商」等。等距尺度是一種具有標準化單位的測量工具，因為具備了標準化的單位，才能確定不同的測量值的差距（相差多少個單位）。

　　等距尺度的一個重要特性，是其單位只有相對的零點，而無絕對的零點。相對零點的使用，使得數值與數值的比值，僅具有數學的意義，而缺乏實徵的意義，研究者應避免直接取用兩個等距變數的數值相乘除比較。絕對零點係指未具備任何所測變數的屬性，絕對零點的 0 即表「空」、「無」。等距尺度所使用的單位，多以人為決定，基於測量方便性，而使用相對的零點，當測量值為 0 時，並無一個絕對的意義，並非指未具任何所測變數的屬性，如氣溫為 0 時，並非無溫度，而是指就該測量工具而言，得到 0 個單位的意思，它仍具有所測變數的某種屬性。某科考試 0 分，並非指學生在該科能力上毫無能力，而是指得到 0 個單位的分數。

（四）比率尺度

　　當一個測量尺度使用了某個標準化的單位，同時又具有一個絕對零點，稱為比率尺度（ratio scale）。比率層次的測量，可以說是具有真正零點的等距尺度。如身高（公分）、體重（公斤）、工作所得（元）、年齡（歲）、住院日數、受教育年數等等變數，都是以比率尺度來測量得到的比率變數。在社會科學研究中，許多變數與特定的人口特徵或社會現實有關，測量尺度不但具有單位，單位的使用有一公認標準與意涵，無關乎主觀判斷，無須以人為方式調整改變，而有一定的絕對零點，因此比率變數在社會科學研究被廣泛使用。

　　比率尺度即因為具有絕對零點的標準化單位，數值與數值之間除了具有距離以反映相對位置，同時數值與數值之間的比率具有特定的意義。例如年齡變數，80

歲比 40 歲老了一倍，即如同 40 歲比 20 歲老了一倍，這幾個年齡數值都是從一個有絕對意義的 0 起算（例如 80 ＝ 80 – 0，40 ＝ 40 – 0，20 ＝ 20 – 0），因此所計算得到的倍率「2」，具有可比較性：

$$\frac{80}{40} = \frac{40}{20} = 2$$

但是在等距尺度，由於沒有絕對零點，數值與數值之間的比值沒有特定的意義。以華式溫度為例，132 度與 66 度的比值與 66 度與 33 度的比值雖均為 2，但是由於華式溫度計的起始值並非為 0，比率「2」僅為一個數學符號，此一比值不能解釋為兩者的溫度比為兩倍高。

$$\frac{132^{\circ}F}{66^{\circ}F} \neq \frac{66^{\circ}F}{33^{\circ}F}$$

如果以冰點為起始點（華氏溫度計的起始點為 32°F），上述兩組溫度的比值的實際意義為 2.94 與 34，即以冰點為準，132 度是 66 度的 2.94 倍高，但是 66 度是 33 度的 34 倍高。前面所計算的 2 僅是數字上的兩倍（或是以 0°F 為零點所獲得的比值），但以 32°F 零點來計算的比值又似乎令人無法理解其意義。也就說明了，缺乏絕對零點的比值，其實際的意義無法以數學的比率來表示。

$$\frac{132^{\circ}F – 32^{\circ}F}{66^{\circ}F – 32^{\circ}F} = 2.94$$

$$\frac{66^{\circ}F – 32^{\circ}F}{33^{\circ}F – 32^{\circ}F} = 34$$

（五）測量尺度的比較

如前所述，名義尺度只能將被觀察的現象或特質加以分類，故名義變數的數值，僅具相等（＝）或不等（≠）的數學特性。至於順序尺度，由於能將現象或特質排列順序或比較大小，故順序變數的數值，除具有相等（＝）或不等（≠）的特性之外，還有大於（＞）與小於（＜）的關係。等距尺度所測量得到的等距變數，其數值反映被觀察現象或特質的程度大小，因此其數學特性在名義與順序之外，尚能進行加（＋）與減（－），反映相對位置的距離關係。而比率尺度，因有絕對的零點，除了能求出相對差距外，還可估計出相差倍數，故還有乘（×）與除（÷）的特性。各種測量尺度的比較如表 2-3。

→ 表2-3　四種測量尺度的數學關係比較

測量層次	數學關係			
	= or ≠	> or <	+ or −	× or ÷
名義測量	√			
順序測量	√	√		
等距測量	√	√	√	
比率測量	√	√	√	√

　　基本上，不同層次的測量有其相對應的分析與處理方法，因此取用測量的層次的決定，對於研究的進行是相當重要的決策過程。特定的測量尺度，產生特定的變數類型，亦有特定的統計分析方法。依表 2-3 的數學特性可知，測量尺度具有層次性，社會與行為科學的研究者，除了因為資料的類型無法自由決定，例如性別、出生地等人口變數，多數研究者均尋求高層次的測量尺度來進行測量工作。

　　高層次的測量尺度的優點除了精密度較高之外，也具有良好的計量轉換能力。高階測量尺度可以轉換成低階測量變數，但是低階測量尺度，無法提升為高層次的資料。適用於低層次的資料（如名義變數）的統計方法，亦適用於較高層次的資料（如等距與比率變數），因為較高層次的資料，均具有較低層次資料的數學特性，但是高層次的資料若以較低層次的統計方法來分析時，資料並未充分運用，造成測量精密性的損失與資源的浪費。

　　值得一提的是，等距與比率尺度的差異在於零點的特性，但在研究過程當中，研究者重視的是如何將變數數值以特定的公式進一步轉換成各種統計數，進行描述或推論，零點的意義並非統計分法與資料處理所關心的問題，因此一般研究者並不會特別去區分等距與比率尺度，而將兩者一視同仁，以相同的資料分析與統計方法來處理。

第三節　測量的格式

　　前面所談的是測量的數據形式，在問卷編製的過程當中，數據是透過不同形式的題型來獲得，不同的研究問題，有其適用的測量題型與格式（format），以下我們將逐一介紹各種不同的測量格式。

一、測量格式的基本特性

（一）結構與非結構化測量

測量的結構化與非結構化反映了測量過程的標準化程度。一般而言，研究者在進行調查或行為測量之前，會預先擬定一套問題，編製成一套測量工具（問卷），所有的施測者或訪問員必須完全依照測量工具所提供的標準刺激，去蒐集受訪者的答案或由受測者自陳報告（self-reported）。此種具有一定格式與作答內容的測量問卷稱為結構化問卷（structured questionnaire），適用於大樣本研究。

相對之下，有些研究或調查，研究者並未預設特定的問題內容與方向，而取決於受訪者本身的態度與意願，測量過程當中，不同的受測者可能有不同的情況，訪問者可以適時介入測量過程，主導問題的方向。此種測量方法，標準化程度低，但是資料蒐集的豐富性高，稱為非結構化問卷（unstructured questionnaire），多使用於質化研究與訪談研究，且樣本規模不宜過大，以免造成分析上的困擾。有時訪問者會預先擬定一個問題綱要，在一定的範圍內，採非結構化、非標準化的測量，稱為半結構化問卷（semi-structured questionnaire）。

在資料分析的策略上，結構化測量由於具有標準化的題目與作答方式，因此可以非常輕易的轉換成量化資料，並進一步的使用各種統計技術加以分析。而非結構化或半結構測量則偏重於質化的分析方法，多以概念性分析與意義的建構為主，即使產生了一些數字，這些數字僅以最基本的描述統計進行描述即可，量化數據的功能多主要在佐證文本性的討論。

（二）封閉式測量與開放性測量

結構化的測量工具，不論是心理測驗、量表或自編問卷，皆由研究者在資料收集之前，針對研究的目的與問題預先準備，除了擬具題目之外，研究者多會預設受測者回答的內容或範圍，設定題目的選項，此種有特定選項的問卷，稱為封閉式問卷（close-ended questionnaire），受測者完全依據研究者所提供的選項來作答，沒有任何其他可能的答案。相對的，有些題目的答案是分布於一定的範圍內，無法指定選項，即使強制指定選項，可能造成題目過度冗長，因此採用開放式的作答方式，例如家中人口數、居住縣市等等，此類問卷稱為開放式問卷（open-ended questionnaire）。開放式問卷可以再細分為數字型問題以及非數字型問題，前者多屬順序或等距量尺，由受測者直接填入數字，後者則類似於問答題，如文字型問題，由受測者填入可能的文字，或是一些繪圖反應等。

值得注意的是，數據型的開放式問題與封閉式問題皆直接以數字的形式對於題目內容加以度量，有些題目可以被設計成開放型或封閉型問題，視研究者的需求而定。例如月收入的測量可以為下列二者：

A：你的月收入：□三萬以下□三萬至四萬九□五萬至九萬九□十萬以上
B：你的月收入約＿＿＿＿＿萬＿＿＿＿＿千

　　問法 A 屬於封閉型數字問題，問法 B 為開放型數字問題。從資料分析的觀點，數字型的開放式問題由受測者自行填寫答案，而不受限於研究者所限定的格式，可以提高變數的變異量與測量的精密度。在進行分析時，不僅可以計算出平均數、標準差等統計量數，也可以適用於較多的統計分析技術，有其統計考驗上的優勢。相對之下，封閉式的問題則僅能提供一定數目的選項，例如將月收入切割為五個級距，在測量上，有損失測量的精密度，減少測量變數的變異量等缺點，但是具有易於處理、簡單易懂的優點，統計處理上多以類別變數處理，可以搭配長條圖、圓形圖等統計圖表來呈現數據，在民意調查、消費研究中頗受重視。

二、量化研究的測量格式

（一）類別性測量

　　在問卷調查當中，最簡單且經常被使用的測量格式是類別性測量（categorical measurement）。例如性別、宗教信仰、通勤方式等等。類別性題目多應用於人口變數或事實性問題的測量，通常一份問卷都有基本資料欄，記錄受測者的基本資料，包括性別、教育背景、居住地區等等，或是具體的要求受測者就自己的狀況加以報告的事實或行為頻率，例如一週使用電腦網路的頻率。因為其主要功能是做為基本資料，這些變數的測量多以封閉性問題來詢問，以簡化變數的內容。

　　類別性測量的基本要件有二，第一是題目的選項必須是完全互斥，第二是能夠包括所有可能的選擇，以避免受測者填答上的困難。有些題目研究者無法完全將選項設計進入試題，因此在最後增加「其他」一項，此舉雖然使填答者得以將選項之外的答案填在問卷上，但是受測者所填註的「其他」資料往往無法與其他選項的資料一併處理，可能使得該受測者的問卷淪為廢卷，因此除非不得已，一般問卷設計均不鼓勵使用「其他」項來作為選項。

　　在選項的選擇模式，類別性測量有多種不同的使用方式，例如複選題，每一個題目容許多個答案，或是排序題，要求受測者將選項加以排序。以資料分析的角度來看，以傳統的單一選擇題最容易處理，也就是將該題以一個類別變數來處理。對於複選題與排序題，由於一個題目內有不同的答案組合，因此同一個題目必須被切割成多個類別變數或順序變數來進行鍵入或編碼（coding），在處理上相對複雜。

（二）連續性測量

連續性測量的任務在測定某些概念或現象的強度大小。在行為科學研究中一些抽象特質的測量，例如智商、焦慮感等，必須倚賴精密的尺度來進行程度上的測定，因此測量學者發展出不同測量格式，提供研究者依不同的需求來設計適合的工具。

1. Likert-type量表

Likert-type（李克特式）量表是廣泛應用在社會與行為科學研究的一種測量格式，適合於態度測量或意見的評估。典型的 Likert-type 量表由一組測量某一個相同特質或現象的題目所組成，每一個題目均有相同的重要性。每一個單一的題目，包含了一個陳述句與一套量尺。量尺由一組連續數字所組成，每一個數字代表一定的程度，用以反映受測者對於該陳述句同意、贊成或不同意、反對的程度。例如一個傳統的 Likert-type 五點量表，數值為 1（非常不同意）、2（不同意）、3（中性意見）、4（同意）、5（非常同意），分數愈高，代表同意程度愈高。受測者依據個人的意見或實際感受來作答，每一題的分數加總後得到該量表的總分，代表該特質的強度。範例如表 2-4。

→ 表2-4　Likert-type量表範例

	非常不同意	不同意	中性意見	同意	非常同意
1. 我的工作允許我自己去決定工作的進度時間表。	1	2	3	4	5
2. 我的工作讓我能做許多自己的決定。	1	2	3	4	5
3. 我的工作讓我自己決定要運用什麼方法來完成。	1	2	3	4	5
4. 我的工作允許我自己去決定做事的先後順序。	1	2	3	4	5

Likert-type 量表分數的計算與運用有一個基本的假設，即數字與數字之間的距離是相等的，在此一假設成立的前提下，不同的題目才可以加總得到一個量表的總分，因此 Likert-type 量尺是一種總加評定量表（summated rating scales），量表總分由個別題目加總所得。

為使受測者的感受強度能夠被適當的反映在 Likert-type 量尺的不同選項，並符合等距尺度具有特定單位的要求，每一個選項的文字說明應使用漸進增強的字彙，並能反映出相等間距的強度差異。過多的選項並無助於受測者進行個人意見的表達，過少的選項則會損失變異量與精密度，因此除非特殊的考量，一般研究者多選用 4、5、6 點之 Likert-type 量尺。當採用奇數格式時，如 5 點或 7 點量尺，中間值多為中庸或模糊意見。採用偶數格式的時機，多為研究者希望受測者有具體的意見傾向，避免回答中間傾向的意見，而能獲得非常贊成、贊成與非常不贊成、不贊成兩類明確的意見。

從資料分析的觀點，Likert-type 量尺是對於特定概念或現象測量的良好工具，主要在於 Likert-type 量尺簡易的編製過程、簡單的計分過程、以及題目的可擴充性等優點。在統計分析上，以 Likert-type 量尺所計算出的分數是一種連續分數，具有豐富的變異量，得以進行線性分析或平均數差異檢定。但是，由於 Likert-type 量尺建立在量尺的等距性以及題目的同質性兩項假設上，Likert-type 量尺必須先行經過信度的考驗，以確認量表的穩定性與內部一致性。

2. Thurstone量表

Thurstone 量表也是由一組測量某相同特質的題目所組成，但是每一個題目具有不同的強度，受測者勾選某一個題目時，即可獲得一個強度分數，當一組題目被評估完畢後，被勾選為同意的題目的強度分數的平均數，即為該量表分數。

Thurstone 量表的編製過程較為繁複，首先，編製者先將編寫完成的一群題目（約數十題），交由一群相關的實務人員，請這些評估者（judges）其依個人喜好或實務上的重要性，將題目歸類，例如將最不重要或最輕微的標為 1，最重要的歸為 11，依序給予 1 至 11 不同的數字，代表不同的重要性，6 代表中立的態度。評分完成之後，每一題可以計算出一個四分差，稱為 Q 分數（Q score），每一個題目的 Q 分數如果愈大，代表大家的評分愈分散，重要性愈模糊，但是如果大家一致認為某個題目很重要或很不重要，該題目的 Q 分數即會較小，變異情形較小，模糊性低。研究者即依模糊性的高低選出最一致性（不模糊）的題目十至二十題，並使其平均數能涵蓋不同強度高低，組成一套 Thurstone 量表，此時這十幾題不但內容上具有特定的重要性、模糊性低，且每一個題目都有一定的重要性權數（即重要性平均數）。

Thurstone 量表完成後，由受測者逐題依「同意」或「不同意」作答，回答同意的題目計分為 1，並乘以該題重要性的權數得到各題分數，再以各題分數的加總平均代表該量表的得分，如表 2-5。

　　此種方法的優點是受測者不用針對一些模糊的強度：例如「非常」或「有些」來進行判斷，也可避免所導致的量尺是否等距的爭議，同時每一題又有一定的重要性，施測後所得到的總分能夠反映題目的重要性，在測量上遠較 Likert 尺度符合等距尺度的精神，以此法編製量表又稱為等距量表法（equal-appearing interval method），所獲得的分數最符合等距尺度的要件，進行相關的統計分析時風險最小。但是 Thurstone 量表編製的過程相對繁瑣複雜，評分者選擇有其代表性與客觀性的問題，耗費時間與經濟成本，因而甚少被使用。

→ **表2-5**　Thurstone量表範例

分數	評定		題目
10.2	□同意	□不同意	1. 小孩不打不成器。
9.1	□同意	□不同意	2. 打小孩是免不了的，只是不要當著他人的面打就是了。
6.2	□同意	□不同意	3. 教養小孩應該恩威並施。
4.8	□同意	□不同意	4. 即使小孩犯了大錯，應考慮講理，再考慮輕微的體罰。
1.5	□同意	□不同意	5. 打小孩不但不會有幫助，還會有反效果。

3. Guttman量表

　　以 Guttman 格式所編製的 Guttman 量表，與 Thurstone 量表類似，由一組具有不同程度的題目所組成。受測者對於某特定事件有一定的看法，且題目由淺至深排列，因此這位受測者在一定的難度以下的題目均應回答同意，但是超過一定的題目難度即應回答不同意，同意與不同意的轉折點即反映了受測者的真實態度強度或行為強度，此時受測者回答幾個同意，即代表分數幾分，因此 Guttman 量表又稱為累積量表（cumulative scales），如表 2-6 之範例。

　　Guttman 量表與 Thurstone 量表類似，必須經過一定的前置作業，以確定量表的題目能夠反映被測量的特質的內涵與結構，Guttman 量表中，難度較高的題目被受測者勾選為同意時，其他所有較低難度的題目應該全部被評為同意，如果有任何一個例外，代表該題的難度評估有誤。因此 Guttman 量表事前需針對每一題的難度進行確認。

→ 表2-6　Guttman量尺範例

評定		題目
□同意　□不同意		1. 你抽菸嗎？
□同意　□不同意		2. 你每天是否抽菸多於 10 支？
□同意　□不同意		3. 你每天是否抽菸超過一包？
□同意　□不同意		4. 你是否每刻不能離開菸？

　　Guttman 量表與 Thurstone 量表的差異，在於計分的方法，Guttman 以轉折點所累積的題數為分數，但是 Thurstone 量表以各題目的重要性分數來計分，相較之下，Guttman 量表的編製與使用較 Thurston 量表簡易。但是在分數的精確性上，則以 Thurstone 量表較佳。此外，對於具體行為的測量（例如抽菸的行為），Guttman 量表是較佳的選擇，但是對於抽象性高的特質的評估（例如體罰態度），每一個題目的難度難以獲得一致，則以 Thurstone 量表較佳。

4. 語意差別量表（semantic differential scale）

　　語意差別量表是由 Osgood 等人所發展的態度測量技術（Osgood & Tannenbaum, 1955），針對某一個評定的對象，要求受測者在一組極端對立的配對形容詞，進行評定，例如表 2-7。

→ 表2-7　語意差別法量表範例

評定對象：大學教授					
	非常如此 −2	有點如此 −1	中性 0	有點如此 1	非常如此 2
溫暖的	＿＿＿	＿＿＿	＿＿＿	＿＿＿	冷酷的
忙碌的	＿＿＿	＿＿＿	＿＿＿	＿＿＿	悠閒的
吹毛求疵的	＿＿＿	＿＿＿	＿＿＿	＿＿＿	大而化之的
易於相處的	＿＿＿	＿＿＿	＿＿＿	＿＿＿	難以相處的

　　在評定的尺度上，語意差別法與 Likert-type 量尺的原理類似，分數愈高者代表受測者在該題意見強度愈高，而 Likert-type 是以完整的陳述句來說明測量的內容，語意差別法則以雙極形容詞（bipolar adjective scale）來表示。語意差別法對於題目分數的計算，除了個別的使用每一個形容詞配對來進行平均數的計算，並可將形容詞加總獲得總分來運用，也是一種總加量表。值得注意的是，並非每一對形容詞都適合加總，因此研究者應妥善設計形容詞的選用，以便得以進行總和計算。或是

利用因素分析法，將概念相似的形容詞配對予以加總，得到因素分數再進行應用（Osgood, Suci, & Tannenbaum, 1957）。

語意差別法的主要目的在區辨兩個極端的概念，對於兩極化形容詞的評分，除了使用類似於 Likert 量表的尺度之外，另一種替代的方法是以一段開放的數線，讓受測者自由點出其意見傾向，再以點選處的距離來代表受測者的強度，稱為視覺類比測量（visual analog measure），如表 2-8。

→ **表2-8**　*視覺類比測量範例*

評定對象：大學教授	
溫暖的　　　_____	冷酷的

此法的優點以開放的線段代替特定的數字，可以去除因為特定數值的定錨效果（anchor effect），測量精密度較高，同時在進行重測時，記憶效果較小，適用於實驗研究中的前後測評量。但是在處理上耗時耗力，應用情形較不普遍（Mayer, 1978）。

5. 強迫選擇量表（forced-choice scale）

強迫選擇量表是利用兩個立場相反的描述句，其中一句代表正面的立場，另一句代表反面的立場，要求受測者自兩者中挑選出較接近自己想法的題目，然後將正面的題項勾選題數加總得到該量表的總分。

→ **表2-9**　*強迫選擇量表範例*

1.　□甲：我喜歡狂熱的、隨心所欲的聚會。
　　□乙：我比較喜歡可以好好聊天，安安靜靜的聚會。
2.　□甲：有很多電影，我喜歡一看再看。
　　□乙：我不能忍受，看過的電影還要一看再看。
3.　□甲：我常常希望自己能成為一位登山者。
　　□乙：我不能了解為什麼有人會冒險去登山。

強迫選擇量表主要在改善 Likert-type 量尺對於兩極端強度測量敏感度不足的問題，當受測者在兩個立場相左的陳述句做二選一的選擇時，即明確的指出個人的立場，而不會有中庸模糊的分數。此外，強迫選擇問題能夠迴避一些反應心向的問題，減少受試者以特定答題趨勢去回答問題（例如中庸取向、一致偏高分作答）。

強迫選擇量表的缺點之一即是量表的長度較傳統 Likert-type 量尺多出一倍，增加編題者的工作量。強迫選擇問卷的數學原理也是以總加量表法來進行量表分數的使用。一般研究者以改善 Likert-type 量表的信度與項目代表性，來取代強迫選擇題目的編製。但是強迫選擇量表在行銷調查與民意測驗時，用以了解受測者的立場時，有強迫表態的優點。

6. 形容詞檢核表（checklist）

檢核表可以說是一種簡化的 Likert-type 量尺的測量格式，針對某一個測量的對象或特質，研究者列出一組關鍵的形容詞，並要求受測者針對各形容詞的重要性，以二點尺度或多點尺度來進行評估。

受測者針對一組形容詞進行評定之後，利用因素分析技術來進行分類或以特定方式重新分組，以總加量表的方式來計算分數。在某些人格量表，測驗編製者基於特定的理論或實證的研究數據，列出某一心理特質有關的重要形容詞，組成一套形容詞檢核量表，施以受測者，加總得到的分數即代表該心理特質的強度。

→ **表2-10** *形容詞檢核表範例*

問題：創意的廣告人特質？對於一個具有創意的廣告工作者，你認為下列人格特質的重要性為何？		
1. 熱情的	□否	□是
2. 理性的	□否	□是
3. 外向的	□否	□是
4. 有耐心的	□否	□是

三、測量格式的比較

上述各種不同的測量格式，各有不同的功能與適用時機，使用者應審慎考慮個人的需求與研究目的，並依問卷編製的原則進行研究工具的準備。從量化研究的立場，不同的量表格式則有不同的應用價值，所得以使用的統計分析亦有所不同。測量格式的比較請見表 2-11。

以編製的難度而言，最繁複的格式為 Thurstone 與 Guttman 量尺，耗費的成本最高、時間最長，但是發展完成後，其等距性的測量提供最強韌的統計分析基礎，適用於推論統計等檢測。對於研究者而言，雖然有其成本，但是可以減少測量誤差，提升檢定的正確性，在管理領域，這些精密的量表有助於工作績效與工作行為的評量，因此應用空間較大。其次是 Likert-type 量尺，雖然編製難度不如

Thurstone 與 Guttman 量尺，但是 Likert-type 量尺多半必須提供信效度資料，使得量表的發展也需要經由具專門訓練背景的人員來發展。

→ 表2-11　各種測量格式之比較

測量格式類型	編製難度	應用價值	量化精密度	分數的運用	測量尺度
非結構式問卷	低	低	低	需經轉換	-
結構化開放式問題					
1. 數字型開放問題	低	高	高	連續分數	順序、等距或比率量尺
2. 文字型開放問題	低	低	低	需經轉換	-
結構化封閉式問題					
1. 類別性測量	低	高	-	個別題目（類別次數）	名義或順序量尺
2. 連續性測量					
(1) Likert-type 量表	中	高	高	總加法（連續分數）	等距量尺
(2) Thurstone 量表	高	高	高	等距法（連續分數）	比率量尺
(3) Guttman 量表	高	高	高	累積法（連續分數）	比率量尺
(4) 語意差別量表	中	高	高	總加法（連續分數）	等距量尺
(5) 強迫選擇量表	中	高	高	總加法（連續分數）	等距量尺
(6) 形容詞檢核技術	低	高	高	總加法（連續分數）	等距量尺

　　編製難度高的測量格式，相對的在統計與量化的應用上，具有較高的應用價值。結構化問卷中，以封閉性的問題在量化研究的應用性最為理想。不論是總加量表、累積量表或等距量表，皆能提供精密的量化資料，若能結合電腦應用軟體，量化資料可以快速的轉換成不同的形式，在研究行銷調查等各領域，提供決策與診斷的依據。值得注意的是，開放型問題中的數字型問題，不僅在編製難度上低，同時在資料分析的應用價值高，值得採用。

　　上述提及各種測量格式，多在處理連續性的資料，但是絕大多數的研究與調查，均有收集背景資料加以分析運用的需求，在量化研究中，類別性的封閉性測量有其不可或缺的重要性，這類測量格式多用於收集事實性的資料，因此沒有所謂精密度的問題，但是，如果封閉性的類別測量（例如分類化的月收入調查、分類化的年齡變數）可以轉換成開放式數字型測量格式（開放式的詢問月收入或實際年齡），則可以獲致高精密性的計量資料，有利於資料分析的操作。

第四節　反應心向

一、反應心向的界定

受測者在作答歷程中，常發生一種稱為反應心向或作答定式（response set）的特殊作答現象，足以影響資料的正確應用，在測量領域，很早便受到研究者的注意（見 Block, 1965）。從定義上來說，受試者在填答問卷時，無論測驗的內容和情況如何，受試者具有一種比較固定的作答傾向稱為反應心向（Wiggins, 1973），例如受試者傾向於回答特殊的答案，稱之為離異反應（deviation）（Berg, 1967），或是在傾向於回答同意（yeasayers）或不同意（naysayers）的答案，稱之為順從心向或唯唯諾諾（acquiescence）（Lentz, 1938），在態度測量中，順從心向是一個頗為普遍的測量誤差（Ray, 1983）。其他如受測者有習慣性遺漏填答，也可以歸之於反應心向，為一種作答粗心（careless responding; Dillehay & Jernigan, 1970）或題項遺漏（omitting items; Cronbach, 1946）。

反應心向的發生，有時是有意識的，有時是無意識的。如果填答者心存討好主試者，或欲透過好的分數以建立他人對自己的良好印象者，稱為偽善（faking good）反應心向。相反的，如果填答者想藉由測驗分數造成負面印象，或在博取他人的注意，同情或幫助，或想表達不滿、報復心態等等，稱之為偽惡（faking bad）。在組織診斷或人力資源的研究中，因涉及人員升遷與績效評估等因素，常常可以看到此種反應傾向。其他的反應心向還包括中庸傾向（mediocre），受試者以不置可否或平均值、中間值的答案來描述自己的狀態；或批判、攻擊傾向（criticatness or aggression），指受試者的答案均較具有批判性或攻擊性。

反應心向在非意識的情況下發生，最常見的即是社會讚許性或社會偏愛反應心向（social desirability），也就是指受試傾向於以社會大眾所歡迎的語句或選項來描述自己的狀態，避免使用社會不贊同、具負面評價的填答方式。社會讚許性不同於有意識的欺瞞或偽善偽惡，而是一種無法自主控制的自動化行為，一般受試者都可能不自覺的採用大眾喜愛或社會認可答案來作答（Edwards, 1957）。社會讚許性的另一種可能由於自我防衛心理所造成，例如問及較為敏感的隱私問題、或社會禁忌的題項，或有著「家醜不可外揚」的傳統觀念的影響所造成。在 1930 年代，社會讚許效果受到相當的重視，Meehl 與 Hathaway（1946）整理出八種專門用以測量自陳量表中有關社會讚許性測量的工具。

二、反應心向的處理

　　反應心向對於測量分數的正確使用有著相當嚴重的影響。早期多以系統性偏誤（systematic bias; Berg, 1967），但是部分學者則主張特定的反應傾向也可以被視為一種人格特質，而被稱為反應風格（response style）。前者是將反應心向檢測出來後，以誤差變異來處理，後者則將反應心向視為一種可以加以測量的人格屬性（Jackson & Messick, 1958，1962; Wiggins, 1962）。但是，一個基本的共識是這些基於反應心向對於測驗分數造成的影響必須被辨識、測量，且進一步的與真分數分離，使得測驗分數得以不受反應心向的干擾。

（一）廢卷處理法

　　當研究者回收問卷，進行初步的檢視之時，通常可以由受試者填寫答案的趨勢來判定是否存在特殊的反應風格，例如極端反應（extremity），受試者傾向選擇較極端的答案來描述自己，如在五點評定量表中傾向選 1 或 5，或明顯的回答正向答案或高分，研究者可以將該份答案卷以廢卷處理，不列入資料檔案中。

　　以廢卷處理存有下列問題，第一，廢卷處理的標準不易訂定，多依循研究者的主觀判斷，缺乏一致性的原則或標準，因此學者建議以特定指標作為廢卷依據，例如利用檢驗量表，測量社會讚許性程度，當分數超過某一標準時，即採廢卷處理。第二，以廢卷處理時，該受訪者的資料被完全排除，不但造成樣本的減少，也可能形成系統性的資料遺失，造成另一種形式的測量偏誤。第三，反應心向的效果無法被估計，並據以進行進一步的統計控制，形成研究上的限制。

（二）事前估計法

　　在反應心向的研究中，以社會讚許性受到最多的注意，研究結果也最為豐富。為了避免社會讚許性或其他反應心向的影響，測驗試題編製之初，即應避免編寫易造成困擾的題目，並進行必要的檢測。例如將測驗題目交由其他評審人員，對於題目受歡迎程度依九點量表來打分數，求取各評審人員的平均數，得到該題的社會讚許值（Edwards, 1953）。該數值可以在進行研究結果分析時，作為控制變數。高登人格測驗（Gordon personal inventory），即應用此一原理編製而成。另一個方法，是利用因素分析技術來抽取與社會讚許性有關的因素。透過因素分析，研究者得以將一組題目簡化成數個具有內部一致性的因素。如果一組題目中，某些題目具有高度的社會讚許性，可能共同出現於同一個因素內，研究者即可考慮將該因素的題目刪除，去除社會讚許性的影響。

（三）事後估計法

　　一般研究者均主張，反應心向必須被測量與估計，以便進行必要的統計處理。一種較爲簡單的方式，是將反應心向的得分，作爲一個特定的控制變數或抑制變數（suppressor），並納入迴歸方程式，利用共變分析或迴歸原理進行統計控制。使得其他的預測變數得以在排除反應心向的狀況下進行估計。

　　事後估計法的使用，必須先進行檢驗量表。例如 Edwards（1957）取用明尼蘇達多向人格測驗（MMPI）最可能造成社會讚許性的題目三十九題，編成社會讚許量表（social desirability scale），用以測量受試者社會讚許性程度。其他的量表如馬康二氏社會讚許量表（Marlowe-Crowne Social Desirability Scale; Crowne & Marlowe, 1960），CPI 好印象量表（Good Impression Scale; Gough, 1952）、適用於兒童的兒童社會讚許量表（Children's Social Desirability Scale; Crandall, Crandall & Katkovsky, 1965）等。

　　雖然迴歸技術可以輕易的處理控制的問題，但是存在一些問題，第一是反應心向不易測量，目前除了社會讚許性已有專門的量表之外（如 Edwards, 1953），其他的反應心向如唯唯諾諾等，其效果不易測得。第二，迴歸分析的結果的預測力偏低，導致對於測驗分數的控制效果不大（Dicken, 1963）。

（四）使用其他測驗形式

　　爲避免反應心向的問題，徹底解決之道即選用較爲不受影響的測驗題型。例如採用非文字測驗，以投射測驗、繪圖測驗、語句完成測驗、自由反應問卷等等，避免使用自陳式量表。其次，減少量尺的選項，如將七點量表改爲三點量表或兩點量表，減少反應心向的偏離情形，但是相對的，將減少測量的總變異量，減低了測量的精密度。第三，採用強迫選擇問卷，要求受測者從兩個對立的描述句中選擇一個最接近受試者想法的答案等。一些研究者甚至提出受測代理人（proxy subject）技術，以間接的方式進行測量，也就是透過與受測者熟悉親密的親人、朋友、師長來進行資料的收集，以減少反應心向。Sudman 與 Bradburn（1974）研究指出，此一技術對於較爲外顯、可公開測量內容效果較佳，對於性格、價值理念等抽象特質的測量則效果欠佳，使得此法的應用價值受到爭議（Kane & Lawler, 1978; McCare, 1982）。

　　另一種常見用來偵測作答者作答特殊性的方法是在問卷當中設置反向題。如果填答者惡意作答或不願意作答時，有可能沒有察覺到題目的問題可能是相反方向的問法，導致出現兩個矛盾的答案。以下列兩題自尊量表試題爲例：

1. 大體來說，我對我自己十分滿意
2. 有時我會覺得自己一無是處 *

很明顯的，第 2 題目是反向計分題。題目的選項的分數高低，恰與其他題目相反。若以 1（非常不符合）、2（有點不符合）、3（有點符合）、4（非常符合）四點量表來測量強度，分數愈高者，表示愈有正向的自尊，反向題的強度恰好與其他試題相反，如果作答者胡亂作答，不查這幾題的方向問法不同，可能就會做出正向題相衝突的結果。如果反向題的作答異常，可以作為廢卷處理的依據。值得注意的是，如果是一個正常的受測者，需使用反向編碼的方式，將所有的反向題進行反向計分後，才能繼續運用於分析當中。

上述的處理模式，或多或少可以降低反應心向的影響，惟研究者必須考慮適用的時機，選擇最適合於研究設計與目的的策略。但是反應心向的問題，反映出測量過程存在系統性偏誤的潛在威脅，尤其是當研究者選用自陳式量表進行測量時，即非常容易出現導因於工具本身的偏誤，稱為方法效應（method effect），也就是因為特定工具的使用，所產生不必要的系統變異或系統誤差的影響（Bagozzi, 1993; Marsh, 1989; Marsh & Hocevar, 1988）。

事實上，反應心向可以視為是一種受試者與工具之間產生交互作用（subject-tool interaction）的誤差效果，也就是說，測量工具本身或受試者因素並不是造成反應心向主要因素，而在於兩個交互影響的效果，因此，反應心向的因應，應從多方面角度以及程序控制來進行，在工具方面即應避免使用易引發反應心向的試題，進行事前的評估，在施測的過程，使用適當的指導語，以匿名方式作答，去除填答者的疑慮與壓力等壓力減低技術（demand reduction techniques; Paulhus, 1982）。而在資料整理過程中，進行目視篩檢與統計的控制，多管齊下來維護測量的品質，方能收到實效。

第二篇　資料處理與數據查核

　　量化研究所產生的原始資料，就好比剛從市場買來的材料，要送給大廚烹調之前，先要進行必要的處理，才能讓大廚的手藝有所發揮。原始資料經過整理、編碼、輸入、適當的轉換之後，還需進行統計假設的檢驗，才能作為統計分析的數據，此一過程除了概念性的介紹，更有賴實際的操作與演練，才能圓滿達成任務。

　　電腦化的作業模式，已完全取代人工作業。藉由 SPSS 或自撰 R 程式，資料分析作業得以快捷與精確的進行，但是仍有賴一套縝密的編碼、建檔等前置作業，以及研究者細心的偵錯與檢查，使得各種問題得以在第一時間即獲得處理。

　　熟悉統計軟體是使工作順利進展的重要課題，適切的資料轉換、描述統計與圖表的運用，可以將電腦化的原始數據進行初步的呈現，是進入正式分析之前最佳的熱身。

資料編碼與資料庫建立

當研究者完成一個研究的設計與規劃之後，即進入研究執行階段，開始進行資料收集工作。在此一階段，研究者必須透過有計畫的工作流程，有系統的進行資料處理的工作，以確保研究資料的品質，並提供下一階段進行資料分析的良好條件。這些包括資料收集的標準化、編碼系統的建立、資料的編碼與鍵入、資料檢驗與轉換等資料處理步驟的嚴謹程度，是決定資料分析成敗的關鍵因素。

尤其到了科技發達的今天，許多研究資料的處理皆可由研究者在個人電腦上完成，甚至於資料直接由網頁上獲得，或經由網路問卷蒐集，因此研究資料的數位化，即成為每一個研究人員所需直接或間接面對的工作，也影響了研究工作的進展。

拜商業軟體快速發展之賜，市面上有多種方便使用的資料處理與統計分析軟體，可提供研究者選用。因而量化資料的電腦化在技術層次已經不構成問題，研究者所需具備的是正確的研究方法知識，以及嚴謹的工作態度與實事求是的精神，如此一來，量化研究的進行將可在科技設備的支援下正確有效的完成。

第一節　編碼系統的建立與應用

客觀、標準、系統化的資料收集過程，是資料處理的首要工作。由於研究工具決定了資料的形式與內容，負責統計分析的研究人員，通常在工具發展的階段即參與決策，以便提供資料處理與統計分析的相關意見，避免不恰當的資料格式與處理流程，造成日後分析師的困擾與資源的浪費。

一、編碼系統的概念

具體而言，資料處理人員的第一個具體任務是編碼系統（coding system）的建立，並確保研究工具與編碼系統的適配。基本上，編碼系統是一套資料處理的模式，包含資料的架構（framework）與處理流程（procedure）。資料的架構包括資料的格式、符號表徵、內容廣度與遺漏處理；編碼系統的處理流程則指分析人員在處理資料過程當中，對於資料的分類、轉換、合併、刪除與保留的過程。

不論是資料的架構或流程，編碼系統的發展，依資料最初收集的方式，其處理方式有所不同。例如文字性與量化性資料的差異，以及開放式資料與封閉性資料的差異，皆有不同的處理方式。量化性資料是資料在獲取過程當中，即以數字方式存在，例如家中人口數、薪資、年齡、年資、工作滿意度等，數字本身帶有量尺的特性或研究者賦予的特定意義。

文字性資料是指資料的原始型態是文字，例如學校名稱、宗教信仰、工作內容等，資料處理時必須轉換成數字型態才有利於統計分析。此時分類與轉換的有效性與標準化，決定了後續資料分析的成敗，如果分類缺乏一致標準，將難以獲得共識而被質疑。

一般而言，研究方法的訓練重視工具的發展，而把資料分析做為後續處理步驟來看待，呈現工具引導編碼（tooling leads coding）的現象。大多數的研究方法教材均花費相當篇幅討論良好的研究工具的要件，而缺乏對於資料處理與數據準備的說明。但是，如果從資料分析的角度來看，編碼的概念必須先於或至少平行於工具的發展，才能使資料分析在最佳的情況下進行，也就是說應是編碼引導工具（coding leads tooling）。主要的考量是「預防」的觀點，藉由編碼系統的引導，避免不適切資料的發生。

量化研究的重點在於利用符號或數學模式來進行資料處理與統計分析，一旦資料回收，資料內容已成既存事實，對於有問題的資料，僅能進行補救或以統計方法進行控制，而無法在第一時間來進行預防。因此，從分析者的觀點，編碼系統的建立來引導工具的發展是一最佳的狀況。

二、編碼簿

編碼系統的具體工作是建立編碼簿（codebook）。編碼簿主要在記載資料數量化的所有格式與內容，並配合電腦處理的需求，詳述資料處理的步驟，其最重要的功能是提供標準化的作業流程。通常一個研究的資料處理由多人共同完成，這些人員可能包括了助理、工讀生等素質不一的成員，因此編碼簿可以規範每一位工作者的作業模式與流程，避免錯誤的發生。另外，如果是透過網路問卷或網路平臺進行資料蒐集，更需要編碼簿來協助研究者設定資料的欄位特性與資料定義的工作。

其次，編碼簿具有溝通的功能，藉由編碼簿，不僅是研究者，其他研究參與人員得以理解資料的內容與格式，避免資料的誤解與誤用。在資料處理實務上，編碼簿同時也扮演了工作程序登載與工作記憶留存的角色。因為在資料處理過程當中，往往會有突發的狀況發生，此時資料處理人員得將處理策略記載在編碼簿，在獲得其他人員的了解之後，納入編碼系統的規定，除了提供修正擴充的平臺之外，同時可將處理流程與決策結果詳實的記載，成為資料處理的記憶。

表 3-1 是一份網路行為調查問卷的簡單範例，問卷中包括三個部分：基本資料（包括背景資料）、網路使用習慣、網路態度。其中網路態度共有十題，其量尺為 Likert-type 6 點量尺。相對應於這份問卷的編碼表列於表 3-2。

編碼簿的內容通常包括四個部分：變數名稱與標籤、變數數值與標籤、遺漏值處理、與分析處理記錄。首先，第一個部分是配合研究工具的內容與題號順序，記錄變數的命名與內容的說明，例如在問卷上的原始題號。在多數的情況下，每一個題目應有一個相對應的題號與變數名稱，但是某些題目在原始問卷上僅有一題，但是在實際進行資料分析時需處理成多個變數，產生一（題）對多（變數）的特殊狀況。例如問卷上出現出生年月日的題目，在原始問卷上屬於一個題目，但是編碼簿上出現出生年、出生月、出生日三個變數。

→ **表3-1**　網路行為調查問卷範例

親愛的同學，您好：

　　我們目前正在進行一項關於大學生使用網路的研究，您的配合對於本研究的進行將會提供相當大的幫助。本研究採無記名方式進行，請您誠實作答，問卷內容僅作為學術研究，個人資料將不會被對外公開。謝謝您的作答！

○○大學心理學系四年級學生敬上

第一部分：基本資料
1. 性　別　□ 1. 男　　　□ 2. 女　　　2. 出生年月：民國＿＿＿＿年＿＿＿＿月
3. 學院別　□ 1. 文藝學院　□ 2. 法商管理　□ 3. 理工學院　□ 4. 農醫學院　□ 5. 其他＿＿
4. 年級別　□ 1. 一　　　□ 2. 二　　　□ 3. 三　　　□ 4. 四　　　□ 5. 四以上
5. 居住地　□ 1. 家中　　□ 2. 學校宿舍　□ 3. 租屋　　□ 4. 親友家　□ 5. 其他＿＿
6. 有無男／女朋友　□ 1. 有　□ 2. 無

第二部分：網路使用習慣
1. 最常上網的地點　□ 1. 家中　　□ 2. 學校　　□ 3. 宿舍　　□ 4. 網咖　　□ 5. 其他＿＿＿＿
2. 通常上網的方式　□ 1. 撥接　　□ 2. 寬頻　　□ 3. 區域網路　□ 4. 其他＿＿＿＿＿
3. 每週上網大約＿＿＿＿＿次，平均每次上網＿＿＿＿＿小時
4. 最可能檢查 E-mail 的時段（請排序）□ 1. 上午 □ 2. 下午 □ 3. 晚上 □ 4. 十一點後的深夜
5. 最常進行的網路活動類型（可複選）
　　□ 1. BBS　　　□ 2. 聊天室　　□ 3. 收發 E-mail　□ 4. 網路通訊　□ 5. 傳送文件檔案
　　□ 6. 閱讀電子報　□ 7. 網路遊戲　□ 8. 網路購物　　□ 9. 資料搜尋　□ 其他＿＿＿＿

第三部分：請您就認同程度與自身感受，在 1 到 6 圈選出一個適當的數字，數字愈大表示同意程度愈高。

	非常不同意	不同意	不太同意	有點同意	同意	非常同意
1. 上網是一個良好的休閒活動	1	2	3	4	5	6
2. 不上網就落伍了	1	2	3	4	5	6
3. 上網是用來打發時間	1	2	3	4	5	6
4. 網路交友不是一種安全可靠的交友方式	1	2	3	4	5	6
5. 網路提供一個發洩情緒的管道	1	2	3	4	5	6
6. 網路的神祕感與匿名性非常吸引我	1	2	3	4	5	6
7. 不上網會讓我感到渾身不舒服	1	2	3	4	5	6
8. 在網路上我可以講平常不敢講的話	1	2	3	4	5	6
9. 我在網路世界中比現實生活中更有自信	1	2	3	4	5	6
10. 網路上的朋友比現實生活中的朋友更了解我	1	2	3	4	5	6

→ 表3-2　網路行為調查問卷編碼表範例

原始題號	變數（Variable）		數值（Value）		遺漏值	SPSS欄位
	變數名稱	變數標註	數值	數值標註		
	ID	受試者編號	0-999			1
一 1	gender	性別	1	男	9	2
			2	女		
一 2	YOB	出生年次	0-999	-	999	3
	MOB	出生月份	1-12	-	99	4
一 3	College	學院別	1	文學院	9	5
			2	法商管理		
			3	理工學院		
			4	農醫學院		
			5	其他		
一 4	GRADE	年級別	1-4	-	9	6
一 5	living	居住地點	1	家裡	9	7
			2	學校宿舍		
			3	租屋		
			4	親友家		
			5	其他		
一 6	friend	異性朋友	1	有	9	8
			2	無		
二 1	place	上網地點	1	家裡	9	9
			2	學校		
			3	宿舍		
			4	網咖		
			5	其他		
二 2	method	上網方式	1	撥接	9	10
			2	寬頻		
			3	區域網路		
			4	其他		
二 3	Freq1	每週上網次數	0-98	-	99	11
	Freq2	每次上網時數	0-24	-	99	12
二 4（排序題）	TIME	檢查 E-MAIL 時段	0	未選	9	13-16
	Time1	上午	1	第一順位	（全未選）	
	Time2	下午	2	第二順位		
	Time3	晚上	3	第三順位		
	Time4	11 點後的深夜	4	第四順位		

→ **表3-2**　（續）

原始題號	變數（Variable）		數值（Value）		遺漏值	SPSS欄位
	變數名稱	變數標註	數值	數值標註		
二 5 （複選題）	ACTIVITY ACT1 ACT2 ACT3 ACT4 ACT5 ACT6 ACT7 ACT8 ACT9 ACT10	網路活動類型 BBS 聊天室 收發 E-MAIL 網路通訊 傳送文件檔案 閱讀電子報 網路遊戲 網路購物 資料搜尋 其他	0 1	未選 有選	9 （全未選）	17-26
三 1-10 （量表）	ITEM1 ITEM2 ITEM3 ITEM4 ITEM5 ITEM6 ITEM7 ITEM8 ITEM9 ITEM10	1. 上網是一個良好的休閒活動 2. 不上網就落伍了 3. 上網是用來打發時間 4. 網路交友不是一種安全可靠的交友方式（反向） 5. 網路提供一個發洩情緒管道 6. 網路的神祕感與匿名性非常吸引我 7. 不上網讓我感到渾身不舒服 8. 在網路上我可以講平常不敢講的話 9. 我在網路世界中比現實生活中更有自信 10. 網路的朋友比現實生活中的朋友更了解我	1 2 3 4 5 6	非常不同意 不同意 有點不同意 有點同意 同意 非常同意	9	27-36

　　此外，雖然問卷中沒有 ID 這個變數，但是在資料處理過程中，每一份問卷的編號是重要的管理數據，因此在進行資料處理時，每一份問卷若非事前已經編定好一個編號，通常都會額外在問卷上編上流水號以資識別。

　　第二個部分包括變數的數值內容與標籤，是一份編碼簿當中最重要的部分。一般而言，變數名稱以不超過 8 個字元的英文詞來表示，例如性別以 gender 命名之。每一個英文名稱之後，緊接著是該英文名稱的標籤，該標籤將被鍵入資料庫作為該英文變數名稱的標籤。

　　另外，數值的標籤對於類別變數是非常重要的註記，但是對於連續變數的數值即不需特別予以註記，例如上網次數與時數這個問題，數值本身就反映了次數與時間，此時不必進行數值標註。但對於性別變數，則必須將數值意義加以標註。有的研究者習慣將男性標定為 1 女性標定為 2，但是也有人將男性標定為 1，女性標定為 0，此時若非參照編碼簿的記錄，外人實難得知變數數值的意義。

一般若使用心理測驗或量表，通常會以特殊量尺來代表反映強度，例如 Likert-type 量尺，此時，數值具有特定的強度，強度的意義必須加以註記。例如 1 至 5 的五點量表，可能分數愈高代表強度愈強，稱為正向題，但有時分數愈高代表強度愈弱，是為反向題，在資料庫建立時，需進行特別處理。例如問卷當中的第三部分的第 4 題（網路交友不是一種安全可靠的交友方式），就是一個反向題，應在編碼簿中註記。

第三個部分是有關遺漏值處理的方式。在量化研究的資料處理上，遺漏值的處理扮演著一個重要的角色，主要是因為資料遺漏是一個相當普遍的現象，不但造成樣本的損失、資源的浪費、同時造成資料處理的不便，並導致統計分析的偏誤。一般習慣上，遺漏值以變數的最後一個數值來表示，個位數的變數，遺漏值設為 9，二位數的變數，遺漏值設為 99，當研究者有需要時，可以自行定義不同的遺漏值。

編碼簿的第四部分通常是關於軟體處理方式的說明。由表 3-2 的編碼簿可知，整份問卷鍵入 SPSS 資料庫後，共占有 36 欄資料。值得注意的是，在問卷中，包含複選題（10 個選項）與排序題（四個排序選項），這兩種題型雖然在問卷上雖然是一題，但是在資料庫中，排序題與複選題的每一個選項就應占有一欄資料，因此兩個題目各占了 10 與 4 個欄位，在 SPSS 資料庫中的變數數目各為 10 與 4 個。

三、廢卷處理

在進行研究資料電腦化之前，還有一項重要的工作，是進行廢卷處理。經由研究問卷的逐份檢視，研究者可以及時的發現疏漏資料，並進行補救工作，如果無法及時補漏資料，研究者必須淘汰不良的研究資料，保持研究資料的純淨。如果發生問題的問卷過多或過度集中於某一類的研究對象時，研究者必須進一步探討是否研究執行過程存有瑕疵與疏忽，重新檢視有關問卷或研究資料，以避免系統性偏誤。

廢卷發生的情況與原因非常多，最直接的判斷方法是檢視遺漏答案的狀況。一份問卷如果長度過長、排版瑕疵、雙面印刷，填答者可能會忽略部分試題，造成填答遺漏的現象，必須以無效問卷來處理。此外，有些填答者習慣性跳答，或是過度謹慎，亦將造成遺漏過多的現象。

惡意作答、說謊與欺瞞也使得問卷必須淘汰，例如填答者全部勾選同一個答

58

案，或是草率的胡亂勾選，明顯的抗拒作答，即使回答全部的問題，這些資料也不堪使用。其他廢卷情形不一而足，從非目標樣本的排除（如年齡過輕或過長）、單選題以多選題作答、作答者能力不足以回答問卷等等。此外，明顯的反映心向，例如過度極端的回答、社會讚許反映明顯等題目，有時也應以廢卷處理。

廢卷處理並無特定的標準或程序，也不限定只能在分析之前進行，研究者在分析過程當中的任何階段，皆可以適時的排除或調整數據。在嚴謹程度上，過度嚴格的廢卷處理不一定能夠提高研究的品質，反而可能因為系統化刪除特定個案而造成偏誤，但是粗糙的廢卷處理更可能造成研究數據的偏誤失真，帶來研究的災難。在寬緊之間，多倚賴研究者累積其經驗，或基於研究者的需求來進行判斷。同時也需借助統計分析的技術，善用各種指標，來管控研究分析的進行。

一般而言，在學術報告中，必須清楚的指明廢卷處理的方式，提出修正的結果與淘汰比例的資訊，以利審查人員或讀者的判斷。如果廢卷淘汰過多，研究者可能必須另行增補樣本，以符合研究者預期的樣本規模。廢卷處理看似單純，但卻深深影響研究品質與研究結果，實在不能輕忽。

第二節　SPSS 基本操作

一、SPSS 的簡介

SPSS 是 Statistical Package for the Social Science 的簡稱，SPSS 軟體是 SPSS 公司於 1965 年所開發，50 餘年來，SPSS 軟體為因應不同作業系統而發展出多種版本。2009 年 7 月底，IBM 以 12 億美元購併 SPSS，軟體改稱 PASW Statistics（Predictive Analytics Soft Ware, PASW; 隨後又改稱為 IBM® SPSS® Statistics）。到了 2017 年的第 25 版，受到雲端科技與資料科學快速發展的影響，出現了租借版 SPSS Statistics Subscription，銷售與服務模式逐漸改變，分析功能也持續擴充。

相較於其他統計軟體，SPSS 最大的優點是容易使用，也與其他軟體的相容性高。視窗化的 SPSS 圖表製作更加簡單、精美，同時又能銜接其他文書作業軟體，例如微軟之 Word、Excel 等軟體，在學習與運用上更加簡易，使得 SPSS 大為流行，逐漸成為學院課程的標準配備。

雖然 SPSS 有多種不同的版本，操作方法亦不盡相同，但是在處理量化的資料上，均有著類似的程序與原則，包括資料定義、資料轉換與資料分析三個主要的部分。茲說明如後：

（一）資料定義（data definition）

資料定義的目的，在使電腦能夠正確辨認量化的數據，並對於數據賦予正確的意義。主要的工作包含變數名稱的指定（變數標籤）、變數數值標籤、變數的格式類型、遺漏值的設定。在視窗版 SPSS 中，資料的定義是以視窗對話框的方式來界定資料，使用者亦可利用語法檔來撰寫資料定義語法，在一個檔案中便可以界定所有的變數。

SPSS 資料視窗中，資料定義的部分是以單獨的工作表的形式呈現，性質與 Excel 資料庫管理系統相似，將變數的各種屬性的設定與修改，以類似「儲存格」的方式來處理，增加了許多彈性與軟體間的可相容性。另一個優點是 SPSS 的資料定義與其他常用套裝軟體的相容性大幅增加，例如 Excel 工作表與 Word 文書資料檔當中的文字，可以直接複製、貼上 SPSS 資料視窗當中變數的標籤與數值標籤，操作上更加的簡便。

（二）資料轉換（data transformation）

資料的格式與內容界定完成之後，這些數據雖然已經可以被電腦所辨識，但是尚未達到堪用狀態，在進入資料的分析工作之前，仍有一些校正與轉換的工作必須完成，例如反向題的反向計分、出生年月變數轉變成年齡之新變數的創造、總分的加總等等，都是第二階段必須完成的工作。此外，廢卷處理、資料備便、遺漏值的補漏檢查等作業，也是在此一階段進行。

SPSS 提供了相當便利的資料轉換功能，可以非常容易的選取、過濾或刪除特定的資料；資料重新編碼、四則運算的功能也十分完整，處理的方式有多種的變化可供選擇，絕大多數資料轉換都可以利用視窗指令來下達，而不用人工來作業，相當省時、省力，建議讀者熟加運用。

（三）資料分析（data analysis）

SPSS 資料處理的最後階段，是依操作者的指令，進行各種的統計分析或統計圖表的製作。此時操作者必須具備良好的統計基本知識，熟知研究的目的與研究資料的內容，才能在數十種統計指令當中選擇適合的統計方法來分析資料。其次，操作者也必須能夠閱讀分析之後的報表數據，從不同的指數與指標當中，尋求關鍵且正確的數據來作為研究報告撰寫的根據。

資料分析完成後，可將輸出報表進行編輯、列印，進行結果報告的撰寫，資料分析作業才算順利完成。SPSS 附帶文書編輯器，專門用來編修統計圖表，可在資料分析完成後，即時進行表格圖表的編修。

二、SPSS 的系統設定

就像其他的微軟作業軟體，SPSS 也具有基本的系統設定功能，可以讓使用者來調整 SPSS 運作方式。使用者僅需點選編輯當中的選項（options），就可以藉由一般、瀏覽器等不同的設定對話框來調整 SPSS 系統設定（如圖 3-1）。

圖3-1　SPSS的一般設定的對話框畫面

一般（General）對話框提供了 SPSS 軟體最基本的系統環境設定。包括視窗的外觀、SPSS 介面所使用的語言、變數清單所顯示的是變數名稱還是標籤，以及軟體所使用的編輯單位是「點數」、「英吋」或是「公分」等等。新版的 SPSS 可以選擇 10 種語言的輸出方式，中文使用者可以選擇繁體中文或簡體中文。

比較值得一提的是輸出（Output labels），可以控制報表內容如何顯示變數和數值的資訊，包括概要註解（outline labeling）與樞軸表註解（pivot table labeling）

的變數名稱與註解（標籤）、變數數值與數值註解（數值標籤）的呈現方式（如圖 3-2）。

圖3-2　輸出註解設定的對話框畫面

三、SPSS 的各種視窗

（一）資料編輯視窗

　　資料編輯視窗是一種類似於試算表（例如 Excel 軟體）的資料處理與編輯系統，功能是儲存研究數據與變數資料。啓動 SPSS 軟體之後，使用者首先進入的便是資料編輯視窗，有兩個工作表：變數視圖與資料視圖。變數視圖工作表顯示各變數的特性，也就是進行輸入資料之前所必須進行的資料定義部分。資料視圖工作表則是存放資料內容的地方，也可在此進行資料管理的工作，如圖 3-3 所示。

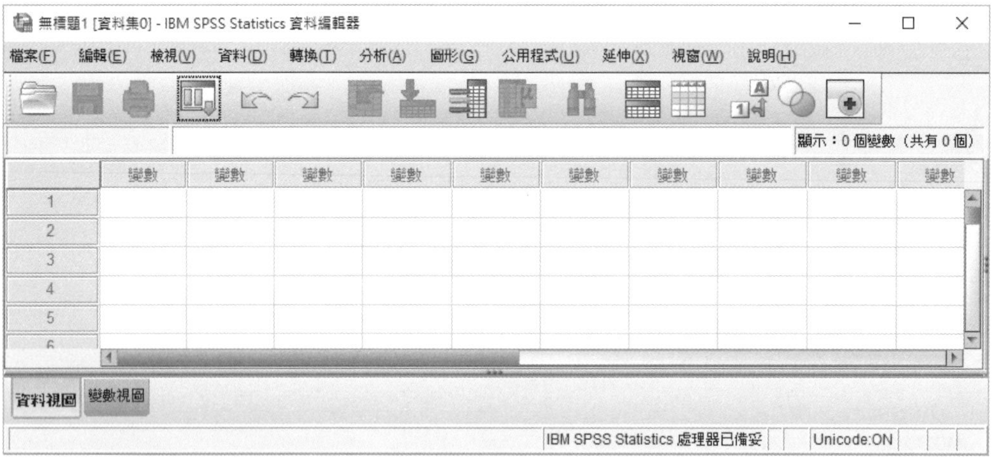

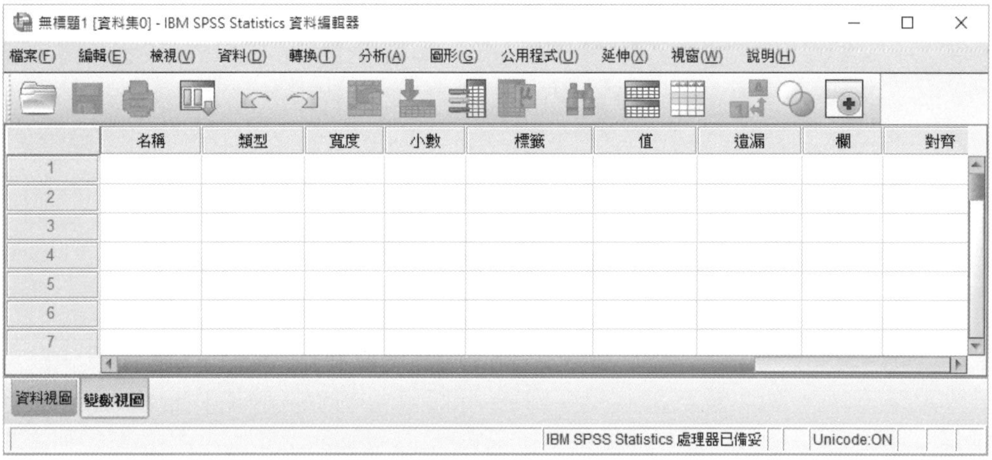

圖3-3　SPSS資料編輯視窗之變數視圖與資料視圖工作表圖解

　　利用資料視圖工作表，使用者可以逐筆輸入原始資料，建立自己的資料檔，或是將其他類型的資料檔案讀入 SPSS 當中。資料視窗的兩個工作表，可以由視窗下方水準軸上的變數視圖與資料視圖兩個按鈕來選取、轉換。SPSS 視窗版軟體與其他微軟視窗軟體一樣，附有相當容易操作的功能表列與工具列，來進行各種檔案管理與資料管理的工作。

　　點選功能表列當中的各個選項，使用者可以得到 SPSS 軟體所提供的所有的操作功能，而工具列則是列出常用的一些功能選項，例如開啟檔案、儲存檔案、列印等等，以提高操作的便利性。其中例如顯示標籤，就是一個非常好用的功能，使得使用者可以直接在資料視圖工作表中看到每一個數值背後的意義。如圖 3-4 所示。

　　不論是變數視圖或是資料視圖工作表，皆可以直接使用鍵盤上的按鍵或滑鼠來進行基本的編輯作業，例如鍵盤的 Del 鍵，可以刪除資料或變數，按滑鼠的右鍵，可利用快速鍵功能（例如複製／貼上）。

圖3-4　顯示變數值標註的資料視圖視窗畫面

（二）輸出視窗

1. 輸出視窗的基本特性

輸出視窗（output viewer）是存放 SPSS 執行後的結果、表格、圖表、各種警告與錯誤訊息的地方，如圖 3-5 所示。儲存結果 SPSS 會自動給予該結果檔 .spo（新版為 .spv）副檔名以為識別。

輸出視窗分成左右兩區，左側是目錄，也就是結果輸出的結構圖，依序顯示使用者要求 SPSS 所進行的各項工作程式的結果，並依照層次排列。輸出視窗的右側顯示的是輸出的內容，存放 SPSS 執行後的所有記錄與數據報表。當使用者用滑鼠點選左側目錄當中的任何一個項目，右側的內容便會自動抵達相對應的輸出內容。

如果輸出的內容過多或過於龐雜，使用者可以依循一般微軟視窗軟體的文書處理方式，選取特定的區域，利用功能表列當中的編輯來進行刪減。如果輸出的結果要轉貼至其他文書處理器（如 Word），使用者只需將滑鼠移至所需複製的表格，按壓左鍵一次（即選定表格），再點選功能表中編輯中的複製，再開啟 Word 後，按貼上或在選擇性貼上中選用適當的貼圖格式貼上即可。

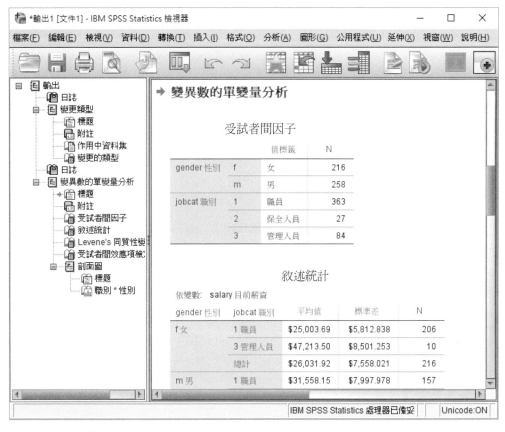

圖3-5　SPSS的輸出視窗

2. 輸出編輯器的運用

　　結果輸出視窗內附帶有文書編輯器。如果輸出結果與報表的內容、表格、字型等需要進行修改時，使用者可以將滑鼠移至報表圖表上方，點按滑鼠左鍵兩次開啓編輯器進行編輯。此時視窗的功能表與工具列產生一些變動，如果是表格，將新增了插入、樞軸分析、格式等，以利編輯作業。如果是圖形，則會增加圖庫、圖表、數列、格式等不同的功能選項，以及非常便捷的工具列。

　　編輯器當中，格式選項的內容，可以讓使用者調整選擇的圖表的性質、形狀、列印形式，或是儲存格的字形、大小等等。尤其是在 SPSS 報表中，有些太小的小數點尾數會以科學符號的方式表現，如果要改以實際數值呈現，即必須以儲存格性質的選項，挑選數值的第一個選擇＃．＃，而非＃．＃ E-＃。例如 -9.592E-02 經過調整後所出現的實際數值是 -.096。如果是圖，SPSS 編輯器提供了多種不同的調整與修飾功能，例如資料的附註方式、色彩改變等。讀者可以自行嘗試各種調整。

3. 樞軸表分析

　　樞軸表（pivoting trays）是輸出視窗編輯器中，非常方便的一個編輯程式。他可以用來改變表格的資料呈現格式（縱軸、橫軸與圖層元素的改變）。使用者只要點選所要編輯的表格，打開編輯器，然後點選樞軸分析，勾選正在樞軸分析，就可以得到樞軸分析工作圖，就可以開始調動表內資料的安排方式。至於表格內的文字、數字資料，可以直接利用滑鼠點選儲存格，直接進行修改，表格的大小，也可以直接在表格內拉移框線。值得注意的是，如果表格的欄寬不足，那麼數值或文字將無法顯示，而會以 **** 標示。

（三）語法視窗

　　語法（syntax）視窗是 SPSS 利用程式語言來執行指令的視窗。在傳統的 SPSS/PC 軟體，是利用使用者預先寫好的 SPSS 程式指令來執行命令。然而，隨著微軟視窗作業系統的推出，SPSS 也全面改用視窗作業系統來運作。SPSS 視窗版中保留了語法功能，一方面可提供使用者的另一種操作 SPSS 的選擇，但是最重要的目的是使得 SPSS 可以透過指令運作的模式，來指揮視窗功能所不能涵蓋的其他統計分析與資料處理功能。

語法視窗的開啓非常簡單，只要到檔案中，開啓新的語法，就會得到一個新的語法視窗。如果是一個已經存有語法指令的語法檔（*.sps），則可使用開啓舊檔的功能，去將某一個以 .sps 爲副指令的語法檔叫出，如圖 3-6。

圖3-6　SPSS的語法視窗

　　就像其他的程式語言一樣，SPSS 的語法指令有其特殊的格式與撰寫方法。SPSS 的指令語法是以一個獨立的指令組爲基本運作單位，一個獨立的指令組由一個主指令帶領，跟隨著一個或多個可以自由搭配選用的次指令（subcommand），最後由一個句點「.」表示該獨立指令組的終點。大多數的副指令是以「/」作爲區隔，但是緊接著主指令的第一副指令通常可以省略。

　　語法視窗的優點是可將 SPSS 操作過程儲存成語法檔，留下工作記錄，讓使用者可以查閱操作的歷史，並且在有必要時可以重新執行。在視窗版 SPSS 中，絕大部分的操作動作均可利用貼上之後將操作指令貼到語法視窗中。

　　即使使用者沒有來得及將操作貼上之後動作貼上語法，也可以在執行完畢某一個動作後，到輸出視窗中的找到執行該動作的指令，然後加以儲存。如果使用者在整個執行完畢 SPSS，離開了 SPSS 軟體後，語法視窗當中的執行功能可以從工具列的執行中，選擇全部來讓所有的指令都運作，或以游標將部分指令加以反白，利用工具列執行中的選擇來執行選取部分的指令，如果已經利用滑鼠游標將部分所欲執行的指令反白，也可以直接點選工作列中的鍵執行。

第三節　資料庫建立

本節說明如何利用軟體來建立資料庫，一旦資料庫建立完成，使用者就可以充分利用電腦的效能來進行各式各樣的檢驗與分析。

資料數位化時需注意幾點，第一，資料輸入以編碼系統為依歸。如前所述，編碼表為資料處理提供了一套客觀、標準化作業流程。然而，一份完善的編碼簿建立之後，如果使用者不確實依其要領與步驟來執行，不但無助於資料處理品質的提升，反而造成資料處理的困擾。第二，擬定資料庫建立計畫，提供良好的作業環境與流程安排。由於資料鍵入的工作可能曠日廢時，長期工作不但造成人員的壓力，並且影響電腦與周邊設備的穩定性。定期的維護資料庫、進行檔案備份、良好的檔案管理系統、有條理的處理與儲存實體問卷、人員與設備的適當休息，都是提升資料處理品質的有效策略。否則當機頻傳、資料遺失、人為錯誤不斷、電腦檔案混亂等等困擾將接踵而來。

第三，事前充分的訓練。多人同時作業可以有效提升工作效率，但是也會增加錯誤發生的機會，因此透過事前的訓練，達成協調研究成員的作業模式與分工原則，以期滿足研究者的需求與後續統計分析的需要的目標。最後，資料保密工作的落實。雖然多數研究資料不涉及重大機密，但是基於研究倫理的考量，研究人員有責任確保研究資料的學術使用，以避免不必要的困擾。

一、SPSS 資料視窗的開啓

要建立一個 SPSS 的資料檔，首先需進入一個空白的資料編輯視窗，使用者可以在啓動 SPSS 後立即進入空白的資料編輯視窗，或是利用 檔案→開新檔案→資料，開啓新的資料編輯視窗。

SPSS 的資料編輯視窗分成變數視圖與資料視圖兩個工作表，依照正常程序開啓資料視窗時，應會先進入編輯視窗的變數視圖工作表，以方便使用者先進行定義各個變數的基本性質，輸入所欲鍵入資料的變數名稱、類型、註解、遺漏值、格式等各種訊息。然後才是利用資料視圖工作表，在相對應的變數之下輸入每一筆資料，最後儲存所有的工作，建立一個副檔名為 .sav 的 SPSS 資料檔。

二、SPSS 資料庫的建立

現在假設要輸入每一個受測者的身分編號與性別資料，也就是要輸入兩個變數的資料，第一個變數為身分編號，變數名稱定為 ID，每一個受測者的編號為四位數（0001-9999），第二個變數為性別，變數名稱定為 GENDER，每一個受測者在這個變數的數據為個位數（0：女；1：男），變數的定義與資料的輸入如下列各步驟所示：

（一）輸入變數名稱

欲輸入變數名稱，可以在變數視圖工作表中的名稱下，輸入變數名稱。第一橫列輸入第一個變數的資料定義，第二橫列輸入第二個變數的資料定義，依次類推。變數的命名應與編碼表上的記錄維持一致，以免造成混淆。變數應以英文為之。但有些英文詞被 SPSS 軟體保留為特殊用途，不得使用為變數名稱，包括 ALL、AND、BY、EQ、GE、GT、LE、LT、NOT、OR、WITH 等。

（二）選擇適當變數型態

變數名稱輸入完成後，即可進行變數型態的設定，此時應將滑鼠移至類型，按滑鼠左鍵一次，即出現選擇畫面，進入變數型態對話框，選取適合的變數型態。受測者的編號屬於一般數值，因此點選第一個選項，變數寬度只有四位數，因此填入寬度為 4；因為不須小數點，因此在小數位數當中填入 0。在對話框當中，還有其他選項，例如科學符號、貨幣等等，較常用的是字串資料以及日期。

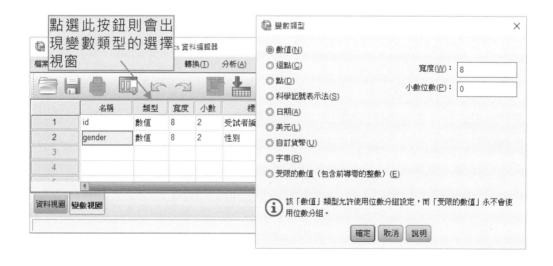

（三）輸入註解（標記）

要輸入變數的註解時，使用者可以直接在標記下輸入適當的變數標籤。ID 表示受測者編號，即可輸入註解，或是由其他文書檔案中，將已經建好的資料複製貼上。

對於變數的數值，則是利用數值來進行註解。如果是類別變數（如性別），需要輸入數值標記。使用者只要將滑鼠移至數值，按壓左鍵，即出現對話框按鈕，依序輸入代表的數值與數值標註，點一下新增，再按確定即可。

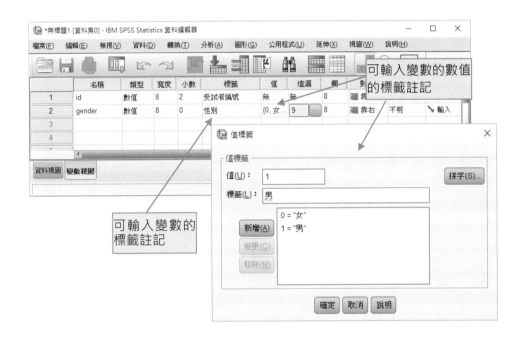

（四）設定遺漏值

欲設定變數的遺漏值，可以點選遺漏，進入遺漏值設定對話框。SPSS 視窗版的遺漏數值可以為三個獨立的遺漏值、以一個區間內的數值為遺漏值、以及在一定範圍及特定數值作為遺漏值等多種方式。因為 ID 為研究者按照問卷順序編製，因此此變數並無遺漏值之問題。

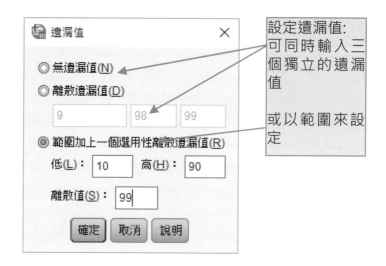

（五）選定格式

　　為了設定資料視窗中資料視圖工作表呈現的畫面，可以利用欄與對齊兩個選項來設定資料格式。範例中 ID 變數的寬度為 4，此時應點選欄調整數值為 4，寬度不宜小於第二步驟所設定的變數欄數，否則在編輯視窗中無法看到資料內容。利用對齊欄可以調整數據出現在資料編輯視窗時的格式，例如置中、靠左或靠右等。

（六）設定測量尺度

　　最後一個選項是在定義變數測量尺度。從對話框中可以看到三種尺度：量尺（interval scale）、順序尺度（ordinal scale）與名義尺度（nominal scale）。使用者可以針對變數的測量尺度，點選正確的選項。如果在此沒有設定正確的類型，可能影響後續的統計分析。

　　上述六個步驟完成後，資料編輯視窗將顯現所設定完成的變數名稱 ID 於變數名稱欄，此時使用者即可以開始輸入資料，或繼續進行其他變數的設定，再統一進行資料鍵入的工作。輸入完畢後，將檔案存為以 sav 為副檔名之形式（*.sav），即成為一個 SPSS 視窗版的資料檔，如圖 3-7。檔名儲存完畢後，會在左上角出現檔名（不含副檔名）。

　　此時，若要查閱所輸入的格式是否正確，可以點選檔案→顯示資料檔資訊→工作檔，由結果輸出視窗中可以得到所有變數的設定狀況。如表 3-3 所示。為節省篇幅，表 3-3 僅列出兩個變數的變數標籤、數值標籤、欄位、長度、遺漏值等訊息。此表應與編碼表完全一致，若有差異，必須進行檢討。

圖3-7　建檔完成之資料編輯視窗畫面

→ **表3-3　工作檔列出各變數與數值資訊的部分結果**

三、其他檔案的轉入

前面兩種輸入模式，直接由資料編輯視窗輸入，再加以存檔即可，屬於直接輸入法。許多研究者並非使用 SPSS 軟體所附屬的編輯器來輸入資料，例如 Excel。如果是相容的檔案，SPSS 可以直接讀入，如果是文字檔，即必須利用 SPSS 軟體的轉檔功能來將資料轉入 SPSS 處理器中，可以稱爲間接輸入法或轉檔法，說明如下。

（一）Excel 檔案讀入

目前市面上最普及的資料庫軟體可以說是微軟的 Excel，這些檔案都可以被 SPSS 讀取。Excel 檔案內的資料與 SPSS 讀入後的畫面如圖 3-8 所示。Excel 表格中的資料，若以編輯中的複製功能選定一定區域之後，可以直接的貼上 SPSS 的資料編輯視窗，同樣的，SPSS 所輸入的報表、圖形，也可以利用複製→貼上的功能，轉貼到 Word、Excel、與 PowerPoint 作業系統中。

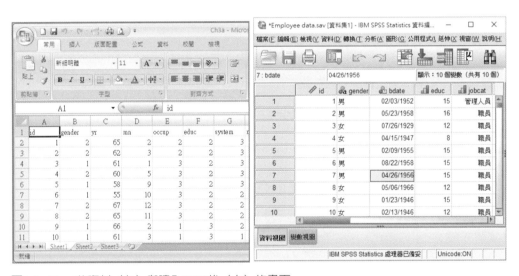

圖3-8　Excel的資料（左）與讀入SPSS後（右）的畫面

圖3-9　開啟選單中Excel之檔案類型

從 SPSS 透過<u>檔案</u>中的<u>開啟</u>選擇 Excel 檔案類型以讀取資料，在資料來源對話框中點選<u>確定</u>，即可順利將 Excel 檔的資料轉至 SPSS 資料視窗中。

（二）由文字檔（ASCII 檔案，.dat）讀入

間接輸入法中，最常見的狀況是由簡單文字檔（即標準 ASCII 格式）轉入 SPSS 軟體。早期 DOS 系統下的文書作業系統所處理的資料多屬於 ASCII 格式資料，可以讀入視窗來加以處理。

ASCII 檔案的轉檔，首先需進入 SPSS 的資料編輯視窗，選取<u>檔案</u>中的<u>讀取文字資料</u>的選項，將選單移至該選項後，即會進入「文字精靈」。進入文字精靈之後，共要進行六個步驟，每一個步驟的進行，資料檔案都會顯示在預覽視窗（如圖 3-10）。依照對話框的指示，使用者很快即可以將 ASCII 檔案中的資料轉入 SPSS 中，在定義欄位的同時，若參考編碼表，將可提高效率，減少錯誤。

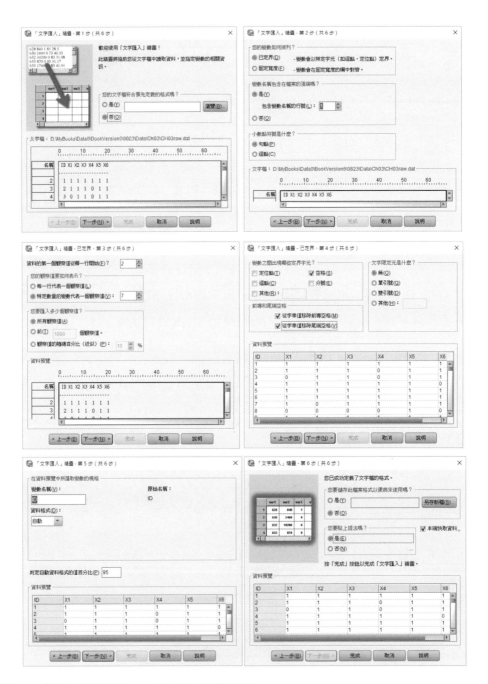

圖3-10　讀取文字資料或ASCII格式的小精靈畫面

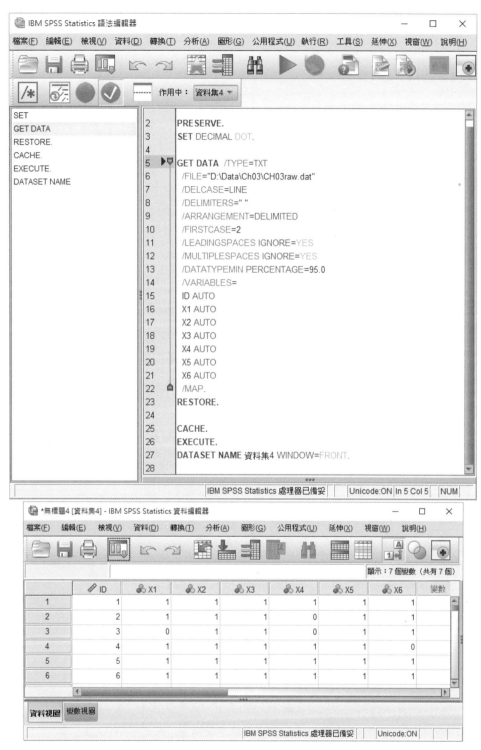

圖3-11 讀取過程語法與結果

第四節　複選題處理與分析

一、複選題的基本格式

在調查研究中，研究者往往需要受訪者在一系列的選項中進行複選，例如表3-1 當中的第 5 題：

5. 最常進行的網路活動類型（可複選）
☐ BBS　　　　　☐聊天室　　　　☐收發 E-mail　　☐網路通訊
☐ 傳送文件檔案　☐閱讀電子報　　☐網路遊戲　　　☐網路購物
☐ 資料搜尋　　　☐其他＿＿＿＿

與單選形式作答的問卷題目相比，複選題（multiple response item）最大的不同，是每一「題」有多個選項，而每一個選項都可能有作答反應，因此該「題」的答案不只一個。一個複選「題」如果有 K 個選項，應視為 K 小題的「題組」。以範例題目為例，題目中帶有 9 個選項。填答者作答時，必須就這 9 個選項進行判斷，每個選項可以看做是一個二分變數，若有勾選編碼為 1，未選者編碼為 0，各子題命名為 Web1 至 Web9。假設有 100 位大學生完成作答，原始數據如圖 3-12 所示，各子題的描述統計量如表 3-4 所示。

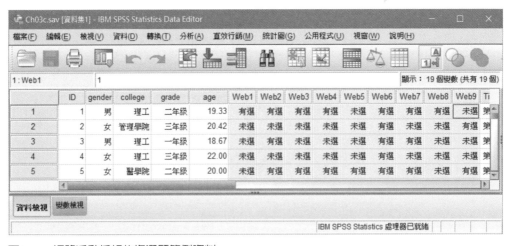

圖3-12　網路活動偏好的複選題範例資料

→ **表3-4**　網路活動偏好調查的描述統計數據

	個數	最小值	最大值	平均數	標準差
Web1 BBS	100	0	1	.16	.368
Web2 聊天室	100	0	1	.60	.492
Web3 收發E-mail	100	0	1	.54	.501
Web4 網路通訊	100	0	1	.44	.499
Web5 傳送文件	100	0	1	.13	.338
Web6 閱讀電子報	100	0	1	.70	.461
Web7 網路遊戲	100	0	1	.25	.435
Web8 網路購物	100	0	1	.19	.394
Web9 搜尋資訊	100	0	1	.69	.465
有效的 N (完全排除)	100				

　　當複選變數輸入完成之後，使用者可以先利用一般的描述統計進行初步的資料整理，了解資料的狀況。由表 3-4 可知，Web1 至 Web9 的最小值為 0，最大值為 1，亦即各子題均為二分變數。平均數介於 .13 至 .70 之間，對於 {0,1} 的二分變數而言，平均數代表選 1 的百分比。亦即有 70% 的大學生上網閱讀電子報（Web6），但僅有 13% 的大學生上網是在傳送文件（Web5）。高於 50% 的還有搜尋資訊（.69）、聊天室（.60）、收發 E-mail（.54），表示這幾個子題均被超過一半的大學生勾選。

二、複選題分析（multiple response analysis）

　　SPSS 提供了複選題分析，可將多個選項分開鍵入的複選題還原成原始複選型態的變數，操作畫面如圖 3-13 所示。其主要的操作程序是進行變數集（variable set）的定義，藉以還原複選題組。

　　以 Web 題組為例，九個子題可以定義出一個變數集 $Web，定義完畢之後，即可進行次數分配表與交叉表分析。在定義變數集之前，該兩項分析選項無法作用（呈灰色狀），必須等待至少一個變數集定義完成後，才得以發生作用。

圖3-13　複選題分析的功能表單圖示

　　步驟一：選擇集內的變數：亦即將同一個複選題組之下的各子題移至清單中。例如本範例的 Web1 至 Web9。步驟二：設定變數集內編碼。亦即指定各子題當中被視為有意義答案的數值（二分法）或數值範圍（種類）。本範例的 Web1 至 Web9 皆以 1 為有意義之作答。步驟三：變數集命名與標籤。將子題集合起來的變數集加以命名並標籤。本範例的 Web1 至 Web9 集合成「Web」，標籤標註為「網路活動複選題」。最後，將定義好之變數集新增至右側的複選題分析集選單中，將出現一個以 $ 為首的新變數集名稱。本範例以 Web1 至 Web9 定義得到 $Web，如圖 3-14 所示。

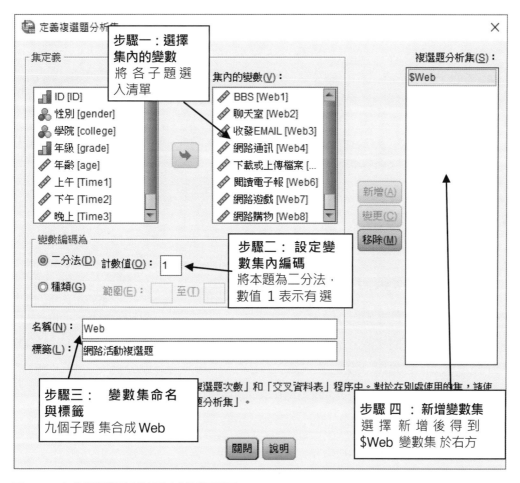

圖3-14　定義複選題分析集設定對話框圖示

　　值得注意的是，$Web 變數是一個虛擬的工作變數，僅可進行特定分析而不會顯示在資料視窗內。如果研究者要確定是否該變數集是否順利完成，可以回到分析→複選題之下，即可看到次數分配表或交叉表已經不再是灰色而可以進入使用，進入之後即可看到 $Web 變數。另一個定義複選題變數集的方法是從表格→複選題分析集之下進行相同的作業（圖 3-15），但以此方法定義的變數集無法進行複選題後的次數分配與交叉表分析。

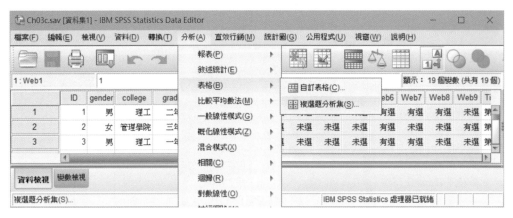

圖3-15　表格當中的複選題分析集圖示

三、複選題的次數分配與交叉分析

　　複選題分析下的次數分配表功能，類似於一般的次數分配功能，所不同的是，在複選題分析之下的次數分配表，是以變數集為一整體，來製作次數分配表。操作程序僅需直接開啟分析→複選題→次數分配表，然後將複選題分析集當中的變數集 $Web 移至右側的表格內即可，設定對話框如圖 3-16。

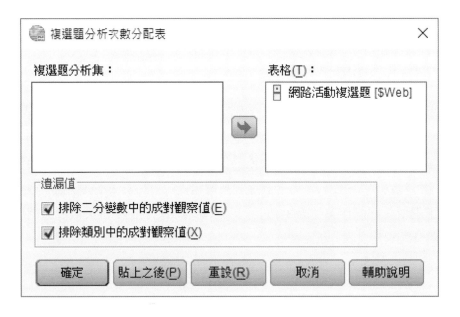

圖3-16　複選題之次數分配表設定對話框

→ **表**3-5　複選題變數集的次數分配表

$Web 次數

		反應值		觀察值百分比
		個數	百分比	
$Web 網路活 動複選 題[a]	Web1 BBS	16	4.3%	16.0%
	Web2 聊天室	60	16.2%	60.0%
	Web3 收發E-mail	54	14.6%	54.0%
	Web4 網路通訊	44	11.9%	44.0%
	Web5 傳送文件	13	3.5%	13.0%
	Web6 閱讀電子報	70	18.9%	70.0%
	Web7 網路遊戲	25	6.8%	25.0%
	Web8 網路購物	19	5.1%	19.0%
	Web9 搜尋資訊	69	18.6%	69.0%
總數		370	100.0%	370.0%

二分法群組表列於值 1。

　　由表 3-5 的結果可知，全部 100 位受訪者共產生 370 次反應，分布在 9 個子選項中，各子題的反應個數除以觀察值數（100 人），即得到觀察值百分比，此兩列數值即等於表 3-5 的個別子題的次數分配。以閱讀電子報（Web6）為例，其反應次數占觀察值的 70/100＝70%，亦即在 100 個人當中，有 70% 的人會閱讀電子報。

　　至於表 3-6 當中的反應值百分比則是指各子題的反應個數占全體反應次數的比例，以閱讀電子報（Web6）為例，其反應次數占總反應次數的 70/370＝18.9%，亦即在 370 次網路活動反應總量中，閱讀電子報這項活動占 18.9%。

　　複選題當中的交叉表可以進行列聯表分析，進行複選題變數集與其他類別變數的雙維次數分配表分析，例如性別（gender）與複選題變數集（$Web）的交叉表分析。執行方式是分析→複選題→交叉表，即可分別將複選題變數集與性別變數移至列與欄當中，至於性別則必須定義數值範圍 {0,1}，如圖 3-17 所示。由於交叉表的細格百分比有兩種計算方式：(a) 以觀察值為基礎；(b) 以反應次數為基礎，因此研究者必須設定計算方式。結果分別列於表 3-6a 與表 3-6b。

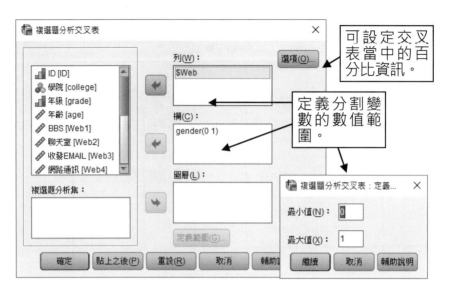

圖3-17　複選題之交叉表設定對話框圖示

　　若以觀察值（樣本數）爲基礎來計算百分比（表 3-6a），全部 100 位受訪者（男女各爲 46 與 54 人），選擇閱讀電子報（Web6）者（70 人）最高，其中男女人數相近（34 人：36 人）比例相當（48.6%：51.4%）。女性占比較高者爲網路購物（Web8），女性占了 63.2%（12 人），男性僅占 36.8%（7 人）。此外，在傳送文件選項也有女多於男的趨勢（61.5%：38.5%）。顯示女性傾向在網路上購物與傳送文件資料等工作，男性則是傾向於玩網路遊戲。

　　若以反應次數爲基礎來計算百分比（表 3-6b）。全體受訪者總計產生 370 次的總反應次數中，男生 188 次反應（51%），女生 182 次反應（49%），兩者相當。反應最多者分別是閱讀電子報（Web6）（18.9%）、搜尋資訊（Web9）（18.6%）、聊天室（Web2）（16.2%）、收發 E-mail（Web3）（14.6%）。

　　由前述分析可以發現，將各子題整合成複選題變數集，可以看到全部子題的整體趨勢，並可與其他變數進行交叉分析，這是比起單以各子題無法看到整體趨勢的優越之處。但需要提醒的是，對於百分比的解釋，必須考慮是何種基礎，否則將會做出錯誤的結論。

→ **表3-6　複選題的交叉表分析結果**

(a) 以觀察值為基礎計算百分比

$Web*gender 交叉表列

| | | \multicolumn{8}{c}{gender 性別} | | |
| | | \multicolumn{4}{c}{0 女} | \multicolumn{4}{c}{1 男} | \multicolumn{2}{c}{總數} |
		個數	$Web 中的 %	gender 中的 %	總數 的 %	個數	$Web 中的 %	gender 中的 %	總數 的 %	個數	總數 的 %
$Web 網路 活動 複選 題[a]	Web1 BBS	7	43.8%	15.2%	7%	9	56.2%	16.7%	9%	16	16%
	Web2 聊天室	26	43.3%	56.5%	26%	34	56.7%	63.0%	34%	60	60%
	Web3 收發E-mail	27	50.0%	58.7%	27%	27	50.0%	50.0%	27%	54	54%
	Web4 網路通訊	23	52.3%	50.0%	23%	21	47.7%	38.9%	21%	44	44%
	Web5 傳送文件	8	61.5%	17.4%	8%	5	38.5%	9.3%	5%	13	13%
	Web6 閱讀電子報	34	48.6%	73.9%	34%	36	51.4%	66.7%	36%	70	70%
	Web7 網路遊戲	5	20.0%	10.9%	5%	20	80.0%	37.0%	20%	25	25%
	Web8 網路購物	12	63.2%	26.1%	12%	7	36.8%	13.0%	7%	19	19%
	Web9 搜尋資訊	40	58.0%	87.0%	40%	29	42.0%	53.7%	29%	69	69%
總數		46			46%	54			54%	100	100%

百分比及總數是根據應答者而來的。

　a. 二分法群組表列於值 1。

(b) 以反應次數為基礎計算百分比

$Web*gender 交叉表列[a]

| | | \multicolumn{8}{c}{gender 性別} | | |
| | | \multicolumn{4}{c}{0 女} | \multicolumn{4}{c}{1 男} | \multicolumn{2}{c}{總數} |
		個數	$Web 中的 %	gender 中的 %	總數 的 %	個數	$Web 中的 %	gender 中的 %	總數 的 %	個數	總數的 %
$Web 網路 活動 複選 題[b]	Web1 BBS	7	43.8%	3.8%	1.9%	9	56.2%	4.8%	2.4%	16	4.3%
	Web2 聊天室	26	43.3%	14.3%	7.0%	34	56.7%	18.1%	9.2%	60	16.2%
	Web3 收發E-mail	27	50.0%	14.8%	7.3%	27	50.0%	14.4%	7.3%	54	14.6%
	Web4 網路通訊	23	52.3%	12.6%	6.2%	21	47.7%	11.2%	5.7%	44	11.9%
	Web5 傳送文件	8	61.5%	4.4%	2.2%	5	38.5%	2.7%	1.4%	13	3.5%
	Web6 閱讀電子報	34	48.6%	18.7%	9.2%	36	51.4%	19.1%	9.7%	70	18.9%
	Web7 網路遊戲	5	20.0%	2.7%	1.4%	20	80.0%	10.6%	5.4%	25	6.8%
	Web8 網路購物	12	63.2%	6.6%	3.2%	7	36.8%	3.7%	1.9%	19	5.1%
	Web9 搜尋資訊	40	58.0%	22.0%	11%	29	42.0%	15.4%	7.8%	69	18.6%
總數		182			49%	188			51%	370	100%

百分比及總數是根據反應值而來的。

　a. 沒有足夠 (小於 2) 的多重反應群組可進行分析。 百分比是根據反應而來的，但沒有執行配對。

　b. 二分法群組表列於值 1。

第五節　排序題處理與分析

一、排序題的基本格式

除了複選題之外，另一種常用的特殊題型爲排序題（rank response），例如在市場調查研究當中，調查者經常要求消費者自一系列的品牌中指出最偏好的幾種品牌並請排列之，必須以排序題來處理。以下題爲例：

Com：請在下列各種網路工具選項中，指出三種您最常使用來和朋友溝通的工具，並依程度在□中標出 1、2、3 的次序（1 爲最常使用者）

□ QQ　　　　　□ ICQ　　　　　□ Line　　　　　□ Skype
□ WeChat　　　□ E-mail　　　　□ FB　　　　　　□ Twitter

本題當中，由於 8 個選項中被挑出的答案不只一個，所以具有複選題的特性，同時又要求受測者排出順序，因此每一個被選出的選項的答案形式可能有 1、2 或 3 的多種可能。由於選項有 8 個，受測者要進行「8 次」判斷才能夠完成本題，因此本題應以 8 個子題來處理。在編碼表上，應將本題編寫成八個不同的變數。

8 個變數的變數標籤是每一個選項的內容。例如第一個變數可以編爲 Com1，標籤爲「QQ」；第二個變數可以編爲 Com2，標籤爲「ICQ」，以此類推，直到八個變數都編定完成。數值的標籤則有 0、1、2、3 四種可能，0 代表該選項沒有被受測者選取，1、2、3 分別代表被受測者指爲第一順位、第二順位與第三順位。

事實上，排序題與複選題最大的不同即是在變數的數值上，在複選題但是不須排列時，每一個選項只有被選擇或不被選擇兩種可能，被選擇時編定爲 1，沒有被選擇時編定爲 0，因此是一個二分變數。但是如果要求排序，每一個選項被選擇狀況就不只一種，而形成順序變數。例如本範例中，每一個選項是一個 1 至 3 的順序變數，未被選擇時應編定爲 0。當研究者蒐集問卷後，可得到表 3-7 形式之資料。

表 3-7 中有五筆資料，即五位受測者的資料，每一位受測者都指出了三個最常用的網路工具，第一位受測者指出 Line 是最常使用的工具，因爲受測者在第 Com3 題上出現 1，次常用的是 WeChat（第 Com5 題回答 2），第三順位的是 FB（第 Com7 題回答 3），其他各選項記爲 0。第二位受測者也是指出 Line 最常用，Com3 又是 1。

→ 表3-7　網路工具偏好調查的部分數據

ID	Gender	Com1 QQ	Com2 ICQ	Com3 Line	Com4 Skype	Com5 Wechat	Com6 E-mail	Com7 FB	Com8 Twitter
1	0	0	0	1	0	2	0	3	0
2	0	0	0	1	0	2	0	3	0
3	1	0	0	2	0	0	3	1	0
4	0	0	0	2	0	1	3	0	0
5	1	0	0	3	0	0	1	2	0

二、排序題變數集定義

　　排序題的分析類似於複選題分析。操作的程序類似前面所示範的複選題分析，即點選分析→複選題→定義變數集，進入定義複選題分析集對話框。與複選題不同的是，排序題的每一個選項（子題）的答案不是 0 與 1 兩種可能，以本題為例，則有 1（第一順位）、2（第二順位）、3（第三順位）、0（未選擇）四種可能情形，為了區分這三個被選擇的狀況，我們必須分別針對三個順位的答案，定義三個複選題集，也就是進行三次複選題集的定義程序，如圖 3-18。

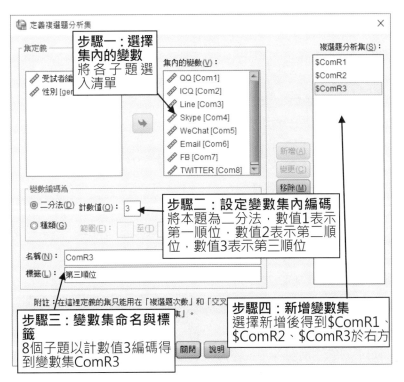

圖3-18　排序題以複選題功能進行設定對話框圖示

第一順位變數集（$ComR1）：Com1 到 Com8 若為第一順位，以 1 為對應之作答
第二順位變數集（$ComR2）：Com1 到 Com8 若為第二順位，以 2 為對應之作答
第三順位變數集（$ComR3）：Com1 到 Com8 若為第三順位，以 3 為對應之作答

三、排序題的次數分配與交叉分析

　　利用複選題分析中的次數分配表，可以將三個排序題的複選題集內容列出，也就是說，每一個順位當中，8 個變數的次數得以表格的方式列出來，如圖 3-19，執行後可獲得三個順位的次數分配表的結果。

　　本範例有 60 位受訪者，他們使用 8 種網路工具來進行溝通聯繫的首選（第一順位），是 FB（Com7），60 人當中有 26 人把 FB 視為第一順位，占 43.3%；其次是 Line（Com3），計有 22 人，占 36.7%；有 5 個人的第一順位是 Skype，另有 5 個人則是選則 WeChat。

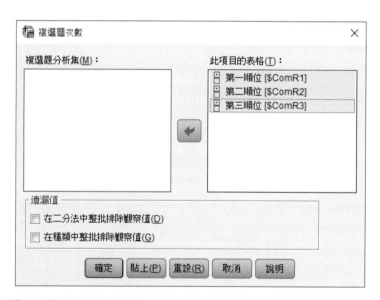

圖3-19　排序題次數分配表執行對話框

　　在第一順位中，ICQ（Com2）沒有獲得任何受訪者的青睞，因此次數分配當中少了 Com2:ICQ 這個選項（圖 3-20）。FB 是最受歡迎的網路溝通工具無誤，FB 被選為第一順位者有 26 人（43.3%）。

　　排序題與複選題一樣，可以利用交叉表功能來進行交叉分析。亦即在討論順位的次數之同時，將另一個類別變數的分布情形一併考慮進來，呈現出雙維的次數分配資料。例如不同的性別在各順位變數集的反應次數。以下我們就以性別為例進行示範。

$ComR1 次數

		反應值		觀察值百分比
		個數	百分比	
$ComR1 第一順位[a]	Com1 QQ	1	1.7%	1.7%
	Com3 Line	22	36.7%	36.7%
	Com4 Skype	5	8.3%	8.3%
	Com5 WeChat	5	8.3%	8.3%
	Com6 Email	1	1.7%	1.7%
	Com7 FB	26	43.3%	43.3%
總數		60	100.0%	100.0%

a. 二分法群組表列於值 1。

圖3-20　排序題第一順位的次數分配表執行結果

　　執行方式與複選題分析相同，亦即點選**分析→複選題→交叉表**，依指示輸入行變數（性別變數）與列變數（三個排序的順位虛擬變數），將三個變數集與性別變數進行交叉表分析。對於性別變數，必須輸入定義範圍：0（女性）、1（男性），如圖 3-21 所示。

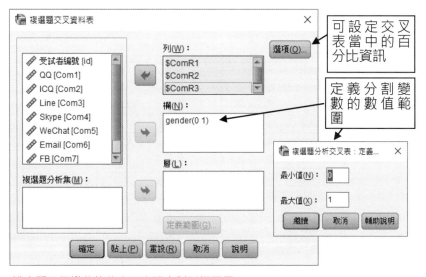

圖3-21　排序題三個變數集的交叉表設定對話框圖示

　　值得注意的是，雖然選項內的設定也有以觀察值或以反應次數為基礎兩種形式，但是由於每一個作答者對於每一個選項的作答僅能有一個1、一個2、一個3，除非有人選了兩次或以上的 1 或 2 或 3，否則以反應次數或以觀察值為基礎所計算的百分比都相同，因此，對於排序題的交叉分析，無須分就這兩種基礎來討論。

　　由於三個順位有三個變數集：第一順位變數集（$ComR1）、第二順位變數集

（$ComR2）、第三順位變數集（$ComR3），這三者分別與性別的交叉表進行分析，以下僅針對第一順位變數集（$ComR1）來討論結果（見表3-8）。

由表3-8可知，全部60位受訪者（女男各44人與16人）當中，網路工具使用排序第一的最多的是FB，共有26人，女生17人、男生9人，雖然男生選FB為第一順位的人數較少，但男生樣本少，這9個人就占了56.2%，相對之下，女生樣本多，這17人才占38.6%。

→ 表3-8　第一順位變數集（$ComR1）交叉分析結果

$ComR1*gender 交叉表列

				個數	$ComR1 中的 %	gender 中的 %	總數的 %
$ComR1 第一順位[a]	Com1 QQ	gender 性別	0 女	0	0.0%	0.0%	0.0%
			1 男	1	100.0%	6.2%	1.7%
		總數		1			1.7%
	Com3 Line	gender 性別	0 女	18	81.8%	40.9%	30.0%
			1 男	4	18.2%	25.0%	6.7%
		總數		22			36.7%
	Com4 Skype	gender 性別	0 女	5	100.0%	11.4%	8.3%
			1 男	0	0.0%	0.0%	0.0%
		總數		5			8.3%
	Com5 WeChat	gender 性別	0 女	4	80.0%	9.1%	6.7%
			1 男	1	20.0%	6.2%	1.7%
		總數		5			8.3%
	Com6 Email	gender 性別	0 女	0	0.0%	0.0%	0.0%
			1 男	1	100.0%	6.2%	1.7%
		總數		1			1.7%
	Com7 FB	gender 性別	0 女	17	65.4%	38.6%	28.3%
			1 男	9	34.6%	56.2%	15.0%
		總數		26			43.3%
總數		gender 性別	0 女	44			73.3%
			1 男	16			26.7%
		總數		60			100.0%

百分比及總數是根據應答者而來的。

a. 二分法群組表列於值 1。

另外，把Line排第一者也有22人，女生也維持18人（與選擇FB的人數17人相近），但男生只有4人，比選FB為第一順位的9人足足少了一半有餘，僅占全體男生樣本的25%，相對之下，女生樣本選擇Line的比例仍達40.9%。對女生而言，選擇FB與Line為第一順位的人數及已經達到35人，占全部女生（44人）的79.5%。顯見女生使用網路工具最高順位的大幅集中於FB與Line兩者。相對之下，男性則特別偏好FB。

資料檢核與整備

數據準備是研究者進行統計分析之前的一個重要步驟。主要的目的在確認研究資料的正確性，確保研究資料的完整與堪用。數據準備可以分成數據查核與清理，以及數據整備兩個階段。

　　進一步的，為進行資料檢查與管理，SPSS 軟體提供非常便捷的資料與檔案管理的功能，使得資料處理人員可以進行資料管理與變動。例如變數的新增、查詢、排序、轉置、選擇、過濾、加權，以及檔案的合併、分割、整合等作業，使得資料處理更為方便。也有多項資料轉換功能選項。本章中將逐一介紹各重要的資料庫管理指令。如果使用者熟習這些功能指令，將可大幅度的提升資料運用的能力。

第一節　資料查核

　　為確保資料輸入的正確性，研究人員必須適時進行資料檢核的工作。如果資料筆數不多，資料的檢查可以在資料完成輸入之後進行，稱為終點檢核。但是如果資料筆數龐大，資料檢核的工作必須在資料輸入過程當中即進行，研究者可以藉由資料檢核查核點（check point）的設置，及時發現資料輸入的錯誤，以免造成時間與人力的浪費。此種在資料處理過程當中即進行的資料查核工作，稱為過程檢核。

　　一個規劃良好的研究案，應兼採過程查核與終點查核程序，同時加強人員訓練，使資料的訛誤降至最低點。事實上，一個訓練有素的研究人員，即使沒有一套檢核程序，在資料處理的過程當中，憑藉其經驗與注意力，即能早期偵測錯誤，避免缺失的發生。

一、過程檢核

　　過程檢核的目的在透過查核點適當與適時的查核，而能維持資料輸入過程的正確性。查核點的設置可採取定點查核、定時查核或專人查核的方式進行。首先，定點查核根據資料輸入工作的流程，在適當的段落進行資料檢查，例如每輸入一個班級的資料即進行一次資料檢查，確認數位資料與文本資料相符。此外，當資料經過不同處理人員之時，即要求進行查核，以降低資料轉手之間的錯誤，確認責任的歸屬。定點查核的優點是即時性，在資料處理的過程當中，即可立即發現問題，可以說是一種線上查核。

　　定時查核則是以時間為單位，在特定的時段進行資料的檢查，例如在每日工作結束前，或每間隔一定時間後進行。定時查核雖可能造成資料輸入的中斷，但是配合小型會議的溝通與討論，可以將不同處理人員的問題集中處理，擴大錯誤預防的效力範圍。此外，定時的查核可以讓資料處理人員獲得適當的休息，避免過度疲勞。

專人查核則是指派專人負責資料查核，由資深或具有經驗的研究人員，進行定點或定時查核。專人查核可以避免多人查核事權不一的缺點，集中資料檢查的責任，並突破查核時間與空間限制，增加彈性。

二、終點查核

一般而言，資料建檔是分批、分人進行，不同來源的資料必須經過合併，才能加以運用。因而在資料輸入過程即使經過嚴密的過程查核，一旦合併之後仍需進行終點查核，將全體資料進行全面的檢查，方能確保資料的正確性。

最嚴謹的終點查核是逐筆進行檢查，但是如果資料規模龐大，逐筆查核曠日廢時，研究者可以採用小樣本查核法，挑選一小部分的資料來加以檢查。但是隨著科技的發展，電腦軟硬體的功能提升，電腦取代人工進行逐筆檢查，解決了上述的困擾，並提高正確性。

以電腦來查核資料有可能性檢查（wild code checking）與邏輯性查核（logical or consistency checking）兩種主要模式（Neuman, 1991），前者主要目的在進行資料格式的確認，針對每一個題目、每一個變數，檢查資料是否有超過範圍數值（out-of-range value）（例如在 1 表男性 0 表女性的性別變數出現了一個 11），或是資料的筆數是否符合樣本數。最常使用的檢測方法是利用描述統計中的次數分配表，列出所有變數的所有可能數值，查看是否有超過合理範圍的數值。

邏輯性查核則涉及資料結構的檢查，通常牽涉到多個變數的檢驗，由研究者設定檢查的條件，進行較高階的檢驗。例如查看一個變數的次數分配，應呈常態分配，或是否具有特殊的離群值，例如當大多數學生的零用錢為一、二千元，高達萬元的數值就是一個可疑的數值。此外，研究者可以運用交叉表（cross-table），將資料切割成不同的類別來進行細部的檢查，例如不同教育程度的樣本，其年齡的最小值應有合理的數值。另一種方法檢驗資料的邏輯性是運用圖表，例如以散布圖來列出變數的分布。

資料查核的目的在確保資料輸入過程正確無誤，可以說是偵錯的過程，經由此一程序所建立的資料稱為電腦化原始資料（computerized raw data），其資料的格式、內容與排列方式等等，均與文本資料完全一致，並符合編碼系統的編碼原則。

第二節　遺漏值處理

遺漏值（missing data）或不完全資料（incomplete data）可以說是量化研究當中，最容易出現且具體干擾結果分析的一個問題。遺漏值發生的原因很多，除了作答過程當中的疏忽、因題意不明漏答、拒絕作答等因素之外，資料輸入所造成的失誤亦可能被迫轉換成遺漏值來處理。遺漏的狀況最大的影響是造成樣本的流失，因此如何在對於分析結果影響最小的情況下予以補救，成為資料分析最棘手的問題之一。

在電腦化的原始資料中，研究者多以變數中最後一個數值充當遺漏值，個位數的變數以 9 來代表，二位數的變數則以 99 來代表，以此類推。例如性別漏填者以 9 來代替，如有其他的遺漏狀況，則往前一位來代表，例如年級別可能數值為 1 至 4，漏填者為 9，若有一位受測者為延畢學生（大五），可以以 8 來代替，一旦決定以 8 來代表特定遺漏時，研究者需在編碼簿上加以註記。

一、遺漏的型態

遺漏值處理的一個基本原則，是遺漏發生的型態，也就是遺漏組型（pattern）比遺漏的量（amount）來得更重要。遺漏型態可分為有規則或次序的系統性遺漏（systematic missing），或毫無規則與邏輯可循的非系統性或隨機性遺漏（missing at random）。非系統性或隨機性的遺漏，稱為可忽略遺漏（ignorable missingness），此時，遺漏所造成的影響純粹只是樣本數的多寡問題，遺漏的影響可以忽略，研究者可直接加以刪除，或利用估計方法來補救之，此時即使所填補的數字與受訪者真實狀況有所差距，對於統計分析的影響可以視為隨機變異來源，影響不大。相對之下，系統性遺漏是填答者一致性的漏填或拒填，或受到其他因素影響所造成，是一種不可忽略遺漏（non-ignorable missingness），對於研究結果與分析過程影響較大，如果任意填補或估計，易造成一致性的高估或低估，甚至於遺漏的本身可以作為研究的解釋變數，稱為訊息性遺漏（informative missingness）。因此學者多主張先對遺漏的型態加以分析，了解遺漏的可能機制與影響，再決定是否採取嚴謹的估計程序，以對症下藥來處置遺漏問題。

二、遺漏值的處置

一個研究是否產生遺漏資料，除了事前準備工作上的防範，或有賴研究人員於研究現場的及時發現與處置之外，或多或少都會發生。以下將各種處理方法介紹於後。

（一）事前預防法

由於遺漏狀況相當普遍，有些遺漏更可能事先預測或防範。因此，一般研究者在發展工具之初，即可針對可能出現的遺漏加以考量。例如在題目選項的安排中，增加「其他」選項，以開放式的方式容許填答者在無法作答情況下，填入可能的答案，研究者事後再依狀況，將填答者所填寫之資料進行處理，增加樣本的可使用性。此外，有時研究者預期將有多種不同的例外答案，直接將可能的例外答案以特定數值來代替，例如1至4點量表中，5代表「無法作答」，6代表「尚未決定」，目的也是在區分可能的遺漏，在事後謀求補救之道。

除了測量工具的準備，遺漏值的處理與抽樣方法有密切的關係，當研究的樣本以隨機取樣方式取得時，即使數據中存在遺漏值，遺漏的組型也多呈隨機式遺漏，但是如果抽樣過程無法做到完全的隨機取樣，那麼遺漏的現象即可能與某些系統原因發生關連，成為較棘手的系統性遺漏。

值得注意的是，即使事前防範周延、抽樣程序嚴謹，資料遺漏可能發生於資料處理人員的疏忽，例如研究人員錯植數據，或忘了輸入數值等各種狀況。這些狀況可以立即對照研究資料來加以修正，但是更重要的要加強人員的訓練與強化資料處理的實務能力。

（二）刪除法

當發現有遺漏資料時，最簡單的處理方法是將該筆資料刪除，保留完整的資料作為分析之用。在處理時，如果任何一個變數出現遺漏，即將與該受測者有關的資料整筆刪除，稱為完全刪除法或全列刪除法（listwise deletion method），經過此一程序所保留的資料庫，沒有任何一個遺漏值，而為完整的資料庫，因此又稱為完全資料分析（complete-case analysis）。例如有 100 位受測者，有 50 位受測者在不同的題目都有至少一題遺漏，另外 50 位則為完全作答，此時全列刪除法將會把具有遺漏的 50 筆資料完全刪除，只保留完整作答的資料。

如果資料的刪除是針對分析時所牽涉的變數具有遺漏時才加以排除，稱為配對刪除法（pairwise deletion method），此一程序通常不會在分析之前進行任何刪除動作，直到分析的指令下達之後，針對統計分析所牽涉的變數，挑選具有完整資料的樣本來進行分析，因此又稱爲有效樣本分析（available-case analysis）。例如有100 位受測者，有 50 位受測者具有遺漏現象，但是他們遺漏的題目都是第一題，因此，凡是與第一題有關的分析，只有 50 筆資料進行分析，但是與第一題無關的分析，則會有 100 筆資料進行分析。

很明顯的，採取全列刪除法會刪除較多的資料，但是卻能夠保留最完整的資料，使各種分析都有相同的樣本數，整個研究的檢定力保持固定；相對的，採取配對刪除法時，樣本數雖會大於全列刪除法，但是每一次分析所涉及的樣本數都可能不同，整個研究的檢定力也就產生變動。但是無論哪一種刪除法，都將造成統計檢定力的降低。

（三）取代法

遺漏資料的補漏方法有很多種。最簡單的一種方法是相關測量或題目類比的邏輯推理法，將遺漏值以最有可能出現的答案來填補之。通常一份測驗中，相似的題目會出現多次，因此資料處理人員可以依據其他的答案，研判遺漏的數值。此外，有些漏填的答案，可以自其他的線索來研判答案，例如性別的遺漏可以從受測者所屬的班級、填答的反映情形、字跡等線索來研判。

當研究者從研究的資料當中，尋找與需要補漏的該筆資料具有相同特徵的其他人的資料，來進行遺漏值插補的方法，稱爲熱層插補法（hot deck）。有時，研究者可以採用先前研究的資料數據，或利用先備的知識（prior knowledge）來取代遺漏值，稱爲冷層插補法（cold deck），此種方法最大的不同是採取研究以外的資訊來進行判斷，是一種外在產生程序。熱層插補法則是從研究的樣本身上來取得遺漏值的估計值，也就是內部產生程序，是一般較爲通用的方法。其他常用的內在產生程序估計法還包括下列幾種：

第一，中間數取代法。當無法研判答案時，填補數值最簡單的方法，是採用量尺中最爲中性的數值，例如 4 點量尺時，補入中間數值 2.5，5 點量尺時，補入中間值 3（沒有意見）。

第二，平均數取代法。以遺漏發生的該變數的平均值來充作該名受測者的答案，稱爲直接平均數取代法，此一方法運用了全體樣本的所有數值來進行估計，可以反映該題特殊的集中情形，較中間值估計法精確。另一種更爲精確的方法，是按受試者所屬的類別，取該類別的平均數來作估計值，如此不僅反映該題的集中情形，更能反映該名受試者所屬的族群特性，估計可能答案，稱爲分層平均數取代法。例如：男性受測者的遺漏，取全體樣本中男性樣本在該題的平均數來作爲該員該題的答案。

第三，迴歸估計法。此法運用統計迴歸預測的原理，以其他變數為預測變數，遺漏變數為被預測變數，進行迴歸分析，建立一套預測方程式，然後代入該名受測者的預測變數數值，求出遺漏變數的數值，顯而易見的，此法以迴歸方程式來估計，較平均數估計法對於單一變數集中情形的反映，擴大到其他變數的共變關係的考量，其估計的基礎更為豐富，精確度得以提高。但是，迴歸分析的過程較為繁複，不同的變數出現遺漏值，即需進行一次迴歸分析，並且需代入其他變數的數值以求出估計值，過程繁瑣耗時，同時，當預測變數與依變數間無關聯時並不適用。在樣本相當大且遺漏值不多時適用此法。

第四，最大期望法（expectation maximization, EM）。對於隨機性遺漏的估計，利用最大概似法（maximum likelihood method）來進行估計是目前愈來愈受到重視的策略。EM 程序是由疊代程序所完成，每一次疊代分成兩個步驟，步驟一為 E 步驟，目的在找出遺漏資料的條件化期望值。也就是利用完整資料來建立對於遺漏資料相關參數的估計值，這個參數可能是變數間的相關係數或其他參數。步驟二是 M 步驟，目的在代入期望值，使利用先前 E 步驟所建立的遺漏資料期望值，取代遺漏資料，再估計理想值，一旦最大概似估計的疊代程序達成收斂，所得到的最後資料即為遺漏值可以取代的資料。

（四）虛擬變數法

針對系統性遺漏，研究者可以進行遺漏分析來探討其發生機制。通常運用一個虛擬變數，將發生遺漏的樣本歸為一類，與其他非遺漏的樣本進行對比，如果一些重要的統計量具有顯著的差異，研究者應試圖修正研究工具，重新進行施測，或是在研究結論中，忠實的交代此一系統性遺漏的原因與可能的影響。例如在民意調查當中，某些黨派或政治屬性的填答者傾向於拒絕填答問卷，這些樣本集中性高，若是刻意忽略這些樣本的答案，在估計上可能造成嚴重的偏離。

另一種策略，是將沒有遺漏的完整資料者，重新再做一次相同的研究，比較兩者之間是否有所差異，如果沒有差異，表示造成遺漏的現象並不會干擾研究的其他部分，但是如果研究數據具有明顯差異，表示遺漏的產生有其特殊系統化背景因素，此時研究者宜詳細檢討兩次研究的差異原因。

另一種較新的估計程序與虛擬化變數的處理有關，稱為多重插補（multiple imputation）。此一策略與 EM 估計程序相仿，所不同的是，多重插補不止進行一次插補，而是進行多次插補（例如 5 次），然後將每一次插補所得到的完整資料來進行多次分析，進而加以綜合得到最後的結果。

三、SPSS 的遺漏值處理功能

（一）遺漏值刪除法

在 SPSS 當中，如果一個資料庫當中具有遺漏資料時，最簡單的處理方法，是利用各種分析功能當中的遺漏值處理選項，來去除具有遺漏的資料。例如在相關分析、t-test、ANOVA 與卡方分析當中，SPSS 提供了全列刪除（整批排除）或配對刪除（逐步分析排除）的選項，基本上，預設值是配對刪除法（見圖 4-1）。

(a)*t* 檢定　　　　　(b)相關分析　　　　　(c)卡方檢定

(d)迴歸分析　　　　　(e)因素分析

圖4-1 不同統計方法中的遺漏處理

在迴歸分析與因素分析中，遺漏值的處理，還增加了一項以平均值置換（如圖 4-1(d) 與 (e) 所示），也就是遇有遺漏值時，以該變數的平均值來取代。如此的作法可以在不變動資料庫的情況下，就每次執行統計分析時排除或取代遺漏值。

（二）置換遺漏值功能

　　SPSS 提供了另一種便捷的遺漏值處理技術，亦即利用**轉換**當中的取代遺漏值功能（圖 4-2），在進行分析之前，來處理遺漏數據。與前面方式不同之處，是以此種方式來處理時，資料庫中出現遺漏的觀察數據，將被改以其他方式置換，經過執行後，資料庫的狀態已經改變。

　　圖 4-2 中有 10 個家庭的人口數與每月開銷資料，第 8 個家庭資料不慎遺失，僅剩 9 筆完整資料。此時使用**轉換**→取代遺漏值功能，可以開啓圖 4-3 的對話框，選取 expen 變數，以數列平均值置換（圖 4-3(a)），新變數命名爲 expen_1，執行後得到 expen_1 的第 8 筆資料被 9 個家庭的每月開銷平均值 29,700 置換了（圖 4-4）。

圖4-2　取代遺漏值的操作視窗

(a)數列平均值　　　　　　　　　　　(b)附近點平均數

(c)線性內插　　　　　　　　　　　(d)點上的線性趨勢

圖4-3　以不同置換選項取代遺漏值的對話框

　　除了以數列平均值來置換，SPSS 也允許使用其他的方式來置換遺漏值，包括鄰近點平均數、鄰近點中位數、線性插補、點上的線性趨勢等。其中附近點平均數可以為前後各取一個數值的平均數，或兩個以上的多個鄰近點的數值的平均數，此時 SPSS 將會按照指令，取前後的 N 個數值的平均值來置換該遺漏值，附近點中位數的作法與前面類似，唯一不同的是鄰近 N 個分數的中位數來置換。

　　在圖 4-3(b) 中，我們利用 expen_2 來示範 N=2 的鄰近平均數取代，置換數值為 36,000（圖 4-4）。值得注意的是，如果取前後一個觀察值的平均值，但前後沒有 N 筆數據時，該遺漏值置換動作會失效。圖 4-3(c) 是以線性內插原理進行置換，原理與附近點平均數置換法類似，會以遺漏值出現之前與之後的一個有效值進行內插（求平均）來取代之，插補結果如圖 4-4 當中的 expen_3 變數，插補值 =(3,000+45,000)/2=37,500。

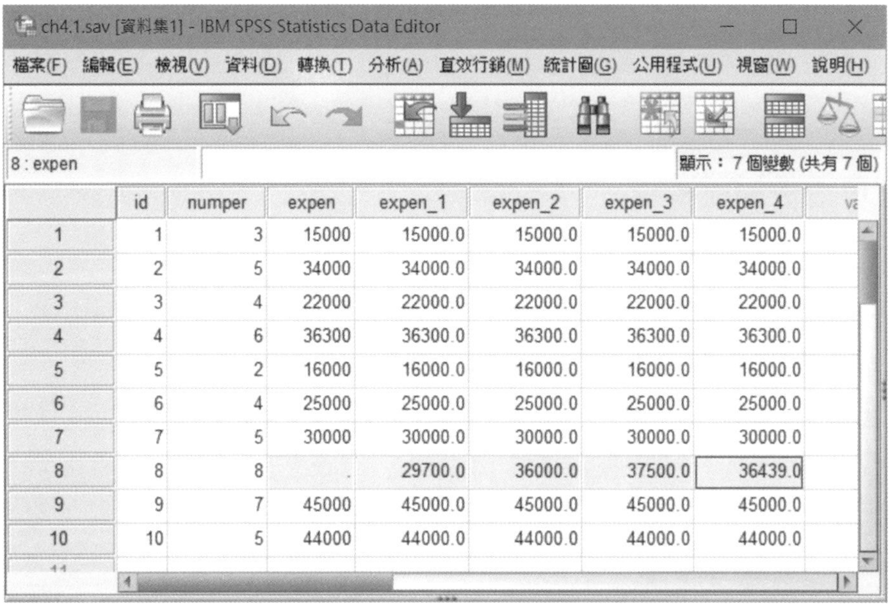

	id	numper	expen	expen_1	expen_2	expen_3	expen_4
1	1	3	15000	15000.0	15000.0	15000.0	15000.0
2	2	5	34000	34000.0	34000.0	34000.0	34000.0
3	3	4	22000	22000.0	22000.0	22000.0	22000.0
4	4	6	36300	36300.0	36300.0	36300.0	36300.0
5	5	2	16000	16000.0	16000.0	16000.0	16000.0
6	6	4	25000	25000.0	25000.0	25000.0	25000.0
7	7	5	30000	30000.0	30000.0	30000.0	30000.0
8	8	8	.	29700.0	36000.0	37500.0	36439.0
9	9	7	45000	45000.0	45000.0	45000.0	45000.0
10	10	5	44000	44000.0	44000.0	44000.0	44000.0

圖4-4　經遺漏值置換後的資料庫內容

最後，圖 4-3(d) 以點上的線性趨勢進行置換，其原理是迴歸估計法，取完整資料中，以資料順序爲自變數（由第 1 筆到最後一筆的數列），以待增補的變數爲依變數，計算線性方程式後預測該遺漏值的數值。範例資料係以 ID 數列爲自變數，每月開銷爲依變數，以 9 筆數據計算出迴歸方程式，代入 ID=8，得到每月開銷預測值爲 36,439，亦即圖 4-4 當中的 expen_4 所增補的數值。

第三節　離群值的偵測與處置

離群值（outliers）係指變數偏離常態、不尋常的數值，也就是與多數受測者的反映數值極端不同的狀況。更嚴重的偏離情形，則稱爲極端值（extremes）。例如：某一個樣本的年齡集中於 20 歲，標準差 5 歲，而某一位受測者的年齡爲 35 歲，居好幾個標準差之外，即屬於離群值，如果來了一位七旬老翁，其年齡則可視爲極端值。

基本上，離群值發生在連續變數而非類別變數。因爲「離」即代表距離，只有當變數帶有度量單位時（連續變數），才可能計算距離。相對之下，如果變數不帶有單位，僅能做分類之用，即無法計算距離。

在統計分析中，離群值會嚴重的影響各種統計量的計算，例如平均數、標準差，甚至於影響後續的統計分析，必須小心處理。離群值的檢驗除了以圖表法，列出次數分配表之外，相當程度倚賴統計軟體的應用。例如 SPSS 軟體的預檢資料功能可以用來檢驗離群值，同時可顯現該數值輸入時的編號，有助於研究者進行修正。

一、單變數偏離檢驗

（一）次數分配與直方圖的使用

使用 SPSS 視窗版來檢驗離群值，可使用分析→描述統計→次數分配表，以及摘要→預檢資料來進行。

以目前薪資爲例，次數分配表提供直方圖或長條圖以供檢視離群值，使用者點選所需的變數 salary，打開圖表清單，挑選所需的圖表，按確定後即可獲得次數分配表與圖示，目前薪資變數直方圖如圖 4-5。圖中顯示，高薪部分具有一個極端的離群值（135,000），所有的 474 位受試者，目前薪資分布呈現正偏態。

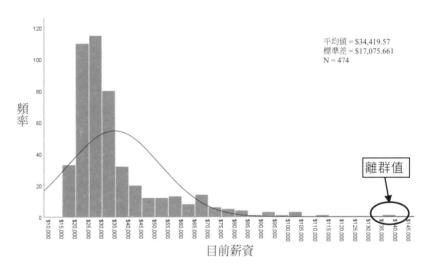

圖4-5　目前薪資變數直方圖

（二）盒形圖的使用

爲了了解資料分布的特性，可以使用盒形圖來表現次數的極端情形。盒形圖的使用，使用者需點選分析→描述統計→預檢資料，進入對話框中。取圖形中的盒形圖，或以統計圖→歷史對話記錄→盒形圖來進行，按確定即可執行。目前薪資的盒形圖如圖 4-6 所示。

盒形圖的構成主要是四分位數。長方盒所在位置的上緣與下緣分別爲目前薪資變數的第三與第一四分位數。中央的水平線爲中位數所在位置，亦即長方盒內的人數占 50%。上下方延長的垂直線代表另外 50% 分數分布的情形。如果某一分數離開方盒上（下）緣達長方盒長度的三倍以上（以下），則以極端值處理，以＊表示。如果某一分數距離為 1.5 倍盒長，則以離群值處理，以○表示之。圖中長方盒的長度愈長，以及外延的垂直線愈長，代表資料愈分散，當極端值與離群值的點數愈多，代表偏離情形愈嚴重。當中位數上下兩側的延伸線愈不相等，表示偏態愈明顯。本範例中，目前薪資變數明顯的呈現正偏態，且高薪者的極端值與離群值較多，低薪部分則無任何離群值。

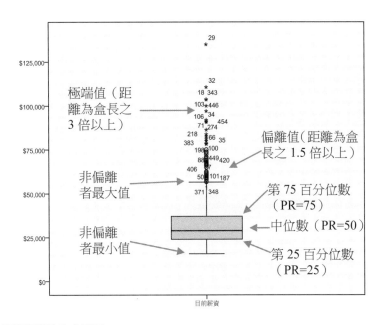

圖4-6　目前薪資變數的盒形圖

二、多變數偏離檢驗

（一）連續變數偏離檢驗

　　多變數離群值的確認，首先必須選取一個連續變數作為離群值檢驗的目標變數，然後選取分類變數進行分割畫面處理。如下圖：

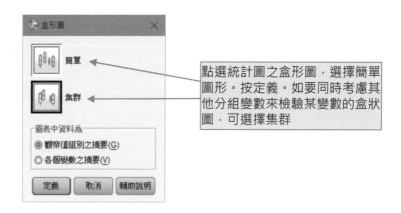

以性別與目前薪資兩個變數的偏離檢驗為例，不同性別的受試者，目前薪資的分布與偏離情形可能不同，此時，使用統計圖→歷史對話記錄中的盒形圖的簡單選項。如果要增加另一個分類變數：職務別，則可利用盒形圖的集群選項進行三變數盒形圖分析，選取所需檢驗的變數，連續變數放入變數，類別變數放入類別軸，如圖 4-6(a)。

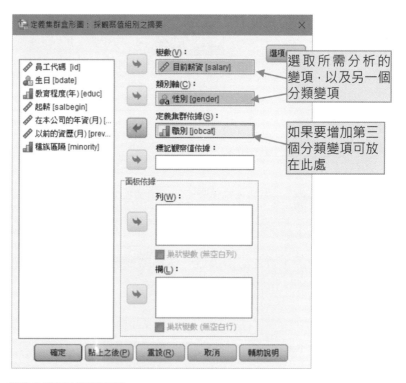

圖4-6(a)　集群盒形圖定義對話框

執行雙變數盒形圖指令後，可得到圖 4-7(a) 之結果，圖中顯示男女生的偏離與極端值差不多，且均分布於長方盒的上方，但男生的盒形圖比女生的盒形圖更佳正偏，且男生的中位數比女生的中位數高，顯示不同性別的平均薪資的變化。而由長方盒的長度可以判斷出不同性別的薪資分散狀況並不太一致，男性工作者薪資變異大於女性。

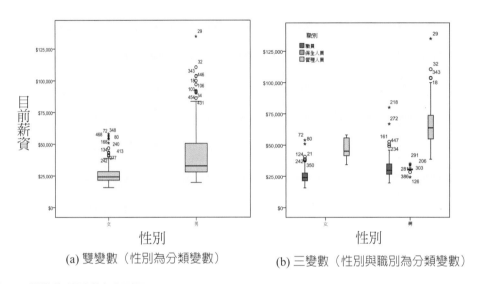

(a) 雙變數（性別為分類變數）   (b) 三變數（性別與職別為分類變數）

圖4-7　雙變數所形成之盒形圖

圖 4-7(b) 為目前薪資變數與性別變數的雙變數偏離檢驗，再以第三個變數（職別）作為集群化分類變數，可以更明確的看出目前薪資變數的分布。在執行預檢資料功能下，若在統計量下勾選離群值，如下圖，則將出現各組極端的數值及觀察值位置。結果如下表：

極端值

性別				觀察值個數	數值
目前薪資	女	最高	1	371	$58,125
			2	348	$56,750
			3	468	$55,750
			4	240	$54,375
			5	72	$54,000
		最低	1	378	$15,750
			2	338	$15,900
			3	411	$16,200
			4	224	$16,200
			5	90	$16,200
	男	最高	1	29	$135,000
			2	32	$110,625
			3	18	$103,750
			4	343	$103,500
			5	446	$100,000
		最低	1	192	$19,650
			2	372	$21,300
			3	258	$21,300
			4	22	$21,750
			5	65	$21,900

（二）多連續變數偏離檢驗

前面的例子中，一個變數為連續變數，其他變數則為分組變數。但如果是兩個變數皆為連續變數時，即不宜以盒形圖來表現，而宜以散布圖來呈現。

使用者點選統計圖→歷史對話記錄→散布圖點狀圖，進入對話框中，輸入兩個變數，按確定即可。圖 4-8 為起薪與目前薪資的雙變數分布圖，圖中顯示低起薪者有部分具有高目前薪資，而高起薪者亦有少數具有低目前薪資。雙變數的極端值檢驗可以同時看出兩個變數偏離情形，所提供的資訊更為豐富。

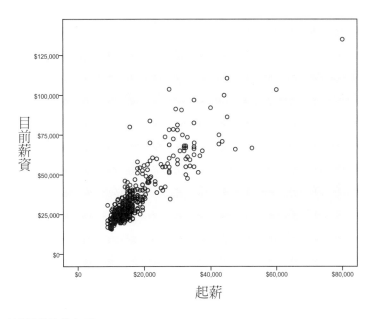

圖4-8　兩個連續變數的散布圖

三、離群值的處理

　　當離群值被確定之後,可以設定一個新的虛擬變數,將離群值視為一組,非離群值為一組,進行區別函數分析以確定那些變數可以區分此二組,這些變數便可能是造成多變數離群值的變數,再以散布圖來描繪該數值的位置。

　　離群值的發生,主要的原因是人為的疏失,可能是研究人員在輸入時的誤差,輸入了錯誤的數值,經重新調閱文本資料後可以獲得解決。此外,偏離亦有可能是受試者本身胡亂作答的結果,此時多以去除離群值(轉換成遺漏值)來處理,然而,如何判定該離群值是胡亂作答或是正確作答,研究者在除去該離群值前需經過研判與確認。

　　真實存在的離群值的處理,文獻上提供了有多種選擇,如果樣本數龐大,除去該離群值不致影響分析,多建議採去除法來處理,如果為維護樣本數,則可採取合併組的方式,將超過某一數值的極端值合併為一組,以減低極端值的影響,例如將標準差超過 3 的數值一律轉換成標準分數為 3 的數值。此外,亦可採取數學轉換,將極端分數以數學公式(如 log)減少極端的數值影響。

第四節　資料轉換

　　資料轉換指令的功能在協助使用者將所建立的資料進行進一步的轉換與變化，以符合需要。例如研究者想要計算受測者在某一個 10 題量表的總分，或是將教育程度變數修改分類方式，就必須使用資料轉換功能。以下，我們將逐一介紹各重要的轉換指令。

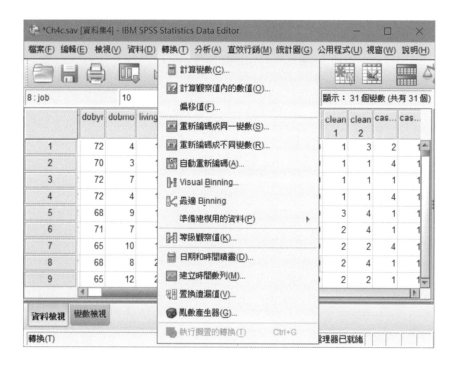

一、計算變數（Compute）

（一）計算功能的基本操作

　　計算變數選項提供使用者將資料進行各種邏輯運算處理，其主要功能在利用既有變數進行四則運算之後以創造一個新變數，四則運算的表現則依一般數學關係式的模式（先乘除後加減）即可，並可配合函數來進行運算。

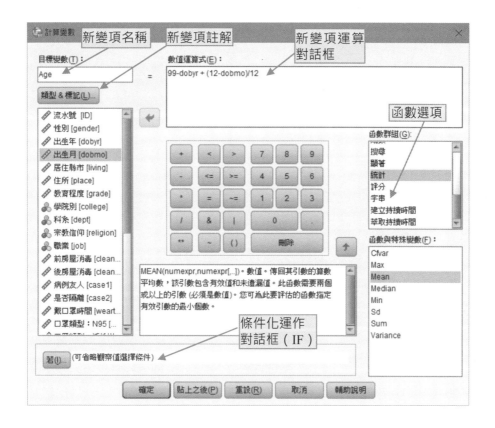

　　以新變數 Age 的建立爲例，Age 由出生年（dobyr）與出生月（dobmo）所計算得出，首先在 目標變數 當中輸入 Age，並可打開 類型 & 標記 選單，輸入該變數的標籤（年齡）以爲標註之用。然後在 數值運算式 中鍵入 Age 的計算條件：99-dobyr+(12-dobmo)/12，按 確定 即可獲得新變數 Age，該筆資料存放在資料視窗的最後一欄。

　　值得注意的是，在數學運算式建立運算條件的過程當中，使用者可以自行鍵入舊變數的名稱與數學運算符號，也可以利用滑鼠來選取舊變數以及小算盤當中的數值與運算子（四則運算符號），或選取函數功能來進行運算。SPSS 的運算子圖例與功能說明於表 4-1。

　　這些運算子的使用有不同的變化與組合，但也有規定作法，讀者應善加演練，否則會有錯誤訊息的發生。例如乘冪之後必須跟隨一個數值以表示是求取某一變數的幾次方，數值爲 2 時（**2）表示平方，數值爲 .5 時爲開根號（**.5），如果漏了數值，就會出現錯誤訊息。

→ **表4-1** 運算子的圖例與功能

數學運算子			邏輯（關係）運算子		
圖例	功能	圖例	功能	圖例	功能
+	加	<	小於	~=	不等於
-	減	>	大於	&	與
*	乘	<=	小於等於	|	或
/	除	>=	大於等於	~	非
**	乘冪	=	等於	()	括號

除了使用傳統的數學運算式來進行新變數的計算，SPSS 也提供了超過 70 種以上的內建函數來進行資料的轉換。包括基本運算函數：算術函數、統計函數、字串函數、日期與時間函數，統計分配的相關函數：累積分配函數、隨機變數函數、遺漏值函數等等。

在進行數值運算時，有時需要限定特定條件下，來進行新變數的創造，此時，便需搭配條件化邏輯處理指令。在計算變數功能中，包含一個若選項，點選該選項可進入條件化指令對話框。點選包含滿足條件時的觀察值選項後，即可以對於新變數的創造設定限定的條件。

二、重新編碼（Recode）

重新編碼的功能在於將變數既有的數值重新設定。當使用者遇到變數的數值需進行轉換、重新編碼、合併等工作時，即可使用重新編碼成不同變數功能，例如反向題的處理狀況即為一例。SPSS 視窗版提供兩種模式重新編碼程序：重新編碼成不同變數不改變原有變數值，而將逆轉後的新變數以另一個變數名稱來儲存，重新編碼成相同變數則會將新數值覆蓋在原有變數名稱下的數值予以取代。

在 SPSS 中，執行方法為選取轉換→重新編碼成不同變數，即可開啟重新編碼對話框。以教育程度變數的重新編碼為例，變數名稱為 grade，原來的數值為 1（國中及以下）、2（高中）、3（專科）、4（大學），若要改成 1（高中以下）與 2（專科以上）兩類，則可以將舊值 1、2 改為新值 1，舊值 3、4 改為新值 2。

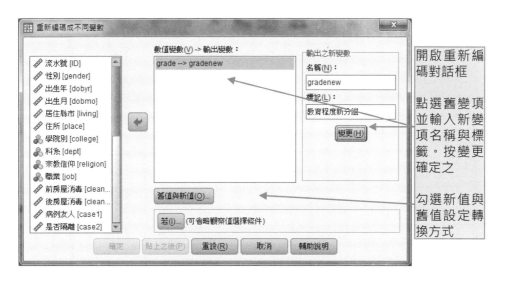

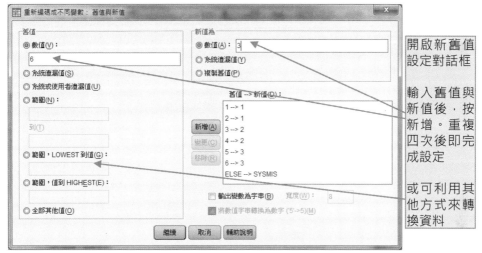

　　如果是數值很多的連續變數，其重新編碼多以區間的方式來設定。例如年齡變數，如果要將年齡進行分組，可使用舊值與新值當中的範圍，逐步的設定不同的區間，並給予不同的數值。另一個方法是利用資料視覺化分類功能（Visual Binning），利用帶狀分割原理來分組，適合於大型資料庫，或是當數據的內容不明確時，可以將大批資料一次分割完畢。

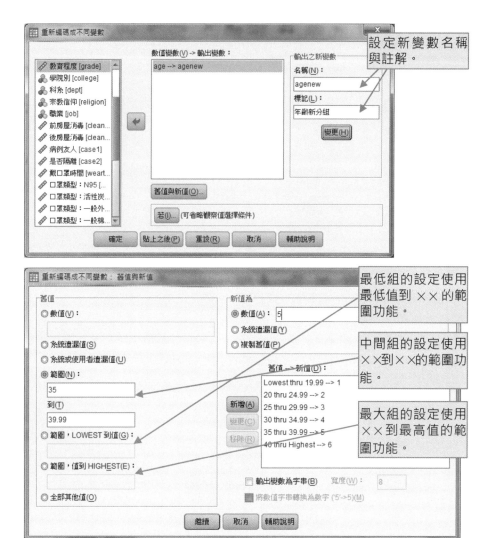

三、計數

計數（COUNT）功能用於計算一組變數當中，重複出現某一個數值的次數，並將此一次數指定為一個新變數的數值。例如隨堂考試試題總共有十題，每一位學生在每一題可能答對（記為 1），也可能答錯（記為 0），每一位學生的得分可以用計數功能來加分。此時點選轉換→計算觀察值內的數值，便可打開設定對話框，將新變數的名稱與標籤鍵入，並挑選用來計算新變數內容的數值變數。假設答對題數以 answer 命名，操作的步驟如下：

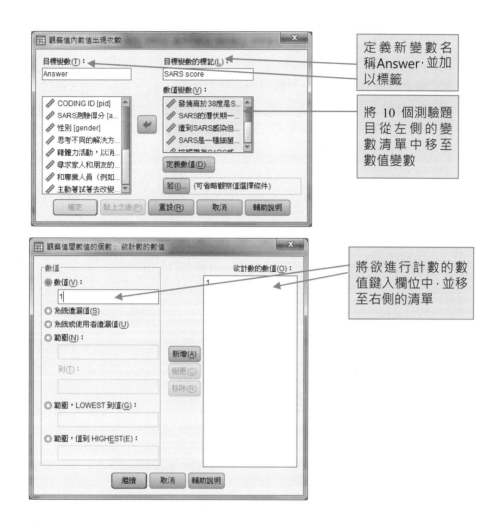

定義新變數名
稱Answer，並加
以標籤

將 10 個測驗題
目 從 左 側 的 變
數 清 單 中 移 至
數值變數

將欲進行計數的數
值鍵入欄位中，並移
至右側的清單

四、等級觀察值（RANK cases）

　　等級觀察值功能是將變數的數值，轉換成等級、百分等級、排序等類型的分
數。以心理測驗的應用來說，若要將測驗的原始分數轉換成百分等級常模，就需要
使用此一功能來完成。此外，學校老師也可以利用此一功能，來將學生的考試成績
轉換成名次與等第資料。SPSS 的等級觀察值功能可以產生下列資料：

■等級（Rank）：排名次（由低至高或由高至低）。

■指數等級（Savage score）：產生指數等級數據。

■比率等級（Fractional Rank）：產生百分比（百分等級），為0至100的百分比（帶
　兩位小數）或以四位小數表示的由 0 至 1 的百分比。

■觀察值加權數總和（SUM OF CASE WEIGHTS）：列出參與排列的人數（若選
　擇依據變數，全體樣本將依該變數分成幾個次群體排序）。

■自訂 N 等級（Ntiles）：允許使用者自訂 1 至 99 種不同的等級切割。

■常態等級（NORMAL）：可將數據依照百分比密度調整成為常態化的等級資料。

　　SPSS 的操作程序很簡單，點選轉換→等級觀察值，便可打開設定對話框。然後將所欲排序或等級化的變數選入右側的變數清單中。如果想要就另一個分類變數來進行分組排序（例如不同的性別），可將該分組變數（不可為字串變數）選入依據清單中。然後點選等級類型，便可打開類型設定對話框。選取所欲產生的排序或等級化工作。如要自訂幾個百分比等分，可以在自訂 N 等分的輸入欄位中輸入 1 至 99 的數據。按確定即可執行。新變數會出現在資料庫的最後方。

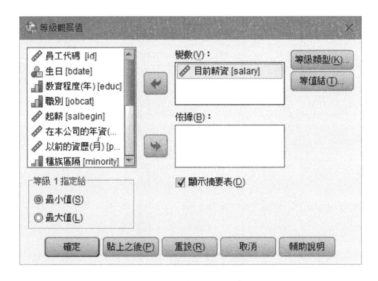

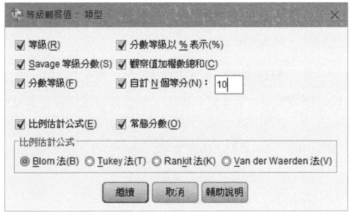

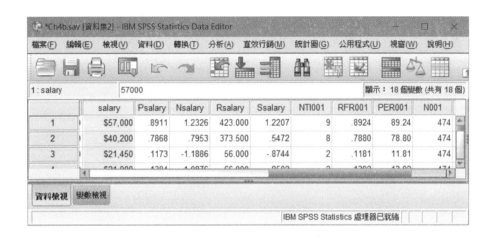

　　值得注意的是，常態化估計可以將原本爲非常態（如呈現正偏態的薪水資料）轉成常態機率分配。以下圖爲例，原本數據爲正偏態，但是常態化估計後（以 BLOM 法爲例）的機率密度則呈現常態分配。

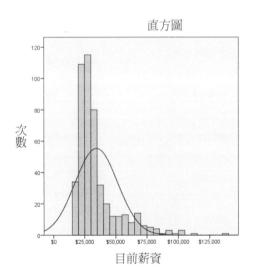

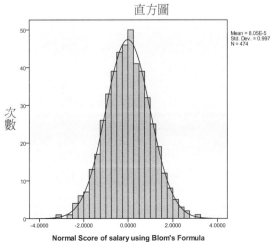

第五節　資料與檔案管理

在 SPSS 的資料功能表中，有一系列資料與檔案管理功能，可以協助研究者管理資料庫，現擇要說明於後。

一、定義變數內容

定義變數內容的功能是利用小精靈對話框的方式，以一個結構化的視窗畫面來處理變數特性的定義，而不用逐一的來處理每一個變數，提高了使用者在處理變數特性的便利性。使用方法係點選定義變數內容，開啟小精靈對話框。此時使用者可以選擇有哪些變數是需要加以檢查或調整，將它們選入右側的要掃描的變數清單中。如下所示：

定義變數對話框 使用者從資料庫的變數清單 (左) 中，挑選出所欲檢視或調整的變數移至右側中，以備檢閱

資料條件 當變數檢閱時，從資料庫提取資料的條件限制選單。使用者可以指定只要檢查幾筆觀察值，或是僅列出變項中的部份數值

在上圖的對話框中，有兩個設定觀察值提取條件的選項十分重要。限制掃瞄的觀察數目為如果被勾選，使用者可以指定資料庫中的觀察值，有幾筆要被提取出來檢查。限制顯示的數值數目為選項則在指定對於資料庫資料的提取，僅限於該變數的前幾個數值的資料。

下圖中，我們可以看到 SPSS 總共掃瞄了 98 筆資料，所點選的 sex 變數，標籤為性別，變數設定狀態列於對話框的上半部。下半部則為變數的內容，性別變數共有 2 個數值，1 代表男、2 表示女，第 3 個數值為 9，是為遺漏值，共有 0 個遺漏。

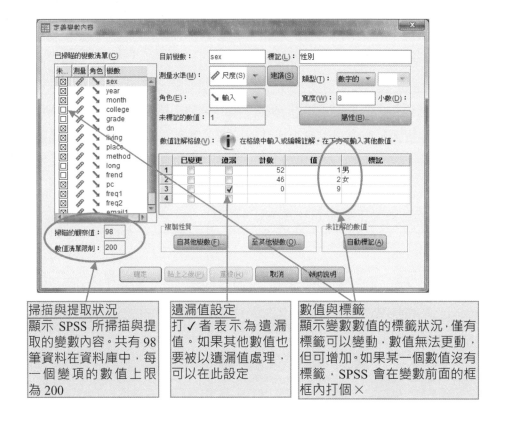

掃描與提取狀況	遺漏值設定	數值與標籤
顯示 SPSS 所掃描與提取的變數內容。共有 98 筆資料在資料庫中，每一個變項的數值上限為 200	打 ✓ 者表示為遺漏值。如果其他數值也要被以遺漏值處理，可以在此設定	顯示變數數值的標籤狀況，僅有標籤可以變動，數值無法更動，但可增加。如果某一個數值沒有標籤，SPSS 會在變數前面的框框內打個 ×

二、資料轉置

在 SPSS 當中，可以利用轉置（transpose）功能將原始資料檔中的列與行互換，也就是把各筆資料（橫列）變成直欄的變數，而直欄的變數轉換成一筆一筆的觀察值，並將轉置後的資料放置在另一個新的資料檔當中，以免舊有的資料遺失。增加了資料管理的方便性。

使用者可以利用轉置將所有的資料進行行與列的互換，此時所有的變數名稱會形成一個新的變數（CASE_LBL），並放置於第一欄，用以顯示該橫列的資料的內容。相對的，各筆資料轉成直列後，如果沒有指定變數的名稱，則會由 SPSS 以內定的 VAR000* 來為每一筆資料進行變數命名，並顯示新變數名稱的清單。

如果使用者想要利用某一個變數的數值（通常為字串變數）作為變數名稱，則需將該筆觀察值在對話框中指明，SPSS 即以該變數的資料作為變數的名稱。值得注意的是，在轉置過程當中，原本字串變數的文字資料，轉成橫列的資料時，會因為各新變數為數值變數的型態而成為各變數的系統遺漏值。其次，如果使用者沒有選擇所有的變數進行轉置，那麼未被選擇的變數不會轉成橫列的觀察值資料。

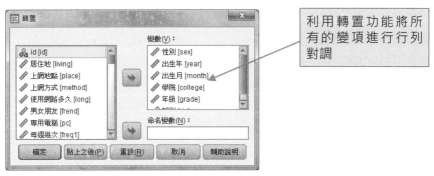

利用轉置功能將所有的變項進行行列對調

三、觀察值加權（Weight cases）

觀察值加權的原理相當簡單，就是將某一筆（橫列）觀察值根據某一個變數的數據進行加權（乘以該變數）。使得該筆資料的數量成為若干倍。此法最常使用的情況是在建立資料檔時，以簡要的形式進行大樣本的數據輸入，又稱為加權輸入法。另外，在進行民調時，為了使分層隨機取樣的數據符合母體人口比例，會將所蒐集到的資料依據母體比例加權，也可以利用此一功能來完成。

例如表 4-2 一個市場調查，研究人員蒐集了 83 位光顧某個大賣場的顧客的基本資料與付費方式，包括性別（男女）、入場時段（上午、下午、晚間）、以及是否使用信用卡。輸入資料的方式，首先應確認分類變數的數目與水準數，並賦予變數名稱與變數數值。以本範例來看，分類變數有三：（A）性別（男 1、女 2）、（B）入場時段（上午 1、下午 2、晚間 3）、以及（C）是 1、否 2 使用信用卡，根據這三個分類變數與數值，可以產生 2×3×2 共計 12 種狀況，每一種狀況都有相對應的次數，使用者僅需將 12 種狀況以及相對應的次數輸入 SPSS 資料視窗即可。

→ **表4-2**　觀察值加權的範例資料

		上午（B1）	下午（B2）	晚間（B3）
男（A1）	刷卡（C1）	10	5	12
	不刷卡（C2）	15	6	6
女（A2）	刷卡（C1）	5	8	12
	不刷卡（C2）	18	18	22

　　資料庫中，12 種狀況所相對應的次數（count），就是觀察值加權的次數變數。資料庫建立完成之後如下表：

　　觀察值加權的方法是打開資料→觀察值加權，開啟觀察值加權對話框，選定依據……加權觀察值，將 COUNT 變數移至次數變數中，按確定即完成設定，如下圖所示。

完成加權之後，我們可以利用描述統計功能來檢查資料是否正確完成加權的動作，例如我們可以利用交叉表來列出性別（A）、時段（B）、付款方式（C）這三個變數加權後的次數列聯表，如下所示：

A 性別 *B 時段 *C 付款方式交叉表

個數

			B 時段			
C 付款方式			1 早上	2 下午	3 晚間	總和
A性別	1 男	1 刷卡	10	5	12	27
		2 不刷卡	15	6	6	27
	2 女	1 刷卡	5	8	12	25
		2 不刷卡	18	18	22	58
總和		1 刷卡	15	13	24	52
		2 不刷卡	33	24	28	85

四、分割檔案（Split File）

分割檔案的目的，是將整個資料檔依另一個變數，將資料庫區分成不同的子檔案，以便分別進行運用或統計分析。例如在變異數分析（ANOVA）中，執行單純主要效果（simple main effect）考驗，即可使用此功能將資料分成不同的水準來進行單純主要效果檢定。

分割檔案時，使用者需指定依照某一個變數進行切割（例如依性別切割成兩個子檔），點選資料→分割檔案後，觀察值變會依分組變數值排序（如果資料檔尚未排序，需選取依分組變數排序檔案）。一旦分割完成後，所有的統計分析將依照性別加以分割成兩個部分。

利用分割檔案功能，研究者可以指定多個切割變數來將整個資料庫切割成多個子檔案，最多可以指定八個分組變數。值得注意的是，如果使用者不需要分割時，必須將先前的動作還原，亦即需勾選分析所有觀察值，否則以後的分析一律區分成多個次檔案的形式來運作。

完成分割後，SPSS 並不會特別提醒使用者資料已經完成分割，但可以從資料視窗看到變化。由於分割的結果會使得資料重新排序，SPSS 會依照切割變數的順序，逐一列出各子檔案的觀察值。

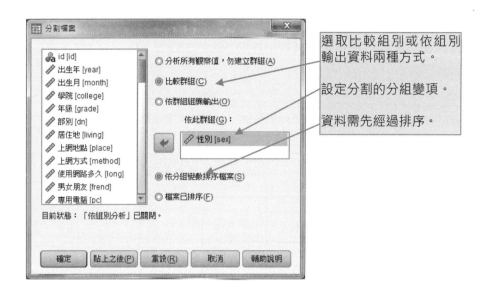

選取比較組別或依組別輸出資料兩種方式。

設定分割的分組變項。

資料需先經過排序。

　　SPSS 在分割檔案時，可以選擇兩種分割模式，它所影響的是分割之後後續應用上的差別，而不是觀察值分割過程有何不同。第一種是依組別組織輸出，此一選項將使資料庫分割後，在後續的報表中，分別將不同組別的資料的分析結果以不同的表格輸出。例如前面的例子，我們以性別為分組變數切割後，要求列出觀察值的居住縣市，SPSS將會把男生與女生的資料分別以兩個獨立表格列出，如下圖所示。

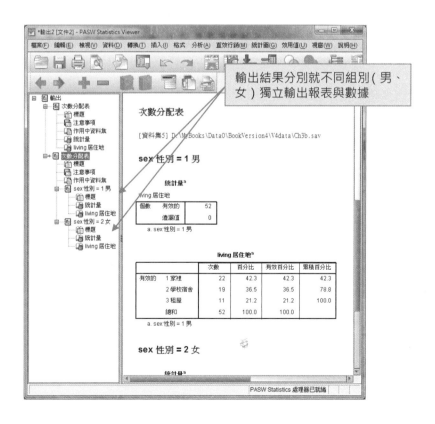

輸出結果分別就不同組別（男、女）獨立輸出報表與數據

　　另一種分割模式是 比較組別，此一選項選擇後，SPSS 會把整個檔案依照某一個分組變數的組別，在資料視窗內分成幾個子檔案。然後如果研究者進行進一步的分析，那麼輸出報表會將不同組別的資料放在同一個表格中，依序列出。例如我們將資料庫依照性別分組後，以次數分配表功能列出樣本的居住地，得到結果如下。我們可以發現男生的資料列於在表格上方，女生的資料列於資料下方。

living 居住地

sex性別			次數	百分比	有效百分比	累積百分比
1 男	有效的	1 家裡	22	42.3	42.3	42.3
		2 學校宿舍	19	36.5	36.5	78.8
		3 租屋	11	21.2	21.2	100.0
		總和	52	100.0	100.0	
2 女	有效的	1 家裡	14	30.4	30.4	30.4
		2 學校宿舍	22	47.8	47.8	78.3
		3 租屋	10	21.7	21.7	100.0
		總和	46	100.0	100.0	

五、選擇觀察值（select cases）

　　SPSS 對於資料的選取，提供了多種不同的選擇。例如可以利用 如果滿足設定條件、觀察值的隨機樣本、或選定特定範圍的資料 等等（如圖 4-9 所示）。使用者僅需開啟選擇觀察值對話框，就可以以不同的選擇方式來過濾或篩選觀察值。

（一）過濾與刪除

　　當使用 選擇觀察值 指令時，選擇的結果有兩種可能，第一是 過濾，是將被淘汰的資料暫時冷凍，使用者可以在資料編輯視窗中看到受試者的編號被劃一斜槓（／），即代表被冷凍，而且視窗最後會產生一個新的過濾變數（filter_$），保留的記為 1，冷凍的記為 0。此時資料並未被從檔案中移除，要回復被冷凍資料時（解凍），只需勾選 使用全部觀察值 即可。第二是 刪除，表示被排除的資料就被永遠自資料檔中移除，無法復原，使用者在勾選此選項時需謹慎為之。

圖4-9　選擇觀察值之各種選項設定對話框

（二）條件化選擇程序

　　SPSS 在進行觀察值選擇時，最重要的功能是利用條件化指令（IF）來提出特殊的選擇條件，命令 SPSS 選出特定條件的觀察值。具體作法是利用如果滿足特定條件，搭配過濾與刪除，來挑選資料，這也就是過去 SPSS/PC 時代的 process if 與 select if 兩個重要指令。

　　使用條件化選擇功能時，必須輸入特定的選擇條件，使用者需利用若視窗，來設定條件式。例如如果只需要分析 sex=1 的觀察值，那麼在視窗中輸入此一條件，即可將其他性別的觀察值過濾或刪除。

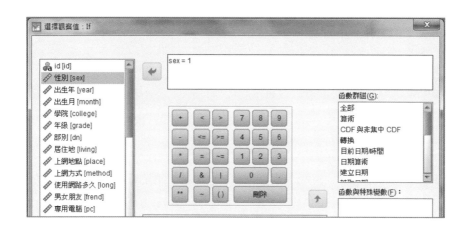

　　配合過濾選項的選擇後的結果如下。我們可以看到資料視窗有部分觀察值的序號有一個劃記，代表該筆資料被暫時凍結。

	sex	year	month	college	grade	dn
1	男	76	6	理工	二年級	日間
2	女	75	5	管理學院	三年級	日間
3	男	77	2	理工	一年級	日間
4	女	73	10	理工	三年級	日間
5	女	75	10	醫學院	二年級	日間
6	女	76	1	醫學院	二年級	日間
7	女	75	2	理工	三年級	日間
8	女	75	1	管理學院	一年級	日間
9	男	75	4	理工	三年級	日間
10	女	75	8	理工	三年級	日間

（三）觀察值的隨機樣本

　　觀察值的隨機樣本即是取樣（SAMPLE）指令，也就是要求 SPSS 進行隨機取樣。使用者只需輸入一個小數點分數，即可要求依該比率自資料檔中挑選一定比率的觀察值。如輸入 .3，即要求隨機選擇資料檔案中 30% 的觀察值資料，其他的 70%，則依過濾或刪除方式處理。若要以一定比例來進行隨機取樣，使用者只需在恰好選項中，填入所欲保留的資料筆數（例如 10 筆），要從前面幾個觀察中去隨機取樣（例如前面 50 筆）。SPSS 即會從 50 筆資料中隨機取樣出 10 筆資料。

　　值得注意的是，由於 SPSS 採用隨機取樣，因此如果重複此一步驟，每次選出的觀察值都會有所不同。除了隨機取樣，SPSS 也可以要求選擇特定範圍的資料來進行運用，此時需使用以時間或觀察值範圍為準選項。

描述統計與圖示

描述統計（descriptive statistics）是一套用以整理、描述、解釋資料的系統方法與統計技術。由於量化研究所蒐集的資料數量均十分龐大，如何以簡單明白的統計量數來描述龐大的資料，並作為實務工作者相互溝通的共同語言，便成為描述統計的主要責任。

　　描述統計的第一步，也就是要對原始資料的整理與呈現，最簡單且最常用的方法是建立次數分配表（frequency distribution）。傳統上，次數分配表的製作，需將原始資料進行初步分類，再加以人工劃記方式過錄，整理成一個具有類別、次數、累積次數、百分比、及累積百分比等訊息的次數分配表。在科技發達的今日，次數分配表可以輕易的由電腦來製作，研究者只要正確無誤的輸入原始資料，即可利用統計應用軟體或文書處理軟體（如 Excel）來製作次數分配表。

　　由研究樣本所計算得出的統計數據，稱之為統計量數（statistic）。統計量數直接由原始數據計算得出，是作為描述原始數據的特性的最佳指標。描述統計中，最重要的統計量數是用以描述測量觀察值集中情形的集中量數（measures of central location），也就是為一組數據建立一個能夠描述其共同落點的最佳指標；以及用以描述這群測量觀察值分散狀況的變異量數（measures of variation），亦即描繪數據分布廣度的指標。

　　進一步地，數據的意義，不能只單看數字的絕對意義（數值大小），而且還必須了解數值的相對意義，甚至於進行變數數據的標準化，才能對於數據進行最正確的解讀。本章除了介紹集中與變異量數之外，並將介紹相對量數與標準分數。基本上，標準分數是一套將數字進行轉換的數學程序，經過轉換後的標準分數具有相對性與可比較性，而若配合常態分配，則成為一個理想化的機率模型，說明在一種常規情況下的統計數據的機率變化規律。在統計學上，這兩個概念可以說是銜接描述統計與推論統計的重要橋梁。

　　最後，研究者必須熟悉利用統計圖表來描繪數據，並解讀這些電腦化數據的意義與內涵，進一步的在推論統計的原理與原則下，進行估計或假設考驗的工作。

第一節　次數分配表

　　次數分配表除了用來整理與描繪資料，次數分配的功能可以用來檢測與描述資料集中情形與離散情形、偏態與峰度、或有無極端值的存在。而類別變數（由名義或順序尺度所測量得到的資料）的資料，由於缺乏計量的單位，同時數值的種類較少，最適合使用次數分配表來呈現變數的內容與分布狀況，如表 5-1 之範例。相對

表5-1　次數分配表範例

		次數	百分比	有效百分比	累積百分比
有效的	1 小學及以下	8	1.5	1.5	1.5
	2 國中	17	3.2	3.3	4.8
	3 高中	83	15.7	15.9	20.7
	4 大專	383	72.4	73.5	94.2
	5 研究所	30	5.7	5.8	100.0
	總和	521	98.5	100.0	
遺漏值	9	8	1.5		
總和		529	100.0		

之下，連續變數的數值有許多種可能，若未事先進行歸類，簡化數值的種類，次數分配表則可能顯得龐大冗長。通常需先計算全距，再根據全距決定組數及組距（interval），確定各組之上下限後，將個別觀察值之測量值進行劃記工作。

　　值得一提的是莖葉圖（stem-and-leaf plot），莖葉圖是普林斯頓大學 John Tukey 教授於 1977 年所發展一種用以描述觀察值的簡便方法，可以快速的以人工將觀察值進行劃記，並以圖表的方式呈現出來，兼具次數分配表與直方圖的雙重優點。在當時沒有電腦協助處理量化資料的年代，莖葉圖有其實用的價值，但是 SPSS 軟體仍保留了莖葉圖，足見其重要性。

　　莖葉圖最適合於二位數資料的呈現，例如考試成績。莖葉圖的製作，係將每一個觀察值切割成莖與葉兩部分，中間以垂直線區隔。莖為觀察值中十位數及以上的數字，葉則為個位數的數字（有時葉會取分數的末兩位，則此完全需要看分數大小分布的範圍而定）。研究者先行將莖的數字由小而大依序填寫在垂直線的左側，如果每個數字只填寫一次，代表以 10 為組距，若寫兩次，則表示以 5 為組距，以此類推。研究人員此時將觀察值的個位數（葉）資料由小而大依序填註在右側，形成表格型態。劃記完成之後的每一橫列的類別，計算其次數，並記錄於圖的左側，形成一個次數分配表。現在以 96 筆年齡資料為例，做成莖葉圖如下表：

年齡年齡 Stem-and-Leaf Plot

```
 Frequency        Stem &    Leaf
    2.00          2 .  11
    2.00          2 .  23
    8.00          2 .  44445555
   11.00          2 .  66666666777
   16.00          2 .  8888899999999999
    8.00          3 .  00011111
    5.00          3 .  22333
    8.00          3 .  44445555
    8.00          3 .  66667777
   10.00          3 .  8888899999
    5.00          4 .  11111
    1.00          4 .  2
    1.00          4 .  5
    1.00          4 .  7
    6.00          4 .  888889
    2.00          5 .  00
    2.00 Extremes       (>=56)

 Stem width:            10
 Each leaf:             1 case（s）
```

　　上述的莖葉圖係以 2 為組距，因此莖的部分每一個數字重複五次。由葉的部分，可以看出眾數落於 28-29 歲組，並有極端值落於高年齡組，顯示出正偏態的情形。圖中保留了原始資料的內容，同時也呈現出直方圖的形式，兼具次數分配表的功能，因此可以看出莖葉圖的一個優點是不會流失任何原始資料，對於資料的呈現，有其優越性。

第二節　集中量數

　　集中量數是用以描述一組數據或一個分配集中點的統計量數。也就是一個能夠描述數據的共同落點的指標。

一、平均數

　　平均數（mean；或以 M 表示）是取某一變數的所有數值的總和除以觀察值個數所得到的值（公式 5-1），因為是將數據直接以數學算式來計算平均值，又稱為算術平均數（arithmetic mean），以 $\overline{X}$ 表示。

$$\overline{X} = \frac{\sum X}{N} \tag{5-1}$$

　　如果今天研究者能夠蒐集母體當中的每一個觀察值（總數亦為 N），所計算得出的平均數稱為母體平均數（population mean），以希臘字母 μ（mu）表示，如公式 5-2。

$$\mu = E(X) = \frac{\sum\limits_{i=1}^{N} X_i}{N} \qquad (5\text{-}2)$$

另一種平均數的計算是將變數 X 的 N 個數值相乘後，再開 N 次方得到開根值，稱爲幾何平均數（geometric mean），以 $\overline{X}_G$ 表示（如公式 5-3），多用於比率或速率資料，例如百分比、速率、成長率、良率等，由於多與時間變動的比率有關，因此又稱爲動態平均數。

$$\overline{X}_G = \sqrt[N]{\prod_{i=1}^{N} X_i} = \sqrt[N]{X_1 X_2 \dots X_N} \qquad (5\text{-}3)$$

二、中位數

中位數（median；或以 Mdn 表示）又稱爲中數，是將某一個變數的數據依大至小或由小至大排列，取位居最中間、或能夠均勻對分全體觀察值的分數，也就是在中位數之上與之下，各有 50% 的觀察值。當樣本數爲奇數時，中位數是第 $(N + 1)/2$ 個樣本的分數；當樣本數爲偶數時，中位數取第 $N/2$ 與 $N/2 + 1$ 兩個樣本分數的平均。

以 50、55、60、60、60、65、66、70、90 等 9 位學生的統計成績爲例，最中間的學生（$(9 + 1)/2$ = 第 5 位）的分數，即 60 分，中位數爲 60。如果增加了 1 位學生，成績爲 95 分，那麼 10 位學生的中位數取第五（$10/2 = 5$）與第六（$10/2 + 1 = 6$）兩者的平均數 $(60 + 65)/2 = 62.5$。

中位數的最大用途是反映全體「樣本」的中心點，也就是人數中心點；平均數所反映的則是一組分數「數量」的中心點。平均數的計算必須是當數據具有相同的單位，但是中位數則無此一限制，只要分數可以排順序，即可以從人數的次序找出中位數，因此中位數又稱爲百分等級爲 50 百分位數（P_{50}）或第二四分位數（Q_2；second quartile）。例如在呈現薪資資料時，平均數易受極端分數的影響而有偏高的趨勢，此時以中位數來反映薪資的中間值，較能反映薪資的「中間」水準。

三、衆數

衆數（mode；或以 Mo 表示）是指一組分數中，出現次數最多的一個分數，也就是一組數據中最典型（typical）的數值，或次數分配最高點所對應的分數。

眾數是各集中量數當中，最容易辨認的量數。以 50、55、60、60、60、65、66、70、90 等 9 位學生的統計成績為例，60 分出現了三次，是出現最多的一個分數，因此眾數為 60。

如果一個分配有兩個分數具有相同的最高次數，此時即出現了雙眾數。通常在一個雙峰分配（bimodal distribution）中（一個次數分配具有兩個高峰），即使兩個高峰次數不同，我們仍可以報告兩個高峰所對應的分數（眾數），以利別人了解雙峰分配的兩個集中點為何。

四、集中量數的特性與使用時機

上述三個集中量數各有不同的適用時機，對於名義變數，因為沒有一定的單位，因此無法計算平均數，也沒有大小順序可言，因此中位數也沒有意義，只能使用眾數來表示樣本集中情形。例如九位學生的居住地區為 3、2、1、1、1、1、3、2、2，數值 1 表大臺北、2 為基隆宜蘭、3 為桃竹苗，由眾數 1 可知學生居住地集中於大臺北地區。

以順序量尺測得的數據，雖無固定的單位，但因為具有一定的順序關係，因此中位數數值具有參考價值，同時眾數也可以求得。例如 9 位學生的年級為 3、2、1、1、1、1、3、2、2，中位數為順序第 5 位的學生的年級數 2，眾數則為 1。此時測量者就必須決定以何者來描述這 9 位學生年級的集中情形。

最後，測量尺度為等距尺度以上的變數，因為具有一定的單位，因此三種量數皆可以使用，此時，集中量數可採較精密的量數（即平均數）。平均數是計算所有樣本的分數所得到的資料，有最佳的代表性。但是平均數易受極端值的影響，在偏離值較多、偏態較嚴重的時候，平均數的使用需經過特別的校正處理，否則建議搭配採用中位數與眾數。這三個集中量數的測量特性與優缺點比較見表 5-2。

→ 表5-2　集中量數的特性與優缺點比較

	眾數	中位數	平均數
名義	√		
順序	√	√	
等距／比率	√	√	√
優點	不受偏離值的影響，計算方法簡便。	對數值變化不敏感，較不受極端值影響，計算方法尚稱簡便。	測量最為精密，考慮到每一個樣本，具有代表性。
缺點	測量過於粗糙，無法反映所有樣本。	無法反映所有樣本的狀況。	易受偏離極端值的影響。

　　一般來說，平均數最容易受到極端值影響，其次是中位數，最不受影響的是眾數，因此，在一個不對稱的分配當中，三個集中量數因為受到影響的程度不同，而不會落於同一點；相對的，在一個常態分配當中，三個集中量數則應落於同一點，如圖 5-1(c)。當一個分配在低分端有極端值時，平均數與中位數會向低分端移動，而且平均數受到的影響較大，三個集中量數形成如圖 5-1(a) 的相對關係；當高分端有極端值時，平均數與中位數會向高分端移動，平均數影響較大，中位數次之，三個集中量數形成如圖 5-1(b) 的相對關係。利用這三個量數的相對關係，也可以判斷一個分配是否對稱或偏態的情形。

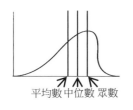

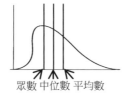

(a) 低分有極端值（負偏）　　(b) 高分有極端值（正偏）　　(c) 沒有極端值與偏態

圖5-1　三種集中量數與分配形狀的關係

第三節　變異量數

　　變異量數（或離散量數）是用來描述觀察值在某一個變數上的分數分散情形的統計量。在描述統計中，集中量數必須搭配變異量數，才能反映一組數據的分布特徵，例如某學校學生的近視度多集中在 300 至 500 度，平均數為 450 度，代表這個學校的學生的近視情形以 450 為集中點。如果甲乙兩校學生平均近視度數均為 450 度，此時集中量數無法說明兩校學生的近視特性。如果甲校的標準差為 15 度，乙校標準差為 45 度，即可反映兩校學生近視情形差異特性，此時變異量數補足了集中量數對於數據分布描述的不足之處。

一、全距

　　全距（range）是一組分數中最大值（X_{max}）與最小值（X_{min}）之差，是一群分數變異情形最粗略的指標。全距容易計算，適用性高，可以應用在名義變數與順序變數，來求出變數當中類別的多寡。但是它的缺點是不精確也不穩定，無法反映一個分配的每個數值的狀態。

$$Range = X_{max} - X_{min} \qquad (5\text{-}4)$$

二、四分差

四分差（semi-interquartile range, QR）的定義是一組數據當中的第三四分位數（區隔高分端的前 25% 的分數，簡稱 Q_3）與第一四分位數（區隔低分端的後 25% 的分數，簡稱 Q_1）距離的一半，也就是中間 50% 的樣本分數差距的 1/2，如公式 5-5。

$$QR = \frac{(Q_3 - Q_1)}{2} \qquad (5\text{-}5)$$

四分差的計算，首先將一群分數依大至小或依小全大排列後，以人數個數平均分成四段，每一段各占 25% 的個數，位居三個分段點的分數稱爲第一四分位數（Q_1）、第二四分位數（Q_2）與第三四分位數（Q_3）。四分差即是取第三四分位數與第一四分位數差的一半。四分差愈大，代表分數的分散情形愈大。

三、以離均差爲基礎的變異量數

標準差（standard deviation）與變異數（variance）是變異量數的一對雙胞胎，標準差的平方即爲變異數，這兩個量數都是利用離均差分數（deviation score）作爲變異指標的計算基礎。

（一）離均差

離均差反映的是一組數據中，各分數與平均數的距離，deviation score = $(X - \overline{X})$。離均差是一個非常簡單的變異指標，但是在統計上是一個非常重要的概念。當離均差爲正值時，表示分數落在平均數的右方；離均差爲負值時，表示分數落在平均數的左方。而平均數是每一個分數加總後的平均值，爲一組分數的重心位置，因此離均差的正值與負值的總和相等，離均差的和爲 0。

由於離均差的和爲 0，在使用上無法作爲整體數據變異的指標，爲解決正負值相抵的問題，可以取離均差的絕對值後相加，除以觀察值個數後，所得到數值稱爲平均差（mean deviation），如公式 5-6。

$$MD = \frac{\sum |X_i - \overline{X}|}{N} \qquad (5\text{-}6)$$

（二）變異數與標準差

平均差雖然很容易理解，但是利用取絕對值方式來去除負數的作法在統計上並不常用，對於極端分數的偵測較不敏銳，因此多使用取平方的方式來去除負值，到離均差平方和（sum of squares, *SS*）。*SS* 的概念可以類比為面積的概念，表示分數與平均數變異的面積和，在統計技術中，有許多重要概念都是使用面積的概念來處理，因此 *SS* 可以說是統計學的重要統計量。若將 *SS* 除以人數，得到平均化的離均差平方和，即為變異數。

對母體而言，變異數以 σ^2 表示（公式 5-7），標準差即是將變異數開方，以 σ 表示（公式 5-8）。標準差或變異數愈大者，表示該分配的變異情形較大。

$$Variance = \sigma^2 = \frac{SS}{N} = \frac{\sum(X_i - \mu)^2}{N} \tag{5-7}$$

$$\sigma = \sqrt{\frac{SS}{N}} = \sqrt{\frac{\sum(X_i - \mu)^2}{N}} \tag{5-8}$$

與平均差相較之下，標準差有兩個優點，第一是由於標準差源自於變異數的概念，因此可以與其他以變異面積作為基本原理的統計概念相結合。第二，標準差的計算是取離均差的平方項，對於極端分數的變動敏感度較大。

值得注意的是，若以樣本來計算變異數或標準差，會出現低估母體變異數或標準差的情形，亦即樣本變異數不是母體變異數的不偏估計數（unbiased estimator），為改善樣本變異數或標準差低估的問題，樣本變異數需改以不偏估計數的 $\hat{\sigma}^2$ 算式來計算樣本的變異數，又作為 s^2，標準差則為 s，如公式 5-9 與5-10。

$$s^2 = \hat{\sigma}^2 = \frac{SS}{N-1} = \frac{\sum(X_i - \overline{X})^2}{N-1} \tag{5-9}$$

$$s = \hat{\sigma} = \sqrt{\frac{SS}{N-1}} = \sqrt{\frac{\sum(X_i - \overline{X})^2}{N-1}} \tag{5-10}$$

由公式 5-9 與 5-10 可知，標準差與變異數的不偏估計數的主要差別在於分母項為 $N-1$ 而非 N。在統計學的概念中，$N-1$ 稱為自由度（degree of freedom, *df*），表示一組分數當中，可以自由變動的分數的個數。

四、變異係數

在實務上，標準差是最常使用來描述資料離散情形的統計量數，但標準差會因為平均值放大而膨脹的錯覺，不利於比較。例如幼兒園學童平均體重為 15.5 公斤，標準差為 2.1 公斤，小學六年級學童的平均體重為 42.8 公斤，標準差為 5.6 公斤，此時，若要比較兩個樣本的變異性，直接比較標準差是不恰當的，因為小學生與幼兒園的測量變數變異單位基礎不同。

在統計上，可以利用變異係數（coefficient of variation）來去除單位對於變異量數放大作用，如公式 5-11 所示。如果把 CV 值乘以 100，所得數據反應的是標準差占平均數的比例，為百分比的概念。

$$CV = \frac{s}{\overline{X}} \tag{5-11}$$

利用公式 5-11，可以計算出幼兒園學生的 CV 值為 .135（標準差占平均數的 13.5%），小學生的 CV 值為 .131（標準差占平均數的 13.1%），可知兩個樣本的變異情形相當。

從公式 5-11 來看，CV 值是把標準差除以平均數，等於是去除掉測量單位的比值，因此也稱為相對變異係數（coefficient of relative variability）或相對差。單位大的標準差會因為除以較大的平均數而縮小；相反的，單位小的標準差會因為除以較小的平均數而放大，此時所得到的變異量數是一種標準化的相對波動量數，反應的是測量分數相對於平均數的波動情形。相對之下，傳統的標準差則是一種絕對波動量數，當變數具有不同的單位或平均數差異很大時，不宜使用來作為變數間變異性的比較。

例如在描述股票價格的波動情形時，某公司股票一個月均價 1,000 元，標準差為 10 元，可說是小幅波動。但對於一個月均價為 10 元的股票，標準差若也為 10 元，可以說是大幅波動了。兩家股票標準差同為 10 元，前者 CV = 0.01，後者 CV = 1，其意義相差了 100 倍。

五、變異量數的特性與使用時機

上述幾種典型的變異量數，其適用情形與集中量數的適用情形類似，三個變異量數的比較列於表 5-3。值得注意的是，各量數都是數學轉換後的量數（measures），因此測量尺度原則上都必須要有足以作為數學轉換的單位，否則數學四則運算即無意義。在類別變數，由於沒有單位的概念，因此不符合統計量數的基本概念，但在實務上，會有較為通融的作法，例如讓全距套用在名義測量；讓四分差套用於順序測量，以作為變異情形的指標。

四種變異量數中，標準差與變異數使用到每一個的分數進行四則運算，因此必定要有測量單位才具運算意義，對於變異狀況的描繪能夠考慮到每一個人的分數，在測量上最為精密，但是也容易受到偏離值的影響，適用於具有一定單位的等距與比率尺度測量。

四分差則與中位數類似，雖然精密度較低，但是在適當排序之後算出的四分差，仍可用來表示變異情形，受到偏離值的影響相對較小。可以應用於順序尺度。而對於名義尺度的測量結果，嚴格來說無法用任何的變異統計量來表現分散情形，充其量只能使用全距，來計算最大類與最小類之間的差。

→ 表5-3　變異量數的特性與優缺點比較

測量層次	全距	四分差	標準差／變異數
名義	√		
順序	√	√	
等距／比率	√	√	√
優點	不受極值外的個別分數影響，計算方法簡便，適用於所有的測量尺度。	對極端值較不敏感，但能表現順序尺度的變異情形。	測量最為精密，考慮到每一個樣本，具有代表性。
缺點	測量過於粗糙，無法反映所有樣本的狀況。	無法反映所有樣本的變異狀況。	易受偏離與極端值的影響。

第四節　偏態與峰度

除了上述各變異量數，描述統計量還可以利用偏態（skewness）與峰度（kurtosis）來描述數據的分布特性。尤其是當研究者關注數據的分布是否為常態時，偏態與峰度是非常重要的指標。

一、偏態

一個變數的數值的分布可能為對稱或不對稱。描述一個變數的對稱性（symmetry）的量數稱為偏態係數。不對稱的資料稱為偏態資料，依其方向可分為負偏（negatively skewed）（或左偏，即左側具有偏離值）、正偏（positively skewed）（或右偏，即右側具有偏離值）與對稱（symmetrical）三種情形，如圖 5-2 的 (a)、(b)、(c) 所示。某個樣本分配往左右偏的強度可用 g_1 係數描述，如公式 5-12。

$$g_1 = \frac{N}{(N-2)} \times \frac{\sum(X_i - \overline{X})^3}{(N-1)s^3}$$（5-12）

　　與正負偏態有關的一個測量現象，是所謂的地板效應與天花板效應。地板效應（floor effect）是指數據多數集中在偏低的一端，但在高分端則有極端值，分數不容易突破低分端，但會往高分端延伸，彷彿有一個地板（或真的存在一個低分限制條件）阻擋了數據往低分移動。由於地板阻隔作用，地板效應常伴隨正偏態現象。例如薪資數據，一般來說，勞工的最低薪資受到政府的保障，因此多數人的薪資不會低於最低工資，但會集中在比最低工資略高的區間中。

　　相對的，天花板效應（ceiling effect）則與負偏態有關，是指數據多數集中在偏高的一端，但在低分端則有極端值，分數不容易突破高分端，彷彿有一個天花板（或真的存在一個高分限制條件）阻擋了數據往高分移動。例如學校老師出了一份簡單的試卷，大家都得到 80、90 分，此時就發生了天花板效應，100 分就是高分的阻隔分數，不小心考不好的同學就成為低分的偏離值，形成負偏態現象。

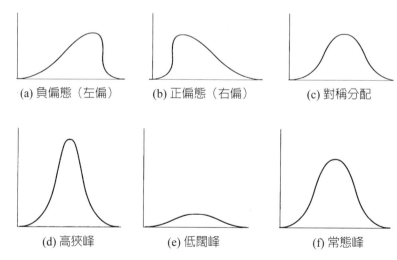

圖5-2　不同的偏態與峰度情形的圖示

二、峰度

峰度是指一個次數分配集中部分的陡峭程度。當兩個分配都是對稱的單峰鐘型曲線時，並不一定具有一樣的平坦或陡峭形態（峰度）。一個對稱的鐘型分配，變數的數值會集中於眾數所在位置，如果集中於眾數附近的分數多，分散於兩側的分數少，將形成高狹峰（leptokurtic）的分配；當集中於眾數附近的分數較少，兩側分數多，則形成低闊峰（platykurtic）。在常態分配時的理想峰度稱爲常態峰（mesokurtic），如圖 5-2 的 (d)、(e)、(f) 所示。某個樣本分配的峰度可利用 g_2 係數描述，如公式 5-13。

$$g_2 = \frac{N(N+1)}{(N-2)(N-3)} \times \frac{\sum (X_i - \overline{X})^4}{(N-1)s^4} - 3\frac{(N-1)(N-1)}{(N-2)(N-3)} \tag{5-13}$$

三、偏態與峰度的判斷

偏態與峰度是否異常，除了以圖形目測來判斷與利用 g_1 與 g_2 係數來描述之外，也可以透過統計考驗的方法來判斷。當一個變數的數值分布符合常態分配時，g_1 與 g_2 係數應接近 0。g_1 係數大於 0 時爲正偏態（極端分數偏向右側高分端），g_1 小於 0 時爲負偏態（極端分數偏向左側低分端）；g_2 係數大於 0 時爲高狹峰（分數過於集中），小於 0 時爲低闊峰（分數過於分散）。當係數值愈大，表示偏離常態的情況愈趨明顯，各種偏態與峰度的係數特性與判斷原則請見表 5-4。

→ **表5-4**　*偏態與峰度的檢驗標準*

偏態	偏態係數	峰度	峰度係數
正偏態	$g_1 > 0$	高狹峰	$g_2 > 0$
負偏態	$g_1 < 0$	低闊峰	$g_2 < 0$
對稱	$g_1 = 0$	常態峰	$g_2 = 0$

對於 g_1 與 g_2 係數的判斷，一般而言採取絕對分數判斷原則，但是學者間對於判斷的標準並沒有一致的共識。準確的方法是運用顯著性檢定，以 Z 檢定來檢驗 g_1 與 g_2 係數是否顯著不等於 0。如公式 5-14 與 5-15 所示。

$$z = \frac{g_1 - 0}{SE_{g_1}} = \frac{g_1}{\sqrt{\dfrac{6}{N}}} \tag{5-14}$$

$$z = \frac{g_2 - 0}{SE_{g_2}} = \frac{g_2}{\sqrt{\dfrac{24}{N}}}$$　　　　　　（5-15）

　　公式 5-14 與 5-15 的分母項爲標準誤，可以從統計軟體報表中得到。當 Z 值絕對值大於 1.96 時（α 設定爲 .05），即可推論 g_1 與 g_2 係數顯著不等於 0，也就是變數呈現非常態，常態化假設遭到違反。此時，研究者即必須詳細檢查變數數據的分散情形，並進行必要的處置（例如排除極端值、改正錯誤鍵入的資料、或將資料進行轉換等等）。

　　值得注意的是，上述 Z 檢定的標準誤，會隨著樣本數的增大而縮小，因此，當樣本數甚大時，分配的非常態性就很容易被突顯出來，當樣本數大於 100 時，高狹峰的現象容易被誇大；樣本數大於 200 時，低闊峰的現象則被誇大（Waternaux, 1976）。此時，與其相信顯著性檢定，不如直接進行圖表判定法，直接對於非常態性進行目測檢視，直接找出可能具有非常態問題的原始資料（Tabachnick & Fidell, 2007），並進行必要的處理，似乎來得較爲實際。

第五節　相對量數

　　基本上，描述統計中的集中量數、變異量數、偏態與峰度，都是用來描述觀察值在某一個變數上整體的分布情形，並無法提供個別觀察值在全體樣本中的性質訊息。如果我們常會想瞭解某一個個別觀察值在樣本中所處於何種特定位置，必須將它的分數與其他分數進行參照，以計算出觀察值在該變數上的團體地位（位置）。此一描述個別觀察值在團體中所在相對位置的統計量，稱爲相對量數或相對地位量數（measures of relative position）。常用的相對量數包括百分等級與百分位數，標準分數也具有相對概念，因此也可視爲一種相對量數。

一、百分等級與百分位數

　　百分等級（percentile rank）係指觀察值在變數上的分數在團體中所在的等級，常以 PR 表示。也就是說，在一百個人中，該分數可以排在第幾個等級。例如 PR = 50 代表某一個分數在團體中可以勝過 50% 的人，它的分數也恰好是中位數。

　　百分位數（percentile point）則以 Pp 表示，係指在樣本中位居某一個等級的觀察值之分數，也就是說，若想在 100 個人的樣本中贏過多少百分之多少的人，則他的分數必須得到多少分。例如中位數爲 60 分時，表示有 50% 的人比 60 分還低，此時我們可以說第 50 百分位數為 60 分，以 $P_{50} = 60$ 表示之。如果問一個人要贏過 85% 的人要得幾分，就是在問第 85 百分位數為多少，也就是「$P_{85} = ?$」。

　　在數學原理上，百分等級是將原始分數轉化為等級（百分比），而百分位數則是由某一等級來推算原始分數，二者可以轉換使用。例如某個人的近視度數是 250 度，在全系 100 個人中只比 14 個人嚴重，那麼他的百分等級就是 PR = 14。相對的，如果某一個人想在系團體中站在 PR = 14 這個位置上，則他的近視度數 P_{14} 必須為 250 度。

　　當樣本數少時，相對量數的計算是一件非常簡單的工作，我們僅需將資料依序排列，再算出累積百分比，就可以對應出每一分數的百分等級，然後也可以從百分等級推算出各特定百分位數。但是如果樣本數甚大時，百分等級的計算就必須以分組資料的方式來整理資料，如果要換算出百分等級，就必須以公式 5-16 來計算之。

$$PR = \left[cf_L + \left(\frac{X - X_L}{i} \right) f_x \right] \frac{100}{N} \qquad （5\text{-}16）$$

　　其中 X 為百分位數，X_L 為百分位數所屬該組的真實下限，cf_L 是百分位數所在組的前一組累積人數，f_x 是百分位數所在組的人數，i 是組距，N 是總人數。

　　然而拜電腦之所賜，大樣本的排序與計算等級在 SPSS 或 Excel 等軟體是非常輕而易舉的事，但讀者仍應熟悉百分等級與百分位數的概念，才不至於誤用。

第六節　標準分數

　　標準分數（standard scores）是利用線性轉換的原理，將一組數據轉換成不具有實質的單位與集中性的標準化分數。標準分數有不同的類型，然而不同的標準分數，其共通點是利用一個線性方程式 $y = bx + a$ 進行集中點的平移與重新單位化，使得不同量尺與不同變數的測量數據具有相同的單位與相同的集中點，因此得以相互比較。

　　最常用的一個標準分數為 Z 分數（Z score），在教育與測驗領域常用的 T 分數也是標準分數的一種。美國大學入學主要依據的 SAT 考試（Scholastic Assessment Test）也是一種標準分數，公式為 SAT = 100Z + 500。在心理測驗中，著名的比西測驗測得的 IQ 分數為一個平均數為 100，標準差為 16 的標準分數，其算式為 16Z + 100；魏氏智力測驗的得分則為 15Z + 100 的標準分數。這些數據都是標準分數的應用實例。不論是 Z 分數、T 分數或 SAT 成績，都是從原始分數轉換得出，因此標準分數也是一種統計量。

一、Z分數

Z分數是指原始分數減去其平均數，再除以標準差後所得到的新分數，Z分數公式如公式5-17。

$$Z = \frac{X - \overline{X}}{s}$$ （5-17）

由公式5-17可知，Z分數是將原始分數求出離均差除以標準差，表示該原始分數是落在平均數以上或以下幾個標準差的位置上。經過公式的轉換，原始分數分配的平均數平移至0（歸零），單位消失（去單位），標準差為1。任何一組數據經過Z公式轉換後，均具有平均數為0，標準差為1的特性，因此Z分數可以作分配內與跨分配的比較。當Z分數小於0時，表示該觀察值落在平均數以下；當Z分數大於0，表示該觀察值落在平均數以上；數值愈大，表示距離平均數愈遠，若觀察值恰等於平均數，則Z分數為0。

值得注意的是，Z分數僅是將原始分數進行線性轉換，並未改變各分數的相對關係與距離，因此Z分數轉換並不會改變分配的形狀。當原始分配為一偏態分配時，Z分數也呈現偏態。當原始分配為一高狹分配時，Z分數也呈現高狹的狀態。

二、常態化Z分數

標準分數雖然不受分配集中點與離散性的影響，使得不同分配的數據可以相互比較，但是並未改變分配的形狀。因此，如果不同分配的形狀有所不同時，Z分數之間差距的意義無法確知，此時標準分數只能反映數據相對位置的差異。換言之，Z分數只能作為順序變數來比大小。但是如果不同的分配具有同一種機率模式，那麼Z分數的比較就可以透過機率的比較，獲得更多的資訊，用途更廣。

如果某一變數的觀察值呈現常態分配，經轉換後的Z分數所形成的分配稱為標準化常態分配（standard normal distribution），此時，常態分配的變數X已經不是原始分數，而是Z分數，且Z分數呈常態分配，故又稱為常態化Z分配。透過Z分數來了解常態分配的機率變化較原始分數更為簡便，因為Z分數的概念就是距離平均數幾個標準差，因此不同的Z值，即代表距離平均值多少個標準差，透過機率對照表，可以很快的查出Z值與機率間的關係。

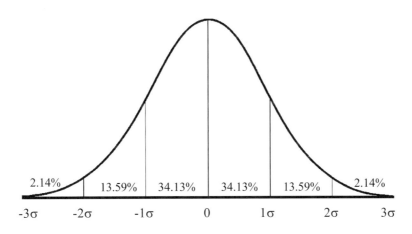

| 2.14% | 13.59% | 34.13% | 34.13% | 13.59% | 2.14% |

| -3σ | -2σ | -1σ | 0 | 1σ | 2σ | 3σ |

圖5-3　常態曲線與機率圖

　　隨著 Z 分數的增減，分配的機率也呈現規律的增減。我們最常聽到的說法，是在常態分配中，會有 68.26% 的觀察值落在 Z 值 ±1（平均數加減一個標準差）的區間內；有 95.44% 的觀察值會落在 Z 值 ±2（平均數加減二個標準差）的區間內；有 99.74% 的 Z 分數會落在 Z = ±3 的區間內。

　　利用標準化 Z 分配的機率表，可以將 Z 分數轉換成百分等級，例如 PR = 84 的分數若轉換成 Z 分數，則約在 Z 分數為 1 的位置上。此一從 Z 分數轉換成 PR 的過程，稱之為面積轉換（area transformation），是非常簡易查知 PR 值的方法，但前提是數據必須呈常態分配，否則查表出來的 PR 值即會有所偏誤。

三、T 分數

　　由於 Z 值多介於 ±3 之間，計算時多半帶有一至二位的小數點，加上低於平均數的 Z 分數帶有負號，實際使用上較為不便，因此在教育與測驗領域中，常將 Z 分數再以線性轉換為平均數 50，標準差 10 的 T 分數，即：

$$T = 50 + 10Z \qquad (5\text{-}18)$$

　　當 Z = ±3 時，T 值分別為 80 與 20，當 Z = ±4 時，T 值為 90 與 10，只有當 Z 值超過 ±5 時，T 值才會大於 100 或小於 0，從常態分配的機率來看，正常情形下，甚少有數據會超過 4 個標準差，因此，T 分數是一個符合人們慣用的 0 到 100 分的百分分數系統的標準分數。

第七節　SPSS 的描述統計操作

範例 5-1　SPSS 的描述統計

■ 次數分配表的製作

　　使用 SPSS 來編製次數分配表與圖表，僅需點選分析→敘述統計→次數分配表，即可開啓次數分配表對話框，如下圖。

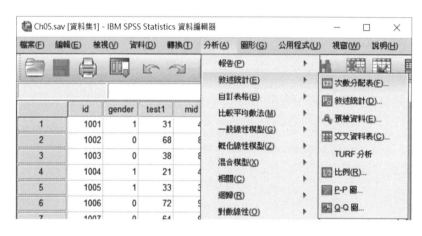

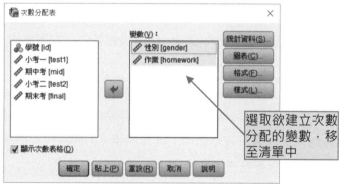

選取欲建立次數分配的變數，移至清單中

　　打開對話框後，使用者點選所需的變數，並可打開統計量、圖表、與格式清單，挑選所需的統計量與圖表類型。有三種常用圖形：長條圖、圓餅圖與直方圖。按確定後即可獲得次數分配表，如表 5-5。

→表5-5　次數分配表與統計圖之輸出結果

性別

		次數分配表	百分比	有效百分比	累積百分比
有效	女	34	56.7	56.7	56.7
	男	26	43.3	43.3	100.0
	總計	60	100.0	100.0	

作業

		次數分配表	百分比	有效百分比	累積百分比
有效	80	12	20.0	20.3	20.3
	84	10	16.7	16.9	37.3
	86	22	36.7	37.3	74.6
	88	15	25.0	25.4	100.0
	總計	59	98.3	100.0	
遺漏	系統	1	1.7		
總計		60	100.0		

■ 描述統計：次數分配表功能

在視窗版 SPSS 中，可以用來計算描述統計量的功能指令很多，例如分析→敘述統計→描述性統計量，或是選用分析→報表→觀察值摘要獲得詳細觀察值的資料。

根據下圖所選擇的統計量，可得到各變數的描述統計量數，偏態與其標準誤、峰度與其標準誤等等。之外，還包括四分位數以及使用者自行定義的 PR = 33 與 67 的百分位數。

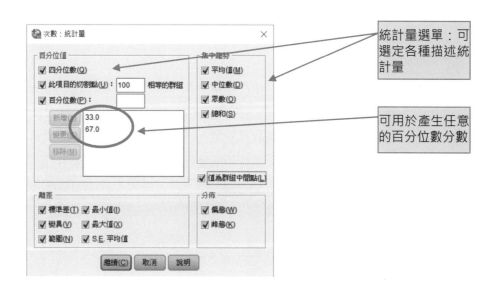

統計量

		性別	小考一	期中考	小考二	作業	期末考
N	有效	60	60	60	55	59	59
	遺漏	0	0	0	5	1	1
平均數		.43	53.63	75.77	59.05	84.95	65.22
平均值標準誤		.065	2.516	2.690	2.688	.369	1.441
中位數		.43[a]	55.67[a]	85.00[a]	60.00[a]	85.56[a]	66.00[a]
眾數		0	60	90	70	86	60
標準差		.500	19.489	20.834	19.935	2.837	11.069
變異數		.250	379.829	434.046	397.423	8.049	122.520
偏態		.276	-.265	-1.179	-.253	-.791	-.936
偏態標準誤		.309	.309	.309	.322	.311	.311
峰度		-1.991	-.438	.078	-.428	-.643	1.035
峰度標準誤		.608	.608	.608	.634	.613	.613
範圍		1	79	75	86	8	53
最小值		0	11	22	10	80	30
最大值		1	90	97	96	88	83
總和		26	3218	4546	3248	5012	3848
百分位數	25	.[b,c]	38.80[c]	67.33[c]	44.50[c]	83.18[c]	60.06[c]
	33	.09	44.90	77.30	51.53	84.31	61.16
	50	.43	55.67	85.00	60.00	85.56	66.00
	67	.77	63.70	89.18	69.89	86.71	71.84
	75	.93	66.80	90.30	72.50	87.22	73.30

a. 從分組資料計算。

b. 第一個區間的下限或最後一個區間的上限未知。未定義部分百分位數。

c. 從分組資料計算百分位數。

■ 描述性統計量功能

　　第二種獲得描述統計量的方式，是使用分析→敘述統計→描述性統計量。其主要功能在計算各變數描述統計量，同時也可用以產生 Z 分數。以下，我們將以前述學業成績的資料庫為例，示範描述統計量的執行程序。進入畫面如下圖所示：

　　使用者在左側的變數清單中挑選所欲分析的變數移至右方清單中後，可點選右下方的選項，即描述統計的清單。其中平均數、標準差、最大及最小值是為內定選項，使用者可以自行加選統計量，並決定描述統計結果呈現時的排列方式。

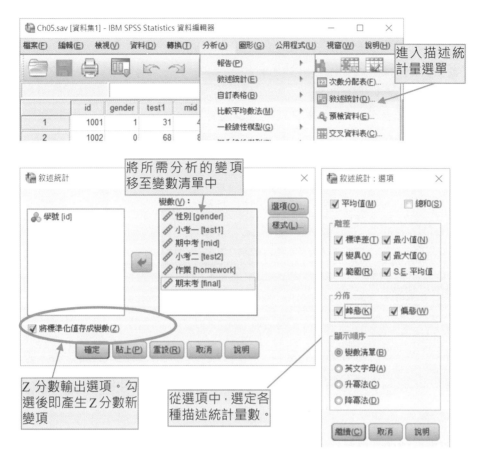

敘述統計

	N	範圍	最小值	最大值	平均值		標準差	變異	偏態		峰態	
	統計量	統計量	統計量	統計量	統計量	標準誤	統計量	統計量	統計量	標準誤	統計量	標準誤
性別	60	1	0	1	.43	.065	.500	.250	.276	.309	-1.99	.608
小考一	60	79	11	90	53.6	2.52	19.49	380	-.265	.309	-.438	.608
期中考	60	75	22	97	75.8	2.69	20.83	434	-1.18	.309	.078	.608
小考二	55	86	10	96	59.1	2.69	19.94	397	-.253	.322	-.428	.634
作業	59	8	80	88	84.9	.369	2.837	8.049	-.791	.311	-.643	.613
期末考	59	53	30	83	65.2	1.44	11.07	123	-.936	.311	1.03	.613
有效的 N (listwise)	55											

■ 相對量數轉換

　　等級觀察值選項的功能在提供研究者將觀察值轉換成等級變數，以得到名次（排序）與百分等級的資料，並將資料自動存入資料庫的新變數之中（新變數名稱在原變數名稱之前加一個英文字母 R）。等級觀察值指令的運用，可由轉換→等級觀察值來執行（請參考第 4 章的介紹），最後在資料庫中得到新變數。值得注意的是，如果進行等級處理時，設定了依據變數（也就是要求就另一個分類變數來分別進行等級處理），所得到的等級資料是就每一筆資料所屬的組別來進行等級化。

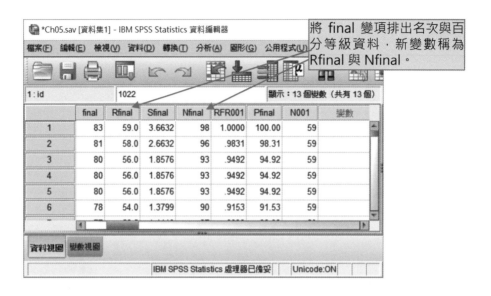

值得注意的是，百分等級的資料除了可以利用等級觀察值來獲得之外，還可以利用次數分配表當中統計量的選項來進行切割觀察值（99）計算得到。

■ Z 分數轉換

Z 分數的轉換，可以利用描述統計量選項中的清單中，要求輸出 Z 分數，SPSS 執行完畢後，會將該變數數值轉換成 Z 分數，並給予新變數名稱（在原變數名稱前加一個英文字母 Z），在原來的資料編輯視窗以新變數的形式併入於資料庫中。其指令為分析→敘述統計→描述性統計量。

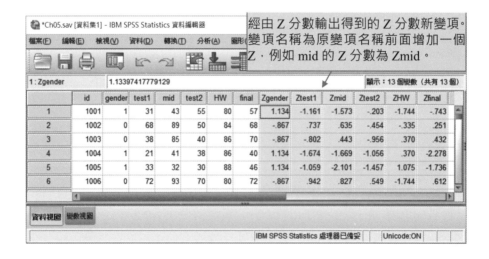

■ *T* 分數轉換

　　T 分數的轉換，可以利用轉換功能中的計算變數（Compute），藉由 *Z* 分數來再加工處理。以期末考資料為例，轉換指令與結果如下：

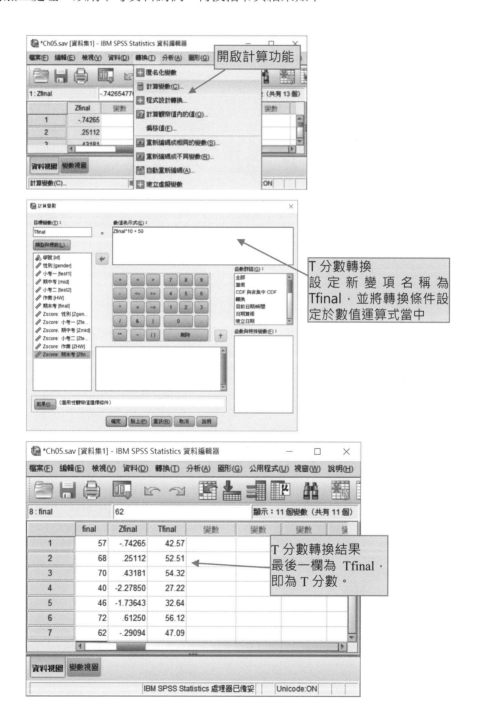

第八節　SPSS 的統計圖製作

範例 5-2　統計圖表的 SPSS 操作

　　SPSS 提供了相當多不同的統計圖示功能，在功能表中的統計圖中，總計有二十餘種不同的統計圖表。其中單變數的處理相對較為單純，多數的圖示法均可適用。兩個及兩個以上的變數相互關係的圖示，則牽涉兩個變數的特性與內容而相對複雜。

■ 莖葉圖的製作

　　SPSS 的莖葉圖，可使用分析→敘述統計→預檢資料，在依變數清單中放入所需分析的變數名稱，打開統計圖對話框，勾選莖葉圖，按確定之後即可獲得。如果使用者想將依變數的莖葉圖，依另一個變數的不同類別來分別繪製，僅需在因子清單中，放入分類變數即可。

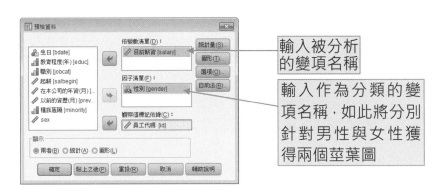

輸入被分析的變項名稱

輸入作為分類的變項名稱，如此將分別針對男性與女性獲得兩個莖葉圖

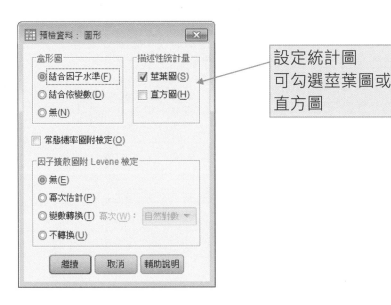

設定統計圖可勾選莖葉圖或直方圖

目前薪資 Stem-and-Leaf Plot for
GENDER= 女

```
 Frequency      Stem &  Leaf

     2.00        1 .  55
    16.00        1 .  6666666666777777
    14.00        1 .  88889999999999
    31.00        2 .  0000000000000011111111111111111
    35.00        2 .  22222222222222222222233333333333333
    38.00        2 .  44444444444444444444444444455555555555
    22.00        2 .  6666666666677777777777
    17.00        2 .  88888899999999999
     7.00        3 .  0001111
     8.00        3 .  22233333
     8.00        3 .  44444555
     5.00        3 .  66777
     2.00        3 .  88
    11.00 Extremes      (>=40800)

 Stem width:       10000
 Each leaf:        1 case(s)
```

極端值大於
40,800 者共有
11位。

莖的位數為 10,000

■ **長條圖的製作**

　　前面已經說明了單一變數長條圖的使用。至於兩個變數長條圖的製作，則可點
選統計圖→長條圖，選擇圖形類型當中的集群化，然後按定義，填入變數名稱，選
擇資料類型後，按確定執行即可。

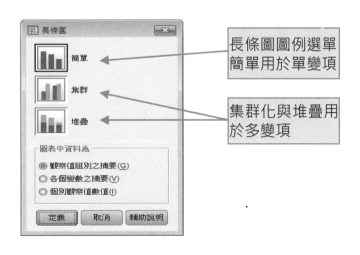

長條圖圖例選單
簡單用於單變項

集群化與堆疊用
於多變項

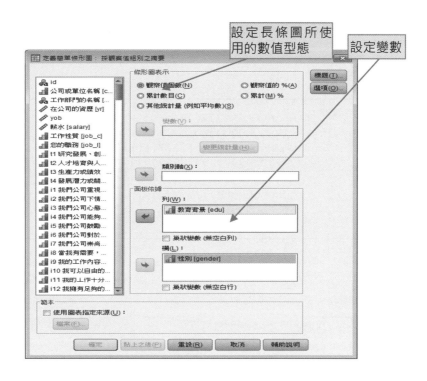

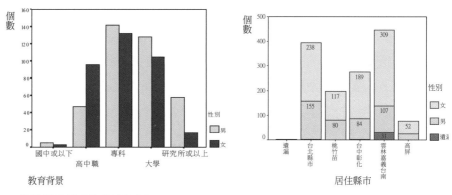

圖5-4　集群與堆疊功能輸出結果

■ 線形圖的製作

　　單變數的線形圖，可以利用次數分配表當中的圖形選項來獲得，也可以利用統計圖當中的線形圖來獲得。兩個變數線形圖的製作（一個類別變數與一個連續變數），操作流程為點選統計圖→線形圖→選擇圖形類型（複線圖），按定義後，填入變數名稱，按確定執行即可。

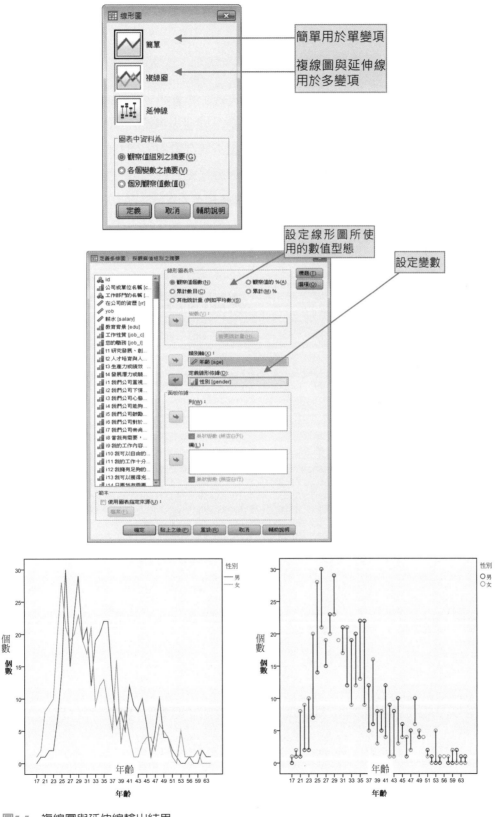

圖5-5　複線圖與延伸線輸出結果

第九節　R 的描述統計與圖表運用

範例 5-3　R 的描述統計分析

在 R 軟體中，有多種方式可以獲得描述統計的資訊，例如可以直接以函數指令 mean、median、sd、var、max、min 來求得個別描述統計量，更簡單的方法則是利用 psych 或 pastecs 模組來獲得整組的描述統計量數。同樣的，統計圖表也可以利用 R 的函數，或使用 lattice、aplpack 模組來進行直方圖、莖葉圖的製作，語法與結果如下（關於 R 的簡介與功能介紹請參見本書附錄）：

《R 範例 ex5》

```
> #Chapter 05: Descriptive statistics example
> #install.packages("psych")          # 安裝套件如果尚未安裝請先執行
> #install.packages("pastecs")        # 安裝套件如果尚未安裝請先執行
> #install.packages("lattice")        # 安裝套件如果尚未安裝請先執行
> #install.packages("aplpack")        # 安裝套件如果尚未安裝請先執行
>
> library(foreign)
> ch05spss<-read.spss("ch05.sav", to.data.frame=TRUE)    # 讀取 SPSS 資料檔
> ch05csv <-read.csv("ch05.csv", header=TRUE)            # 讀取 csv 資料檔
> #Descriptive statistics
> library(psych)
> describe(ch05spss)                                      # 列出描述統計資料
```

```
        vars  n    mean     sd median trimmed   mad  min  max range  skew kurtosis
id         1 60 1030.50 17.46 1030.5 1030.50 22.24 1001 1060    59  0.00    -1.26
gender*    2 60    1.43  0.50    1.0    1.42  0.00    1    2     1  0.26    -1.96
test1      3 60   53.63 19.49   55.5   54.19 21.50   11   90    79 -0.25    -0.58
mid        4 60   75.77 20.83   85.0   78.67 10.38   22   97    75 -1.12    -0.12
test2      5 55   59.05 19.94   60.0   59.49 22.24   10   96    86 -0.24    -0.59
HW         6 59   84.95  2.84   86.0   85.14  2.97   80   88     8 -0.75    -0.77
final      7 59   65.22 11.07   66.0   66.22  8.90   30   83    53 -0.89
0.72
          se
id       2.25
gender*  0.06
test1    2.52
mid      2.69
test2    2.69
HW       0.37
final    1.44
```

排除第 2 個變數

```
> library(pastecs)
> round(stat.desc(ch05spss[,-2]),2)                 # 列出描述統計資料並取小數 2 位

              id    test1     mid   test2      HW   final
nbr.val    60.00    60.00   60.00   55.00   59.00   59.00
nbr.null    0.00     0.00    0.00    0.00    0.00    0.00
nbr.na      0.00     0.00    0.00    5.00    1.00    1.00
```

```
min             1001.00   11.00   22.00   10.00   80.00   30.00
max             1060.00   90.00   97.00   96.00   88.00   83.00
range             59.00   79.00   75.00   86.00    8.00   53.00
sum            61830.00 3218.00 4546.00 3248.00 5012.00 3848.00
median          1030.50   55.50   85.00   60.00   86.00   66.00
mean            1030.50   53.63   75.77   59.05   84.95   65.22
SE.mean            2.25    2.52    2.69    2.69    0.37    1.44
CI.mean.0.95       4.51    5.03    5.38    5.39    0.74    2.88
var              305.00  379.83  434.05  397.42    8.05  122.52
std.dev           17.46   19.49   20.83   19.94    2.84   11.07
coef.var           0.02    0.36    0.27    0.34    0.03    0.17
```

```
> #Create stem-leaf plot
> stem(ch05csv[,7], scale=2)                        # 製作莖葉圖

  The decimal point is 1 digit(s) to the right of the |

  3 | 0
  3 |
  4 | 012
  4 | 68
  5 | 3
  5 | 6777
  6 | 0000000112222333
  6 | 556788
  7 | 00011222233344
  7 | 5555778
  8 | 00013
```

選擇第 7 個變數製作莖葉圖

```
> library(aplpack)
> stem.leaf(ch05spss[,7],2)

 1 | 2: represents 12
  leaf unit: 1
            n: 59
 LO: 30
    4    4* | 012
    6    4. | 68
    7    5* | 3
   11    5. | 6777
   27    6* | 0000000112222333
   (6)   6. | 556788
   26    7* | 00011222233344
   12    7. | 5555778
    5    8* | 00013
 NA's: 1
```

《R 範例 ex5 圖表輸出》

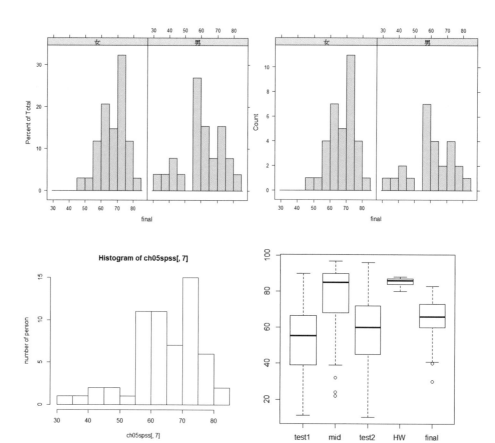

第三篇　統計分析的原理與技術

　　統計是初學者的夢魘，統計分析師的仙女棒，當研究者辛苦獲得量化資料整理完備之後，便需依照數據的形式，選用適當的統計方法來進行分析檢定。如果得到有意義的顯著結果，表示研究者的心血沒有白費，如果結果不如預期，又沒有適當的補救措施，也就宣告了白忙一場的靈耗。

　　選擇正確的統計方法是進行資料分析的首要工作，區分類別的變數（類別變數）與強調程度的測量（連續變數），各有不同的統計分析策略，從卡方、t 檢定到變異數分析，類別變數有較大的發揮空間，尤其是一些背景變數、人口變數的處理，多使用平均數差異檢定技術，其中又以變異數分析家族最為龐大，用途最廣。

　　線性關係的檢測是量化研究者的最愛，但是受到統計假設的限定很多，分析技術也越趨複雜，從相關到迴歸，從調節到中介效果分析，研究者追求變數關係證據的同時，也需熟悉了解分析的原理與限制，才不至於誤用統計工具，誤解統計結果。

類別資料的分析：卡方檢定

第一節　基本概念

在社會及行為科學中，類別資料可以說是最基本、最普遍被使用的一種資料類型。例如民眾的宗教信仰類型（一般民間信仰、天主教、基督教）等人口學或背景變數的調查資料，社區民眾對於設置焚化爐的態度（贊成、反對或沒意見）的意見調查結果，乃至於實驗研究將受試者分成實驗組與對照組，也是一種類別資料。

基本上，有許多研究者所關心的課題，在測量的過程即必須以名義尺度或順序尺度來進行測量，此時資料的型態必然是類別變數。然而，以等距或比率尺度所測量得到的資料（如學業成績或身高體重等變數），雖然測量時是連續變數的形式，但有時為了簡化資料內容，常會進行分組處理，化簡為類別變數，例如將身高分為高、中、低三組，或將薪水分成不同的級距，此時，研究者所需使用的統計方法，也屬於類別變數的統計分析。

一、類別資料的呈現

類別資料蒐集之後，可以次數分配表或列聯表（contingency table）來整理、呈現資料的內容。次數分配表係將某一個類別變數，依不同的類別（水準），將觀察次數在表格中標註出來；列聯表則同時將兩個類別變數的次數資料，同時在一個表格中呈現，兩個變數成交叉狀分布，因此又稱為交叉表，如表 6-1。

→ 表6-1　兩個類別變數的列聯表

變項		學歷				總和
		國中/小	高中/職	大專	研究所	
性別	男	12	28	40	6	86
	女	16	25	45	4	90
總和		28	53	85	10	176

在列聯表中，直行（column）以 X 表示，橫列（row）以 Y 表示，如果 X 有 k 個水準，Y 有 l 個水準，稱為 $k \times l$ 列聯表。一般而言，列聯表當中的兩個變數並沒有特定的因果或影響關係，稱為對稱關係；如果 X 與 Y 為非對稱關係時，也就是某一個變數為自變數、另一個變數為依變數時，通常是將依變數以 Y 變數表示，放在橫列上。

列聯表的兩側（表 6-1 的右側及下方）稱為邊際分配（marginal distribution），

反映兩個變數的次數分配狀況，也就是兩個獨立的次數分配表。各細格（cells）部分反映出兩個變數的互動關係，兩個類別變數是否具有關聯性，最重要的就是檢查各細格當中次數的變化情形。簡而言之，次數分配表適用單一類別變數的描述，而列聯表適用於兩個或多個類別變數分布情形的描繪。

二、類別資料的考驗形式

除了次數分配表及列聯表的呈現，類別變數的資料可進一步以卡方檢定來進行顯著性考驗，針對各細格的次數分布情形進行考驗，由於細格中的材料是次數，而次數可以轉換成百分比，因此又稱爲百分比考驗。茲將類別變數的各種基本考驗形式介紹於後。

（一）適合度考驗

當研究者關心某一個變數是否與某個理論分配或母體分配相符合之時，所進行的統計檢定稱爲適合度考驗（goodness-of-fit test）。例如某校學生性別的比例是否爲 1：1？由於此時考驗的內容僅涉及一個變數，因此適合度考驗可以說是一種單因子考驗（one-way test）。

適合度考驗的目的，在於檢測某單一類別變數（X）的實際觀察次數分配與某理論次數分配是否相符。若檢定統計量未達顯著水準，我們稱該樣本在該變數的分布與該理論母體無異，反之，我們則可說該樣本在該變數的測量上與母體不同，或說它是一個特殊的樣本。

（二）獨立性考驗

當研究者想要同時檢測兩個類別變數（X 與 Y）之間的關係時，例如某一群人的學歷分布與性別分布的關係，此一統計檢定稱爲獨立性考驗（test of independence），其目的在於檢測從樣本得到的兩個變數的次數分配是否具有特殊關聯。如果兩個類別變數的次數分配沒有特殊交互關係，卡方值不顯著，則稱兩個變數相互獨立；相反的，當兩個類別變數次數分配具有特殊相互作用影響時，卡方值將顯著，則可說此兩個變數不獨立，或具有相依性或相互關聯。

由於 X、Y 兩變數代表兩個不同概念，獨立性考驗必須同時處理雙變數的特性，因此除了可稱之爲雙因子考驗之外，亦可視之爲雙母數考驗，此時雙母數指的是兩個變數所代表的概念母數，而非人口學上的母體。然而，有時 X、Y 兩個變數並非代表兩個不同的概念，其中一個變數爲研究變數（是否贊成開放賭場），另一個變數爲不同母體（不同村里），此時所分析的是不同母體的樣本在某一個研究變數的分布的同質或異質性，稱為同質性考驗（test for homogeneity）。如果代表不同母體的甲乙兩樣本在另一個變數上的分配情形沒有差異，我們稱此兩個母體同質，反之，我們則可說此兩個母體不同質。

同質性考驗可以說是獨立性考驗的一種變化，主要目的在檢定不同人口母體，在某一個變數的反應是否具有顯著差異，但是本質上仍是一種雙母數考驗。前述獨立性考驗應用於同一個母體選取的某一個樣本，在兩個變數之間的關聯情形的考驗，而同質性檢驗則是指來自兩個母體的甲乙兩個不同樣本在同一個變數的分布狀況的檢驗。原理與分析方法相同。

（三）多重列聯表分析

如果今天同時有三個類別變數，要探討其間的關聯性，就必須採取特殊策略，進行多重列聯表分析（multiple contingency table analysis）（見 Bohrnstedt & Knoke, 1988）。

多重類別變數的分析，最直觀的作法是將其中一個變數作為階層變數或分割變數，分別就分割變數的每一個水準下，另兩個變數所形成的列聯表，來進行比較（作法類似於第九章的多因子 ANOVA 的簡單效果檢驗）。如果是四個以上的類別變數分析，必須有多個分割變數，以列聯表分析十分複雜，一般而言皆避免同時分析過多變數的關係，或必須改用其他統計方法。

以三因子列聯表分析為例，不同性別（男與女）、是否結婚（未婚與已婚）以及生活滿意狀態（刺激、規律或無聊）三個變數關係的討論，可以將性別視為分割變數，分別進行男生與女生的婚姻狀況與生活滿意狀態列聯表分析，此時，男生樣本可以得到一個 2×3 列聯表，女生可以得到另一個 2×3 列聯表，兩個列聯表各自可以計算各種關聯係數，再加以比較即可。其數學原理與獨立性檢驗相同。

對於分割變數的不同水準所進行的個別列聯表分析，如果呈現一致性的結果，例如各細格的百分比分布比例一致，卡方值均不顯著，表示分割變數不會與其他兩個變數存在交互作用，此時可以將各分割水準下的卡方值相加，降階為雙類別變數的卡方檢驗。但是如果各分割水準下的列聯表檢驗結果不同，就必須單獨就個別水準來解釋列聯表的內容。

以多重列聯表的多次卡方檢驗來進行多類別變數關係的探討，主要缺點是缺乏一個客觀指標來同時檢驗變數間的交互關聯，為了解決此一問題，可使用 G^2 統計法（見 Sokal & Rohlf, 1994; 林清山 , 1992）。G^2 統計法將多個類別變數所形成的細格的次數，以對數轉換的方式，求出線性組合方程式，然後得以就方程式當中的各項效果強度進行統計考驗。其核心概念是將次數比例進行對數化來進行分析，因此又稱為對數線性模式（log-linear modeling），其特點是可以同時處理多個類別變數的關聯分析，並以模型的比較來進行競爭比較分析，一般多在多變量統計中介紹（關於類別變數的對數線性模式或潛在變數模型可參考邱皓政，2008 所著的《潛在類別模式》一書）。

第二節　類別變數的統計考驗

類別變數的次數（或換算成百分比）分配特徵若經過統計運算，可進行卡方檢定（χ^2 test）。其原理是取各細格的次數與期望次數之間的差異（稱為殘差）進行標準化，再配合卡方分配來進行假設考驗。在下面的章節中，將先介紹殘差分析，再據以說明卡方檢定的原理。

一、期望值與殘差

類別變數各細格次數可以換算成百分比，來比較各數值分布的差異。然而若以細格百分比的變化來進行比較，會受到邊緣次數不平均的影響，造成判斷上的困難。此時可利用期望值的概念，求取各細格在一般狀況下「應該」出現的次數（即期望次數），求取殘差來說明各細格的變化情形，稱為殘差分析（residual analysis）。

（一）期望值（expected value）

期望值的通俗說法是指一個分配最容易出現的數值，此一數值在連續變數時最可能是平均數，在類別變數時就是當各水準次數相等時，是最可能出現的分布狀況。因此，在只有一個類別變數的單因子分析中，類別變數的各水準的期望機率一般均設定為相等：若為二分變數則為（$p = q = 0.5$），三個水準以上則為 $1/k$，k 為水準數。但研究者也可以自行指定一個特定比值，視為某一個理論母體值，然後拿觀察次數來相比。在雙因子列聯表分析，期望機率為各細格所對應的邊緣機率（$P_{i.}$ 與 $P_{.j}$）乘積，得到期望機率 $P_{i.} \times P_{.j}$，再乘上 N 就得到期望次數（以 $\hat{\mu}_{ij}$ 或 f_e 表示），如公式 6-1，計算方法整理成表 6-2。

$$f_e = \hat{\mu}_{ij} = \frac{n_{i.} \times n_{.j}}{N} = NP_{i.}P_{.j} \qquad (6\text{-}1)$$

→ 表6-2　2×2雙類別變數交叉表之期望值

變數		X		邊際次數	邊際機率
		水準一	水準二		
Y	水準一	$\hat{\mu}_{11} = NP_{1.}P_{.1}$	$\hat{\mu}_{12} = NP_{2.}P_{.1}$	$n_{.1}$	$P_{.1}$
	水準二	$\hat{\mu}_{21} = NP_{1.}P_{.2}$	$\hat{\mu}_{22} = NP_{2.}P_{.2}$	$n_{.2}$	$P_{.2}$
邊際次數		$n_{1.}$	$n_{2.}$	N	
邊際機率		$P_{1.}$	$P_{2.}$		$P_{..}$

（二）殘差與標準化殘差

期望值反映了特定邊緣次數條件下，兩個變數無關聯時，細格次數在隨機情況下的最可能值，或稱為最大概似（maximum likelihood）期望值。各細格實際觀察人數與期望人數的差稱為殘差（residual），以 Δ（delta）值表示：$\Delta_{ij} = n_{ij} - \hat{\mu}_{ij}$。殘差大小可用來判斷各細格的特殊性：殘差愈大，各細格分布愈不如期望般的出現；相對的，當殘差愈小，表示各細格分布愈接近期望，兩變數為獨立無關聯。

殘差是一個未標準化的統計量數，殘差大小表示觀察值與期望值的差異狀況，殘差愈大，表示細格次數分配與期望次數愈不相似，反映兩個變數具有特殊關聯。如果將殘差加以標準化，將殘差除以標準誤，得到標準化殘差（standardized residual）Δ′公式如下：

$$\Delta'_{ij} = \frac{n_{ij} - \hat{\mu}_{ij}}{\sqrt{\hat{\mu}_{ij}}} \qquad (6-2)$$

標準化殘差的性質即近似 Z 分數，在細格人數達一定規模時，Δ′分布呈常態分配，而可利用 Z 檢定的概念來檢驗標準化殘差的統計意義（Haberman, 1973）。例如當 Δ′ 的絕對值大於 1.96 時，表示殘差落於抽樣分配的極端 5% 區域內，當 Δ′ 的絕對值大於 2.58 時，表示殘差落於抽樣分配的極端 1% 區域內。

值得注意的是，在列聯表中，各邊際次數通常不相等，因此每一個細格的期望次數不相等，如果四個細格要一起比較的話，必須將針對四個細格的期望值差異進行調整，如此才有相同的抽樣分配基礎，換言之，如果邊際次數比例不同，細格期望值愈大者標準誤愈小，抽樣分配的標準誤不同，不宜進行細格間的比較。此時，可將標準化殘差以邊緣次數進行調整（等同於以期望值來調整），得到調整後標準化殘差（adjusted standardized residual），有利於細格間的殘差比較。

$$adj\Delta' = \frac{n_{ij} - \hat{\mu}_{ij}}{\sqrt{\hat{\mu}_{ij}(1-P_{i.})(1-P_{.j})}} \qquad (6-3)$$

二、卡方檢定

（一）卡方統計量

如果將標準化殘差平方後加總，所得到的統計量服從卡方分配，因此可以進行卡方檢定，此一統計量稱之為 Pearson χ^2。公式如下：

$$x^2 = \sum\sum \Delta'^2 = \sum\sum \frac{\left(n_{ij} - \hat{\mu}_{ij}\right)^2}{\hat{\mu}_{ij}} = \sum\sum \frac{\left(f_0 - f_e\right)^2}{f_e} \tag{6-4}$$

前式中，f_0 為觀察次數，f_e 為期望次數。觀察值與期望值的差異愈大，χ^2 值愈大，表示細格的次數變化很特別，一旦 χ^2 值大於顯著水準的臨界值，即拒絕虛無假設，接受兩變數具有特殊關係的對立假設。在統計程序上，卡方檢定的角色是一種整體考驗（overall test），必須在殘差分析之前進行，若 χ^2 值具有統計顯著性，再以殘差分析來檢驗各細格的狀況。換句話說，殘差分析是 χ^2 考驗顯著後的事後考驗程序，以決定各細格的差異狀況，並據以解釋變數關聯情形。

（二）χ^2 分配

若 X 為一常態化隨機變數，$X \sim N(\mu, \sigma^2)$。從此一隨機變數中任意抽取一個樣本，將 X 值轉換成標準分數（Z 分數），再將 Z 分數取平方，此時，Z^2 被定義自由度為 1 的卡方隨機變數，以 $\chi^2_{(1)}$ 表示：

$$Z^2 = \left(\frac{X - \mu}{\sigma}\right)^2 = \frac{(X - \mu)^2}{\sigma^2} = \chi^2_{(1)} \tag{6-5}$$

由公式 6-5 可以看出，自由度為 1 的卡方變數是離均差平方除以變異數，而且由於卡方變數的分子與分母均為平方數值所組成，因此卡方變數是一個恆為正值的隨機變數，隨著觀察值 X 分數的變化，卡方變數（Z^2 分數）的出現機率也呈現某種規律的變化。

卡方數值的機率特質在自由度為 1 的卡方變數中最容易理解，因為 $\chi^2_{(1)}$ 直接從 Z 分數轉換而來，$\chi^2_{(1)}$ 的分布即為常態 Z 分數的平方的分布：當 $Z = 0$ 時，卡方為 0，$Z = \pm 1$ 時，卡方為 1，卡方變數介於 0 到 1 的機率，等於 Z 分數介於 ± 1 時的機率（68.26%）。由於 $\chi^2_{(1)}$ 是 Z 分數的平方，因此呈現正偏態分配，而非對稱分配。若自由度大於 1 時，$\chi^2_{(v)}$ 的卡方分配的形狀也隨之改變。

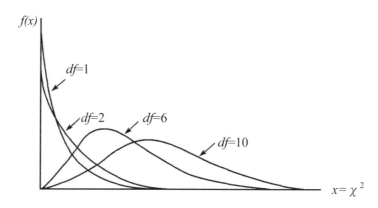

圖6-1　不同自由度下的卡方分配圖示

帶有 v 個自由度卡方分配的期望值為 v，變異數為 $2v$。不同的 $\chi^2_{(v)}$ 可對應一個機率值。在不同的自由度下，卡方分配的形狀有所不同：當自由度小時，$\chi^2_{(v)}$ 分布呈現正偏態不對稱分布，當自由度愈大，$\chi^2_{(v)}$ 分布逐漸形成常態分布。

三、校正公式

運用卡方檢定分析時，有一個特殊的要求，即各細格之期望次數（或理論次數）不得太小，否則各細格的標準化殘差無法逼近常態分配。一般而言，細格期望次數小於 5 時即可能造成假設違反問題，導致檢定值。通常需有 80% 以上的細格期望值要大於 5，否則卡方檢定的結果偏誤即非常明顯。

對於細格人數過少時，可以下列方法處理：第一，細格合併法。若有一格或數格的期望次數小於 5 時，在配合研究目的下，可適當調整變數的分類方式，將部分細格予以合併。例如學歷別中，研究所人數過少，可以將研究所與大學合併計算，以提高細格的期望次數。

第二種方法是增加樣本數。如果研究者無法改變變數的分類方式，但可以繼續獲得有效樣本，最佳的方法是直接增加樣本來提高期望次數。如果無法增加樣本，則可以利用去除樣本法，將次數偏低的類別又不具有分析與研究價值的該類受試者去除，但研究的結論即不應推論到這些被去除的母體。

在 2×2 的列聯表的檢定中，若細格的期望次數低於 10 但高於 5，可使用耶茲校正（Yate's correction for continuity）來加以校正。若期望次數低於 5 時，或樣本總人數低於 20 時，則應使用費雪正確機率考驗（Fisher's exact probability test）。

$$\text{Yate's } x^2 = \sum \frac{\left(\left|f_0 - f_e\right| - .5\right)^2}{f_e} \tag{6-6}$$

第三節 替代性的關聯係數

　　由於卡方值的範圍可能從 0 到無限大，當細格數或人數愈多，卡方值愈大。除了藉由顯著性考驗來決定卡方值是否顯著以外，卡方值本身的大小並無法直接進行比較。為改善這一個缺點，統計學上以卡方值或誤差遞減比為基礎，發展出一套類似於相關係數形式的關聯係數（measures of association），以 0 至 1 或 -1 至 1 的係數來反映兩個類別變數之間的關聯情形。茲將以常用的關聯係數介紹如下：

一、Phi（ϕ）係數

　　ϕ 係數用來反映兩個二分類別變數（例如類別為男女、是否的類別變數）的 22 列聯表關聯性強度。ϕ 係數定義如公式 6-7，各細格與邊際次數的分布可用表 6-3 表示。

$$\phi = \frac{ad - bc}{\sqrt{(a+b)(c+d)(a+c)(b+d)}} \tag{6-7}$$

　　從公式可知，ϕ 係數是交叉細格次數乘積的差值，除以邊際次數的乘積再開根號。分子反映的細格間共同變化的趨勢，當兩個變數關聯性愈高，$ad - bc$ 的絕對值愈大，得到的 ϕ 係數愈高。

→ 表6-3　2×2交叉表之細格與邊際次數

變 數		X 0	X 1	總和
Y	0	a	b	a + b
	1	c	d	c + d
總和		a + c	b + d	a + b + c + d = N

　　ϕ 係數為正值時，代表兩個二分變數具有相同的變動方向，負值代表兩個二分變數具有相反的變動方向。ϕ 係數與卡方值之間具有公式 6-8 的數學關係：

$$\phi^2 = \frac{\chi^2}{N} \quad \text{or} \quad \phi = \pm\sqrt{\frac{\chi^2}{N}} \tag{6-8}$$

　　從上式來看，ϕ 係數係修正了樣本數對於卡方值的影響，開根號之後，ϕ 係數即等同於 Pearson's r，數值介於 -1 至 1，數值愈接近 1，表示兩個變數的關聯愈強。在應用上，f 可以比照相關係數的概念來解釋強度的大小，因此較卡方值更爲便利。

二、列聯係數與 V 係數

Phi 係數的限制爲必須是 2×2 的列聯表，當兩個類別變數有任何一個超過兩個水準，卡方值可能會大於樣本數，造成 Phi 係數大於 1 的情況，此時若將公式修正如下，即可改善係數大於 1 的問題，而由此公式計算出的係數，稱爲列聯係數（coefficient of contingency）。

$$C = \sqrt{\frac{x^2}{x^2 + N}} \qquad (6\text{-}9)$$

以列聯係數公式所求出的係數雖然數值不會大於 1，但是亦難接近 1，尤其是當樣本數愈大時，列聯係數會減小。可用 Cramer's V 係數（公式 6-10）來修正此一問題，其中 k 爲行數或列數中數值較小者。

$$V = \sqrt{\frac{x^2}{N(k-1)}} \qquad (6\text{-}10)$$

三、Lambda（λ）係數

Lambda 係數是由 Goodman 與 Kruskal（1954）所提出一種以削減誤差比，來計算兩類別變數關聯性的關聯係數。所謂削減誤差比（proportioned reduction in error, PRE）係指以某一個類別變數去預測另一個類別變數時，能夠減少的誤差所占的比例。PRE 指數介於 0 與 1，當 PRE 值愈大，也就是可削減的誤差比例愈大，兩個變數的關聯性愈強；反之，當比例愈小，兩個變數的關聯性愈低。

PRE 以 E_1 與 E_2 兩個統計量來推導。E_1 表示以未知 X 時預測 Y 時所產生的誤差，E_2 表示以已知 X 時預測 Y 時所產生的誤差。E_1 所代表的是期望誤差（預測不準的細格期望值），而 E_2 則代表實際測量得到的觀察誤差（預測不準的細格次數），兩者相減表示以 X 預測 Y 能夠減少的誤差量，若再除以期望誤差，即得到削減誤差比，公式如下：

$$PRE = \frac{E_1 - E_2}{E_1} = 1 - \frac{E_2}{E_1} \qquad (6\text{-}11)$$

　　Lambda 係數的特性，是利用類別變數中的眾數組（mode）來作為削減誤差計算的基準，有兩種形式：對稱 λ（symmetrical）與非對稱 $\lambda_{y \cdot x}$（asymmetrical）。對稱 λ 是指 X 與 Y 兩個變數的關係是對等的，無法區別何者為依變數，何者為獨變數。對稱性 λ 公式如下：

$$\lambda = 1 - \frac{E_2}{E_1} = 1 - \frac{(N - \sum m_x) + (N - \sum m_y)}{(N - M_x) + (N - M_y)} \qquad （6\text{-}12）$$

　　其中 M_x 為 X 變數的眾數次數，M_y 為 Y 變數的眾數次數，m_x 為 X 變數每一個類別之下 Y 變數的眾數次數，m_y 為 Y 變數每一個類別之下 X 變數的眾數次數。如果是非對稱性關係，$\lambda_{y \cdot x}$ 的計算過程式如公式 6-13：

$$\lambda_{y.x} = 1 - \frac{E_2}{E_1} = 1 - \frac{N - \sum m_y}{N - M_y} = \frac{\sum m_y - M_y}{N - M_y} \qquad （6\text{-}13）$$

　　值得注意的是，Lambda 係數以眾數次數為計算基礎，為一非標準化的係數，其值會隨著變數類別數目的變動而改變，當各變數的類別數愈多時，消減誤差比率會自然擴增，因此不建議使用者隨意改變變數的水準數。此外，當 Lambda 為 0 時，是指以預測變數的眾數來預測依變數時，無法消減依變數上的誤差，並非代表兩個變數沒有任何關聯，例如當預測變數在依變數的眾數都落在同一個類別時，會計算出 $\lambda_{y \cdot x} = 0$ 的情形，但是各細格間可能存在某種有意義的關聯，在使用 Lambda 係數時應特別注意。

四、**Gamma 係數**

　　Goodman & Kruskalt 提出了一個以 PRE 為基礎的 Gamma 係數，是一種適用於順序變數的對稱性關聯性係數。Gamma 係數是將依順序排列的資料，進行各細格的配對比較，如果遇到同樣等第的資料則不予計算。非同分資料（untied pairs）可分成兩種情況：同序配對（concordant pairs）與異序配對（disconcordant pairs）。同序配對是指兩個變數上的等第變動呈現相同方向，以 N_s 表示；異序配對是指某配對觀察值在兩變數的等第變動呈現相反方向，以 N_d 表示。

$$Gamma = 1 - \frac{E_2}{E_1} = 1 - \frac{2N_d}{\dfrac{2(N_s + N_d)(N_s + N_d)}{2(N_s + N_d)}} = \frac{N_s - N_d}{N_s + N_d} \qquad （6\text{-}14）$$

如果列聯表當中的配對觀察值是隨機配對，那麼配對觀察值的等第變動將會出現同序與異序配對隨機參差出現的狀況，此時 Gamma 係數將會接近 0；相對的，如果觀察值的配對具有某種連動關係，那麼配對觀察值的等第變動將會出現同序與異序配對較多的現象，Gamma 不等於 0。當連動關係愈強，Gamma 係數會接近 1 或 -1。當配對分數的等第變動完全是同序配對時，N_d 為 0，Gamma 係數為 1；當配對分數的等第變動完全是異序配對時，N_s 為 0，Gamma 係數為 -1。

　　由於 Gamma 係數的計算不涉及邊際次數的計算，因此又稱為免邊際（margin-free）的係數。當樣本數愈大時（大於 50），Gamma 係數的抽樣分配呈現常態化，可以配合統計考驗來檢驗 Gamma 係數的統計意義。在 SPSS 報表中，可以得到 Gamma 係數的統計檢定值。

　　值得注意的是，如果當同分狀況比重太高時，Gamma 係數無法反應這些細格的資料而導致敏感度降低，使 Gamma 係數無法充分反應變數的關係，此時宜採用其他係數，例如 Tau-b 係數。

五、Tau 係數

　　Tau 係數（τ_y）為 Goodman 與 Kruskal 所創的另一種以 PRE 為基礎，可用於類別變數關聯性的關聯係數。其原理與非對稱形式 $\lambda_{y \cdot x}$ 類似，係比較直行邊際比例和橫列邊際比例進行預測的誤差機率，但 Tau 係數的計算考慮了所有的次數，因此敏感度較 Lambda 係數為高，數據一般會較 Lambda 為低，但是較為嚴謹。一般在學術上分析不對稱關係時，若採用 Tau 係數，可以較為詳實反映兩個變數的解釋關係。

　　除了前述的關聯係數，Kendall 另外提出了 Tau-b 係數（τ_b），適用於順序變數，也是一種類似於 Gamma 係數的對稱性關聯係數。Tau-b 係數將獨變數上同分但依變數不同分的順序配對，以及獨變數上不同分但依變數同分的順序配對納入考量（但不處理兩者同時同分的配對觀察值），使得關聯係數的計算更能反映細格內數據的變化。

　　τ_b 係數的一個特色是，當列聯表呈現正方形時（兩個變數的組數或數值數目相等），τ_b 係數的數值會介於之間。當數值愈接近 0，表示兩變數的關聯性愈低。如果列聯表不是呈現正方形時（兩個變數的組數或數值數目不相等），宜使用 τ_c 係數利用這兩個係數，可以更精確的反映兩個順序變數的各細格變動特性，但是強度一般會低於 Gamma 係數。

六、Kappa 係數

Cohen（1960）提出了一個 Kappa（κ）係數，適用於具有相等順序數值的兩個順序變數關聯性分析，也就是行與列的數值數目相同，交叉表呈現正方形。而 Kappa 係數所反映的是兩個順序變數的等級是否相同，也就是當第一個順序變數爲 1 時，在另一個變數的順序是否也爲 1，如果相同等級的情形愈多，Kappa 係數愈高。因此 Kappa 係數又稱爲同意量數（measures of agreement）。

Kappa 係數的計算原理，是將具有相等類別的兩個變數做成列聯表後，將對角線上的細格視爲正確預測的類別（N_t），其他各細格則爲預測不準的誤差類別（N_f）。然後根據 PRE 的概念，計算出 Kappa 係數，以 ∇_k 表示：

$$\nabla_k = \frac{N_t - \dfrac{N_{.x} \times N_{y.}}{N}}{N - \dfrac{N_{.x} \times N_{y.}}{N}} \qquad (6\text{-}15)$$

公式 6-15 中，$N_{.x} \times N_{y.}$ 爲各對角線細格相對應的邊際次數的乘積。由於 Kappa 係數必須在兩個順序變數有相等數值數目的前提下來使用，因此當兩個順序變數的數值數目不同時，必須先將兩個變數進行組別的調整才能計算 Kappa 係數。

此外，由於 Kappa 係數所反映的是兩個順序變數是否具有一致的等級，也就是等級一致性程度。因此，在心理測驗的應用上，Kappa 係數可以用以計算兩個評分者對同一個對象是否有一樣的評定的評分者間信度（inter-rater reliability）。但是值得注意是兩個評分者所評定的名次中，不能有同一名次的現象，因爲同一名次將造成名次的數目不相等，無法進行 Kappa 係數的計算。

第四節　SPSS 的類別資料分析範例

範例 6-1　適合度考驗

　　某教師出了 50 題有 5 個選項的單選題，答案與題數分別如下，請問這位老師是否有特殊的出題偏好？即傾向出某些答案的題目？

答案	A	B	C	D	E
題數	12	14	9	5	10

【A. 操作程序】

步驟一：選取分析→無母數檢定→舊式對話框→卡方檢定。
步驟二：選擇變數。
步驟三：輸入期望值的比值。
步驟四：進入選項設定統計量與遺漏值。按確定執行。

【B. 步驟圖示】

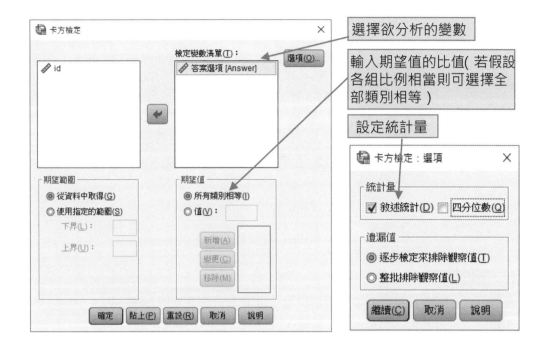

【C. 結果與解釋】

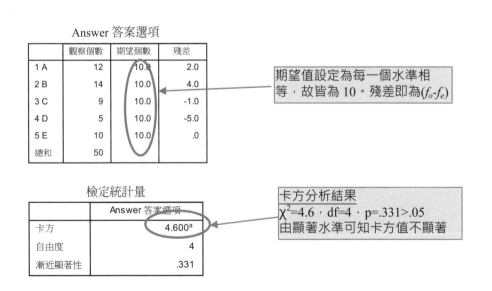

Answer 答案選項

	觀察個數	期望個數	殘差
1 A	12	10.0	2.0
2 B	14	10.0	4.0
3 C	9	10.0	-1.0
4 D	5	10.0	-5.0
5 E	10	10.0	.0
總和	50		

期望值設定為每一個水準相等，故皆為 10。殘差即為(f_o-f_e)

檢定統計量

	Answer 答案選項
卡方	4.600[a]
自由度	4
漸近顯著性	.331

卡方分析結果
χ^2=4.6，df=4，p=.331>.05
由顯著水準可知卡方值不顯著

關於老師出題是否有特殊答案偏好，亦即試題答案 A 至 E 的實際分配次數是否符合 1：1：1：1：1 的期望分配。由報表可知 $\chi^2 = 4.6$，$df = 4$，$p > .05$，亦即該老師出題答案並無特殊偏好。

範例 6-2　獨立性考驗

　　某系大一新生共 100 名，其性別分布與來自城市或鄉鎮兩變數是否有特殊關聯？

		城鄉別		總合
		城市學生	鄉鎮學生	
性別	男	34	21	55
	女	26	19	45
總合		60	40	100

【A. 操作程序】

步驟一：如果資料是以摘要性表格建檔，則需進行觀察次數加權。

步驟二：選取分析→敘述統計→交叉表。

步驟三：選擇欲分析的變數。

步驟四：進入統計量點選卡方統計量與關聯分析量數。

步驟五：進入儲存格設定細格顯示的方式。按確定執行。

【B. 步驟圖示】

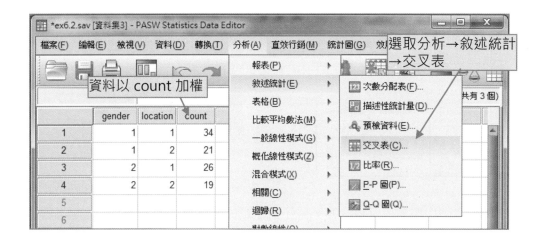

【C. 結果與解釋】

gender 性別 * location 城鄉別 交叉表

			location 城鄉別		總和
			1 城市學生	2 鄉鎮學生	
gender 性別	1 男	個數	34	21	55
		期望個數	33.0	22.0	55.0
		在 gender 性別 之內的	61.8%	38.2%	100.0%
		在 location 城鄉別 之內的	56.7%	52.5%	55.0%
		整體的 %	34.0%	21.0%	55.0%
		殘差	1.0	-1.0	
		標準化殘差	.2	-.2	
		調整後的殘差	.4	-.4	
	2 女	個數	26	19	45
		期望個數	27.0	18.0	45.0
		在 gender 性別 之內的	57.8%	42.2%	100.0%
		在 location 城鄉別 之內的	43.3%	47.5%	45.0%
		整體的 %	26.0%	19.0%	45.0%
		殘差	-1.0	1.0	
		標準化殘差	-.2	.2	
		調整後的殘差	-.4	.4	
總和		個數	60	40	100
		期望個數	60.0	40.0	100.0
		在 gender 性別 之內的	60.0%	40.0%	100.0%
		在 location 城鄉別 之內的	100.0%	100.0%	100.0%
		整體的 %	60.0%	40.0%	100.0%

> 原始殘差為期望值與觀察值的差距

> 標準化殘差性質類似 Z 分數，得以計算卡方值。調整後標準化殘差適合細格間差異情形比較。當數值絕對值大於 1.96 時，可視為具有顯著不同於期望值

卡方檢定

	數值	自由度	漸近顯著性（雙尾）	精確顯著性（雙尾）	精確顯著性（單尾）
Pearson 卡方	.168[a]	1	.682		
連續性校正[b]	.042	1	.837		
概似比	.168	1	.682		
Fisher's 精確檢定				.688	.418
線性對線性的關連	.167	1	.683		
有效觀察值的個數	100				

a. 0 格 (0.0%) 的預期個數少於 5。最小的預期個數為 18.00。
b. 只能計算 2×2 表格

> 卡方分析結果
>
> Pearson 卡方未達顯著。連續性校正為 Yate 校正值
>
> 當 2*2 列聯表細格人數很少時，宜使用 Fisher's 精確檢定

方向性量數

			數值	漸近標準誤[a]	近似 T 分配[d]	顯著性近似值
以名義量數為主	Lambda 值	對稱性量數	.000	.000	[b]	[b]
		性別依變數	.000	.000	[b]	[b]
		城鄉別依變數	.000	.000	[b]	[b]
	Goodman與 Kruskal Tau 測量	性別依變數	.002	.008		[c]
		城鄉別依變數	.002	.008		[c]
以次序量數為主	Somers'd 統計量	對稱性量數	.041	.100	.410	.682
		性別依變數	.042	.102	.410	.682
		城鄉別依變數	.040	.099	.410	.682

方向性關聯係數可指定某個依變數(城鄉)的關聯強度，Tau=.002，p=.682，沒有統計意義

對稱性量數

		數值	漸近標準誤[a]	近似 T 分配[b]	顯著性近似值
以名義量數為主	Phi值	.041			.682
	Cramer's V 值	.041			.682
	列聯係數	.041			.682
以次序量數為主	Kendall's tau-b 統計量數	.041	.100	.410	.682
	Kendall's tau-c 統計量數	.040	.098	.410	.682
	Gamma 統計量	.084	.204	.410	.682
有效觀察值的個數		100			

對稱性關聯係數本範例為 2*2 列聯表，故可採 Phi 係數來表示兩個變數的關聯強度，數值為.041，p=.682

未假定虛無假設為真。

使用假定虛無假設為真時之 漸近標準誤。

　　100 名大一新生的性別與城鄉分布關係的分析，屬於兩個變數獨立性考驗的應用。交叉表的資料顯示，男生與女生的人數分布為 55%：45%，城鄉比例則為 60%：40%。兩個變數所構成的列聯表以卡方檢驗分析的結果發現，$\chi^2_{(1)} = .168$，$p > .05$，未達顯著水準，表示兩個變數之間相互獨立，沒有顯著的關聯。

　　使用關聯係數可以將卡方值轉換成類似於線性模式的標準化係數指標 (介於 0 至 1 的數值)，以便於說明兩者關係。本範例由於兩個變數之間呈現對稱性關係，因此可以由 Phi 係數反映兩個變數的關聯強度，Phi = .041，$p > .05$，由於 Phi 係數由卡方值轉換而來，其顯著性與卡方檢定相同，也是不顯著。

範例 6-3　多重列聯表分析

　　某行銷調查公司想了解大學生的手機品牌偏好，隨機找了 72 位大學生，調查其性別、家庭社經水準、以及最喜歡的手機品牌，以探討三個變數的關係。

社經地位		低社經地位			高社經地位			總合（性別）
手機品牌		甲	乙	丙	甲	乙	丙	
性別　男		13	2	3	4	12	4	38
性別　女		9	3	7	8	5	6	38
總合（細格）		22	5	10	12	17	10	
總合（社經地位）			37			39		76
總合（品牌）		34	22	20				

【A. 操作程序】

步驟一：如果資料是摘要性資料格式，需先進行加權處理。

步驟二：選取分析→敘述統計→交叉表。

步驟三：依序選定列變數、行變數，選擇欲分析的變數。

步驟四：分別以不同變數為分割變數。

步驟五：進入統計量點選卡方統計量與關聯分析量數。

步驟六：進入儲存格設定細格顯示的方式。按確定執行。

註：列聯表僅能處理兩個類別變數的關係檢驗，本範例有三個類別變數，可將其中一個作為分割變數，例如性別，分別進行男生與女生的社經地位與手機品牌的 2×3 列聯表分析，或以社經地位為分割變數，分析性別與手機偏好的關係。一般均以人口變數等不易受到其他因素影響之變數為分割變數。

【B. 步驟圖示】

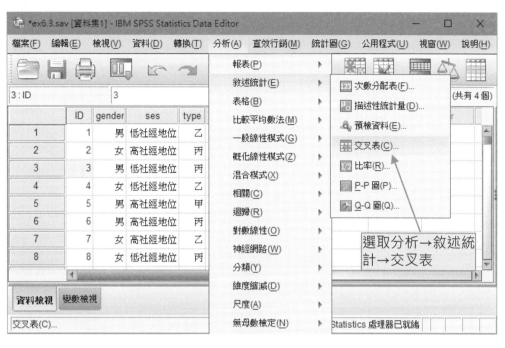

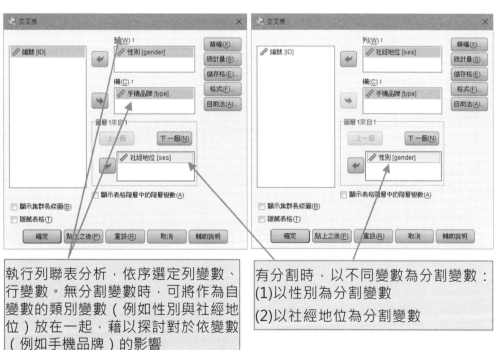

執行列聯表分析，依序選定列變數、行變數。無分割變數時，可將作為自變數的類別變數（例如性別與社經地位）放在一起，藉以探討對於依變數（例如手機品牌）的影響

有分割時，以不同變數為分割變數：
(1)以性別為分割變數
(2)以社經地位為分割變數

【C. 結果與解釋】

(1) 以性別為分割變數，社經地位手機品牌的列聯表分析

社經地位*手機品牌*性別 交叉列表

				性別												
			男				女				總計				
			手機品牌			總計	手機品牌			總計	手機品牌			總計
			甲	乙	丙		甲	乙	丙		甲	乙	丙	
社經地位	低社經地位	計數	13	2	3	18	9	3	7	19	22	5	10	37
		預期計數	8.05	6.63	3.32	18.0	8.50	4.00	6.50	19.0	16.6	10.7	9.74	37.0
		殘差	4.95	-4.6	-.32		.50	-1.0	.50		5.45	-5.7	.26	
		標準化殘差	1.74	-1.8	-.17		.17	-.50	.20		1.34	-1.7	.08	
		調整後殘差	3.23	-3.1	-.26		.33	-.80	.34		2.51	-2.9	.14	
	高社經地位	計數	4	12	4	20	8	5	6	19	12	17	10	39
		預期計數	8.95	7.37	3.68	20.0	8.50	4.00	6.50	19.0	17.4	11.3	10.3	39.0
		殘差	-4.9	4.63	.32		-.50	1.00	-.50		-5.4	5.71	-.26	
		標準化殘差	-1.7	1.71	.16		-.17	.50	-.20		-1.3	1.70	-.08	
		調整後殘差	-3.2	3.12	.26		-.33	.80	-.34		-2.5	2.89	-.14	
總計		計數	17	14	7	38	17	8	13	38	34	22	20	76
		預期計數	17.0	14.0	7.0	38.0	17.0	8.0	13.0	38.0	34.0	22.0	20.0	76.0

卡方檢定

性別		值	df	漸近顯著性（兩端）
男	Pearson 卡方檢定	11.978[b]	2	.003
	概似比	12.980	2	.002
	線性對線性關聯	5.063	1	.024
	有效觀察值數目	38		
女	Pearson 卡方檢定	.636[c]	2	.728
	概似比	.641	2	.726
	線性對線性關聯	.000	1	1.000
	有效觀察值數目	38		
總計	Pearson 卡方檢定	9.441[a]	2	.009
	概似比	9.849	2	.007
	線性對線性關聯	2.065	1	.151
	有效觀察值數目	76		

> **卡方檢定**
>
> 依分割變數的兩個水準，分別進行社經地位×手機品牌的卡方檢定。男性卡方值=11.978, p=.003, 具統計顯著性。女性卡方值=.636, p=.728, 不具統計顯著性。
>
> 無分割變數下，卡方值=9.441, p=.009, 具統計顯著性。

a. 0 單元 (0.0%) 預期計數小於 5。預期的計數下限為 9.74。

b. 2 單元 (33.3%) 預期計數小於 5。預期的計數下限為 3.32。

c. 2 單元 (33.3%) 預期計數小於 5。預期的計數下限為 4.00。

有方向性的測量

性別				值	漸近標準誤	大約 T	大約顯著性
男	名義變數對名義變數	Lambda	對稱	.436	.137	2.942	.003
			社經地位 依變數	.500	.162	2.334	.020
			手機品牌 依變數	.381	.150	2.114	.034
		Goodman 及 Kruskal tau	社經地位 依變數	.315	.141		.003[c]
			手機品牌 依變數	.203	.099		.001[c]
女	名義變數對名義變數	Lambda	對稱	.050	.068	.712	.477
			社經地位 依變數	.105	.141	.712	.477
			手機品牌 依變數	.000	.000	[d]	[d]
		Goodman 及 Kruskal tau	社經地位 依變數	.017	.041		.734[c]
			手機品牌 依變數	.007	.016		.786[c]
總計	名義變數對名義變數	Lambda	對稱	.190	.122	1.471	.141
			社經地位 依變數	.270	.170	1.378	.168
			手機品牌 依變數	.119	.120	.934	.350
		Goodman 及 Kruskal tau	社經地位 依變數	.124	.071		.009[c]
			手機品牌 依變數	.067	.041		.007[c]

a. 未使用虛無假設。

b. 正在使用具有虛無假設的漸近標準誤。

c. 基於卡方近似值。

d. 無法計算，因為漸近標準誤等於零。

非對稱性關聯係數

以手機品牌為依變數。男性 Tau=.203(p=.001),女性 Tau=.007(p=.786)。無分割變數下，Tau=.067(p=.007), 具統計顯著性。

對稱的測量

性別			值	大約顯著性
男	名義變數對名義變數	Phi	.561	.003
		Cramer's V	.561	.003
		列聯係數	.490	.003
	有效觀察值數目		38	
女	名義變數對名義變數	Phi	.129	.728
		Cramer's V	.129	.728
		列聯係數	.128	.728
	有效觀察值數目		38	
總計	名義變數對名義變數	Phi	.352	.009
		Cramer's V	.352	.009
		列聯係數	.332	.009
	有效觀察值數目		76	

對稱性關聯係數

本範例為 2×3 列聯表，需採列聯係數。男性之數值為.49，p<.01，優於女性的.128，n.s.。顯示預測力以男性較強

無分割變數下，列聯係數 =.332(p=.009), 具統計顯著性。

(2) 以社經地位爲分割變數，性別手機品牌的列聯表分析

卡方檢定

社經地位		值	df	漸近顯著性 （兩端）
低社經地位	Pearson 卡方檢定	2.502[b]	2	.286
	概似比	2.551	2	.279
	線性對線性關聯	2.400	1	.121
	有效觀察值數目	37		
高社經地位	Pearson 卡方檢定	4.593[c]	2	.101
	概似比	4.706	2	.095
	線性對線性關聯	.187	1	.665
	有效觀察值數目	39		
總計	Pearson 卡方檢定	3.436[a]	2	.179
	概似比	3.485	2	.175
	線性對線性關聯	.691	1	.406
	有效觀察值數目	76		

> **卡方檢定**
> 依分割變數的兩個水準，分別進行卡方檢定。高低社經地位者卡方值均未達顯著，表示不同 SES 下，性別與品牌偏好無關
>
> 無分割變數下，性別×手機品牌的卡方檢定。卡方值 3.436, p=.179 未達.05 顯著水準。

a. 0 單元 (0.0%) 預期計數小於 5。預期的計數下限為 10.00。

b. 3 單元 (50.0%) 預期計數小於 5。預期的計數下限為 2.43。

c. 1 單元 (16.7%) 預期計數小於 5。預期的計數下限為 4.87。

有方向性的測量

社經地位				值	漸近標準誤	大約 T	大約顯著性
低社經 地位	名義變數對 名義變數	Lambda	對稱	.121	.134	.861	.389
			性別 依變數	.222	.230	.861	.389
			手機品牌 依變數	.000	.000	.[c]	.[c]
		Goodman 及 Kruskal tau	性別 依變數	.068	.081		.296[d]
			手機品牌 依變數	.047	.057		.183[d]
高社經 地位	名義變數對 名義變數	Lambda	對稱	.220	.156	1.287	.198
			性別 依變數	.316	.204	1.307	.191
			手機品牌 依變數	.136	.152	.840	.401
		Goodman 及 Kruskal tau	性別 依變數	.118	.102		.107[d]
			手機品牌 依變數	.068	.059		.077[d]
總計	名義變數對 名義變數	Lambda	對稱	.075	.053	1.358	.175
			性別 依變數	.158	.108	1.358	.175
			手機品牌 依變數	.000	.000	.[c]	.[c]
		Goodman 及 Kruskal tau	性別 依變數	.045	.047		.183[d]
			手機品牌 依變數	.019	.020		.236[d]

a. 未使用虛無假設。

b. 正在使用具有虛無假設的漸近標準誤。

c. 無法計算，因為漸近標準誤等於零。

> **非對稱性關聯係數**
> 以手機品牌爲依變數，性別×手機品牌的 Tau 係數均不顯著。

對稱的測量

社經地位		值	大約顯著性
低社經地位	名義變數對名義變數Phi	.260	.286
	Cramer's V	.260	.286
	列聯係數	.252	.286
	有效觀察值數目	37	
高社經地位	名義變數對名義變數Phi	.343	.101
	Cramer's V	.343	.101
	列聯係數	.325	.101
	有效觀察值數目	39	
總計	名義變數對名義變數Phi	.213	.179
	Cramer's V	.213	.179
	列聯係數	.208	.179
	有效觀察值數目	76	

> 對稱性關聯係數
> 與卡方分析結果一致。高低 SES 之列聯表關聯係數，以及無分割變數下，性別×手機品牌關聯係數均不顯著。

　　多重列聯表分析的目的，在檢驗超過兩個類別變數的關聯性。在分割變數不同水準下，另兩個類別變數的關係除了描述各自列聯表的內部關聯，還可進行水準間的比較。本範例分別以性別與社經地位為分割變數，得到的檢驗數據整理如表 6-3。

　　整體而言，性別與品牌偏好無顯著關聯，$\chi^2(2) = 3.436$，$p = .179$，但是社經地位與品牌偏好有顯著關聯，$\chi^2_{(2)} = 9.441$，$p < .01$。由交叉表中的細格比資料可知，低社經地位者偏好甲品牌（$\Delta' = 1.34$, adj$\Delta' = 2.51$），不偏好乙品牌（$\Delta' = -1.7$, adjD$\mathcal{C} = -2.9$）。相對之下，高社經地位者偏好乙品牌（$\Delta' = 1.7$, adj$\Delta' = 2.89$），不偏好甲品牌（$\Delta' = -1.3$, adj$\Delta' = -2.5$）。在丙品牌的差異則不明顯。

　　如果以性別為分割變數，分析結果顯示，對男性而言，社經地位與品牌偏好有顯著關聯，$\chi^2_{(2)} = 11.98$，$p < .01$。對女性而言，社經地位高低與品牌偏好關係不明顯，$\chi^2_{(2)} = 0.636$，$p = .728$，亦即女性大學生的品牌選擇受到社經地位的影響較小。

　　當設定社經地位為分割變數時，高低不同水準的受試者，性別與品牌偏好皆無顯著不同：低社經地位時，性別與品牌偏好關聯情形的檢定為 $\chi^2_{(2)} = 2.502$，$p = .286$，高社經地位時，性別與品牌偏好關聯情形的檢定為 $\chi^2_{(2)} = 4.593$，$p = .101$，表示性別與品牌偏好無關。

　　綜上所述，本範例結論為社經地位會影響品牌偏好，尤其男性大學生受到社經地位的影響顯著，高社經者選用甲品牌，低社經地位者選用乙品牌。女性大學生的社經地位影響並無統計意義。

→表6-4　多重列聯表分析之結果摘要

檢驗內容	控制水準	檢定值	df	p
無分割變數				
SES × type				
Pearson χ^2		**9.441**	**2**	**.009**
Tau		**.067**	-	**.007**
列聯係數		**.332**	-	**.009**
Gender × Type				
Pearson χ^2		3.436	2	.179
Tau		.019	-	.236
列聯係數		.208	-	.179
不同性別下：SES × Type				
Pearson χ^2	男	11.978	2	.003
Tau	男	.203	-	.001
列聯係數	男	.490	-	.003
Pearson χ^2	女	.636	2	.728
Tau	女	.007	-	.786
列聯係數	女	.128	-	.728
不同 SES 下：Gender × Type				
Pearson χ^2	低社經	2.502	2	.286
Tau	低社經	.047	-	.183
列聯係數	低社經	.252	-	.286
Pearson χ^2	高社經	4.593	2	.101
Tau	高社經	.068	-	.077
列聯係數	高社經	.325	-	.101

第五節　R 的類別資料分析範例

範例 6-4　R 的列聯表分析

　　在 R 當中進行單因子（適合度考驗）或兩個以上類別變數的獨立性考驗，主要是利用 R 本身的 chisq.test 函數即可進行。在讀取資料時，可直接讀取 SPSS 的原始資料檔，再利用 table 函數將原始資料整理成列聯表形式，即可進行卡方檢定（關於 R 的簡介與功能介紹請參見本書附錄）。

《R 範例 ex6-1》

```
> #Chapter 06: Categorical data analysis example
> library(foreign)                                      # 用於讀取 SPSS 資料檔
> ex6.1   <-read.spss( "ex6.1.sav" , to.data.frame=TRUE) # 讀取 SPSS 資料檔
> Tex6.1  <-table(ex6.1$Answer)                          # 建立列聯表
> Tex6.1
```
如果無法執行須自行增加檔案路徑

```
  A  B  C  D  E
 12 14  9  5 10

> Mex6.1<-chisq.test(Tex6.1, p=c(.2,.2,.2,.2,.2))        # 卡方檢定
> Mex6.1

        Chi-squared test for given probabilities
 data:  Tex6.1
 X-squared = 4.6, df = 4, p-value = 0.3309
```
與第 171 頁的結果相同。

```
> fo      <-Mex6.1$observed                             # 觀察次數
> fe      <-Mex6.1$expected                             # 期望次數
> std.d <-round(Mex6.1$residuals,4)                      # 標準化殘差取小數點四位
> Rex6.1<-data.frame(fo, fe, std.d)                      # 將結果整理成表格
> Rex6.1

    Var1 Freq fe Var1.1  Freq.1
 A    A   12 10    A    0.6325
 B    B   14 10    B    1.2649
 C    C    9 10    C   -0.3162
 D    D    5 10    D   -1.5811
 E    E   10 10    E    0.0000
```
列出各細格的次數資料，標準化殘差可用來判定各細格的次數是否顯著不同於期望次數。

《R 範例 ex6-2》

註：在兩個類別變數的列聯表分析中，爲進行 Phi、列聯係數、V、Lambda、Tau 係數的計算，需先行安裝 DescTools 套件。

```
> #install.packages("DescTools")          # 安裝套件如果尚未安裝請先執行
> #Example ex6.2
> library(foreign)                                   如果無法執行須自行增加檔案路徑
> ex6.2 <-read.spss("ex6.2a.sav", to.data.frame=TRUE)   # 讀取 SPSS 資料檔
> Tex6.2<-table(ex6.2$gender, ex6.2$location)              # 建立列聯表
> Tex6.2

        城市學生  鄉鎮學生
    男       34        21            2*2 的列聯表。
    女       26        19

> Mex6.2a<- chisq.test(Tex6.2, correct = TRUE)           # 卡方檢定帶 Yates 校正
> Mex6.2b<- chisq.test(Tex6.2, correct = FALSE)   # 卡方檢定無 Yates 校正
> Mex6.2a

        Pearson's Chi-squared test with Yates' continuity correction
 data:  Tex6.2
 X-squared = 0.042088, df = 1, p-value = 0.8375       與 p.174 有 Yates 校正結果相同

> Mex6.2b

        Pearson's Chi-squared test with Yates' continuity correction
 data:  Tex6.2
 X-squared = 0.042088, df = 1, p-value = 0.8375       與 p.174 有 Yates 校正結果相同


> #install.packages("DescTools")
> library(DescTools)                              # 用於計算關聯係數
> Phi  <-Phi(Tex6.2, conf.level=0.95)
> C    <-ContCoef(Tex6.2, conf.level=0.95)
> V    <-CramerV(Tex6.2, conf.level=0.95)
> TauB  <-KendallTauB(Tex6.2, conf.level=0.95)
> TauA_C<-GoodmanKruskalTau(Tex6.2, direction="column", conf.level=0.95)
> TauA_R<-GoodmanKruskalTau(Tex6.2, direction="row", conf.level=0.95)
> La_S<-Lambda(Tex6.2, direction="symmetric", conf.level=0.95)
> La_R<-Lambda(Tex6.2, direction="row", conf.level=0.95)
> La_C<-Lambda(Tex6.2, direction="column", conf.level=0.95)
>
> #將結果整理成表格並取小數點 3 位
> Rex6.2<-round(data.frame(Phi, C, V, TauB, TauA_C, TauA_R, La_S, La_R, La_C),3)
> Rex6.2

            Phi     C     V  TauB TauA_C TauA_R La_S La_R La_C
 Cramer V 0.041 0.041 0.041  0.041  0.002  0.002    0    0    0
 lwr.ci   0.041 0.041 0.000 -0.155 -0.014 -0.014    0    0    0
 upr.ci   0.041 0.041 0.232  0.237  0.018  0.018    0    0    0        與 p.175 結果相同

    >
```

《R 範例 ex6-3》

```
> #install.packages("DescTools")          #安裝套件如果尚未安裝請先執行
> #Example ex6.3
> library(foreign)
> ex6.3    <-read.spss("ex6.3.sav", to.data.frame=TRUE)    #讀取 SPSS 資料檔
> Tex6.3a <-table(ex6.3$gender, ex6.3$type)          #製作列聯表
> Tex6.3a

         甲 乙 丙
  男性 17 14   7
  女性 17   8 13

> Tex6.3b <- table(ex6.3$ses, ex6.3$type)            #製作列聯表
> Tex6.3b

          甲 乙 丙
  低社經 22   5 10
  高社經 12 17 10

> chisq.test(Tex6.3a)                                #卡方檢定

        Pearson's Chi-squared test
 data:   Tex6.3a
 X-squared = 3.4364, df = 2, p-value = 0.1794

> chisq.test(Tex6.3b)                                #卡方檢定

        Pearson's Chi-squared test
 data:   Tex6.3b
 X-squared = 9.4405, df = 2, p-value = 0.008913

> # 進行檔案分割
> ex6.3b_g  <- split(ex6.3, f=ex6.3$gender)        #以性別分組
> ex6.3a_s  <- split(ex6.3, f=ex6.3$ses)           #以 ses 分組
> #以性別進行分組的卡方檢定
> Tex6.3b_g_m <- table(ex6.3b_g$' 男性 '$ses, ex6.3b_g$' 男性 '$type)
> Tex6.3b_g_f <- table(ex6.3b_g$' 女性 '$ses, ex6.3b_g$' 女性 '$type)
> chisq.test(Tex6.3b_g_m)

        Pearson's Chi-squared test
 data:   Tex6.3b_g_m
 X-squared = 11.978, df = 2, p-value = 0.002506

> chisq.test(Tex6.3b_g_f)

        Pearson's Chi-squared test
 data:   Tex6.3b_g_f
 X-squared = 0.63575, df = 2, p-value = 0.7277

> #以社經地位進行分組的卡方檢定
> Tex6.3a_s_h <- table(ex6.3a_s$' 高社經 '$gender, ex6.3a_s$' 高社經 '$type)
> Tex6.3a_s_l <- table(ex6.3a_s$' 低社經 '$gender, ex6.3a_s$' 低社經 '$type)
> chisq.test(Tex6.3a_s_h)

        Pearson's Chi-squared test
 data:   Tex6.3a_s_h
 X-squared = 4.5931, df = 2, p-value = 0.1006
```

```
> chisq.test(Tex6.3a_s_l)

        Pearson's Chi-squared test
 data:  Tex6.3a_s_l
 X-squared = 2.5021, df = 2, p-value = 0.2862

>
```

chapter

7

平均數檢定：t 檢定

第一節　基本概念

　　雖然類別資料被大量使用在社會與行為科學研究之中，但是受限於測量性質與數學運算特性，類別變數通常無法利用高階統計量來進行分析。而且研究者經常必須對於他們所關心的主題，例如智力、焦慮感、學業成績、薪資多寡、離婚率等，進行細膩的強度測量，故需採用等距或比率量尺，針對不同的社會現象或行為特質進行程度的測定，此時即可利用連續變數的形式進行測量與檢定。

　　連續變數的基本特性，是具有特定的測量單位，且變數數值具有「連續性」，例如身高的數值從 100～200，數值精確度可以從整數到小數好幾位。這種類型的測量資料，可以各種不同的描述統計量數來描繪觀察結果，並且在不同的統計假設下進行關於母體參數的各種檢定，因此又稱為母數檢定（parametric test）。本章首先將介紹與平均數有關的檢定—t 檢定，下一章則介紹平均數的變異數分析。

一、Z 檢定與 t 檢定

　　在社會科學研究上，由於母體多半非常龐大或無法直接測量，因此多以抽樣方式選取一定數量的樣本來進行測量，再藉由推論統計技術來推知母體的狀況或判定假設的真偽。由於抽樣誤差的影響，抽樣後的樣本資料是否只能反映隨機差異或是具有真正的意義，甚至於樣本資料是否違反統計基本假定的要求，均需加以判定，此時須透過一套以抽樣理論為基礎的推論統計程序，來協助我們進行決策。

　　連續變數最主要的統計量是平均數，而抽樣理論則告訴我們抽樣分配與母體標準差有關，因此母體標準差是否已知，對於統計檢定有不同的處理模式：當母體標準差已知時，可根據中央極限定理來計算抽樣分配的標準誤，並基於常態分配進行 Z 檢定。但是當母體標準差未知時，標準誤必須由樣本標準差來推估，因此可能因為樣本過小而造成偏誤，而需使用 t 分配來進行檢定，稱為 t 檢定。

　　一般而言，母體標準差多無法得知，因此使用 Z 檢定的機會並不多。另一方面，由於 t 分配隨著自由度的改變而改變，當樣本數 n 大於 30 之時，t 分配與 Z 分配即十分接近。使用 t 檢定其實涵蓋了 Z 檢定的應用。在統計學上，將 t 檢定這類可以視不同分配特性而調整理論分配的檢定方式稱為穩健統計量（robust statistics），表示能夠適應不同的問題而變化。因此，除了統計教學過程中，仍強調 Z 分數的概念與應用之外，在資料分析實務，多以 t 檢定來進行平均數的檢定。

二、單母群與多母群檢定

除了抽樣分配的考量，平均數檢定可以依檢定所涉及的母群的多寡，區分為單母群檢定或多母群檢定。一個連續變數的得分可以計算出一個平均數，如果研究者僅對單一變數的平均數加以檢驗，不考慮其他變數的影響，稱為單母群的平均數檢定。但如果研究者想同時考慮不同情況之下的平均數是否有所差異，例如男女生的數學能力的比較，此時即牽涉到多個母群平均數的檢定；不同的平均數，代表背後可能具有多個母群參數的存在，因此被稱為多母群的平均數檢定。

三、虛無假設與對立假設

不論是單母群或多母群的比較，都可以利用統計假設的形式來進行檢定，在統計上有兩種假設：虛無假設（null hypothesis; H_0）與對立假設（alternative hypothesis; H_1）。透過統計檢定量及其抽樣分配，對統計假設真偽進行判斷的過程，稱為假設檢定（hypothesis testing）。

以統計學的術語來說，假設（hypothesis）是一組描述變數關係的陳述句，例如「男生與女生的數學能力相同」，另一個相對的假設是「男生與女生的數學能力不同」。如果前者為虛無假設，後者即為對立假設，虛無假設可寫作 $H_0: \mu_1 = \mu_2$，對立假設可寫作 $H_1: \mu_1 \neq \mu_2$，其中 μ 是數學能力的母體平均數，μ_1 是男生的數學能力，μ_2 是女生的數學能力。下標 1 與 2 表示母體的次序。

四、單尾與雙尾檢定

在平均數的檢定中，研究者的興趣往往在於比較不同平均數的差距，而提出兩個平均數大於、小於與不等於幾種不同形式的研究假設，形成有特定方向的檢定或無方向性的檢定兩種不同模式。若以數學能力（X）為例，當研究者只關心單一一個方向的比較關係時（例如男生的數學能力 X_1 優於女生 X_2），由於研究者所關心的差異方向只有一個，此時即為單尾檢定（one-tailed test），統計假設的寫法如下：

$$\begin{cases} H_0: \mu_1 \leq \mu_2 \\ H_1: \mu_1 > \mu_2 \end{cases}$$

當研究者並未有特定方向的設定（例如僅假設男女生數學能力不同），此時即需使用雙尾檢定（two-tailed test）。統計假設寫法如下：

$$\begin{cases} H_0: \mu_1 = \mu_2 \\ H_1: \mu_1 \neq \mu_2 \end{cases}$$

　　由於單尾檢定僅需考慮單方向的差異性，可以較雙尾檢定容易得到「H_0 為偽」的顯著結果，因此採用單側檢定對於研究者較為有利。但是，採用單尾檢定必須提出支持證據，除非理論文獻支持單側的概念，或是變數間的關係具有明確的線索顯示得使用單側檢驗，否則需採雙尾檢定來檢驗平均數的特性。

五、獨立樣本與相依樣本

　　在多母群的平均數檢定中，不同的平均數進行相互比較。不同的平均數可能來自不同的樣本，亦有可能來自同一個樣本的同一群人，或是具有配對關係的不同樣本。根據機率原理，平均數來自於不同的隨機獨立樣本，兩個樣本的抽樣機率亦相互獨立，但是若不同的平均數來自於同一個樣本的同一群人（例如某班學生的期中考與期末考成績），即重複量數設計（repeated measure design），或是來自具有配對關係的不同樣本（例如夫妻兩人的薪資多寡），即配對樣本設計（matched sample design），樣本抽取的機率是並非獨立。因此必須特別考量到重複計數或相配對的機率，來進行統計量的計算。

第二節　平均數差異檢定的原理

一、中央極限定理

　　關於平均數的統計檢定，背後有一個重要的統計定理：中央極限定理（Central Limit Theorem），而中央極限定理的基礎則是抽樣理論，抽樣理論決定了抽樣分配（sampling distribution）的幾個重要條件。

　　今天若有一個母體分配（μ, σ^2），從中重複抽取無數個規模為 n 的樣本計算其平均數，若 n 夠大（$n \geq 30$），樣本平均數的分配會呈常態分配，以 $N(\mu_{\bar{X}}, \sigma_{\bar{X}}^2)$ 表示，稱為樣本平均數的抽樣分配（sampling distribution of means），其平均數等於母體平均數（公式 7-1），變異數等於母體變異數除以樣本數（公式 7-2），亦即抽樣分配的變異數與樣本數（n）成反比。

$$\mu_{\bar{X}} = \mu \tag{7-1}$$

$$\sigma_{\bar{X}}^2 = \frac{\sigma^2}{n} \tag{7-2}$$

　　抽樣分配的標準差 $\sigma_{\bar{X}}$ 稱爲標準誤（standard error, SE），反映的是抽樣誤差的大小，SE 與 n 的平方根成反比。當樣本數愈大，平均數抽樣分配的變異愈小，而且不論原始母體的形狀是否爲常態分配，當樣本數夠大時，抽樣分配會趨近於常態。

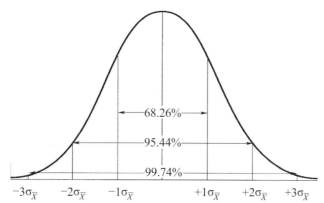

圖7-1　平均數抽樣分配與常態分配的對應圖示

　　中央極限定理的完整定義爲：對於任何一個母體（μ, σ^2），樣本大小爲 n 的樣本平均數所形成的分配，當 n 愈大趨近於常態分配 N（μ, σ^2/n）。正因爲抽樣分配爲常態分配這個基本假設的存在，樣本統計量的機率分配可以利用標準常態分配（standard normal distribution）（Z 分配）來表述，使得平均數的意義可以據以進行假設檢定（如圖 7-1 所示）。圖 7-1 當中數值軸的 +1、+2、+3 與 –1、–2、–3 即是 Z 分數。

　　如果常態分配的特性不存在，例如樣本數太小，或是母體標準差未知，無法估計抽樣分配的標準誤，即無法利用中央極限定理與常態分配的機率模式來進行統計檢定。但在 1908 年，一位化學工廠工程師 Gosset 推導出小樣本下的抽樣分配機率模式，稱爲 t 分配，並以化名 Student 發表，因此又稱爲 Student's t 分配。t 分配是以樣本的標準差來推導抽樣分配的標準誤，因此不受中央極限定理母體標準差需爲已知的限制，但是隨著樣本數的不同，分配的機率變化有所不同，因此 t 分配並不是單一一個分配，而是隨著樣本數（或自由度）變化而變化的一組對稱分配，當樣本數愈大，t 分配愈接近常態分配，當樣本數愈小，則呈現扁平化的厚尾分配（如圖 7-2 所示）。

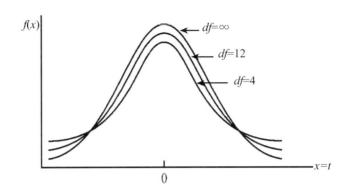

圖7-2 不同自由度下的*t*分配圖示

二、統計檢定的決策原則

(一) 假設檢定原理

在統計檢定中，關鍵步驟是計算檢定統計量（test statistic）。檢定統計量的計算，是將樣本上所觀察到的統計量（例如平均數）經過特定數學轉換，所獲得的一個可以配合某一種抽樣分配來檢測該統計量意義的檢定值（例如 Z 值或 t 值），並據以決定統計假設的真偽。

不同的檢定統計量具有一個共通點，就是檢定統計量多為檢定值與抽樣誤差的比值，檢定值放在分子，抽樣誤差（標準誤）放在分母，除得的結果就是檢定統計量，如果檢定統計量愈大，表示檢定值大於隨機誤差值，表示檢定值具有統計顯著性（statistical significance）；相反的，檢定統計量愈小，表示檢定值沒有不同於隨機變化，表示檢定值只是一種隨機出現的狀況，沒有統計上的意義（不顯著）。

假設真偽的檢驗，具體作法是假設 H_0 為真，也就是主張事件發生是一種隨機狀態而並沒有特殊現象。然後利用機率理論，計算出每一種可能的隨機事件發生的機率值，藉以建立一個機率分配。由於此一分配是透過機率理論來建立，因此是一種理論機率（先驗機率），或稱為 H_0 分配。相對之下，基於 H_1 所存在的機率分配稱為 H_1 分配。假設檢定的目的，是在決定某一個樣本統計量轉換得到的檢定統計量，是屬於 H_0 分配上的一個隨機觀察值，還是不屬於 H_0 分配，如果不屬於 H_0 分配，那麼就應該是屬於 H_1 分配。

如果檢定量落入 H_0 分配的信賴區間，檢定結果即為「H_0 為真」，如果檢定量落入 H_0 分配信賴區間以外的區域，檢定結果即為「H_0 為偽」，當 H_0 與 H_1 其中一個為真，另一個自動為偽。配合真實狀況來看，假設考驗所得出的統計決策結果有四種狀況（表 7-1）：如果真實的狀況是 H_0 為真（男女生數學能力真的相同），那麼做出「H_0 為眞、H_1 為僞」的結論即是「正確決定」，但如果結論是「H_0 為僞、H_1 為眞」，即是一種決策錯誤，稱爲型一錯誤（type I error）；如果眞實的狀況是 H_1 為眞（男女生數學能力眞的不同），那麼做出「H_0 為僞、H_1 為眞」的結論反而是「正確決定」，此時「H_0 為眞、H_1 為僞」的結論即是決策錯誤，此時稱爲型二錯誤（type II error）。

在假設考驗中，以 α 表示犯型一錯誤的機率（通常是 5%，亦即 $\alpha = .05$），正確接受 H_0 的正確決策機率爲 $1 - \alpha$，稱爲信心水準（level of confidence），當 $\alpha = .05$，信心水準爲 95%。型二錯誤機率以 β 表示，正確拒絕 H_0 的正確決策機率爲 $1 - \beta$，稱爲檢定力（power）。β 的機率值必須估計才能得到，但 α 的機率值則由研究者指定，由於 α 的機率決定結果是否顯著，因此又稱顯著水準（level of significance）。

→ **表7-1**　統計決策的四種可能結果

真實狀況	統計決策	
	接受 H_0、拒絕 H_1	拒絕 H_0、接受 H_1
H_0 為真	正確決定：正確接受 H_0（信心水準；$1-\alpha$）	錯誤決定：錯誤拒絕 H_0（型一錯誤；α）
H_1 為真	錯誤決定：錯誤接受 H_0（型二錯誤；β）	正確決定：正確拒絕 H_0（檢定力；$1-\beta$）

（二）臨界值法則

如果今天有一個從樣本上計算得到的統計量（例如平均數），基於平均數的抽樣分配得以計算出該統計量在 H_0 分配上的位置（亦即檢定統計量，例如 t_{obt}，下標 obt 爲 obtain 的縮寫，表示計算得到的數值）。當我們要決定一個 t_{obt} 是屬於 H_0 分配還是不屬於 H_0 分配，我們可以訂定一個臨界值（critical value），以 t_{cv} 表示，臨界值多半是 H_0 分配的期望值的 95% 信賴區間的分界點，臨界值以外的區域稱爲拒絕區（region of rejection）（拒絕 H_0 的區域）。在臨界值以內時，我們說該統計檢定值屬於 H_0 分配（接受 H_0），如圖 7-3 當中的 t_{obtA}。反之，在臨界值以外時，我們說該統計檢定值不屬於 H_0 分配（拒絕 H_0），如圖 7-3 當中的 t_{obtB}。此一判斷方式稱爲臨界值比較法或臨界值法則。

$$\begin{cases} \text{若 } t_{obt} \leq t_{cv} & \text{則保留 } H_0 \\ \text{若 } t_{obt} > t_{cv} & \text{則拒絕 } H_0 \end{cases}$$

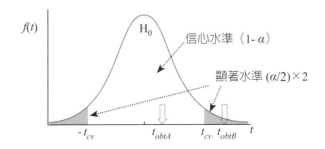

圖7-3　假設檢定決策示意圖

（三）尾機率法則

另一種判斷法則，是計算檢定量的尾機率值（p）是否小於顯著水準（α）。所謂尾機率（tailed probability），是指在 H_0 分配上比某個檢定統計量更為極端的事件機率。當計算得到的檢定統計觀察值（t_{obt}）愈小（愈接近 H_0 分配的期望值），尾機率很大，亦即比 t_{obt} 更極端的事件愈多，反之，當檢定統計觀察值（t_{obt}）愈大（愈偏離 H_0 分配的期望值），尾機率很小，亦即比 t_{obt} 更極端的事件愈少。

將 t_{obt} 的尾機率值（p）與 t_{cv} 尾機率值（α）相比：如果 $p \geq \alpha$，就等於 $t_{obt} \leq t_{cv}$，我們會認為觀察到的統計量落在 H_0 分配的信賴區間內，該統計量是 H_0 分配的一個隨機事件，相對的，如果 $p < \alpha$，就等於 $t_{obt} > t_{cv}$，我們會認為觀察到的統計量落在 H_0 分配的信賴區間之外，亦即該統計量不是 H_0 分配當中的一個隨機事件。此一判斷法則稱為稱為尾機率比較法，或稱為尾機率法則（p 法則）。

$$\begin{cases} 若\ p \geq \alpha，則保留\ H_0（不顯著的結果）\\ 若\ p < \alpha，則拒絕\ H_0（顯著的結果）\end{cases}$$

一般學者均將 α 水準設定為 5%，所以在學術報告上常會看到 $p < .05$ 即表示拒絕 H_0。在統計學上，當拒絕 H_0 時，特別稱呼此一假設檢定的結果是顯著的（significant），當保留（或稱接受）H_0 時，則稱此一假設檢定的結果是不顯著的（non-significant）。

（四）顯著水準的決定與星星法則

由於顯著水準是假設檢定的判斷依據，因此研究者心目中拒絕區大小（α 機率高低）會影響假設檢定是接受或拒絕 H_0 的機率。如果 α 機率很大（例如 $\alpha = .10$），檢定統計量比較容易拒絕 H_0，因而此一 α 水準稱為寬鬆水準；如果 α 機率很小（例如 $\alpha = .01$），檢定統計量不容易拒絕 H_0，因而稱為嚴格水準。學術上慣用 95% 信賴區間，拒絕區 5%，因此 α 也就常取 .05（5%）。一般不鼓勵採用大於 α = .05 的寬鬆水準（例如 1% 太過寬鬆），因爲這樣容易推翻 H_0，有誇大研究發現的疑慮。除非有特殊的需要（例如當研究者鼓勵寬鬆且輕易推翻 H_0 時）與特殊情境（例如當研究者有不得已的苦衷導致樣本太小），研究者可能採用 α = .06 或 α = .10 的水準，但是必須在論文中特別說明理由。

當一個樣本統計量轉換成檢定統計觀察值 t_{obt}，並進行假設檢定得到 p < .05 的結果時，我們就知道該 t_{obt} 落入拒絕區，得到一個顯著的結果。此時研究者會在 t_{obt} 右側標示一個符號「*」，例如 t = 2.25*，表示該統計量尾機率低於 α，拒絕 H_0。如果採用更小 α 水準，例如 α = .01，則標示爲「**」，例如 t = 3.90**。若是 α = .001，則標示爲「***」，例如 t = 12.11***，此種標示法已普遍爲學術界所接受，也被統計軟體廣爲採用，可以稱爲星星法則（rule of star *）。

如果研究者採用異於慣例的 α 水準，例如 α = .10，則會標示爲「+」或「†」等特殊符號，例如 t = 1.50†，而不會使用「*」符號，因爲星星多寡已有學術界的共識（因此常聽學生開玩笑說他的研究幾顆星、幾顆星，愈多星星的研究愈嚴謹之意）。其次，顯著性符號必須標示在統計量數值上，而非尾機率值。例如 p = .045* 或 p < .01** 都是錯誤的標示方法（因爲 p 值不必標示就可目視其顯著與否）。

（五）單尾機率與雙尾機率

值得一提的是，圖 7-3 中的拒絕區標示於分布的兩端，是因爲研究者採取雙尾假設，不僅極端大的觀察事件是一種特殊事件，極端小的觀察事件也是特殊事件，因此出現在兩端點的觀察值統計量均被視爲特殊事件，此時所進行的假設檢定，也就是雙尾機率的檢定。此時，假設檢定具有兩個臨界值，區隔左右兩側的拒絕區，機率值各爲 $\alpha/2$，面積總和即等於顯著水準（α）。如果是單尾假設的假設檢定，由於研究者僅關心特定大小關係的比較，特殊事件的決定僅出現在常態曲線的左側或右側，拒絕區與臨界值僅有一個，此時所進行的假設檢定，即爲單尾機率的檢定。

值得注意的是，在運用 p 法則來進行決策時，統計軟體多會預設爲雙尾機率，此時軟體運算所提供的尾機率值 p，是取比 t_{obt} 更高及 $-t_{obt}$ 更低的極端區域面積和。如果研究者要改用單尾機率檢定，可以直接把軟體所提供的尾機率值 p 除以 2，去跟顯著水準（α）相比，就可得到單尾檢定的結果。

三、平均數的假設檢定

（一）單母群平均數檢定

當研究者關心某一個連續變數的平均數，是否與某個理論值或母體平均數相符合之時，稱為單母群平均數檢定。例如某大學一年級新生的平均年齡 19.2 歲是否與全國大一新生的平均年齡 18.7 歲相同。虛無假設為樣本平均數與母體平均數（或理論值）相同，或 $\mu = \mu_0$。

當母體的標準差已知，抽樣分配標準誤可依中央極限定理求得，且無違反常態假設之虞，可使用 Z 分配來進行檢定，公式如下：

$$Z_{obt} = \frac{\overline{X} - \mu}{\sigma_{\overline{X}}} = \frac{\overline{X} - \mu}{\sigma / \sqrt{n}} \tag{7-3}$$

但若母體的標準差未知，則需使用樣本標準差的不偏估計數來推估母體標準差。因此需使用 t 分配來進行檢定，t 檢定量的公式如下：

$$t_{obt} = \frac{\overline{X} - \mu}{s_{\overline{X}}} = \frac{\overline{X} - \mu}{s / \sqrt{n}} \tag{7-4}$$

（二）雙母群平均數檢定

當研究者關心兩個平均數的差異是否存在之時，是為雙母體平均數檢定的問題，H_0 為母體一平均數與母體二平均數相同，或 $\mu_1 = \mu_2$。

當雙母群平均數檢定所使用的樣本是獨立樣本時，使用獨立樣本平均數檢定，例如某大學一年級新生男生的平均年齡 21.1 歲，是否與女生的平均年齡 19.7 歲相同。當雙母群平均數檢定所使用的樣本是相依樣本時，使用相依樣本平均數檢定，例如某一群受試者參加自我效能訓練方案前後的兩次得分的自我效能平均數的比較。

獨立樣本 Z 檢定量（母體標準差已知）與 t 檢定量（母體標準差未知）的計算式如公式 7-5 與 7-6。

$$Z_{obt} = \frac{(\overline{x}_1 - \overline{x}_2) - \mu_{\overline{x}_1 - \overline{x}_2}}{\sigma_{\overline{x}_1 - \overline{x}_2}} = \frac{(\overline{x}_1 - \overline{x}_2) - \mu_{\overline{x}_1 - \overline{x}_2}}{\sqrt{\sigma^2 \left(\frac{1}{n_1} + \frac{1}{n_2} \right)}} \tag{7-5}$$

$$t_{obt} = \frac{(\overline{x}_1 - \overline{x}_2) - \mu_{\overline{x}_1 - \overline{x}_2}}{s_{\overline{x}_1 - \overline{x}_2}} = \frac{(\overline{x}_1 - \overline{x}_2) - \mu_{\overline{x}_1 - \overline{x}_2}}{\sqrt{s_w^2 \left(\frac{1}{n_1} + \frac{1}{n_2} \right)}} \tag{7-6}$$

其中 s_w^2 稱為變異數加權估計數（weighted estimate of σ^2）用來估計母體變異數 σ^2。如果兩個樣本的自由度相同，t 公式可為下式：

$$t_{obt} = \frac{(\bar{x}_1 - \bar{x}_2) - \mu_{\bar{x}_1 - \bar{x}_2}}{\sqrt{\left(\dfrac{s_1^2}{n_1} + \dfrac{s_2^2}{n_2}\right)}} = \frac{\bar{X}_1 - \bar{X}_2}{\sqrt{s_{\bar{x}_1}^2 + s_{\bar{x}_2}^2}} \tag{7-7}$$

相依樣本在計算 t 值的分母項增加了對於兩個樣本之間共變量的處理，扣除兩者重複計算的部分（以相關係數 r 表示），相依樣本 t 檢定值的公式如下：

$$t_{obt} = \frac{\bar{X}_1 - \bar{X}_2}{\sqrt{s_{\bar{x}_1}^2 + s_{\bar{x}_2}^2 - 2rs_{\bar{x}_1}s_{\bar{x}_2}}} \tag{7-8}$$

四、t 檢定的基本假設

（一）常態性假設

　　基於中央極限定理，樣本平均數的抽樣分配為常態分配，稱為常態假設（assumption of normality）。如果當樣本數不足時，抽樣分配即無法符合常態分配的要求，使得假設檢定的理論根據失效。雙樣本平均數檢定中，兩個平均數來自於兩個樣本，除了樣本本身的抽樣分配需為常態化之外，兩個平均數的差的抽樣分配也必須符合常態分配假設。常態性的違反，會導致整個統計檢定的失效，所得到的結果是偏失不可信的。

（二）變異數同質性假設

　　獨立樣本 t 檢定的功能在比較不同樣本的平均數差異，每一個常態化樣本的平均數要能夠相互比較，除了需符合常態分配假設外，必須具有相似的離散狀況，也就是樣本的變異數必須具有同質性，稱為樣本變異數同質性（homogeneity of variance）。如果樣本的變異數不同質，表示兩個樣本在平均數差異之外，另外存有變異的來源，或是由於抽樣程序的干擾，兩個樣本有不同的抽樣特性，致使資料的離散性（以變異數表示）呈現不同質的情況。變異數同質性假設若不能成立，會使得平均數的比較存有混淆因素。

　　兩個獨立樣本變異數同質性假設是否違反，可以利用 Levene's test of homogeneity，以變異數分析（F 檢定）的概念，計算兩個樣本變異數的比值。若 F 檢定達到顯著水準，表示兩個樣本的變異數不同質，此時需使用校正公式來計算 t 值。

SPSS 的獨立樣本 t 檢定，提供兩種 t 檢定值，當變異數同質性假設成立時的 t 檢定值與不成立時的 t 檢定值。當變異數同質性假設成立時，t 值依一般公式求出，自由度為整數（$N-2$），當變異數同質性假設不成立的情況下，無法估計 s_w^2，且自由度需進行校正。這些資訊在 SPSS 報表中均會報告。

第三節　SPSS 的平均數檢定範例

範例 7-1　SPSS 單一樣本平均數檢定

某品牌寶特瓶汽水標示重量為 1,000 公克，某位消費者覺得標示有問題，他隨機挑選了 10 瓶汽水，測量內含汽水的淨重，所得數據如下，請問該品牌寶特瓶汽水重量標示是否不實？

編號	1	2	3	4	5	6	7	8	9	10
淨重	985	928	950	1010	945	989	965	1005	968	1015

【A. 操作程序】

步驟一：輸入資料。

步驟二：選取**分析**→**比較平均數法**→**單一樣本** t **檢定**。

步驟三：選擇欲分析的檢定變數 (依變數)。

步驟四：輸入檢定值，即參照的常數值。

步驟五：可進入**選項**設定信賴區間與遺漏值。

步驟六：按**確定**執行。

【B. 步驟圖示】

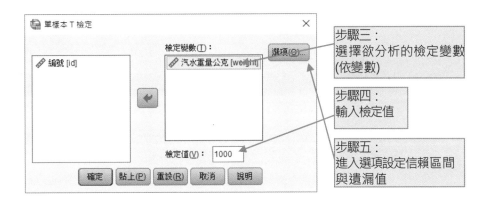

【C. 結果報表】

單一樣本統計量

	N	平均值	標準差	標準誤平均值
汽水重量公克	10	976.00	29.616	9.365

描述統計量
樣本統計量，包括平均數、標準差，以及用以計算 t 值的標準誤

單一樣本檢定

	檢定值 = 1000					
	t	自由度	顯著性（雙尾）	平均值差異	差異的 95% 信賴區間 下限	上限
汽水重量公克	-2.563	9	.031	-24.000	-45.19	-2.81

t 檢定結果
t 值與顯著性 *t*=-2.563，*p*=.031，達0.05 顯著水準

【D. 結果說明】

　　由上述報表可得知：此一單樣本平均數檢定的樣本平均數為 976 公克，$t_{(9)}$ = -2.563，*p* = .031 < .05，達 .05 顯著水準，表示該品牌寶特瓶汽水重量標示不實，同時從樣本平均數的大小（976 公克）可以看出，該品牌寶特瓶汽水重量標示低於標示值 1,000 公克，顯示製造商有欺騙消費者之嫌。

　　如果要將檢定改成單側檢定，僅需將顯著性數值除以 2，亦即 .031/2 = .016，然後與顯著水準 .05 相比。因為上述 SPSS 報表所列出的顯著性數值，是當 *t* = 2.563 的兩側尾機率值，如果是單側檢驗，只需要其中一尾來與 α = .05 相比，即可判定是否達到 .05 顯著水準。

範例 7-2　SPSS 獨立樣本平均數檢定

　　某教授同時在兩個研究所教授高等統計課程，甲研究所有 10 位學生，乙研究所有 8 位學生，期末成績如下表，請問這兩個研究所的學生學習統計的成績是否有所差異？

研究所	1	2	3	4	5	6	7	8	9	10
甲	85	82	90	90	75	88	87	85	78	82
乙	82	75	80	80	85	85	75	80		

【A. 操作程序】

步驟一：輸入資料。所別與成績各為一個變數，各占一欄。

步驟二：選取**分析**→**比較平均數法**→**獨立樣本 t 檢定**。

步驟三：選擇欲分析的檢定變數（依變數）與分類變數（自變數）。

步驟四：於定義組別中輸入欲進行對比的分類變數之類別。

步驟五：**確定**執行。

【B. 步驟圖示】

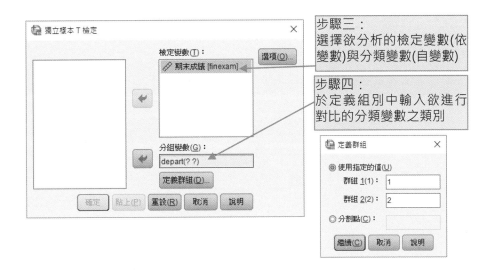

【C. 結果報表】

群組統計量

	研究所別	N	平均值	標準差	標準誤平均值
期末成績	甲	10	84.20	4.984	1.576
	乙	8	80.25	3.845	1.359

變異數同質性假設檢驗 Levene 檢定值(F 值)顯示變異數同質性的假設未違反

獨立樣本檢定

		變異數等式的 Levene 檢定		平均值等式的 t 檢定						
		F	顯著性	t	自由度	顯著性（雙尾）	平均值差異	標準誤差異	差異的 95% 信賴區間	
									下限	上限
期末成績	採用相等變異數	.875	.363	1.842	16	.084	3.950	2.145	-.597	8.497
	不採用相等變異數			1.898	15.99	.076	3.950	2.082	-.463	8.363

【D. 結果說明】

　　由上述報表可以得知：兩個樣本的平均數各為 84.20 與 80.25，變異數同質性的 Levene 檢定未達顯著（$F = .875$，$p > .05$），表示這兩個樣本的離散情形無明顯差別。而由假設變異數相等的 t 值與顯著性，發現檢定結果未達顯著，表示兩個研究所的學生在高統的期末成績上並無明顯差異。甲乙校兩個研究所學習高等統計得到的學期成績並無顯著差異（$t_{(16)} = 1.84$，$p = .084$，n.s.）。

範例 7-3　SPSS 相依樣本平均數檢定

　　某研究所 10 位學生修習某教授的高等統計課程，期中考與期末考成績如下表，請問這兩次考試成績是否有所差異？

學生編號	1	2	3	4	5	6	7	8	9	10
期中考	78	80	90	90	70	88	82	74	65	85
期末考	84	83	89	90	78	89	87	84	78	80

【A. 操作程序】

步驟一：輸入資料。將每一個水準以一個變項輸入。

步驟二：選取分析→比較平均數法→成對樣本 t 檢定。

步驟三：選擇欲分析兩個配對變數。

步驟四：按確定執行。

【B. 步驟圖示】

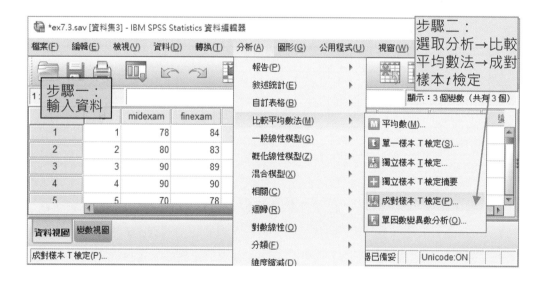

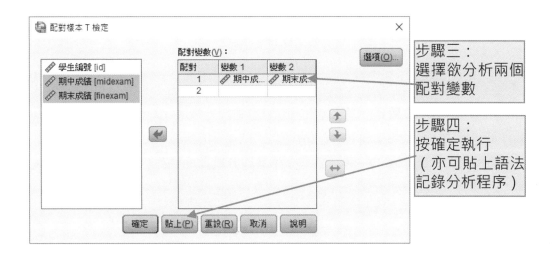

【C. 結果與解釋】

成對樣本統計量

		平均值	N	標準差	標準誤平均值
配對 1	期中成績	80.20	10	8.548	2.703
	期末成績	84.20	10	4.517	1.428

樣本相關
樣本之相關係數=.822，
p=.004，達顯著

成對樣本相關性

		N	相關性	顯著性
配對 1	期中成績 & 期末成績	10	.822	.004

t檢定結果
兩個平均數的差(-4)，t=-2.309，
p=.046，達.05 顯著水準

成對樣本檢定

		成對差異					t	自由度	顯著性（雙尾）
		平均值	標準差	標準誤平均值	差異的 95% 信賴區間				
					下限	上限			
配對 1	期中成績 - 期末成績	-4.00	5.477	1.732	-7.918	-.082	-2.309	9	.046

　　由上述的報表可以得知：兩個樣本的平均數各為 80.20 與 84.20，兩個樣本的相關高達 $r = 0.822$（$p = .004$）。成對樣本檢定的 $t_{(9)} = -2.31$，$p = 0.046$，檢定結果達 .05 顯著水準，亦即 $p < .05$，表示這十位學生的兩次考試成績有顯著的不同。從樣本平均數大小可以看出，學生的期末考成績（84.2 分）較期中考（80.2 分）為優，顯示學生的成績有進步的趨勢。

第四節　R 的平均數檢定範例

範例 7-4　R 的平均數檢定

在 R 當中進行 t 檢定不需要另外安裝分析套件，直接以 t.test 函數即可進行分析。若研究者想要進行 Levene 檢定來評估不同組別的變異數是否同質，則可安裝 car 套件，以 leveneTest 指令來分析即可（關於 R 的簡介與功能介紹請參見本書附錄）。

《R 範例 ex7-1, ex7-2, ex7-3》

```
> #Chapter 07: t-test examples
> # 安裝工具模組如果尚未安裝請先執行以下安裝程式 ( 移除 # 號後執行 )
> #install.packages("car")
>
> # 讀取資料
> library(foreign)
> ch07ex1<-read.spss("ex7.1.sav", to.data.frame=TRUE)        # 讀取 SPSS 資料檔
> ch07ex2<-read.spss("ex7.2.sav", to.data.frame=TRUE)        # 讀取 SPSS 資料檔
> ch07ex3<-read.spss("ex7.3.sav", to.data.frame=TRUE)        # 讀取 SPSS 資料檔
> #ch07ex1 <-read.csv("ex7.1.csv", header=TRUE)              # 讀取 csv 資料檔
> #ch07ex2 <-read.csv("ex7.2.csv", header=TRUE)              # 讀取 csv 資料檔
> #ch07ex3 <-read.csv("ex7.3.csv", header=TRUE)              # 讀取 csv 資料檔
>
> #ex7.1 t-test of one-sample test
> t.test(ch07ex1[,2],mu=1000,var.equal=FALSE,pair=FALSE,
+        conf.level=.95,alternative="two.sided")             # 完整語法
> t.test(ch07ex1[,2],mu=1000)                                # 精簡語法

           One Sample t-test

 data:  ch07ex1[, 2]
 t = -2.5626, df = 9, p-value = 0.03056
 alternative hypothesis: true mean is not equal to 1000
 95 percent confidence interval:
  954.8139 997.1861
 sample estimates:
 mean of x
       976

>
> #ex7.2 t-test of independent-sample test
> library(car)
Loading required package: carData
> leveneTest(ch07ex2[,2]~ch07ex2[,1], center ='mean' )       # 執行 Levene 檢定

 Levene's Test for Homogeneity of Variance (center = "mean")
       Df F value Pr(>F)
 group  1  0.8751 0.3635
       16
```

如果無法執行須自行增加檔案路徑

設定被檢定的變數是第二欄。mu=1000 則是檢定比較值。

檢定結果與第 199 頁相同

```
> t.test(ch07ex2[,2]~ch07ex2[,1])          #執行變異未相等獨立雙樣本 t 檢定

          Welch Two Sample t-test
```

語法中無 var.equal=? 視為變異數不同質。
預設值為 var.equal=F，亦即變異數不同質

```
data:  ch07ex2[, 2] by ch07ex2[, 1]
t = 1.8977, df = 15.992, p-value = 0.07594
alternative hypothesis: true difference in means is not equal to 0
95 percent confidence interval:
 -0.4627651  8.3627651
sample estimates:
mean in group 甲 mean in group 乙
          84.20             80.25
```

檢定結果與第 201 頁相同

語法中 var.equal=T，
亦即假設變異數同質

```
> t.test(ch07ex2[,2]~ch07ex2[,1],var.equal=T)  #執行變異相等獨立雙樣本 t 檢定

          Two Sample t-test
```

假設變異數同質時，
自由度為 N-2

```
data:  ch07ex2[, 2] by ch07ex2[, 1]
t = 1.8417, df = 16, p-value = 0.08413
alternative hypothesis: true difference in means is not equal to 0
95 percent confidence interval:
 -0.5966131  8.4966131
sample estimates:
mean in group 甲 mean in group 乙
          84.20             80.25
```

檢定結果與第 201 頁相同

語法中的 pair=T 表示為配對樣本。
預設值為 pair=F，亦即為獨立樣本

```
>
> #ex7.3 t-test of dependent-sample test
> t.test(ch07ex3[,2],ch07ex3[,3],pair=T)     # 執行相依雙樣本 t 檢定

          Paired t-test
```

指定比較的兩組數據
分別為 ch07data3 資料庫當中的第
二欄與第三欄，第一欄是 ID 變數

```
data:  ch07ex3[, 2] and ch07ex3[, 3]
t = -2.3094, df = 9, p-value = 0.04628
alternative hypothesis: true difference in means is not equal to 0
95 percent confidence interval:
 -7.91817114 -0.08182886
sample estimates:
mean of the differences
                      -4
```

檢定結果與第 203 頁相同

```
>
```

chapter

8

變異數分析：ANOVA

第一節　基本概念

在統計學上，平均數檢定有多種不同的變形，主要的差別在於用來分組的類別變數數目與各變數中的水準數（組數）。當只有一個分組用的類別變數存在，且該類別變數是只有兩個水準的二分變數時，平均數的差異檢定稱為雙母群平均數檢定，適用 t 檢定。例如比較智商在性別上的差異、兩種教學方法的效果、兩種生產過程的效率、兩個群體的所得差異等。但如果類別變數的水準數超過二，統計檢定要比較的母群體數目超過兩個，此時一次只能比較兩個平均數的 t 檢定即不適用，而需要一種能同時對兩個以上的樣本平均數差異進行檢定的方法，稱為變異數分析（analysis of variance, ANOVA）。

變異數分析是社會與行為科學最常使用的統計方法之一。同時由於研究設計的差異，變異數分析有多種不同的變形，而可以稱之為變異數家族，如表 8-1。例如：當研究者所使用的自變數只有一個，稱為單因子變異數分析（oneway ANOVA），研究者所關心的是一個自變數對於依變數平均數的影響；如果研究者想同時考慮多個類別變數（多個自變數），同時檢測多個平均數的差異，此時即需使用多因子變異數分析（factorial analysis of variance）。

除了因子數的多寡，由於研究樣本有獨立樣本設計與相依設計之分，使得單因子與多因子變異數分析，可依樣本的獨立與相依性再區分為不同的形式。進一步的，有時研究必須針對某一個連續變數進行統計控制，去除第三變數的混淆效果，而需使用共變數分析的概念。

而依變數數目的增加，也使得變異數分析有不同的應用，稱之為多變量變異數分析（multivariate analysis of variance），屬於多變量統計的一部分。本章先介紹單因子變異數分析相關內容（包括事後多重比較與共變數分析），較複雜的多因子設計的變異數分析將於下一章討論。

■ 研究實例

現在我們以一個實際的例子來說明 ANOVA 的分析。某運動心理學家憂心現代人運動不足且作息不正常的情形，將對於身體健康有相當的不良影響，想要推廣運動有助於睡眠的概念。他主張「運動有助於睡眠」，因此設計了一個研究，探討運動量多寡對於睡眠的影響。他徵召了 36 位大學生參加實驗，這 36 位學生被隨機分配到重、中、輕度運動量的三個組別。並計算一個禮拜間晚上的睡眠的平均時間，如表 8-2。

→ **表8-1**　變異數分析家族一覽表

研究設計型態	自變數特性	簡稱
單因子設計 ONEWAY ANOVA（Analysis of Variance）		
獨立樣本設計	1 個自變數	ONEWAY ANOVA
相依樣本設計	1 個自變數	ONEWAY ANOVA（配對樣本或重複量數設計）
相依樣本設計	1 個自變數（具順序或時間性）	Trend（趨勢分析：探討平均數的變動趨勢）
二因子設計 FACTORIAL ANOVA		
完全獨立樣本設計	2 個自變數獨立	2-way ANOVA
完全相依樣本設計	2 個自變數相依	2-way ANOVA
相依與獨立樣本混合設計	1 個自變數獨立　1 個自變數相依	2-way ANOVA mixed design（配對樣本或重複量數設計）
三因子（或多因子）設計 FACTORIAL ANOVA		
完全獨立或相依設計	皆獨立或皆相依	3-way ANOVA
相依與獨立樣本混合設計	多個自變數為獨立　1 個自變數為相依	3-way ANOVA mixed design（配對樣本或重複量數設計）
共變數設計 ANOCVA（Analysis of Covariance）		
單因子共變數設計（獨立或相依樣本）	1 個自變數　1 個或多個共變數	ONEWAY ANOCVA
多因子共變數設計（完全獨立或混合設計）	1 個或多個共變數　多個自變數	FACTORIAL ANOCVA
多變量變異數分析 MANOVA（Multivariate Analysis of Variance）		
單因子多變量設計（獨立或相依樣本）	1 個自變數	ONEWAY MANOVA
多因子多變量設計（完全獨立或混合設計）	多個自變數	FACTORIAL MANOVA
單因子多變量共變設計（獨立或相依樣本）	1 個自變數　1 個或多個共變數	ONEWAY MANOVA with covariates
多因子多變量共變設計（完全獨立或混合設計）	多個自變數　1 個或多個共變數	FACTORIAL MANOVA with covariates

　　此範例是一個典型的單因子設計實驗，自變數為運動量，含有三個水準（重、中、輕）。從 36 個同學的原始資料中，可以計算出四個平均數：三個組平均數 $\overline{Y}_1$、$\overline{Y}_2$、$\overline{Y}_3$ 與一個總平均數（grand mean，以 $\overline{Y}_G$ 表示）。變異數分析所要檢驗的，就是這三個組平均數的變異是否具有統計意義，如果組平均數的變異具有統計意義，

那麼即可推翻虛無假設：「重、中、輕三種不同運動量的受測者，其睡眠時間相同」，或 H_0：$\mu_1 = \mu_2 = \mu_3$。

→ **表8-2**　運動量對睡眠影響假設研究數據

輕度組		中度組		重度組	
6.5	7.1	7.4	7.4	8.0	8.2
7.3	7.9	6.8	8.1	7.7	8.5
6.6	8.2	6.7	8.2	7.1	9.5
7.4	7.7	7.3	8.0	7.6	8.7
7.2	7.5	7.6	7.6	6.6	9.6
6.8	7.6	7.4	8.0	7.2	9.4
$\overline{Y}_1 = \Sigma Y_{1j}/n_1 = 7.32$		$\overline{Y}_2 = \Sigma Y_{2j}/n_2 = 7.54$		$\overline{Y}_3 = \Sigma Y_{3j}/n_3 = 8.18$	
		$\overline{Y}_G = \Sigma Y_{ij}/N = 7.68$			

第二節　變異數分析的統計原理

一、基本原理

平均數假設檢定的操作係根據樣本的統計數，來推定母體平均數之間是否有顯著的差異。前面所提到的 t 檢定雖可比較兩個平均數的差異，但是無法處理三個或三個以上平均數的比較。當我們有三個以上的平均數需比較時，可計算這些平均數的變異數，然後利用 F 檢定來檢驗該「平均數的變異數」的統計顯著性，此即為變異數分析。

如果不是採用變異數分析，而以最直觀的方法是將各平均數進行兩兩比較，分別進行多次 t 檢定，會有兩個重大的問題。第一是型一誤差膨脹問題，因為進行多次檢定，研究者犯下錯誤推翻虛無假設的機率（型一錯誤；type I error）也就倍增，如果單一的 t 檢定的顯著水準 α 設為5%，三次比較的型一錯誤機率即躍升至15%。

其次，使用多次 t 檢定來檢驗三個以上平均數的差異的缺失，是忽視多個平均數整體效果（overall effect）的檢驗。雖然三個樣本平均數代表三個可能存在的母體，但是在對立假設（三個樣本平均數代表三個不同母體的確存在 H_1：$\mu_1 \neq \mu_2 \neq \mu_3$）的顯著性被證明之前，我們應相信三個不同的水準所測得的三個平均數來自同一個母體（H_0：$\mu_1 = \mu_2 = \mu_3$）。一個類別變數的三個樣本平均數，代表該類別變數的三個不同水準，三個不同水準的整體效果稱爲主要效果（main effect），分析時不應被切割比較。但是一旦主要效果的整體效果檢驗被證明具有顯著差異，才可進一步的針對不同水準的兩兩配對關係，進行細部的討論，也就是所謂事後比較的概念。

二、變異數的計算與拆解

變異數分析的目的是在同時處理多個平均數的比較，主要的原理係將全體樣本在依變數 Y 的得分變異情形，就「導因於自變數影響的變異」與「導因於誤差的變異」兩個部分加以分別計算。將總離散量數拆解成自變數效果（組間效果）與誤差效果兩個部分，再加以比較。

就各組而言，每一個受測者在依變數的得分可以寫爲該組平均數 $\overline{Y}_j$ 加上一個個別差異 ε_{ij}（即爲誤差）。誤差項服從常態分布（平均數爲 0，變異數爲 σ^2。下標 i 表示組內的人數編號，$i = 1, .., n$，下標 j 表示組別編號，$j = 1, .., k$），以線性方程式描述如公式 8-1。

$$Y_{ij} = \overline{Y}_j + \varepsilon_{ij} = \overline{Y}_G + (\overline{Y}_j - \overline{Y}_G) + \varepsilon_{ij} = \mu + \alpha_j + \varepsilon_{ij} \tag{8-1}$$

上式中的 μ 即是總平均數，α_j 爲各組與總平均數的差異，表示各組平均數偏離總平均數的程度，α_j 爲正時表示組平均數強於總平均數，α_j 爲負時表示組平均數低於總平均數，α_j 總和爲（$\Sigma\alpha_j = 0$）。但如果各組的 α_j 取平方後加總（亦即離均差平方和），即可用來表示自變數對依變數的影響大小。

以三種運動量（重、中、輕）對大學生睡眠時數的影響爲例，運動量（自變數 A）的三個樣本所計算出的平均數（$\overline{Y}_1$、$\overline{Y}_2$、$\overline{Y}_3$）是實驗者最關心的差異所在，利用離均差平方和（SS）的概念，這 $\overline{Y}_1$、$\overline{Y}_2$、$\overline{Y}_3$ 三個數值可計算出組間平均數離均差平方和 SS_b。各項離均差平方和與自由度如下：

$$SS_b = \Sigma n_j(\overline{Y}_j - \overline{Y}_G)^2 \quad df_b = k - 1 \text{（k 爲水準數）} \tag{8-2}$$

$$SS_w = \Sigma(Y_{ij} - \overline{Y}_j)^2 \quad df_w = N - k \text{（N 爲總樣本數）} \tag{8-3}$$

$$SS_t = \Sigma(Y_{ij} - \overline{Y}_G)^2 \quad df_t = N - 1 \tag{8-4}$$

值得注意的是，由於 $\overline{Y}_1$、$\overline{Y}_2$、$\overline{Y}_3$ 三個數值是樣本平均數，每一個平均數實際上是由該樣本所有的受試者計算而得，因此 SS_b 的計算公式須以各組樣本 n_j 進行加權，得到 SS_b（公式 8-2）。其值大小代表自變數的影響（實驗效果）。

同一組的受試者之間在睡眠時數的差異或離散狀況，反映的是隨機波動的誤差。也就是說，從每一個實驗組內受試者分數的離散分布，並未受到類別變數（自變數）的影響，純粹是隨機誤差，以公式 8-3 加總後，即為組內離均差平方和（SS_w）。

此外，如果直接將 36 位學生（全體受試者）的分數與總平均數的距離平方來計算離散量數，可以得到全體樣本的總離均差平方和（SS_t），如公式 8-4。這三組離散量數的關係為：總離均差平方和 = 組間離均差平方和 + 組內離均差平方和。以符號表示如下：

$$SS_t = SS_b + SS_w \qquad\qquad df_t = df_b + df_w$$

若將 SS_b 與 SS_w 分別除以自由度，得到均方 MS_b 與 MS_w，兩者比值稱為 F ratio，其抽樣分配為 F 分配，利用 F 分配所進行的檢定稱之為 F 檢定。

F 分配最早由 Fisher 於 1924 年推導得出，後於 1934 年 Snedecor 將此比值分配定名為 Fisher 的縮寫 F 分配以推崇其貢獻。F 量數是由自由度為 v_1 與 v_2 的兩個卡方變數之比值，以 $F(v_1, v_2)$ 表示，當自由度小時，F 分配呈現正偏態，自由度愈大，愈接近常態分配，如圖 8-1 所示。

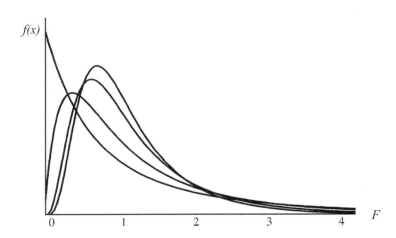

圖8-1　不同自由度的F分配圖示

事實上，SS 除以自由度 df 所得到的均方值即是變異數。s^2_b 為組間變異數，s^2_w 為誤差變異數，F 值即是組間變異與誤差變異的比值。

$$F = \frac{MS_b}{MS_w} = \frac{SS_b/df_b}{SS_w/df_w} = \frac{\hat{\sigma}_b^2}{\hat{\sigma}_w^2} = \frac{s_b^2}{s_w^2} \qquad (8\text{-}5)$$

當 F 值愈大，表示研究者關心的組平均數的分散情形較誤差變異來得大，若大於研究者設定的臨界值，研究者即可獲得拒絕虛無假設、接受對立假設的結論。上述各項公式的數值，列舉於表 8-3 的摘要表。

→ 表8-3　獨立樣本單因子變異數分析摘要表格式

變異來源	SS	df	MS	F	EF
組間	SS_b	$k-1$	SS_b/df_b	MS_b/MS_w	$SS_b/(SS_b+SS_w)$
組內（誤差）	SS_w	$N-k$	SS_w/df_w		
全體	SS_t	$N-1$			

註：自由度當中的 k 為自變數的組數，N 為總樣本數。EF 為效果量。

以運動量的研究為例，以 SPSS 分析得到的結果見表 8-4。總變異量（21.042）為組間變異數（4.754）與組內變異數（16.288）的和，自由度各為 2 與 33，轉換成均方後，取組間與組內的比值得到 $F = 4.816$，顯著性 $p = .015$ 小於 .05，表示 F 值達顯著。因此得到拒絕虛無假設的結論，也就是說，體育心理學家的立論有了實驗的具體依據了。

→ 表8-4　單因子變異數分析摘要範例

依變數: 睡眠時數

來源	類型 III 平方和	自由度	均方	F	顯著性	Partial Eta Squared
group	4.754	2	2.377	4.816	.015	.226
誤差	16.288	33	.494			
修正後總數	21.042	35				

三、相依樣本的變異數分析

上節中，36 位學生被隨機分配到三個實驗組，每一個實驗組的學生都是不同的，也就是說，自變數的三個不同類別（或水準）的分數，由不同的樣本來求得，稱為獨立樣本設計。如果三個類別的分數，由同一群樣本（重複量數設計）或是具有配對關係的樣本（配對樣本設計）來計算，每一個分數的變異來源，除了因為自變數的效果（組間）以及隨機誤差的效果（組內），增加了一項導因為受試者重複使用或配對使用的個別差異效果（受試者間）（between subject，簡寫為 b.s），稱為相依樣本設計。

以本研究為例，如果體育心理學家為了節省受試者，只找了 12 位學生，這 12 位學生第一階段先以輕度運動量來實驗，測量睡眠時間，再進行第二階段的中度運動量實驗，得到第二次睡眠時數，以及第三階段的重度運動量活動，測得第三次的睡眠時數。同一組人實施了三次測量，為一典型的重複量數設計。而 12 位學生可以得到 12 個個人平均數，這 12 個平均數的波動，屬於一種特殊的波動，應是與組內變異有關，而與組間平均數的變動無關。也就是說組內變異中，除了隨機誤差之外，尚有一因某特定個人或特定配對實施多次測量的系統性誤差（b.s），$SS_w = SS_{b.s} + SS_r$。組內自由度為 $df_w = pk - k = df_{b.s} + df_r$。其中 p 為受試者人數；$p \times k$ 為總觀察次數。相依樣本的總離均差拆解公式為 $SS_t = SS_b + SS_{b.s} + SS_r$，變異數分析摘要表如表 8-5。

→ 表8-5　相依樣本單因子變異數分析摘要表

變異來源	SS	df	MS	F	EF
組間	SS_b	$k - 1$	SS_b/df_b	MS_b/MS_r	$SS_b/(SS_b+SS_r)$
組內（誤差）	SS_w	$pk - k$			
受試者間 b.s	$SS_{b.s}$	$p - 1$			
殘差	SS_r	$(p-1)(k-1)$	SS_r/df_r		
全體	SS_t	$N - 1$			

註：p 為受試者人數，k 為自變數的組數，N 為總樣本數。EF 為效果量。

第三節　ANOVA 的基本假設與相關問題

由本章的介紹可知，變異數分析的統計原理以依變數的變異量拆解為核心，因此 ANOVA 的正確應用涉及到幾個基本的統計假設。

一、變異數分析的重要假設

（一）常態性假設

ANOVA 與 t 檢定一樣，依變數都是連續變數，因此 ANOVA 也必須在依變數具有常態化的前提下來進行檢定。更具體來說，變異數分析是將依變數的變異拆解成組間與組內變異，組間變異反映的是自變數效果，在特定的實驗中為一恆定值，因此沒有分配可言，但是組內變異反映了誤差，是一個隨機變數，其分配應為以 0 為平均數的常態分配，當誤差項需為常態的假設，即表示依變數也需為常態分配。

如果誤差常態假設違反，最直接影響的是第一類型錯誤率擴增問題，此時宜將 α 調整得更為嚴格，以避免過高的型一錯誤。

（二）可加性假設

ANOVA 的另一個基本假設是變異數的拆解必須是在一個合理的基礎上來進行，也就是各拆解項具有獨立、直交的特性，因此可以進行加減乘除四則運算，稱為可加性假設（additivity）。在多因子變異數分析中，各效果項之間未必是完全獨立，而帶有若干的相互關連，也因此衍生出型 I、II、III、IV 平方和的概念，以處理可加性問題，因此在處理多因子變異數分析時，需注意可加性問題的影響。

（三）變異數同質性假設

ANOVA 與 t 檢定相似，目的在比較不同樣本的平均數差異，每一個常態化樣本的平均數要能夠相互比較，必須具有相似的離散狀況，也就是母體的變異數必須具有同質性，稱為變異數同質性假設（homogeneity of variance）或等分散性假設（homoscedasticity）。如果各個樣本的變異數不同質，表示各個樣本在平均數差異之外，另外存有非隨機的變異來源，致使變異數呈現不同質的情況。各組的變異數必須相近，如此才能確保平均數的差異是反映各組本質上類似但平均數不同的樣本集中趨勢狀態的差異。變異數同質性假設若不能成立，會使得平均數的比較存有混淆因素。

二、實驗、族系與比較錯誤率

在統計檢定中，第一類型錯誤機率的設定，可以區分為實驗、族系與比較三種類型。所謂實驗錯誤率（experiment-wise error rate, EWE），是指統計的決策，是以整個實驗的型一錯誤率維持一定（例如 .05）的情況下，導出各次決策所犯的型一錯誤率為何。其次，族系錯誤率（family-wise error rate, FWE）則是將每一個被檢驗的效果（例如主要效果、交互效果）的統計檢定的型一錯誤率維持一定，導出各次決策所犯的型一錯誤率。至於比較錯誤率（comparison-wise error rate），則是將型一錯誤率設定於每一次的統計檢定，均有相同的犯第一類型錯誤的機率。ANOVA 優於 t 檢定之處，即是 ANOVA 採用實驗錯誤率或族系錯誤率來進行統計檢定，確保型一錯誤率能維持在一定水準；相對之下，多次 t 檢定則是以比較錯誤率為基礎的統計檢定。

當使用實驗或族系錯誤率時，為了維持整體的 α 水準為 .05，必須降低各次檢定的 α 水準。如果今天只有一個自變數的單因子 ANOVA，實驗錯誤率與族系錯誤率的計算方法相同，因為只有一個因子，整個實驗所發生的差異即是該因子族系的差異。但是如果是多因子 ANOVA，一次實驗只有一個實驗型一錯誤率，但是卻有多組族系錯誤率的計算方法。例如一個 A×B 的二因子 ANOVA，即有 A、B、A×B 三組族系錯誤率，在三組效果之下所進行的多重比較，即必須以族系錯誤率來設定每一次比較的 α 水準。例如一個四個水準的主要效果 F 檢定顯著之後，即必須進行 $C_2^4 = 6$ 次的配對比較，此時，計算特定族系錯誤率之下各次檢定的 α 水準的公式如下：

$$\alpha_{FW} = 1 - (1 - \alpha)^j \qquad (8\text{-}6)$$

上式中，j 為進行比較的次數，α 為單一檢定的 α 水準。如果一個實驗需進行 10 次多重比較，整個族系的顯著水準要維持在 .05，那麼單一比較的顯著水準 α 即為 $.05 = 1 - (1 - \alpha)^{10}$，α = .0051。另一種快速算法是將水準除以比較次數 j，α $= \alpha_{FW}/j = .05/10 = .005$，得到的數值會近似於前述公式的數據（稱為 Bonferroni 程序）。

三、實務顯著性：效果量

效果量（effect size）是指自變數對依變數的影響力強度。在變異數分析當中，F 檢定作為一個整體檢定，目的在檢驗自變數效果的統計顯著性（statistical significance），也就是基於機率理論的觀點，說明自變數效果相對於隨機變化的一種統計意義的檢驗。然而，以 F 檢定雖可決定自變數的統計意義，但是卻無法說明自變數效果在實務上的意義與價值。此時，即需仰賴效果量來反映自變數效果在真實世界的強度意義，亦即一種實務顯著性（practical significance）或臨床顯著性（clinical significance）的指標。

最直觀的效果量指標，是取平均數的差異量。平均數間差異愈大，表示自變數的強度愈強，稱為 D 量數（Cohen, 1988）：

$$D = \frac{\mu_1 - \mu_2}{\sigma_\varepsilon} \qquad (8\text{-}7)$$

如果組數大於 2 時，可使用 ω^2（omega squared）量數來描述自變數的效果強度。ω^2 量數為組間變異與總變異的比值，表示依變數變異量能被自變數解釋的百分比，亦即自變數與依變數的關聯強度。

$$\omega^2 = \frac{\sigma_\alpha^2}{\sigma_\alpha^2 + \sigma_\varepsilon^2} \tag{8-8}$$

ω^2 數值介於 0 到 1 之間，愈接近 1 表示關聯愈強，但 ω^2 是數值分布是一個以 .05 到 .06 為眾數的正偏態分配，ω^2 達到 .1 以上者，即屬於高強度的自變數效果，一般期刊上所發表的實證論文的 ω^2，也僅多在 .06 左右。Cohen（1988）建議 ω^2 的判斷準則如下：

$$.059 > \omega^2 \geq .01 \quad 低度關聯強度$$
$$.138 > \omega^2 \geq .059 \quad 中度關聯強度$$
$$\omega^2 \geq .138 \quad 高度關聯強度$$

SPSS 軟體所提供的效果量為 η^2（eta square）量數，從計算式來看，η^2 即是迴歸分析當中的 R^2，除了作為 X 對 Y 解釋強度的指標外，經常也被視為效果量的指標，如公式 8-9。

$$\hat{\eta}^2 = \frac{SS_b}{SS_t} \tag{8-9}$$

在 SPSS 軟體中，以一般線性模式所計算得到的 ANOVA 分析結果，可以輸出關聯強度，稱為淨 η^2（partial η^2），如果只有一個因子的 ANOVA 中，淨 η^2 為並沒有任何的排除程序，但是在多因子 ANOVA，淨 η^2 表示扣除了其他效果項的影響後的關聯強度量數。根據 Cohen（1988），η^2 的判斷準則則與 ω^2 相同：

$$.059 > \eta^2 \geq .01 \quad 低度關聯強度$$
$$.138 > \eta^2 \geq .059 \quad 中度關聯強度$$
$$\eta^2 \geq .138 \quad 高度關聯強度$$

四、型 I 至 IV 平方和問題

在多因子變異數分析，依變數的總變異量被拆解成組間（SS_b）與組內（SS_w）兩大部分，SS_b 又可區分為不同因子的效果與交互效果，例如當我們有 A 與 B 兩個因子，SS_b 則可區分成 SS_A、SS_B 與 SS_{AB}，這三個部分並非直交、相互獨立的元素，因此在計算 SS 的數值時，因為考慮了相互關聯、或是各組人數是否相等的問題，區分成型 I 到型 IV 四種模式。在單因子 ANOVA，四種 SS 並無差異，但是當

ANOVA 趨於複雜時（例如 ANCOVA），不同形式的 *SS* 差異可能對檢定結果造成影響，值得注意。（在 SAS 軟體，四種 *SS* 均會列出給讀者參考，但是 SPSS 則是以型 III 平方和為內定選項。不查此一設定者，往往以型 III 平方和來進行檢驗，可能會造成錯誤的結論。）

（一）型 I 平方和

　　型 I 平方和（SS-1）是以階層化拆解（hierarchical decomposition）原理來計算 *SS*，每一個變異源的 *SS* 在計算時，會針對模型中已存在的其他變異源而加以調整。因此，最早進入模型的變異源，不因任何其他變異源而有調整，因為模型中僅有該項變異源。後續進入模型的變異源，則會排除先進入模型的效應，得到淨平方和（partial sum of square），亦即一種邊際影響力。一般應用於像共變數分析（ANCOVA）、多項式迴歸模式、純嵌套模式（purely nested model）等。

（二）型 II 平方和

　　型 II 平方和（SS-2）是指當某一個變異源的 *SS* 在計算時，調整了模型當中其他與該變異源無關聯的變異源的關係。例如在三因子分析中，SS_A 的計算係排除了 SS_{AB}、SS_{AC} 與 SS_{ABC} 以外的其他變異源的關係。然而型 II 平方和並不適合處理多因子 ANOVA，當因子數愈多，各層次的效應相互關係複雜，以 SS-2 處理效應關係時，排除後的效果不易解釋。因此 SS-2 僅適用於只有主要效果（沒有交互效果）的變異數分析模型中。SS-2 可以讓研究者得知某一個變異源在排除所有效應後的淨效果，在特殊情況下可以使用之，例如特殊的巢狀模型。

（三）型 III 平方和

　　型 III 平方和（SS-3）是最常用的平方和公式，也是 SPSS 預設的公式。型 III 平方和指當某一個變異源的 *SS* 在計算時，調整了它與模型當中其他所有變異源的關係，可以說是最嚴格的控制關係。也因此，適用於型 I 與型 II 的研究設計，可以利用 SS-3 得到最大排除效果的結果，得到的 *SS* 值通常會最低。適合對於各組人數不等時的不平衡 ANOVA 分析，可以將各細格人數差異的影響降至最低，因此在實務上，ANOVA 多以 SS-3 來處理平方和的估計。換句話說，SS-3 可以將各變異源的影響力中，由於樣本不同的干擾加以排除，是一種加權調整的作用，在解釋效應時的合理性較高。尤其是非實驗設計的 ANOVA，細格樣本數多非相等，應以 SS-3 來進行變異數的估計。

（四）型 IV 平方和

　　型 IV 平方和（SS-4）的特色是可以適用於當 ANOVA 當中存在著遺漏細格（空白細格）（missing cells）的情況下。所謂遺漏細格的問題，是指多因子交互影響的各細格中，有某一個細格完全沒有數據時，此時會造成變異量計算的缺失值。在多因子變異數分析時，容易發生此一現象，因為因子數愈多，細格愈多，愈可能發生空白細格。當發生了遺漏細格時，以型 I、II、III 來計算 SS 會產生低估的現象。在遺漏細格發生時，SS-4 可以估計遺漏細格的影響，其原理是利用遺漏以外的細格的對比加以估計，然後平均分配到較高階變異源，使得其他未遺漏細格的變異源得以補入 SS 當中，進行估計時較為合理。在沒有遺漏細格時，SS-4 等於 SS-3。

▌第四節　多重比較：事前與事後檢定

　　當變異數分析 F 檢定值達顯著水準，即推翻了平均數相等的虛無假設，亦即表示至少有兩組平均數之間有顯著差異存在。但是究竟是哪幾個平均數之間顯著有所不同，必須進一步進行多重比較（multiple comparison）來檢驗。如果多重比較在 F 檢定之前進行，稱為事前比較（priori comparisons），在獲得顯著的 F 值之後所進行的多重比較，稱為事後比較（posteriori comparisons）。多重比較的進行有多種不同的方式，每一種方法的時機與特性均有所不同。SPSS 視窗版提供了當變異數同質與不同質情況下的兩大類型多重比較技術，方法的選擇需視不同的統計條件而定。

一、事前比較

　　事前比較又稱為計畫比較（planned comparison），是指在進行研究之前，研究者即基於理論的推理或個人特定的需求，事先另行建立研究假設，以便能夠進行特定的兩兩樣本平均數的檢定，而不去理會所有平均數整體性的比較。因此，事前比較所處理的是個別比較的假設檢定，在顯著水準的處理上，屬於比較面顯著水準，而不需考慮實驗面的顯著水準。

　　事實上，事前比較即是應用 t 檢定，針對特定的水準，進行平均數差異檢定。除了在研究進行之初即應先行提出特殊的研究假設，在統計軟體中可以利用對比（contrast），設定特殊的線性組合模式，來檢定特定因子水準平均數之間的差異。但是由於執行多次比較會增加型一誤差的機率，因此當比較次數增加，型一錯誤率必須採用更嚴格的標準。一般作法是將 α/k，α 為研究者想要維持的總體型一錯誤率（族系錯誤率），k 為比較次數，如此將可使得整體的型一錯誤率維持在 α 水準。如果是雙尾 t 檢定，作為雙尾臨界值的 $t_{\alpha/2}$ 改為 $t_{\alpha/2k}$ 即可，此一多重比較策略稱為 Bonferroni 多重比較。

另一種常用於事前比較的程序是 Holm 多重比較，其作法是將 k 次比較得到的 t 值依其絕對值大小排列，逐一檢視其顯著性。t 值絕對值最大者以 $t_{\alpha/2k}$ 臨界值為顯著與否的比較基準，t 值絕對值次大者以 $t_{\alpha/[2(k-1)]}$ 臨界值為比較基準，以此類推。Holm 和 Bonferroni 程序都將犯族系錯誤率的機會控制在 α 水準，但 Holm 程序採用相對寬鬆的臨界值，較 Bonferroni 程序容易拒絕虛無假設，統計檢定力較佳。

二、事後比較

（一）變異數同質假定未違反的多重比較

1. LSD法

多重比較多運用差距檢定法（studentized range test）原理進行。從其字面來看，即知與 t 檢定原理類似，以平均數差異的檢定為主要策略，此法為 Fisher 所發展，又稱為最小顯著差異法（least significant difference, LSD）。檢定公式如下，自由度為（$N-p$）：

$$t = \frac{\overline{Y}_j - \overline{Y}_k}{\sqrt{MS_w\left(\dfrac{1}{n_j} + \dfrac{1}{n_k}\right)}} \tag{8-10}$$

由公式 8-10 可知，LSD 法是以 F 檢定的變異 MS_w 誤作為分母項，來納入所有水準下的合成誤差，而不是像雙樣本 t 檢定僅考慮兩個組的誤差。換句話說，t 檢定的合成標準誤改由 F 檢定的組內均方和代替，這是假設各組變異數均同質的情況下的估計數，因此，LSD 法又稱為 Fisher 擔保 t 檢定（Fisher's protected t-test），表示 t 檢定是以 F 檢定達到顯著之後所進行的後續檢定，同時也在 F 檢定的誤差估計下所進行。然而，LSD 法在變異誤的估計上雖作了處理，但有一個缺點是並沒有因為是多次的比較而調整檢定的觀察顯著水準（p），因此可以說是較為粗糙的多重比較程序。

2. HSD法

Tukey 首先提出了在常態性、同質性假設成立下，各組人數相等的一種以族系錯誤率的控制為原則的多重比較程序，稱為誠實顯著差異（honestly significant difference）。所謂誠實，就是在凸顯 LSD 法並沒有考慮到實驗與族系面誤差的問題，暗指 Fisher 的檢定有欺騙之嫌。其後 Kramer 則將 Tukey 的方法加以延伸至各組樣本數不相等的情況下，由於原理相同，故合稱為 Tukey-Kramer 法。Tukey 與 Kramer 的計算原理是以 Q 分數來進行，當兩組樣本相等時，分母即為 MS_w 除以組樣本數 n。當 Q_{obt} 顯著，即表示兩個平均數具有顯著差異。

$$Q = \frac{\overline{Y}_j - \overline{Y}_k}{\sqrt{\frac{MS_w}{2}\left(\frac{1}{n_j} + \frac{1}{n_k}\right)}} \qquad （8\text{-}11）$$

Q 分數所形成的分配，稱為 Q 分配，其機率分配變化與 t 分配相似，但是 Q 分配形狀不僅隨自由度改變而改變，亦會隨平均數個數的不同而改變。HSD 值由於參酌了 Q 分配，因此可以將型一錯誤以實驗面誤差機率處理，但是代價是檢定力降低。以 HSD 法所得到的顯著性，會比沒有考慮型一錯誤膨脹問題的檢定方法來的高（例如若比較次數為三次，HSD 的 p 值為會是 LSD 法的三倍），不容易拒絕 H_0。

3. Newman-Keuls法（N-K法）

Newman 和 Keuls 發展出一種與 HSD 法相似的檢定程序，唯一不同的是臨界值的使用，N-K 法考慮相比較的兩個平均數在排列次序中相差的層級數 r（the number of steps between ordered mean），作為自由度的依據，而非 HSD 的平均數個數 k。由於此法也是利用 t 檢定原理，因此在 SPSS 中稱為 S-N-K 法（Student-Newman-Keuls 法）。

S-N-K 法對於每一組平均數的配對比較，基於層級數的不同，臨界值即不同，其事後比較的精神是在維繫每一組個別比較第一類型錯誤的一致，也就是比較面錯誤的策略。在 LSD 與 HSD 法中，臨界值只有一個，同時也是 S-N-K 法數個臨界值中最大者（層級數 r 最大者為 k），但是 N-K 法的臨界值則有多個，因此 HSD 法對於平均數配對差異檢驗較 N-K 法嚴格，不容易拒絕 H_0，導致統計檢定力較弱。

4. 雪費法（Scheffe's methed）

前面幾種方法均多適用於每一組樣本人數相同時，但是當各組人數不相等時，每次比較的檢定力則有所不同，導致不顯著的統計結果可能不是因為平均數差異不夠大，而是檢定力不足所造成，因此，多重比較必須能夠針對各組不同的人數加以處理。

雪費法與其他多重比較方法不同的是，雪費提出以 F 檢定爲基礎的 n 不相等的多重比較技術。由於直接採用 F 檢定，因此 Scheffe 法無須其他的查表程序，使用上非常方便，因此廣爲使用。公式如下：

$$F = \frac{\dfrac{(\overline{Y}_j - \overline{Y}_k)^2}{p-1}}{MS_{within}\left(\dfrac{1}{n_j} + \dfrac{1}{n_k}\right)}$$ （8-12）

　　此法對分配常態性與變異一致性兩項假定之違反頗不敏感，且所犯型一錯誤機率較小。可以說是各種方法中最嚴格、檢定力最低的一種多重比較。Cohen（1996）甚至認爲 Scheffe 執行前不一定要執行 F 整體檢定，因爲如果 F 檢定不顯著，Scheffe 檢定亦不會顯著，但是如果 F 整體檢定顯著，那麼 Scheffe 檢定則可以協助研究者尋找出整體檢定下的各種組合效果。更具體來說，Scheffe 檢定的顯著水準是設計成可以檢定組別平均的每一種線性組合，從最簡單到最複雜的比較模式，樣本人數相等或不等均可，所以 Scheffe 檢定可以廣泛的適用於成對比較與各種複雜比較。但是，如果只是想要進行單純的兩兩配對比較，Cohen（1996）建議直接採用 HSD 法，也可以得到一樣嚴謹的檢定結果。

（二）變異數同質假定違反的多重比較

1. Dunnett's T3法

　　樣本數不同最可能的影響是造成變異數同質假設的違反，此時可以採行 Dunnett（1980）的 T3 法來處理，其特性是調整臨界值來達成族系與實驗面的錯誤機率，使型一機率控制在一定的水準下。若 s_j^2 表示有 n_j 個人的第 j 組變異數，q_j 表示各平均數變異誤估計數：

$$q_j = \frac{s_j^2}{n_j}$$ （8-13）

　　任兩組平均數相比時（例如 j 與 k 相比），必須另行計算自由度，然後進行近似於 t 檢定的 W 檢定（Welch test），查表（studentized maximum modulus distribution）後即可決定臨界值（c），決定假設是否成立，在此不予詳述。

2. Games-Howell法

　　Games 與 Howell（1976）提出一個類似的方法，也是計算出調整自由度 $\hat{v}_{jk}$ 後，直接與查自於 studentized range distribution 的 q_{cv} 臨界值相比，來決定顯著性。當各組人數大於 50 時 Games-Howell 法所求出的機率估計會較 T3 法正確，類似於 Dunnett 另外提出的 C 法。

$$\frac{|\overline{Y}_j - \overline{Y}_k|}{\sqrt{\frac{1}{2}(q_j + q_k)}} \geq q_{cv} \qquad （8\text{-}14）$$

　　值得注意的是，ANOVA 在各組變異數不同質，也就是變異數同質性假設違反時，並不會對於 F 檢定進行校正，此時需採用校正程序來進行各平均數的事後比較，才能處理變異數不同質所造成對於平均數比較的影響，此時可建議使用 Dunnett 的 T3 法。

第五節　共變數分析

一、控制的概念

　　一個研究的成敗，與該研究檢測變數之間所存在關係的能力有密切的關係。變數關係的檢驗，除了具體明確的界定與陳述其關連或因果特質之外，常取決於研究者是否能夠控制其他無關的干擾變數，減少分析過程的混淆因素。爲了達到有效控制的目的，可以從研究設計來著手，在抽樣過程盡可能的隨機化、使研究程序標準化等等，此種以程序控制（procedural control）的策略，可以間接防止混淆因素的作用。但另一種積極的策略，則是在研究過程中，即針對有可能造成干擾的變數加以測量，再利用實驗設計的操弄與統計的方法，將該因素的效果以「自變數」的角色納入分析，此種策略的原理是實驗控制（experimental control），多出現在實驗研究中，用以確保實驗操弄的單純化效果。

　　實驗控制的操作，是將控制變數與自變數共處一室，去討論與依變數的關係，也就是一種多因子設計研究。作爲控制變數的因子，係以分層變數（strafication variable）的角色，與其他自變數（因子）一起納入平均數變異檢定；或以重複量數設計法，將控制變數在不同時段（如實驗前後）各測量一次，作爲控制項處理，進而觀察主要效果與交互效果的變化。這些多因子變異數分析設計，除了分析難度較高，解釋過程繁雜，尙有控制變數必須爲連續變數、各組人數必須相等或成特定比例等各種限制。更進一步的，以重複量數設計，前面的實驗處理（treatment）會對後面的實驗處理發生影響（或前測分數對後測分數有影響），有其操作上的疑義，以配對樣本來代替重複量數設計時，避免重複測量的影響，但是使用不同的樣本，研究數據又失之精確，應用範圍有限。於是在統計學領域，為了處理干擾變數的影響，發展出共變數分析（analysis of covariance, ANCOVA），以數學原理進行統計控制（statistical control），來處理當控制變數與其他自變數對於依變數的影響。

二、共變數分析的原理

（一）迴歸的應用

共變數分析是變異數分析家族中的一員，其數學原理是將一個典型的變異數分析中的各個量數，加入一個或多個連續性的共變數（即控制變數），以控制變數與依變數間的共變為基礎，進行迴歸「調整」（correction），得到排除控制變數影響的單純（pure）統計量。所謂單純，是指自變數與依變數的關係，因為先行去除控制變數與依變數的共變，因而不再存有該控制變數的影響，單純的反映研究所關心的自變數與依變數關係。

在實驗研究中，共變數分析多用於具有前後測設計。由前測（pretest）所測得變數可以作為控制變數，依變數則為實驗之後針對同一個變數再次測量所得到的後測（post-test）分數。值得注意的是，控制變數多為穩定的特質，不易受到實驗操縱的影響（例如：智商、社經地位等等），因此控制變數的測量是否必須在實驗前完成，可否隨著研究的方便性在研究進行中或完成後進行測量或收集，研究者並無定論，必須視個別研究的狀況而定。

兩個連續變數可以計算共變數，共變數可以進一步轉換成相關係數，並以迴歸技術建立迴歸方程式來進行預測。共變數分析即是以迴歸的原理，將控制變數以預測變數處理，計算依變數被該預測變數解釋的比率。當依變數的變異量被控制變數可以解釋的部分被計算出來後，剩餘的依變數的變異即排除了控制變數的影響，而完全歸因於自變數效果（實驗處理）。

$$Y_{ij} = \mu + \alpha_j + \beta_j (X_{ij} - \overline{X}_{..}) + \varepsilon_{ij} \qquad (8\text{-}15)$$

公式 8-15 中，很清楚的可以看到共變數分析與變異數分析最主要的差異在於增加了一項代表共變數的作用項 $\beta_j(X_{ij} - \overline{X}_{..})$，其中 β_j 稱為組內迴歸係數（within groups regression coefficient），代表各組的 $X \rightarrow Y$ 的迴歸係數，由樣本推導得出的估計數以 $\hat{\beta}_j$ 表示。如果自變數有 k 組，就有 k 個迴歸係數，在 ANCOVA 中，各組迴歸係數應具有同質性。

（二）誤差變異的調整

　　假設今天有兩班學生，其中一班接受實驗操弄（生涯輔導），是為實驗組，另一班未接受任何輔導，是為對照組。實驗依變數是學生們生涯目標的明確性，兩班平均數分別為 $\overline{Y}_1$（實驗組）與 $\overline{Y}_2$（對照組），變異數為 $s_1{}^2$ 與 $s_2{}^2$。若學業成績是影響實驗數據分析的混淆因子，因此可將學業成績以共變數（X）處理。假設兩組學生在學業成績上有相同的平均數與變異數，且兩組學生的 X 與 Y 變數的線性關聯強度相當，兩組學生的 X 與 Y 線性方程式有相同的斜率（$b_1 = b_2$），那麼共變數（X 軸）與依變數（Y 軸）的關係，以及實驗組與對照組的數據關係可以圖 13-3 表示之。此時，縱軸為依變數分配，稱為邊際分配（marginal distribution），X 與 Y 平面中的共變稱為條件分配（conditional distributions），表示不同的 X 水準下的 Y 變數的分配。

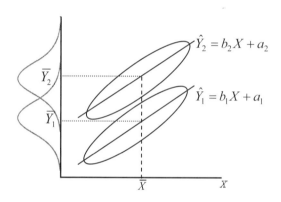

圖8-2　共變數分析的變數關係概念圖

　　在共變數分析中，被用來進行分析的是條件分配，傳統的 ANOVA 則是邊際分配。條件分配說明了 X 與 Y 的關係，兩條個別迴歸方程式代表不同自變數水準下的 X 與 Y 的關係。從時間先後來看，共變數分析先處理的是依變數與共變數的關係，其次才是自變數的作用。

　　在變異數分析當中，作為誤差變異的是各組的組內變異總和，也就是 Y 軸上代表兩組的兩個邊際分配的變異和。然而在共變數分析中，由於 Y 變數變異被 X 所解釋，當 X 與 Y 的關係愈強，Y 變異被解釋的部分愈大，殘差愈小。而殘差就是圖 8-2 當中條件分配的面積，亦即共變數，代表 X 對 Y 無法解釋的變數變異，也就是說，誤差變異為各條件分配中 X 與 Y 共變數和（圖 8-2 的橢圓面積和）。從數學上來看，各水準下的 X 與 Y 共變數和會小於 Y 變數變異數和，當 X 與 Y 變數的相關愈高，橢圓部分面積和愈小，誤差變異愈小，當兩者為完全相關 $r = 1.00$ 時，誤差變異為 0，顯示 ANCOVA 可以減低誤差變異。

當以 X 與 Y 的共變關係來進行分析時，也就是以兩條迴歸方程式來取代原先的兩組 Y 變數分數的變動關係，若兩條迴歸方程式的斜率相同，則兩組的集中趨勢的差距（$\bar{Y}_1 - \bar{Y}_2$）則無改變，即為兩條迴歸方程式的截距的差（$a_1 - a_2$）。由此可知，在各假設成立的前提下（例如各組的斜率相等），圖 8-2 所表現的共變數分析中，自變數對於 Y 變數的作用程度 $\bar{Y}_1 - \bar{Y}_2$ 並未改變，但是誤差變異則因為相關的存在而變小，因此整體所得到的統計檢定值將會放大。

（三）變異量拆解

變異數分析是將依變數的總變異量，拆解成自變數效果（組間）與誤差效果（組內）兩個部分，再進行 F 檢定。共變數分析則是利用迴歸原理，將依變數的總變異量先行分割為共變數可解釋部分（SP_{XY}）與不可解釋部分，不可解釋的變異再由變異數分析原理來進行拆解。因此在統計檢定中，多先行檢驗共變數對於依變數解釋力的 F 檢定，一併整理於摘要表中。變異量拆解關係式：$SS_T = SP_{XY} + (SS'_B + SS'_W)$。拆解的統計量可整理成如表 8-6 的 ANCOVA 摘要表。

→ **表8-6** 獨立樣本單因子共變數分析摘要表

變異來源	SS	df	MS	F	EF
共變量	SS_c	c	SS_c/df_c	MS_c/MS_w	$SS_c/(SS_c+MS_w)$
組間	SS_b	$k-1$	SS_b/df_b	MS_b/MS_w	$SS_b/(SS_b+MS_w)$
組內（誤差）	SS_w	$N-k-c$	SS_w/df_w		
全體	SS_T	$N-1$			

註：自由度中 c 為共變項數目，k 為自變數的組數，N 為總樣本數。EF 為效果量。

值得注意的是，在 ANCOVA 當中，共變數對於依變數的影響的排除，是先於組間與組內變異分割前處理，因此在摘要表中的 SS_C 應取未排除組間效果前的共變數對依變數的迴歸變異量，在 SPSS 軟體操作中，需選擇型 I 平方和，而非預設的型 III 平方和。

在實務操作上，單因子變異數分析配合一個共變數或多個共變數，僅在變異數摘要表上增列一欄「共變數變異來源」即可。不論是獨立樣本設計或相依樣本設計，原始的變異數分析摘要表的各項數值計算維持不變，僅在誤差項自由度，因為增加一個共變數，因而減少一個自由度，若有 c 個共變數，則減少 c 個自由度。同理，相依樣本共變數分析的變異量拆解，也是增加一項共變數，而減少一個自由度。

三、平均數的調整

共變數加入了變異數分析可能產生的另一個作用是依變數平均數的變化。前面圖 8-2 中，各組在共變數（學業成績）的平均數並無差異，亦即 $\overline{X}_1 = \overline{X}_2 = \overline{X}$，如果各組的斜率相等，各組在 Y 變數的平均數差異等於截距的差異，但是當各組在共變數上的平均數存在差異時，Y 變數的平均數估計值便會隨之調整。

圖 8-3(a) 表示爲各組在共變數的平均數並無差異（$\overline{X}_1 = \overline{X}_2 = \overline{X}$）的情形，$Y$ 變數平均數差異爲截距的差異，如果平均數差異縮小，兩條方程式愈趨接近，如圖 8-3(b) 所示。如果各組在共變數上的平均數存在差異時（$\overline{X}_1 \neq \overline{X}_2$），即產生圖 8-3(c) 與圖 8-3(d) 兩種狀況。其中圖 (c) 表示當第一組在共變數平均數大於第二組時（$\overline{X}_1 > \overline{X}_2$），此時迴歸線垂直距離縮小，各水準在 Y 變數的平均數估計值將降低。相對的，若第一組在共變數的平均數小於第二組（$\overline{X}_1 < \overline{X}_2$），此時迴歸線的垂直距離擴大，各水準在 Y 變數平均數將增大，如圖 8-3(d) 所示。

當共變數上的平均數有組間差異時，會對 Y 變數的平均數估計產生調整作用，稱爲調整後平均數（adjusted mean）。若第一組的依變數平均數大於第二組時，如果共變數的平均數也是第一組大於第二組，此時共變數上的平均數正差異即會使依變數平均數差異向下調整（變小）；反之，如果共變數的平均數反而是第二組大於第一組，此時共變數上的平均數負差異即會使依變數平均數差異向上調整（變大），加強了依變數上兩組的差異量。

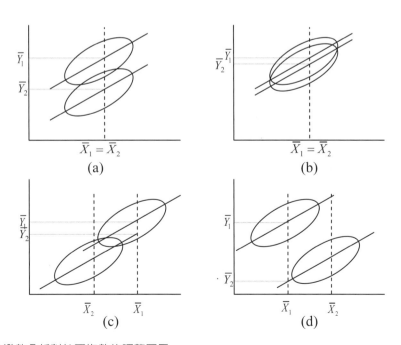

圖8-3　共變數分析對於平均數的調整圖示

四、迴歸同質假設

迴歸同質假設（assumption of homogeneity of regression）是 ANCOVA 的一項重要假設。迴歸同質假設說明了共變數與依變數的關聯性在各組內是相同的，對於迴歸同質假設的檢定，是執行 ANCOVA 的必要工作，亦即對於迴歸係數是否相等的虛無假設檢定：$H_0 : \beta_1 = \beta_2 = \cdots = \beta_j$。

為了確保共變數的控制效果在各組等同，在進行 ANCOVA 之前，必須針對此一假設進行檢驗，如果虛無假設被接受，表示共變數造成的調整效果在各組內具有一致的作用，組間的差異在不同的共變數數值之下具有一致性，如圖 8-4(a) 所示。相對的，如果虛無假設被拒絕，表示共變數造成的調整效果在各組內不一致，共變數與依變數的迴歸方程式在各組內有不一樣的迴歸係數，此時所推導出來的組間差異比較結果是扭曲的，如圖 8-4(b) 所示。此時不宜採用共變數分析。

在實際操作上，組內迴歸係數同質假設的檢定，是檢驗共變數與自變數的交互作用是否顯著。在 SPSS 當中，可以自行調整模型，增加共變數與自變數的交互作用項，即可獲得檢驗數值。

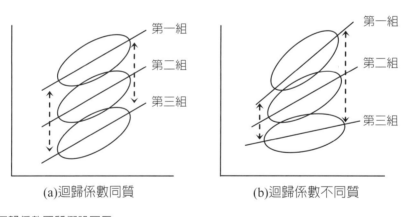

(a)迴歸係數同質　　　　　　(b)迴歸係數不同質

圖8-4　迴歸係數同質假設圖示

第六節　SPSS 的變異數分析範例

範例 8-1　SPSS 獨立樣本單因子變異數分析

　　某位社會心理學家認為婚姻生活會影響人們的生活品質，他的研究假設是「處於不同婚姻狀態的成人，其生活滿意度有所不同」。他將婚姻狀態區分為鰥寡、離異、未婚、已婚四種狀況，各隨機選取 5 位受訪者，請他們在生活滿意度問卷上作答，每個人最後的得分介於 0（極不滿意）至 6（非常滿意）之間，測量數據如下：

鰥寡	離異	未婚	已婚
1	3	5	4
0	1	6	6
0	2	4	2
2	2	2	5
0	1	5	6

【A. 操作程序】

方法一：單因子變異數分析

步驟一：輸入資料。婚姻狀態與生活滿意度各占一欄。

步驟二：點選分析→比較平均數法→單因子變異數分析。

步驟三：進入單因子變異數分析對話框，點選依變數與因子（自變數）移至右側清單內。

步驟四：選擇所需的附加功能。如選項中的描述性統計量、同質性檢驗，Post Hoc 檢定中的事後比較等。

方法二：一般線性模式

步驟二：點選分析→一般線性模式→單變量。

步驟三：選取變數與因子（自變數）。

步驟四：選擇所需的附加功能。

【B. 步驟圖示】

方法一：單因子變異數分析

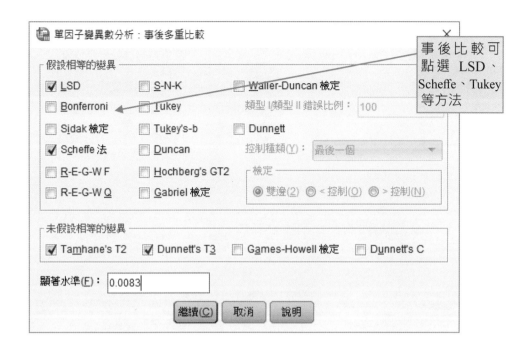

方法二：一般線性模式

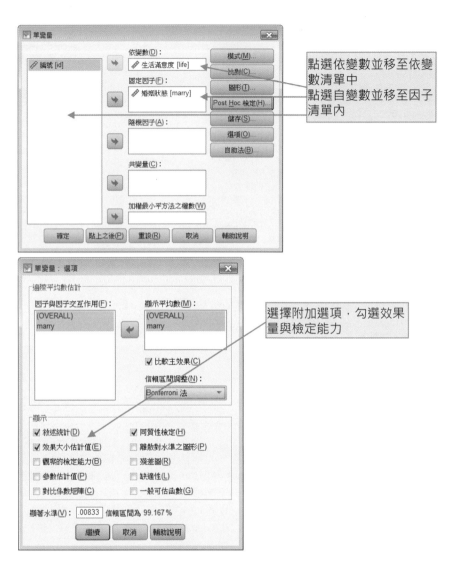

點選依變數並移至依變
數清單中
點選自變數並移至因子
清單內

選擇附加選項，勾選效果
量與檢定能力

【C. 結果報表】

自變數各水準之描述統計量。組平均數顯示未婚及已婚者滿意度最高

敘述統計

生活滿意度

	N	平均值	標準差	標準誤	平均值的 95% 信賴區間 下限	平均值的 95% 信賴區間 上限	最小值	最大值
鰥寡	5	.60	.894	.400	-.51	1.71	0	2
離異	5	1.80	.837	.374	.76	2.84	1	3
未婚	5	4.40	1.517	.678	2.52	6.28	2	6
已婚	5	4.60	1.673	.748	2.52	6.68	2	6
總計	20	2.85	2.110	.472	1.86	3.84	0	6

變異數同質性檢定

生活滿意度

Levene 統計量	自由度 1	自由度 2	顯著性
1.047	3	16	.399

變異數同質性檢定
Levene 統計量未達顯著，假設未違反

受試者間效應項檢定

依變數: 生活滿意度

來源	類型 III 平方和	自由度	均方	F	顯著性	Partial Eta Squared
修正模型	58.150[a]	3	19.383	11.747	.000	.688
截距	162.450	1	162.450	98.455	.000	.860
marry	58.150	3	19.383	11.747	.000	.688
誤差	26.400	16	1.650			
總計	247.000	20				
修正後總數	84.550	19				

a. R 平方 = .688（調整的 R 平方 = .629）

摘要表
傳統的 ANOVA 摘要表。由顯著值可知 MSb 除以 MSw 的 F 值達顯著水準

多重比較

依變數:life 生活滿意度

	(I) marry 婚姻…	(J) marry 婚…	平均差異 (I-J)	標準誤	顯著性	99.17% 信賴區間 下界	99.17% 信賴區間 上界
Scheffe 法	1 鰥寡	2 離異	-1.200	.812	.551	-4.52	2.12
		3 未婚	-3.800*	.812	.003	-7.12	-.48
		4 已婚	-4.000*	.812	.002	-7.32	-.68
	2 離異	1 鰥寡	1.200	.812	.551	-2.12	4.52
		3 未婚	-2.600	.812	.043	-5.92	.72
		4 已婚	-2.800	.812	.027	-6.12	.52
	3 未婚	1 鰥寡	3.800*	.812	.003	.48	7.12
		2 離異	2.600	.812	.043	-.72	5.92
		4 已婚	-.200	.812	.996	-3.52	3.12
	4 已婚	1 鰥寡	4.000*	.812	.002	.68	7.32
		2 離異	2.800	.812	.027	-.52	6.12
		3 未婚	.200	.812	.996	-3.12	3.52
LSD	1 鰥寡	2 離異	-1.200	.812	.159	-3.65	1.25
		3 未婚	-3.800*	.812	.000	-6.25	-1.35
		4 已婚	-4.000*	.812	.000	-6.45	-1.55
	2 離異	1 鰥寡	1.200	.812	.159	-1.25	3.65
		3 未婚	-2.600*	.812	.006	-5.05	-.15
		4 已婚	-2.800*	.812	.003	-5.25	-.35
	3 未婚	1 鰥寡	3.800*	.812	.000	1.35	6.25
		2 離異	2.600*	.812	.006	.15	5.05
		4 已婚	-.200	.812	.809	-2.65	2.25
	4 已婚	1 鰥寡	4.000*	.812	.000	1.55	6.45
		2 離異	2.800*	.812	.003	.35	5.25
		3 未婚	.200	.812	.809	-2.25	2.65

*. 平均差異在 0.0083 水準是顯著的。

事後比較
由顯著性可
知 1 vs. 2 以
及 3 vs. 4 未
達顯著

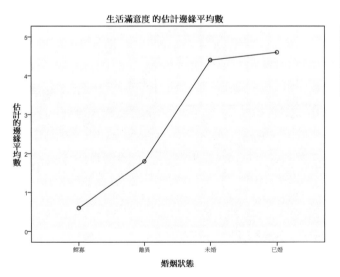

生活滿意度 的估計邊緣平均數

平均數圖
以圖表方式呈
現平均數的變
化趨勢

【D. 結果說明】

　　由上述的報表可以得知：此一獨立樣本單因子變異數分析的四個水準平均數各為 .6、1.8、4.4、4.6，Levene 的變異數同質性檢定並未顯著（Levene = 1.047，p = .399），表示這四個樣本的離散情形並無明顯差別。整體檢定結果發現，處於不同婚姻狀態的受測者，其生活滿意度有所不同（$F(3,16) = 11.75$，$p < .01$），人們的生活滿意度的確會因婚姻生活的不同而有所差異。經事後比較 HSD 檢驗發現，生活滿意度的平均數，以鰥寡（.6）與離異者（1.8）顯著低於已婚（4.4）與未婚者（4.6），顯示問題婚姻較未婚或正常婚姻者有較差的生活滿意度，但是鰥寡與離異，以及未婚及已婚之間沒有顯著差異。婚姻狀態自變數對於依變數的解釋力，以 η^2 係數來看，達 68.8%，顯示自變數與依變數的關聯性很高，統計檢定力達 .996，表示統計檢定能力頗高。

範例 8-2　相依樣本單因子變異數分析：重複量數

　　臺北市捷運局想要探討捷運列車駕駛是否因為工作時間增長而會有注意力降低現象。13 位駕駛參與了這項研究，研究期間，每位駕駛員工作時間維持固定，每隔 2.5 小時測量他們要花多久的時間察覺電腦螢幕上訊息的變化。測量的時段分為上班初期、午飯前、午飯後、下班前四個時段，依變數則為他們花費在察覺實驗者所設計的電腦螢幕訊號的反應時間（毫秒）。請問，是否工作時間與注意力改變有關？

編號	上班時 9:00	午飯前 11:30	午飯後 14:00	下班前 16:30	編號	上班時 9:00	午飯前 11:30	午飯後 14:00	下班前 16:30
1	6.2	6.7	7.4	7.8	8	6.1	5.8	6.4	6.7
2	5.9	4.8	6.1	6.9	9	4.9	5.1	5.2	6.8
3	8.4	8.7	9.9	10.3	10	8.2	8.6	9.3	10.4
4	7.6	7.8	8.7	8.9	11	5.7	5.7	6.5	7.2
5	4.1	4.7	5.4	6.6	12	5.9	6.4	6.9	7.6
6	5.4	5.3	5.9	7.1	13	6.9	6.6	7.1	7.5
7	6.6	6.7	7.2	7.5					

【A. 操作程序】

操作要點：重複量數模式的相依樣本 ANOVA 特色是必須將資料依照每一次重複，以一個單獨的變數來輸入，再利用受試者內因子來綜合多次重複測量的結果。報表的整理則較為複雜。

步驟一：輸入資料。將每一水準以一個變數來輸入。

步驟二：點選分析→一般線性模式→重複量數。

步驟三：進入定義因子清單，輸入受試者內因子名稱及水準數，並可輸入標籤，完成後按定義。

步驟四：進入重複量數對話框，依序點選各重複的水準至受試者內變數。

步驟五：選擇所需的附加功能。如選項中的敘述統計與事後比較。

步驟六：按確定執行。

【B. 步驟圖示】

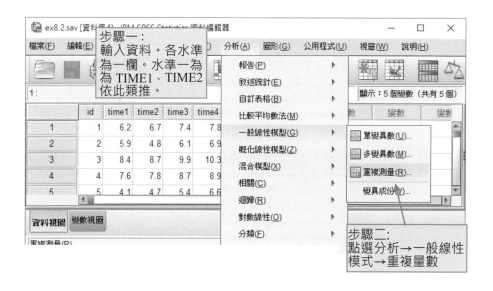

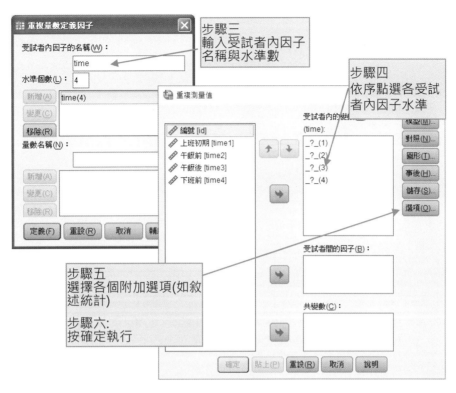

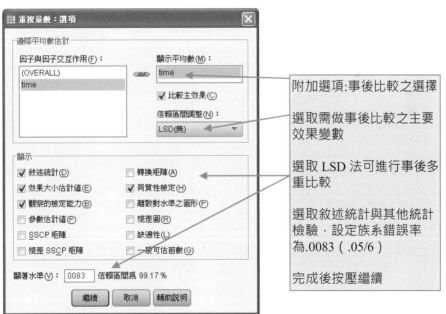

【C. 結果報表】

自變數名稱及水準數
四個水準分別為 TIME1
至 TIME4

受試者內因子
測量：MEASURE_1

time	依變數
1	time1
2	time2
3	time3
4	time4

敘述統計

	平均數	標準離差	個數
time1 上班初期	6.300	1.2416	13
time2 午飯前	6.377	1.3386	13
time3 午飯後	7.077	1.4481	13
time4 下班前	7.792	1.2829	13

檢驗球面假設是否違反
卡方未達.05 顯著水準，表示假設未違反

Mauchly 球形檢定 [b]

測量：MEASURE_1

受試者內效應項	Mauchly's W	近似卡方分配	df	顯著性	Epsilon[a] Greenhouse-Geisser	Huynh-Feldt	下限
time	.668	4.324	5	.505	.795	1.000	.333

檢定正交化變數轉換之依變數的誤差 共變量矩陣的虛無假設，是識別矩陣 的一部份。

a. 可用來調整顯著性平均檢定的自由度。改過的檢定會顯示在 "Within-Subjects Effects" 表檢定中。

b. Design:截距
受試者內設計: time

組間效果檢定值 SSb：
假設未違反時組間效果之檢定值

受試者內效應項的檢定

測量：MEASURE_1

來源		型 III 平方和	df	平均平方和	F	顯著性	淨相關 Eta 平方	Noncent. 參數	觀察的檢定能力[a]
time	假設為球形	18.985	3	6.328	61.122	.000	.836	183.367	1.000
	Greenhouse-Geisser	18.985	2.386	7.956	61.122	.000	.836		
	Huynh-Feldt	18.985	3.000	6.328	61.122	.000	.836		
	下限	18.985	1.000	18.985	61.122	.000	.836		
誤差 (time)	假設為球形	3.727	36	.104					
	Greenhouse-Geisser	3.727	28.63	.130					
	Huynh-Feldt	3.727	36.00	.104					
	下限	3.727	12.00	.311					

a. 使用 alpha = .0083 計算

球面假設遭到違反
時，需使用矯正方法所
得到的數據。

殘差 SSr，作為 F 檢定
的分母

受試者間效應項的檢定
測量：MEASURE_1
轉換的變數：均數

來源	型 III 平方和	df	平均平方和	F	顯著性	淨相關 Eta 平方	Noncent. 參數	觀察的檢定能力[a]
截距	2466.069	1	2.466E3	364.497	.000	.968	364.497	1.000
誤差	81.188	12	6.766					

a. 使用 alpha = .0083 計算

受試者效果檢
定值 SSb.s：因
重複量數造成
的影響（受試
者個別差異）

成對比較

測量：MEASURE_1

(I) time	(J) time	平均差異 (I-J)	標準誤差	顯著性[a]	差異的 99.17% 信賴區間[a] 下界	上界
1	2	-.077	.127	.557	-.478	.324
	3	-.777*	.126	.000	-1.173	-.381
	4	-1.492*	.163	.000	-2.008	-.977
2	1	.077	.127	.557	-.324	.478
	3	-.700*	.086	.000	-.972	-.428
	4	-1.415*	.121	.000	-1.797	-1.034
3	1	.777*	.126	.000	.381	1.173
	2	.700*	.086	.000	.428	.972
	4	-.715*	.122	.000	-1.100	-.331
4	1	1.492*	.163	.000	.977	2.008
	2	1.415*	.121	.000	1.034	1.797
	3	.715*	.122	.000	.331	1.100

> 事後檢定：
> 1 與 2 對比不顯著，
> 其他配對均顯著

> 族系錯誤率的設定
> 結果

根據估計的邊緣平均數而定

a. 調整多重比較：最低顯著差異 (等於未調整值)。

*. 平均差異在 .0083 水準是顯著的。

【D. 結果說明】

由上述的報表可以得知：此一相依樣本的球面檢定並未違反，Mauchly's W 係數為 .668（$\chi^2 = 4.324$，$p = .505$），因此不需進行修正。四個組的平均數差異達顯著水準，組間效果 $F(3, 36) = 61.122$，$p = .000 < .05$，EF = .836，表示不同的測量時段下，駕駛員的注意力的確的有所不同，效果量非常大。

從事後比較可以看出，四個水準平均數的兩兩比較，除了上班時（time1）與午餐前（time2）相比不顯著之外，其他均達顯著水準，平均數呈現逐步增高，顯示時間愈晚，反應時間增加，注意力變差。以第四次測量（下班前 M = 7.792）的注意力最差。變異數分析摘要表見表 8-7。

→ **表8-7**　相依樣本單因子變異數分析摘要表

變異來源	SS	df	MS	F	EF
組間 A	18.985	3	6.328	61.122**	.836
組內					
受試者間 b.s	81.188	12	6.766		
殘差	3.727	36	.104		
全體 Total	103.900	51			

*** p<.001

範例 8-3　單因子共變數分析

　　以前述運動有助於睡眠的研究為例，不同的運動量對於睡眠有所影響，如果將受試者平時的睡眠量作為共變數，加入單因子變異數分析一併討論，即成為單因子共變數分析。在 SPSS 的運算邏輯中，加入一個共變數就好比增加一個自變數，使得原本單因子設計變異數分析成為多因子變異數分析。

輕度運動量組		中度運動量組		重度運動量組	
X 平時	Y 運動後	X 平時	Y 運動後	X 平時	Y 運動後
8.2	6.5	7.2	7.4	6.6	8.0
7.0	7.3	7.4	6.8	7.5	7.7
8.0	6.6	8.2	6.7	7.2	7.1
7.2	7.4	7.1	7.3	7.4	7.6
7.0	7.2	6.2	7.6	6.9	6.6
6.8	6.8	6.6	7.4	7.9	7.2
6.9	7.1	6.9	7.4	7.5	8.2
7.5	7.9	6.0	8.1	7.7	8.5
6.4	8.2	6.2	8.2	6.9	9.5
6.8	7.7	7.0	8.0	7.1	8.7
7.4	7.5	7.2	7.6	7.2	9.6
5.5	7.6	6.2	8.0	7.0	9.4

　　【操作要點：在 SPSS 執行共變數分析的重點在於，要檢驗共變數的效果時，必須將平方和改為 SS-1，也就是看共變數的解釋力時，不控制自變數效果。但是看其他主要效果與交互效果時，仍須採用 SS-3。此外，報告平均數時，應採調整後平均數。另外，為了檢驗組內迴歸係數同質性，則需額外執行共變數與自變數的交互作用檢驗，以確定可以執行 ANCOVA。】

【A. 操作程序】

步驟一：輸入資料。自變數、共變數與依變數各占一欄。

步驟二：點選分析→一般線性模式→單變量。

步驟三：進入因子分析對話框，點選依變數、因子（自變數）以及共變數移至右側清單內。

步驟四：選擇所需的附加功能。如選項中的敘述統計、同質性檢驗，為了得到調整後平均數與事後比較數據，需選擇邊際平均數估計與比較主效應。

步驟五：選擇模式，調整平方和成為型I。

步驟六：按壓確定執行。

（註：如果欲執行組內迴歸係數同質檢驗，在步驟五中，在模式中選擇自訂，然後在建立效果項中，依序投入共變數、自變數與交互作用項，最後的交互作用項的檢驗顯著性即為同質檢驗。

【B. 步驟圖示】

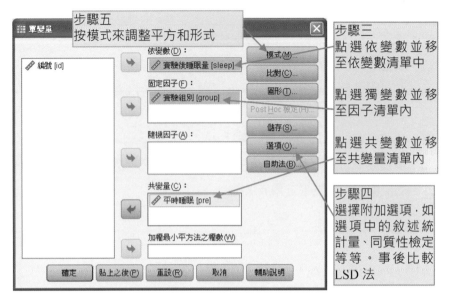

步驟五
按模式來調整平方和形式

步驟三
點選依變數並移
至依變數清單中

點選獨變數並移
至因子清單內

點選共變數並移
至共變量清單內

步驟四
選擇附加選項，如
選項中的敘述統
計量、同質性檢定
等等。事後比較
LSD 法

組內迴歸係數同質檢驗
在模式中，可以自行定義模
型，為了檢驗組內迴歸係數的
同質性，需檢驗共變數與獨變
數的交互作用

模式
在模式中，可以調整平方和為
型 I 到 IV，在共變數分析中，
應以型 I 來分析

【C. 結果報表】

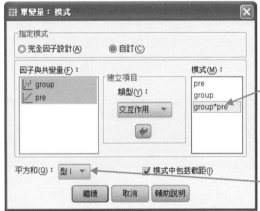

受試者間因子

		個數
group 實驗組別	1	12
	2	12
	3	12

敘述設計
依變數：sleep 實驗後睡眠量

group 實驗組別	平均數	標準離差	個數
1	7.317	.5132	12
2	7.542	.4814	12
3	8.175	.9928	12
總數	7.678	.7754	36

自變數各水準之個數說明與描述統計
量。表中的平均數為調整前平均數

受試者間效應項的檢定

依變數：sleep 實驗後睡眠量

來源	型 I 平方和	df	平均平方和	F	顯著性	淨相關 Eta 平方	Noncent. 參數	觀察的檢定能力[b]
校正後的模式	7.866[a]	5	1.573	3.582	.012	.374	17.909	.865
截距	2122.138	1	2122.138	4831.708	.000	.994	4.832E3	1.000
pre	1.583	1	1.583	3.604	.067	.107	3.604	.451
group	6.159	2	3.079	7.011	.003	.319	14.022	.900
group * pre	.124	2	.062	.141	.869	.009	.283	.070
誤差	13.176	30	.439					
總數	2143.180	36						
校正後的總數	21.042	35						

a. R 平方 = .374 (調過後的 R 平方 = .269)

b. 使用 alpha = .05 計算

組內迴歸係數同質檢驗
共變數與自變數的交互作用的 F 值
為.141，未達顯著水準，因此可以斷定組內
迴歸係數具有同質性。(註：正式結果的摘
要表應使用沒有交互作用項的摘要表)

在由於組內迴歸係數假設未違反（$F(2, 30)$ = .141, p = .869，因此得以繼續進行共變數分析（如果假設違反則不宜進行共變數分析）。此時，為正確估計自變數與共變數的效果，應返回模式設定中，將交互作用項移除，重新進行分析，結果如下。

受試者間效應項的檢定

依變數：sleep 實驗後睡眠量

來源	型 I 平方和	df	平均平方和	F	顯著性	淨相關 Eta 平方	Noncent. 參數	觀察的檢定能力[b]
校正後的模式	7.742[a]	3	2.581	6.209	.002	.368	18.626	.941
截距	2122.138	1	2122.138	5105.684	.000	.994	5.106E3	1.000
pre	1.583	1	1.583	3.808	.060	.106	3.808	.473
group	6.159	2	3.079	7.409	.002	.316	14.817	.918
誤差	13.301	32	.416					
總數	2143.180	36						
校正後的總數	21.042	35						

a. R 平方 = .368 (調過後的 R 平方 = .309)

b. 使用 alpha = .05 計算

型 I 平方和
平方和為型一，表示前一個進入模型的效果
不受後一個進入的效果影響，因此共變數的
效果是原始的共變

估計值

依變數：sleep 實驗後睡眠量

實驗組別	平均數	標準誤差	95% 信賴區間 下界	95% 信賴區間 上界
1	7.321[a]	.186	6.942	7.700
2	7.440[a]	.190	7.053	7.827
3	8.272[a]	.190	7.886	8.659

平均數估計數
ANCOVA 的平均數需使用調整後
平均數，可以從邊際平均數估計結
果中得到。

成對比較

依變數：sleep 實驗後睡眠量

事後比較
由顯著性可知 1 vs. 3 與 2 vs. 3 達顯著，但是 1 vs. 2 無顯著差異

(I) 實驗組別	(J) 實驗組別	平均差異 (I-J)	標準誤差	顯著性[a]	下界	上界
1	2	-.119	.266	.657	-.791	.553
	3	-.951*	.265	.001	-1.622	-.281
2	1	.119	.266	.657	-.553	.791
	3	-.832*	.273	.005	-1.523	-.142
3	1	.951*	.265	.001	.281	1.622
	2	.832*	.273	.005	.142	1.523

根據估計的邊緣平均數而定

a. 調整多重比較：最低顯著差異 (等於未調整值)。

*. 平均差異在 .0167 水準是顯著的。

【D. 結果說明】

由上述的報表可以得知：此一共變數分析的三個水準平均數各為 7.32、7.54、8.18，調整後的平均數分別為 7.32、7.44、8.27，然而 Levene 的變異數同質性檢定為顯著，$F(2, 33) = 10.597$, $p<.001$，達顯著水準，違反同質性假設，表示這三個樣本的離散情形具有明顯差別。

另外，組內迴歸係數同質性檢定的結果則顯示，自變數與共變數的交互作用項 $F(2, 30) = .141$，$p = .869$，未達顯著水準，表示各組內的共變數與依變數的線性關係具有一致性。

共變數效果的檢驗則發現，$F(1, 32) = 3.808$，$p = .06$，未達顯著水準，表示共變數對於依變數的解釋力沒有統計意義，但是由於 ANCOVA 的目的在控制共變數的影響，減低誤差變異量，調整共變數的平均值差異，因此即使不顯著，仍有其存在的實務意義。

組間效果的檢定則達顯著水準，$F(2, 32) = 7.41$，$p<.01$，表示不同的運動量影響睡眠時間，效果量的 $\eta^2 = .316$，顯示自變數對於依變數的解釋力頗高。事後比較的結果則指出重度運動量（平均睡眠 8.27 小時）顯著較中度（7-44）與輕度運動量（7-32）的受試者睡得多，但是輕度與中度則無差異，顯示運動量要大到一定程度才有助於睡眠。

第七節　R 的變異數分析範例

範例 8-4　R 的變異數分析

8-4-1 R 的獨立樣本單因子 ANOVA（範例 8-1 數據）

在 R 當中進行 ANOVA 無需另外安裝分析套件，可直接使用 aov 函數來進行，但是為了整理資料、進行 Levene test 與事後多重比較，可以下載 car 與 asbio 套件來使用。語法與結果列舉如下。

【A. R 語法】

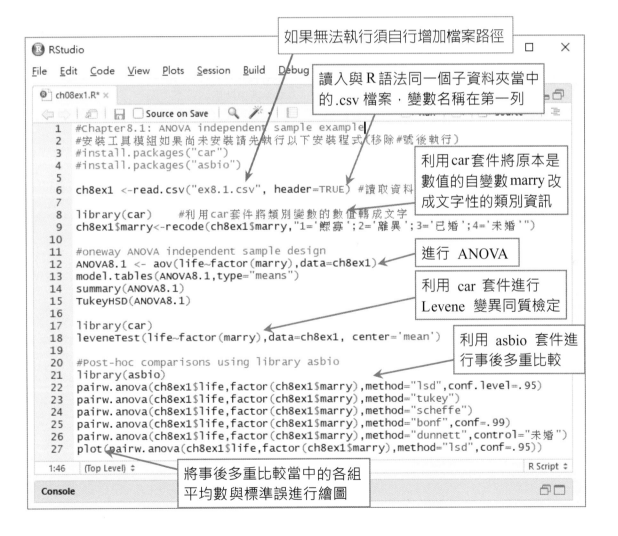

【B. 結果報表】

```
> #oneway ANOVA independent sample design
> ANOVA8.1 <- aov(life~factor(marry),data=ch8ex1)
> model.tables(ANOVA8.1,type="means")
Tables of means
Grand mean

2.85


 factor(marry)
factor(marry)
已婚 未婚 離異 鰥寡
 4.4  4.6  1.8  0.6
> summary(ANOVA8.1)
              Df Sum Sq Mean Sq F value    Pr(>F)
factor(marry)  3  58.15   19.38   11.75  0.000256 ***
Residuals     16  26.40    1.65
---
Signif. codes:  0 '***' 0.001 '**' 0.01 '*' 0.05 '.' 0.1 ' ' 1

> TukeyHSD(ANOVA8.1)
  Tukey multiple comparisons of means
    95% family-wise confidence level

Fit: aov(formula = life ~ factor(marry), data = ch8ex1)

$`factor(marry)`
           diff       lwr        upr      p adj
未婚-已婚   0.2 -2.124303  2.5243035 0.9945429
離異-已婚  -2.6 -4.924303 -0.2756965 0.0257699
鰥寡-已婚  -3.8 -6.124303 -1.4756965 0.0012978
離異-未婚  -2.8 -5.124303 -0.4756965 0.0157509
鰥寡-未婚  -4.0 -6.324303 -1.6756965 0.0007933
鰥寡-離異  -1.2 -3.524303  1.1243035 0.4730895

> library(car)
> leveneTest(life~factor(marry),data=ch8ex1, center='mean')

Levene's Test for Homogeneity of Variance (center = "mean")
      Df F value Pr(>F)
group  3  1.0468 0.3989
      16


>
> #Post-hoc comparisons using library asbio
> library(asbio)
Loading required package: tcltk
> pairw.anova(ch8ex1$life,factor(ch8ex1$marry),method="lsd",conf.level=.95)
```

指定 life 為依變數，marry 為自變數，資料儲存在 ch8ex1 當中

列出各組平均數與總平均數

列出 ANOVA 摘要表

列出 TukeyHSD 事後多重比較

進行 Levene 變異同質性檢定

利用 asbio 套件進行 LSD 事後多重比較，信心水準為.95

95% LSD confidence intervals

```
                       LSD   Diff   Lower    Upper  Decision Adj. p-value
mu 已婚-mu 未婚 1.72222  -0.2  -1.92222 1.52222    FTR H0        0.80867
mu 已婚-mu 離異 1.72222   2.6   0.87778 4.32222 Reject H0        0.00557
mu 未婚-mu 離異 1.72222   2.8   1.07778 4.52222 Reject H0        0.00332
mu 已婚-mu 鰥寡 1.72222   3.8   2.07778 5.52222 Reject H0        0.00025
mu 未婚-mu 鰥寡 1.72222     4   2.27778 5.72222 Reject H0        0.00015
mu 離異-mu 鰥寡 1.72222   1.2  -0.52222 2.92222    FTR H0        0.15906
```

```
> pairw.anova(ch8ex1$life,factor(ch8ex1$marry),method="scheffe")
```

95% Scheffe confidence intervals ← 利用 asbio 套件進行 scheffe 事後多重
比較，信心水準為預設的.95

```
                Diff    Lower    Upper  Decision Adj. P-value
mu 已婚-mu 未婚  -0.2  -2.73238 2.33238    FTR H0      0.995937
mu 已婚-mu 離異   2.6   0.06762 5.13238 Reject H0      0.043057
mu 未婚-mu 離異   2.8   0.26762 5.33238 Reject H0      0.027458
mu 已婚-mu 鰥寡   3.8   1.26762 6.33238 Reject H0      0.002672
mu 未婚-mu 鰥寡     4   1.46762 6.53238 Reject H0      0.001676
mu 離異-mu 鰥寡   1.2  -1.33238 3.73238    FTR H0      0.550506
```

```
> pairw.anova(ch8ex1$life,factor(ch8ex1$marry),method="bonf",conf=.99)
```

99% Bonferroni confidence intervals

利用 asbio 套件進
行 Bonferroni 事
後多重比較，信
心水準為.99

```
                Diff    Lower   Upper  Decision Adj. p-value
mu 已婚-mu 未婚  -0.2  -3.2648  2.8648    FTR H0            1
mu 已婚-mu 離異   2.6  -0.4648  5.6648    FTR H0     0.033440
mu 未婚-mu 離異   2.8  -0.2648  5.8648    FTR H0     0.019905
mu 已婚-mu 鰥寡   3.8   0.7352  6.8648 Reject H0     0.001513
mu 未婚-mu 鰥寡     4   0.9352  7.0648 Reject H0     0.000916
mu 離異-mu 鰥寡   1.2  -1.8648  4.2648    FTR H0     0.954369
```

```
>> plot(pairw.anova(ch8ex1$life,factor(ch8ex1$marry),method="lsd"))
```
以 lsd 法進行組平均數多重比較的.95 信賴區間圖（相同字母者無統計上顯著差異）

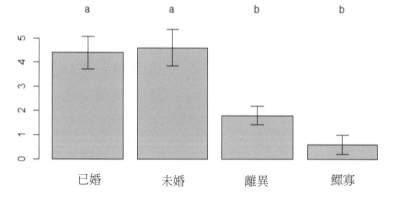

8-4-2 R 的相依樣本單因子 ANOVA（範例 8-2 數據）

在 R 當中進行相依樣本單因子 ANOVA，其資料格式不同於 SPSS（如圖 8-5a），必須比照獨立樣本設計，將不同重複量數視為一個分組變數，增加一個受試者變數來區分受試者，亦即將資料進行轉置成直式資料（如圖 8-5b），得到兩個分組變數，依變數則為獨立一直欄。最後使用 aov 函數來進行 ANOVA。R 語法與結果列舉如下。

```
subject,T1,T2,T3,T4
S01,6.2,6.7,7.4, 7.8
S02,5.9,4.8,6.1, 6.9
S03,8.4,8.7,9.9,10.3
S04,7.6,7.8,8.7, 8.9
S05,4.1,4.7,5.4, 6.6
S06,5.4,5.3,5.9, 7.1
S07,6.6,6.7,7.2, 7.5
S08,6.1,5.8,6.4, 6.7
S09,4.9,5.1,5.2, 6.8
S10,8.2,8.6,9.3,10.4
S11,5.7,5.7,6.5, 7.2
S12,5.9,6.4,6.9, 7.6
S13,6.9,6.6,7.1, 7.5
```

```
ID,S,T,score
1,S01,T1,6.2
2,S01,T2,6.7
3,S01,T3,7.4
4,S01,T4,7.8
5,S02,T1,5.9
6,S02,T2,4.8
7,S02,T3,6.1
8,S02,T4,6.9
9,S03,T1,8.4
10,S03,T2,8.7
11,S03,T3,9.9
12,S03,T4,10.3
13,S04,T1,7.6
14,S04,T2,7.8
```

(a) 轉置前的橫式資料　　　　　　　(b) 轉置後的直式資料

圖8-5　相依樣本ANOVA的資料格式

【A. R 語法】

```
1   #Chapter8.2: ANOVA dependent sample example
2   #安裝工具模組如果尚未安裝請先執行以下安裝程式(移除#號後執行)
3   #install.packages("asbio")
4
5   ch8ex2 <-read.csv("ex8.2b.csv", header=TRUE) #讀取資料
6
7   #oneway ANOVA dependent sample design          ← 進行 ANOVA
8   ANOVA8.2 <- aov(score~factor(S)+factor(T),data=ch8ex2)
9   model.tables(ANOVA8.2,type="means")
10  summary(ANOVA8.2)
11
12  #Post-hoc comparisons using library asbio       利用 asbio 套件進
13  library(asbio)                                  行事後多重比較
14  pairw.anova(ch8ex2$score,factor(ch8ex2$T),method="lsd")
15  pairw.anova(ch8ex2$score,factor(ch8ex2$T),method="tukey")
16  pairw.anova(ch8ex2$score,factor(ch8ex2$T),method="scheffe")
17  plot(pairw.anova(ch8ex2$score,factor(ch8ex2$T),method="lsd"))
18  plot(pairw.anova(ch8ex2$score,factor(ch8ex2$T),method="scheffe"))
```

【B. 結果報表】

```
> #oneway ANOVA independent sample design
> ANOVA8.1 <- aov(life~factor(marry),data=ch8ex1)
> model.tables(ANOVA8.2,type="means")
Tables of means
Grand mean

6.886538

 factor(S)
factor(S)
  S01   S02   S03   S04   S05   S06   S07   S08   S09   S10   S11   S12   S13
7.025 5.925 9.325 8.250 5.200 5.925 7.000 6.250 5.500 9.125 6.275 6.700 7.025

 factor(T)
   T1    T2    T3    T4
6.300 6.377 7.077 7.792

> summary(ANOVA8.2)
          Df Sum Sq Mean Sq F value   Pr(>F)
factor(S) 12  81.19   6.766   65.35  < 2e-16 ***
factor(T)  3  18.99   6.328   61.12 3.35e-14 ***
Residuals 36   3.73   0.104
---
Signif. codes:  0 '***' 0.001 '**' 0.01 '*' 0.05 '.' 0.1 ' ' 1

>> plot(pairw.anova(ch8ex2$score,factor(ch8ex2$T),method="lsd"))
>> plot(pairw.anova(ch8ex2$score,factor(ch8ex2$T),method="scheffe"))
```
以 lsd 法與 scheffe 法進行多重比較的 .95 信賴區間圖（相同字母者無統計上顯著差異）

指定 life 為依變數，marry 為自變數，資料儲存在 ch8ex1 當中

列出各組平均數與總平均數

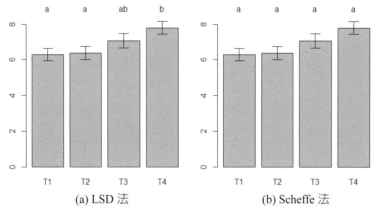

(a) LSD 法　　　　　(b) Scheffe 法

圖8-6　多重比較的各組平均數的.95信賴區間圖

8-4-3 R 的 ANCOVA（範例 8-3 數據）

　　在 R 當中進行 ANCOVA 可從 ANOVA 進行擴展，同樣是使用 aov 函數來進行分析。以下利用範例 8-3 的範例數據進行示範，分析結果與 SPSS 結果相同，R 語法與結果列舉如下。

【A. R 語法】

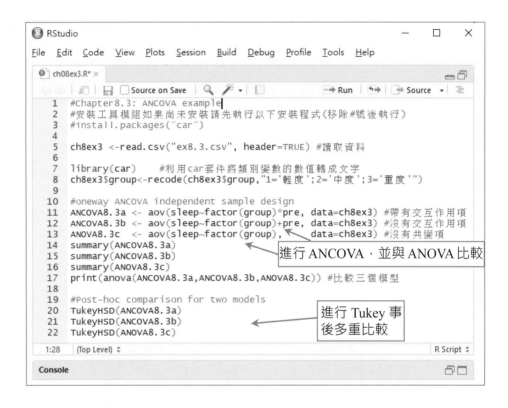

【B. 結果報表】

```
> summary(ANCOVA8.3a)
                   Df Sum Sq Mean Sq F value  Pr(>F)
factor(group)       2  4.754  2.3769   5.412 0.00984 **
pre                 1  2.988  2.9878   6.803 0.01405 *
factor(group):pre   2  0.124  0.0621   0.141 0.86870
Residuals          30 13.176  0.4392
---
Signif. codes:  0 '***' 0.001 '**' 0.01 '*' 0.05 '.' 0.1 ' ' 1
```

有交互作用
檢驗組內迴歸係
數是否同質。結果
發現不顯著，表示
同質假設成立

```
> summary(ANCOVA8.3b)
                   Df Sum Sq Mean Sq F value  Pr(>F)
factor(group)       2  4.754  2.3769   5.719 0.00753 **
pre                 1  2.988  2.9878   7.188 0.01150 *
Residuals          32 13.301  0.4156
---
Signif. codes:  0 '***' 0.001 '**' 0.01 '*' 0.05 '.' 0.1 ' ' 1
```

無交互作用
呈現 ANCOVA 的
結果

```
> summary(ANOVA8.3c)
             Df Sum Sq Mean Sq F value Pr(>F)
factor(group)  2  4.754  2.3769   4.816 0.0146 *
Residuals     33 16.288  0.4936
---
Signif. codes:  0 '***'  0.001 '**'  0.01 '*'  0.05 '.'  0.1 ' '  1
```

> 無共變項
> 亦即 ANOVA 的
> 結果，與本章內容
> 一致

```
> print(anova(ANCOVA8.3a,ANCOVA8.3b,ANOVA8.3c)) #比較三個模型
Analysis of Variance Table

Model 1: sleep ~ factor(group) * pre
Model 2: sleep ~ factor(group) + pre
Model 3: sleep ~ factor(group)
  Res.Df    RSS Df Sum of Sq      F  Pr(>F)
1     30 13.176
2     32 13.301 -2  -0.12423 0.1414 0.86870
3     33 16.288 -1  -2.98778 6.8026 0.01405 *
---
Signif. codes:  0 '***'  0.001 '**'  0.01 '*'  0.05 '.'  0.1 ' '  1
```

> 模型比較
> 同時列出三個模型，比較模
> 型變動的顯著性：Model1 與
> 2 無差異，Model2 與 3 有差
> 異，表示納入共變項能顯著
> 改善模型

多因子變異數分析

第一節 基本概念

　　社會與行為科學家在探討問題之時，往往不會只取用一個自變數去探討對於依變數 Y 的影響。如果研究者同時採用兩個或以上的自變數 X_A、X_B……對於某一個依變數的影響，稱為多因子設計（factorial design），所涉及的平均數差異考驗，稱為多因子設計變異數分析（factorial analysis of variance）。當研究中包含兩個自變數，稱為二因子變異數分析（two-way analysis of variance），三個自變數，稱為三因子變異數分析（three-way analysis of variance）。當因子愈多，平均數變異來源愈複雜，分析愈困難，一般在研究上，三因子以上的變異數分析檢定即甚少出現。

　　另一方面，基於研究設計的考量，自變數可能是獨立樣本設計，也可能是相依樣本設計，導致多因子設計會有完全獨立（每一個因子都是獨立樣本設計）、完全相依設計（每一個因子都是相依樣本設計）、混合設計（部分因子是獨立、部分因子是相依樣本設計）等不同形式。

一、多因子變異數分析的資料形式

　　現以一個研究的範例來說明二因子變異數分析的基本形式。在前一章運動與睡眠的研究範例中，因為只有一個因子，故為單因子變異數分析檢驗。但如果研究者認為，除了運動量的多寡會影響睡眠之外，在白天以及在夜間兩個不同時段從事運動，對於睡眠會有不同的影響。此時，影響睡眠時間的自變數，除了運動時段（白天或夜間）的不同（A 因子），還有運動量的差異（重、中、輕）（B 因子）。

　　若將 36 位參加實驗的學生，隨機分配到六個不同的組別，分別為在白天從事重度、中度、輕度運動量的三個組與晚上從事重度、中度、輕度運動量的三個組，六個組（細格）的學生係隨機取樣而得，彼此相互獨立，此時即成為一個典型的 2×3 完全獨立二因子變異數分析研究。表 9-1 為 36 位學生參與實驗的模擬數據的雙向表（double entry table）。其中一個自變數置於行（column）上，另一個自變數置於列（row）上，每一位學生在依變數上的原始得分記錄於表中每一細格（cell）內，使讀者可以一目了然。兩個自變數分別是運動時段（A 因子）與運動量（B 因子），A 因子具有白天與夜間兩個水準，B 因子有重度、中度、輕度三個水準。

→ 表9-1　2×3二因子變異數分析資料範例

因子		運動量（B）			合計	
		輕度（b1）	中度（b2）	重度（b3）	人數與平均數	
時段（A）	白天（a1）	6.5	7.4	8.0		
		7.3	6.8	7.7		
		6.6	6.7	7.1		
		8.0	7.3	7.6	18	
		7.7	7.6	6.6	7.26	
		7.1	7.4	7.2		
		7.20	7.20	7.37		
	晚間（a2）	7.1	7.4	8.2		
		7.9	8.1	8.5		
		8.2	8.2	9.5		
		8.2	8.0	8.7	18	
		8.5	7.6	9.6	8.37	
		9.5	8.0	9.4		
		7.88	8.23	8.98		
合計	人數	12	12	12	36	
	平均數	7.72	7.54	8.17	7.81	

註：細格內爲睡眠時數（小時），帶有底線的數字爲平均數。

二、多因子變異數分析的各種效果

多因子變異數分析與單因子變異數分析最大的不同，在於造成平均數變動的效果（effects）更加複雜。最主要的效果有兩種：主要效果與交互效果。所謂主要效果（main effects）是指自變數對依變數所造成的影響，反映在自變數的各水準平均數差異上；交互作用效果（interaction effects）則是指多個自變數共同對於依變數產生影響，也就是各因子間具有彼此修正調整的調節效果（moderation effects）。

以表 9-1 的數據爲例，表中除了 36 個原始分數之外，共有三類不同的平均數：A 因子的 a_1 與 a_2「行」平均數、B 因子的 b_1、b_2、b_3「列」平均數、以及 AB 交互作用的 a_1b_1、a_1b_2、a_1b_3、a_2b_1、a_2b_2、a_2b_3 六個「細格」平均數。A 因子平均數差異稱爲 A 主要效果（A main effect），B 因子平均數差異稱爲 B 主要效果（B main effect），細格平均數的變異稱爲交互效果。

其中，A 與 B 主要效果相互獨立，分別代表 A 與 B 變數與依變數的關係，可以被視爲是兩個獨立的單因子變異數檢定。A×B 交互效果的意義是指「A 因子對於依變數的影響，受到 B 因子的調節；而 B 因子對於依變數的影響，也受到 A 因子的調節，A 與 B 兩個因子互相具有調節作用」，也就是兩個自變數對於依變數的影響相互調節。若交互效果顯著，則需進一步的進行單純主要效果（simple main effect）考驗，來探討調節作用的發生情形。

在三個因子以上的變異數分析，還有一種單純交互效果（simple interaction effect），發生在三階以上的交互效果具有統計顯著性時。例如當 A×B×C 的交互效果時，必須檢驗低階的二因子交互效果如何受到第三個因子的調節，亦即「A×B 對於依變數的交互影響，受到 C 因子的調節」，以此類推。如果被調節下的交互作用顯著，還必須進行單純主要效果檢驗，程序相當複雜，得到的結果也不利於解釋。這就是爲什麼一般研究比較少看到三因子以上的變異數分析的原因。

第二節　多因子變異數分析的統計原理

一、變異數拆解

基本上，多因子變異數分析的原理係從單因子變異數分析延伸而來，因此變異數拆解的原理相仿。所不同的是因爲自變數數目（因子數目）較多，因此總變異（SS_{total}）切割的方式較爲複雜。

在一個具有 A 因子（k 個水準）與 B 因子（l 個水準）的 $k×l$ 二因子變異數分析，A 因子各水準的平均數變異情形，可以計算出 A 因子組間離均差平方和（SS_A）；B 因子各水準的平均數變異情形，可以計算出 B 因子組間離均差平方和（SS_B）。細格間離均差平方和（SS_{AB}）則用以反映交互效果的強度。這三項 SS 均與兩個因子對各細格平均數的作用有關，都可視爲「組間」離均差平方和。

至於各細格內（組內）的變異情形，則是隨機誤差所造成的結果，各細格離均差平方和可加總得出組內離均差平方和（SS_w）。各離均差與相對應的自由度及樣本數均具有一定的加成關係：

$$SS_{total} = SS_A + SS_B + SS_{AB} + SS_W \qquad (9\text{-}1)$$

$$df_{total} = df_A + df_B + df_{AB} + df_W \qquad (9\text{-}2)$$

$$(N-1) = (k-1) + (l-1) + (k-1)(l-1) + (N-kl) \qquad (9\text{-}3)$$

SS_A、SS_B、SS_{AB} 三個與自變數效果有關的效果項除以自由度後得到各組間均方和，除以誤差變異數，即得到 F 統計量，可進行 F 檢定。

二、整體考驗與事後考驗

（一）整體考驗

多因子變異數分析的整體效果考驗與單因子變異數分析概念相同。主要效果與交互效果都是整體考驗，各效果的均方和作為分子，誤差變異誤（MS_w）作為分母，相除得到 F 值。摘要表如表 9-2 所示。

→ 表9-2　二因子變異數分析摘要表（完全獨立樣本設計）

變異來源	SS	df	MS	F
組間				
A	SS_A	$k-1$	SS_A/df_A	MS_A/MS_w
B	SS_B	$l-1$	SS_B/df_B	MS_B/MS_w
AB	SS_{AB}	$(k-1)(l-1)$	SS_{AB}/df_{AB}	MS_{AB}/MS_w
組內（誤差）	SS_w	$N-kl$	SS_w/df_w	
全體	SS_t	$N-1$		

（二）事後考驗

變異數分析的事後考驗，是指在整體考驗顯著之後所進行的後續檢驗程序。二因子變異數分析的各主要效果若達顯著，如果各因子僅包含兩個水準（$k=2$），即無須進行事後多重比較。但如果具有三個以上的水準（$k \geq 3$），必須進行多重比較。圖 9-1 列出了二因子變異數分析的事後考驗決策歷程。

對於交互效果，當交互效果顯著後，表示主要效果是一個過度簡化、沒有考慮到其他因子的一種考驗。如果逕行對某一顯著的主要效果加以解釋或討論其事後多重比較結果，會扭曲了該因子的真實效果。此時需進行進一步的事後考驗程序，包括 (1) 對於限定條件的主要效果進行整體比較，又稱為單純主要效果考驗，以及 (2) 單純主要效果考驗達顯著後，該限定條件的單純主要效果的多重比較。

單純主要效果具有整體考驗與事後考驗兩種身分，對於交互效果來說，單純主要效果是一種事後考驗，但單純主要效果本身則是整體考驗。如果單純主要效果未達顯著，或是顯著但是比較的平均數數目為 2 個（$k=2$）時，即可直接拒絕 H_0 並進行解釋；但是顯著的單純主要效果且比較的平均數數目超過 2 個（$k \geq 3$），即必

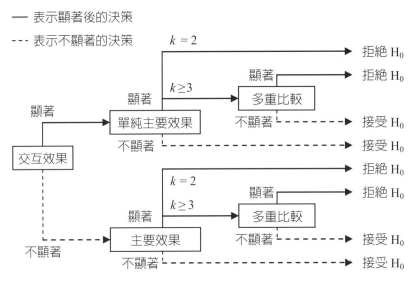

圖9-1　二因子變異數分析假設考驗決策樹

須再進行單純主要效果的事後比較（多重比較），因此，單純主要效果可以稱為事後的整體考驗。本範例中，B因子包含三個以上的水準，因此當B因子的單純主要效果檢定達顯著時，須進行進一步的兩兩平均數配對比較。圖 9-1 中的被實線箭頭指到的效果均為事後考驗。

三、單純主要效果考驗

　　單純主要效果之所以稱為「單純」，是指在「特定條件下」所進行的主要效果顯著性考驗，而「特定條件下的主要效果」即是一種調節效果。在二因子考驗中，若 A 因子有 a_1 與 a_2 兩個水準，B 因子有 b_1、b_2、b_3 三個水準，單純主要效果考驗係從兩方面的六次考驗來檢驗調節效果：第一，當「在考慮 A 的不同水準條件下，檢視 B 因子對於依變數的影響」，須分別檢驗在 a_1 與 a_2 兩種限定條件下的 B 因子效果，稱為 B 因子單純主要效果檢驗；第二是「在考慮 B 的不同水準條件下，檢視 A 因子對於依變數的影響」，須分別檢驗在 b_1、b_2、b_3 三種限定條件下的 A 效果，稱為 A 因子單純主要效果檢驗。各效果的虛無假設如下：

A 因子的單純主要效果檢定：

　　當限定於 B 因子之 b_1 水準時：$H_0: \mu_{a1b1} = \mu_{a2b1}$

　　當限定於 B 因子之 b_2 水準時：$H_0: \mu_{a1b2} = \mu_{a2b2}$

　　當限定於 B 因子之 b_3 水準時：$H_0: \mu_{a1b3} = \mu_{a2b3}$

B 因子的單純主要效果檢定：

　　當限定於 A 因子之 a_1 水準時：$H_0: \mu_{a1b1} = \mu_{a1b2} = \mu_{a1b3}$

　　當限定於 A 因子之 a_2 水準時：$H_0: \mu_{a2b1} = \mu_{a2b2} = \mu_{a2b3}$

　　單純主要效果的 F 檢定，係以在限定條件下的離均差均方和爲分子，以組內離均差均方和爲分母，計算出 F 統計量，據以決定統計顯著性。在二因子分析中，一個完整的單純主要效果檢驗，是由 $k+l$ 次獨立的限定條件單因子變異數分析考驗所組成。

　　值得注意的是，不論是事後多重比較或單純主要效果考驗，皆屬於多次配對比較，多次考驗會導致型 I 錯誤率膨脹，因此檢定時的型 I 錯誤率需採族系錯誤率，將各檢定的以原來的 α 除以比較次數，使整體型 I 錯誤率控制在 .05 水準。

第三節　相依樣本多因子變異數分析

一、基本概念

　　前述有關二因子 ANOVA 的討論，係基於獨立樣本的實驗設計，即每一位受測者均只在某一組別中出現一次，同時每一位受測之間均無任何關連。如果同一位受測者在某一個因子上重複在不同的組別中出現（重複量數設計），或不同組別的受測者之間具有配對關連時（配對樣本設計），是爲相依樣本設計。如果多因子實驗的各因子均採相依設計，需採行完全相依設計多因子變異數分析（correlated sample ANOVA），如果僅是部分的因子採用相依設計，則爲混合設計多因子變異數分析（mixed design ANOVA）。

　　不論是重複量數或配對樣本，由於相依樣本的存在，使得分數的變異來源，除了因爲自變數的效果、交互效果、隨機誤差的效果，另外增加了一項導因於受試者重複測量或配對關係的個別差異誤差效果（稱爲受試者間效果），使得平均數結構更加複雜。一般看到的相依樣本研究多爲重複量數設計，而重複量數或配對設計的分析原則與程序完全相同，因此本章僅以重複量數混合設計爲例。

二、變異數拆解

　　相依設計由於多了一項受試者間平均數的差異，使得影響依變數的變異來源有三：導因於 A 與 B 兩個自變數、導因於誤差項、導因於受試者間。以變異量來表示，就是 SS_A、SS_B、SS_{AB}、$SS_{residual}$（以 SS_r 表示）與 $SS_{b.subject}$（以 $SS_{b.s}$ 表示）。其

中 SS_A、SS_B、SS_{AB} 的概念和計算方法，與獨立樣本設計相同，是指各組平均數的變異量。而 SS_r 與 $SS_{b.s}$ 則是獨立樣本設計的組內變異（SS_w）的重新分割，SS_r 稱為殘差變異，$SS_{b.s}$ 反映受試者間平均數變異。具有下列關係：

$$SS_{total} = SS_A + SS_B + SS_{AB} + SS_{b.s} + SS_r \qquad (9\text{-}4)$$

受試者間離均差平方和（$SS_{b.s}$）反映的是各受試者的平均數離散程度，計算方法是直接計算各受試者平均數與總平均數的離均差平方和。最後，SS_r 可以直接以 $SS_w - SS_{b.s}$ 求得，換言之，殘差變異係將組內變異再扣除受試者間平均數的變異。

三、整體效果的假設考驗

依據先前有關獨立樣本設計的原理，組間效果（包括 A 因子主要效果、B 因子主要效果與交互效果的）的 F 檢定，誤差項的均方和僅有 SS_w 一個。相依設計的誤差項則有 SS_r 與 $SS_{b.s}$ 兩者，在計算 F 值時，不同組間效果，因受誤差變異的來源不同，誤差項也就不同。

今天若有一個帶有 A（獨立因子）與 B（相依因子）兩個因子的混合設計二因子變異數分析，對於採獨立設計的 A 主要效果，由於不受任何重複量數的受試者影響，F 檢定的誤差項為受試者之間的個別差異有關，故取 $MS_{b.s}$（即 $SS_{b.s}/df_{b.s}$）做為誤差項，因該項真正反映隨機誤差的變異來源。而至於 B 主要效果與 AB 交互效果，由於均與相依設計有關，誤差來源與「人」的內在差異有關，因此誤差項取受試者間變異 MS_r（即 SS_r/df_r）。摘要表列於表 9-3。

→ 表9-3　混合設計變異數分析摘要表

變異來源	SS	df	MS	F
組間	SS_b	$kl-1$		
A	SS_A	$k-1$	SS_A/df_A	$MS_A/MS_{b.s}$
B_b	SS_B	$l-1$	SS_B/df_B	MS_B/MS_r
$A \times B_b$	SS_{AB}	$(k-1)(l-1)$	SS_{AB}/df_{AB}	MS_{AB}/MS_r
組內	SS_w	$kl(n-1)$	SS_w/df_w	
受試者間（b.s）	$SS_{b.s}$	$k(n-1)$	$SS_{b.s}/df_{b.s}$	
殘差（誤差）	SS_r	$k(n-1)(l-1)$	SS_r/df_r	
全體	SS_{total}	$N-1$		

註：標示 $_b$ 者為相依設計因子。

第四節　多因子變異數分析的平均數圖示

一、平均數圖示原理與判斷原則

變異數分析的各種效果，可以利用平均數折線圖來描述，並協助我們進行效果的解釋。尤其是交互效果，特別適合於以圖示法來描述。但交互效果折線圖一般僅適用於兩個類別自變數的交互效果的呈現，超過兩個因子時，建議逐次取兩個自變數來繪製折線圖。

在一個交互效果折線圖中，Y 軸為依變數的平均數，而兩個自變數，一個放置於 X 軸（各水準依序描繪於 X 軸上），另一個則以個別線來呈現（每一個水準為一條折線），如此一來，各細格的平均數即可標示於折線的相對應位置，如圖 9-2 是一個 2×3 的二因子變異數分析平均數折線圖，其中 A 因子有兩個水準（a_1 與 a_2），以個別線表示，B 因子有三個水準（b_1、b_2 與 b_3），標示於 X 軸上，圖中的各折線上的點，為各細格平均數，由於 2×3 的二因子變異數分析共有六個細格，因此圖中會出現六個標示點（六個細格平均數）。

一般來說，交互效果如果存在，折線圖中會出現非平行折線，如圖 9-2(a) 至 (c)，各個別折線與各點的相對關係即反映了單純主要效果的狀況。相對的，當各折線呈現平行或接近於平行時，表示交互效果應不顯著，如圖 9-3(a) 至 (d) 所示。

當各折線呈現水平狀況時，表示 B 因子的各水準平均數在 A 因子的特定水準下沒有差異；當各折線呈現非水平狀況時，表示 B 因子的各水準平均數在 A 因子的特定水準下具有差異，B 單純主要效果顯著。以圖 9-2(a) 為例，B 因子各水準平均數在 a_1 水準下為 $b_1 < b_2 < b_3$，在 a_2 水準下為 $b_1 > b_2 > b_3$。顯示 B 因子的效果受到 A 因子的調節。

A 單純主要效果則是指不同折線當中，垂直對應的各細格平均數的距離。圖 9-2(a) 當中，B 因子 b_1、b_2 與 b_3 三個水準下的 A 因子效果分別為 $a_1 < a_2$、$a_1 < a_2$、$a_1 > a_2$，其中 b_1 與 b_3 兩個水準下 A 因子平均數差異都很明顯，A 單純主要效果應達顯著水準，但是在 b_2 水準下，a_1 與 a_2 較為接近，顯示 A 單純主要效果在 b_2 水準下可能未達顯著。但是這些效果是否具有統計的意義，須利用 F 考驗來檢驗。

二、次序性與非次序性交互效果

在圖 9-2 中，包含了非次序性與次序性兩種不同形式的交互效果。非次序性交互效果（disordinal interaction）如圖 9-2(a) 所示。交叉的折線說明了兩個自變數對於依變數具有交互效果，而且各細格的相對關係是不一致的，不具有特定的次序關係。次序性交互效果（ordinal interaction）發生於當兩個自變數對於依變數具有交互效果，但是各細格的相對關係是一致的，具有特定的次序關係，它的特色是折線雖不平行，但是也不會有交會的折線，如圖 9-2(b) 所示。

在圖 9-2(a) 的非次序性交互效果中，a_1 的平均數在 b_1 與 b_2 兩個水準下雖然一致的高於 a_2，但是在 b_3 水準下，則低於 a_2，表示 A 因子在不同的 B 因子水準下，對於依變數的影響不一致。圖 9-2(b) 的各細格平均數均出現一致的相對關係，也就是 a_1 的平均數在 b_1、b_2 與 b_3 三個水準下都是一致的高於 a_2，而 b_1、b_2 與 b_3 的平均數在 a_1、a_2 兩個水準下的順序也相同，都是 $b_1 > b_2 > b_3$，稱為次序性交互效果。

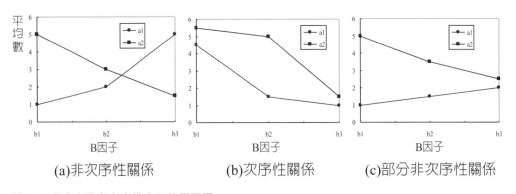

(a)非次序性關係　　　　(b)次序性關係　　　　(c)部分非次序性關係

圖9-2　非次序性與次序性交互效果圖示

交互效果當中，其中一個因子是次序性關係，但另一個因子為非次序性關係時，稱為部分非次序性交互效果（partially disordinal interaction）（圖 9-2(c)）。例如 a_1 的平均數在 b_1、b_2 與 b_3 三個水準下都是一致的高於 a_2，是一種次序性關係，但是對於 B 因子，b_1、b_2 與 b_3 的平均數在 a_1、a_2 兩個水準下的順序關係不同，在 a_1 時為 $b_1 < b_2 < b_3$，但在 a_2 時為 $b_1 > b_2 > b_3$，表示 B 因子在不同的 A 因子水準下，對於依變數的影響不一致，為一種非次序性現象。

基本上，由於交互效果同時包括各因子的作用進行檢驗，因此只要有部分因子出現了非次序關係，統計上一律以非次序性現象來處理，也就是不針對主要效果進行解釋。因為任何非次序交互效果的存在，主要效果需「視狀況而定」。當交互效果為次序性時，主要效果本身是否加以解釋就比較沒有嚴格的限制，因為次序性交互效果意味著因子間的調節作用不會影響效果的次序關係，因此主要效果的解釋，可以作為次序性交互效果的補充解釋。

三、主要效果的圖表判斷

　　平均數折線圖除了可以用於檢查交互效果的型態，也可以用來檢查主要效果的趨勢與強弱狀態，如圖 9-3 所示。而主要效果的判斷，必須在圖 9-3 當中增加一條主要效果平均數折線（虛線）來表示 X 軸因子主要效果（B 因子），而另一個因子（A 因子）的主要效果則以各個別線的整體的垂直差距來表示。

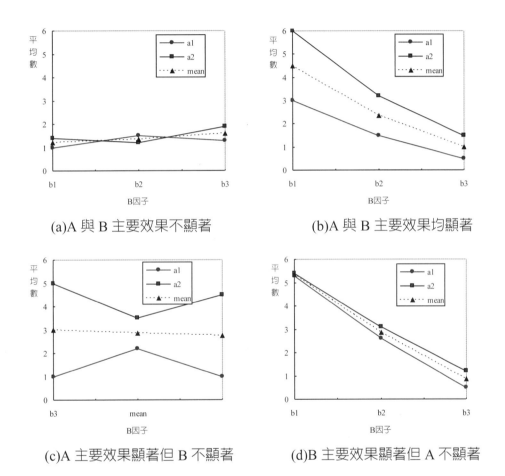

(a)A 與 B 主要效果不顯著　　　　(b)A 與 B 主要效果均顯著

(c)A 主要效果顯著但 B 不顯著　　　(d)B 主要效果顯著但 A 不顯著

圖9-3　交互效果不顯著的主要效果圖示

　　以圖 9-3(a) 為例，B 因子主要效果虛線呈現平坦狀，顯示 B 因子各水準平均數十分接近，B 主要效果可能不顯著，代表 A 因子主要效果的個別折線垂直距離也很接近，顯示 A 因子各水準的平均數十分接近，A 主要效果亦可能不顯著。圖 9-3(b) 是當 A 與 B 主要效果均達顯著的狀況。其中 B 主要效果折線呈現陡峭的不平坦狀況，A 主要效果的各個別折線的垂直距離很大，表示 A 與 B 兩個因子的各水準平均數差異頗大。圖 9-3(c) 與 (d) 則說明了其中一個主要效果不顯著的情形。

第五節　SPSS 的多因子變異數分析範例

範例 9-1　二因子變異數分析（完全獨立設計）

　　為了提高某汽車公司業務員的業績，某位人力資源主管引進一套自我肯定訓練課程。為了了解訓練課程的效果，他蒐集了 27 位參加訓練課程員工的訓練後的業績表現，並將員工分成水準下、水準中以及水準上三類型，探討不同能力水準的員工，接受訓練課程的效果是否具有差異。另外也收集了 27 位沒有參加訓練的員工的業績表現，同樣分成水準下、水準中、水準上三個層次以進行比較。所得到的業績數據如下：

訓練課程 Training	業績能力（Ability）		
	水準下	水準中	水準上
無自我肯定訓練	10　14　16 12　14　13 15　11　13	16　17　23 19　20　15 19　18　21	21　24　23 20　23　25 21　26　22
有自我肯定訓練	15　18　22 18　21　17 18　16　16	18　24　19 22　21　20 20　22　23	21　19　20 23　24　24 22　25　20

一、主要效果之檢驗

【A. 操作程序】

步驟一：輸入資料。兩個自變數與依變數各為單一變數，各占一欄。共三欄。

步驟二：點選分析→一般線性模式→單變量

步驟三：進入因子分析對話框，點選依變數、因子（自變數）

步驟四：選擇所需的附加功能。定義折線圖等功能。

步驟五：按確定執行。

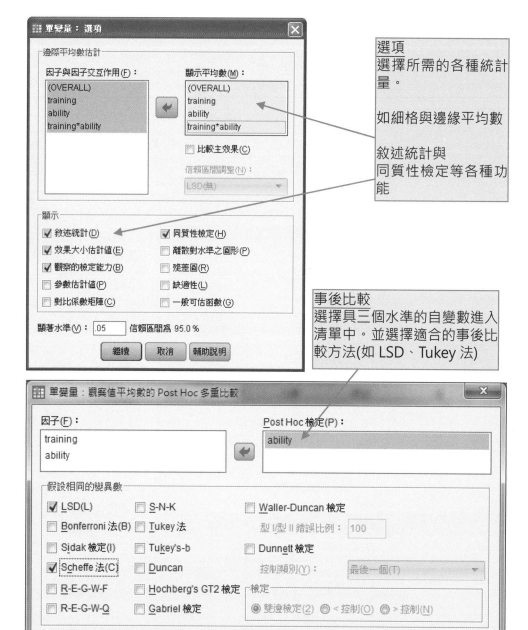

選項
選擇所需的各種統計量。

如細格與邊緣平均數

敘述統計與
同質性檢定等各種功能

事後比較
選擇具三個水準的自變數進入清單中。並選擇適合的事後比較方法(如 LSD、Tukey 法)

【C. 結果輸出】

1. 變異數的單變量分析

因子內容說明
二因子變異數分析共有兩個因子。名稱與人數如表列

受試者間因子

		值標籤	N
自我肯定訓練	1	無	27
	2	有	27
業績能力	1	水準下	18
	2	水準中	18
	3	水準上	18

敘述統計

依變數: 月底銷售成績

自我肯定訓練	業績能力	平均值	標準差	N
無	水準下	13.11	1.900	9
	水準中	18.67	2.500	9
	水準上	22.78	1.986	9
	總計	18.19	4.532	27
有	水準下	17.89	2.315	9
	水準中	21.00	1.936	9
	水準上	22.00	2.121	9
	總計	20.30	2.715	27
總計	水準下	15.50	3.204	18
	水準中	19.83	2.479	18
	水準上	22.39	2.033	18
	總計	19.24	3.851	54

描述統計結果
列出各細格與邊緣平均數、標準差及個數等

Levene's 同質性變異數檢定 [a]

依變數: 月底銷售成績

F	自由度 1	自由度 2	顯著性
.180	5	48	.969

檢定依變數的誤差變異數在群組內相等的虛無假設

a. 設計：截距 + training + ability + training * ability

變異數同質性檢定
探討各樣本的變異情形是否同質：$F=.180$，$p=.969$，顯示假設並未違反

受試者間效應項檢定

依變數：月底銷售成績

來源	類型 III 平方和	自由度	均方	F	顯著性	Squared
修正模型	566.537 [a]	5	113.3...	24.797	.000	.721
截距	19991.130	1	1999...	4375.0	.000	.989
training	60.167	1	60.167	13.167	.001	.215
ability	436.593	2	218.2...	47.773	.000	.666
training * ability	69.778	2	34.889	7.635	.001	.241
誤差	219.333	48	4.569			
總計	20777.000	54				
修正後總數	785.870	53				

a. R 平方 = .721（調整的 R 平方 = .692）

> 變異數分析摘要表
> 兩個主要效果均達顯著
> 交互效果亦顯著

剖面圖

> 個別線的高低代表該水準的平均數為高或低。

> 平均數剖面圖
> 不平行或交叉代表交互效果可能存在

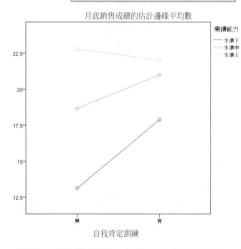

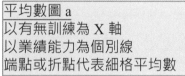

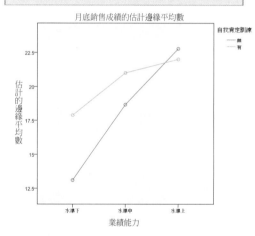

> 平均數圖 a
> 以有無訓練為 X 軸
> 以業績能力為個別線
> 端點或折點代表細格平均數

> 平均數圖 b
> 以業績能力為 X 軸
> 以有無訓練為個別線
> 端點或折點代表細格平均數

【D. 結果說明】

　　由上述的報表可以得知：此一獨立樣本二因子變異數分析不論是兩個主要效果，或交互效果均達顯著水準。顯示有無訓練者，其月底銷售成績具有顯著的差別（$F_{(1,48)} = 13.167$，$p = .001$），業績能力高低強弱者也如預期般的具有月底銷售成績（$F(2,48) = 47.773$，$p < .001$），更進一步的，業績能力與自我肯定訓練會交互影響月底銷售成績（$F(2,48) = 7.635$，$p < .001$）。由於交互效果達顯著水準，主要效果即失去分析價值，而應進行單純主要效果考驗，討論在何種情況下，月底銷售成績會提高或降低，ANOVA 摘要表如表 9-4 所示。

→ 表9-4　完全獨立設計二因子變異數分析摘要表

來源	型 III SS	自由度	平均平方和	F 檢定	顯著性	淨 η^2
A（訓練）	60.167	1	60.167	13.167	.001	.215
B（能力）	436.593	2	218.296	47.773	.000	.666
A×B	69.778	2	34.889	7.635	.001	.241
誤差	219.333	48	4.569			
總數	785.870	53				

二、單純主要效果檢驗

　　單純主要效果複雜之處，在於需進行資料分割，使得被檢驗的自變數的主要效果是限定在另一個自變數的特定水準下來檢驗。

【A. 操作程序】

步驟一：分割資料。以其中一個自變數為分割變數，探討另一個自變數與依變數的關係。如先以訓練課程為分割變數。點選資料→分割檔案→確定

步驟二：點選比較群組，並選擇分割的類別自變數，移至依此群組中，並按確定執行。完成分割。

步驟三：執行單因子變異數分析。點選分析→比較平均數法→單因子變異數分析對話框。

步驟四：點選依變數、因子變數並選擇所需的附加功能。如選項中的敘述統計、同質性檢驗，事後比較 LSD 法。

步驟五：按確定執行。

步驟六：重複上述一至五步驟，但以另一個獨變數為分割變數進行分割，執行單因子變異數分析。

【B. 步驟圖示】

步驟一
分割資料 (點選資料之分割檔案)

步驟二
勾選依比較群組 (選取某一個自變數，移入依此群組中)

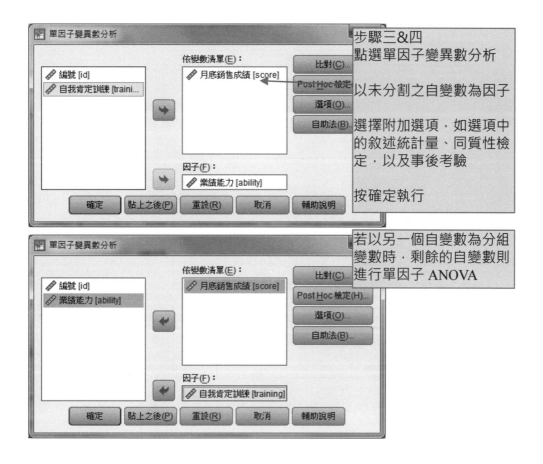

【C. 結果輸出】

描述性統計量

分組描述統計結果
限定後，無訓練者與有訓練者各細格與邊緣平均數、標準差及個數等

score 月底銷售成績

training 自我肯定訓練		個數	平均數	標準差	標準誤	平均數的 95% 信賴區間 下界	上界	最小值	最大值
1 無	1 水準下	9	13.11	1.900	.633				6
	2 水準中	9	18.67	2.500	.833	16.74	20.59	15	23
	3 水準上	9	22.78	1.986	.662	21.25	24.30	20	26
	總和	27	18.19	4.532	.872	16.39	19.98	10	26
2 有	1 水準下	9	17.89	2.315	.772	16.11	19.67	15	22
	2 水準中	9	21.00	1.936	.645	19.51	22.49	18	24
	3 水準上	9	22.00	2.121	.707	20.37	23.63	19	25
	總和	27	20.30	2.715	.522	19.22	21.37	15	25

ANOVA

score 月底銷售成績

training 自我肯定訓練		平方和	自由度	平均平方和	F	顯著性
1 無	組間	423.630	2	211.815	46.028	.000
	組內	110.444	24	4.602		
	總和	534.074	26			
2 有	組間	82.741	2	41.370	9.118	
	組內	108.889	24	4.537		
	總和	191.630	26			

> 變異數分析摘要表
> 在兩個限定條件下的 F 考驗
> 結果，但是 F 並不正確。分
> 母須改用整體考驗的 F 考驗
> 分母 MSw，因此這個報表的
> 目的在產生 SSb

ANOVA

score 月底銷售成績

ability 業績能力		平方和	自由度	平均平方和	F	顯著性
1 水準下	組間	102.722	1	102.722	22.898	.000
	組內	71.778	16	4.486		
	總和	174.500	17			
2 水準中	組間	24.500	1	24.500	4.900	.042
	組內	80.000	16	5.000		
	總和	104.500	17			
3 水準上	組間	2.722	1	2.722	.645	.434
	組內	67.556	16	4.222		
	總和	70.278	17			

【D. 結果說明】

　　單純主要效果必須分別以兩個自變數進行資料的分割，上述報表僅列出以自我肯定訓練作為切割變數的單純主要效果的檢驗。以業績能力（水準下、水準中、水準上）進行分割後的單純主要效果檢驗則省略。總計五次的以單因子變異數分析所進行的單純主要效果之摘要表如表 9-5。為避免型 I 錯誤率膨脹，需採族系錯誤率，將各檢定的 α_{FW} 設為 $\alpha/5 = .05/5 = .01$，使整體型 I 錯誤率控制在 .05 水準。各 F 檢定的顯著性機率由 SPSS 函數轉換結果如下：

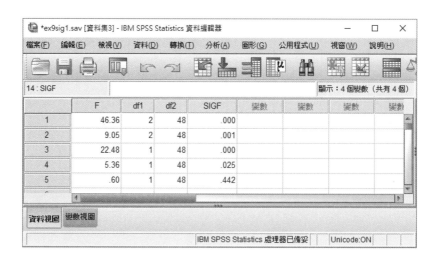

由表 9-5 可以得知：自我肯定訓練與業績能力對於月底銷售成績的交互影響，在不同的限定條件下有所不同。不同程度的業務員在無訓練情況下，月底銷售成績具有明顯的差異，$F(2,48) = 46.36$，$p < .001$，事後比較考驗的結果，發現水準上業務員的成績（22.78），顯著高於水準中（18.67），也高於水準下業務員（13.11），兩兩比較皆達顯著。然而，當條件限定在有參加訓練課程的學生時，業績能力因子對月底銷售成績的影響雖仍顯著，但已經降低，$F(2,48) = 9.05$，$p < .001$，事後比較考驗的結果，則發現參加訓練課程後，水準上業務員之成績（22）並未顯著高於水準中業務員（21），僅高於水準下的業務員（17.89），從平均數來看，可知水準中與水準下業務員，受到自我肯定訓練的影響較大。

從業績能力的三個不同限定條件的分割，來分析有無訓練對於月底銷售成績的影響，可以看出對於水準上業務員，自我肯定訓練並無效果 $F(1,48) = .60$，n.s.，對於水準中業務員與水準下業務員則有顯著效果，水準中業務員在有無訓練的差異達顯著，$F(1,48) = 5.36$，$p = .025$，後段學生在訓練有無的差異亦達顯著 $F(1,48) = 22.48$，$p < .001$，顯示自我肯定訓練對於水準中業務員最有幫助，沒有參加訓練的水準中業務員成績為 18.67，有參加課程的業務員成績達 23.67，比水準上業務員還高分。沒有參加訓練的水準下業務員成績只有 13.11，但是有參加課程的業務員，成績達 17.89，亦顯著增加。由於自我肯定訓練的單純主要效果只有兩個水準，因此無須進行事後考驗，可以直接比較兩組樣本的平均數。

由此一範例可以明確的看出，交互效果達顯著後，執行單純主要效果的重要性。對於依變數的影響，兩個自變數或許皆有顯著的影響，但是一個顯著的交互效果，顯示主要效果的解釋，必須考慮兩個自變數的互動性。事實上，前面整體考驗中所提供的剖面圖示法，已經可以清楚看出兩個自變數對於依變數的交互影響作用，這便是許多研究者喜歡使用剖面圖來判斷交互效果的主要原因。

→ **表9-5** 單純主要效果變異數分析摘要表

單純主要效果內容	SS	df	MS	F	P	Post hoc tests
業績能力						
在無訓練條件下	423.630	2	211.815	46.36	.000	上 > 中，上 > 下，中 > 下
在有訓練條件下	82.741	2	41.370	9.05	.001	上 > 下，中 > 下
自我肯定訓練						
在水準下條件下	102.722	1	102.722	22.48	.000	-
在水準中條件下	24.500	1	24.500	5.36	.025	-
在水準上條件下	2.722	1	2.722	.60	.442	-
誤差	219.333	48	4.569			

範例 9-2　二因子變異數分析（混合設計）

　　捷運行車控制中心的操作人員研究爲例，心理學家假設，工作時間增長，注意力降低，在一天當中的四次測量，受試者的反應時間顯著增長，印證了研究假設。如果隨機挑選的 13 名操作人員當中，若有 7 位爲男性，6 位爲女性。研究者想觀察性別是否是另一個影響注意力的因素，此時即可以視爲是一個二因子混合設計變異數分析，其中受試者內設計的因子爲四個不同的測量時間：上班初期、午飯前、午飯後、下班前四個時段（重複量數），而受試者間設計則爲性別差異（獨立樣本）。依變數仍爲反應時間（秒）。請問，是否性別差異、工作時間對於注意力有影響？

No.	性別	上班初期 9:00	午飯前 11:30	午飯後 14:00	下班前 16:30
1	男	6.2	6.7	7.4	7.8
2	男	5.9	4.8	6.1	6.9
3	男	8.4	8.7	9.9	10.3
4	女	7.6	7.8	8.7	8.9
5	女	4.1	4.7	5.4	6.6
6	女	5.4	5.3	5.9	7.1
7	女	6.6	6.7	7.2	7.5
8	女	6.1	5.8	6.4	6.7
9	女	4.9	5.1	5.2	6.8
10	男	8.2	8.6	9.3	10.4
11	男	5.7	5.7	6.5	7.2
12	男	5.9	6.4	6.9	7.6
13	男	6.9	6.6	7.1	7.5

一、主要效果檢驗

　　混合設計變異數分析是獨立設計與相依設計綜合體，因此資料的輸入格式與分析方法是兩種分析的合成。由於各項效果的 F 檢定有不同的誤差項，因此在整理報表需格外謹慎。取用正確的誤差項。

【A. 操作程序】

步驟一：輸入資料。每一位受試者占一列。重複測量的各水準以單獨的一個變數來輸入。獨立樣本自變數則為獨立一欄。

步驟二：點選分析→一般線性模式→重複量數。

步驟三：進入定義因子清單，輸入重複量數因子名稱 (timing) 及水準數，並可輸入變數的標籤，按壓定義。

步驟四：進入重複量數對話框，依序點選重複的水準 (time1 至 time4)，輸入獨立因子，移至因子清單。

步驟五：選擇所需的附加功能。如選項中的敘述統計與事後比較。

步驟六：按確定執行。

【B. 步驟圖示】

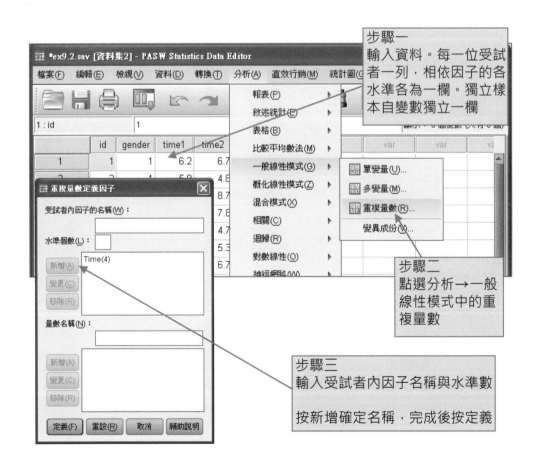

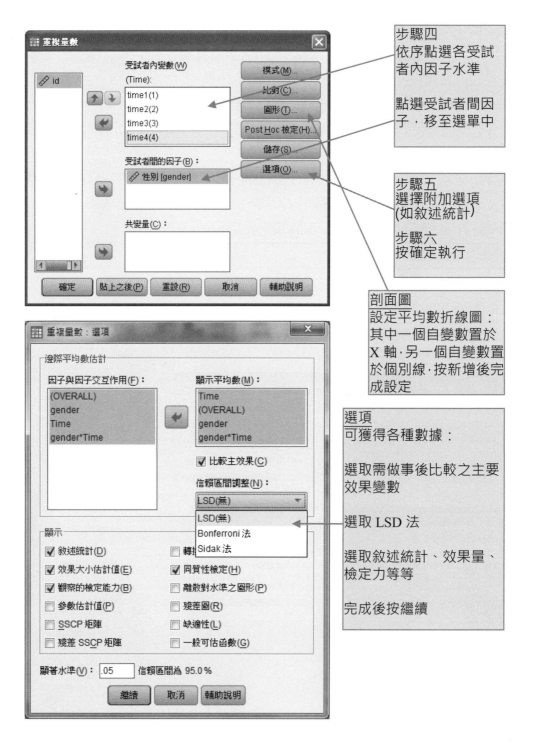

步驟四
依序點選各受試者內因子水準

點選受試者間因子，移至選單中

步驟五
選擇附加選項
(如敘述統計)

步驟六
按確定執行

剖面圖
設定平均數折線圖：其中一個自變數置於 X 軸，另一個自變數置於個別線，按新增後完成設定

選項
可獲得各種數據：

選取需做事後比較之主要效果變數

選取 LSD 法

選取敘述統計、效果量、檢定力等等

完成後按繼續

【C. 結果輸出】

受試者內因子

測量：MEASURE_1

Time	依變數
1	time1
2	time2
3	time3
4	time4

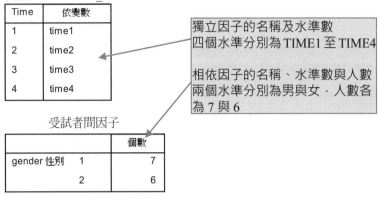

獨立因子的名稱及水準數
四個水準分別為 TIME1 至 TIME4

相依因子的名稱、水準數與人數
兩個水準分別為男與女，人數各
為 7 與 6

受試者間因子

		個數
gender 性別	1	7
	2	6

敘述統計

	gender 性別	平均數	標準離差	個數
time1 上班初期	1	6.743	1.1326	7
	2	5.783	1.2513	6
	總數	6.300	1.2416	13
time2 午飯前	1	6.786	1.4300	7
	2	5.900	1.1576	6
	總數	6.377	1.3386	13
time3 午飯後	1	7.600	1.4387	7
	2	6.467	1.3110	6
	總數	7.077	1.4481	13
time4 下班前	1	8.243	1.4684	7
	2	7.267	.8641	6
	總數	7.792	1.2829	13

描述統計
列出所有細格與邊緣
平均數、標準差與個數

共變量矩陣等式的 Box 檢定 [a]

Box's M	13.255
F	.777
df1	10
df2	537.746
顯著性	.651

BOX's 的共變矩陣同質性檢定
檢驗性別在四個重複測量的共變數矩陣是否同質，
$M=13.255$，$F=.777$，$p=.651$ 不顯著，假設成立

檢定依變數的觀察共變量矩陣 之
虛無假設，等於交叉 組別。

　a. Design:截距 + gender
　　受試者內設計: Time

Mauchly 球形檢定 [b]

測量:MEASURE_1

受試者內效應項	Mauchly's W	近似卡方分配	df	顯著性	Epsilon[a]		
					Greenhouse-Geisser	Huynh-Feldt	下限
Time	.599	4.977	5	.421	.767	1.000	.333

檢定正交化變數轉換之依變數的誤差 共變量矩陣的虛無假設，是識別矩陣 的一部份。

a. 可用來調整顯著性平均檢定的自由度。改過的檢定會顯示在 "Within-Subjects Effects" 表檢定中。

b. Design:截距 + gender
受試者內設計: Time

受試者內效應項的檢定

測量:MEASURE_1

來源		型 III 平方和	df	平均平方和	F	顯著性	淨相關 Eta 平方	觀察的檢定能力[a]
Time	假設為球形	18.788	3	6.263	57.056	.000	.838	1.000
	Greenhouse-Geisser	18.788	2.300	8.170	57.056	.000	.838	1.000
	Huynh-Feldt	18.788	3.000	6.263	57.056	.000	.838	1.000
	下限	18.788	1.000	18.788	57.056	.000	.838	1.000
Time * gender	假設為球形	.105	3	.035	.319	.811	.028	.105
	Greenhouse-Geisser	.105	2.300	.046	.319	.759	.028	.098
	Huynh-Feldt	.105	3.000	.035	.319	.811	.028	.105
	下限	.105	1.000	.105	.319	.590	.028	.091
誤差 (Time)	假設為球形	3.622	33	.110				
	Greenhouse-Geisser	3.622	25.297	.143				
	Huynh-Feldt	3.622	33.000	.110				
	下限	3.622	11.000	.329				

a. 使用 alpha = .05 計算

誤差變異量的 Levene 檢定等式 [a]

	F	df1	df2	顯著性
time1 上班初期	.023	1	11	.881
time2 午飯前	.158	1	11	.699
time3 午飯後	.140	1	11	.715
time4 下班前	2.866	1	11	.119

檢定各組別中依變數誤差變異量的虛無假設是 相等的。

a. Design:截距 + gender
受試者內設計: Time

受試者間效應項的檢定
測量：MEASURE_1
轉換的變數：均數

來源	型 III 平方和	df	平均平方和	F	顯著性	淨相關 Eta 平方	Noncent. 參數	觀察的檢定能力[a]
截距	2424.479	1	2424.479	389.016	.000	.973	389.016	1.000
gender	12.632	1	12.632	2.027	.182	.156	2.027	.256
誤差	68.556	11	6.232					

測量:MEASURE_1

(I) Time	(J) Time	平均差異 (I-J)	標準誤差	顯著性[a]	差異的 95% 信賴區間[a]	
					下界	上界
1	2	-.080	.133	.560	-.372	.212
	3	-.770*	.129	.000	-1.054	-.486
	4	-1.492*	.171	.000	-1.869	-1.115
2	1	.080	.133	.560	-.212	.372
	3	-.690*	.082	.000	-.872	-.509
	4	-1.412*	.126	.000	-1.689	-1.135
3	1	.770*	.129	.000	.486	1.054
	2	.690*	.082	.000	.509	.872
	4	-.721*	.125	.000	-.998	-.445
4	1	1.492*	.171	.000	1.115	1.869
	2	1.412*	.126	.000	1.135	1.689
	3	.721*	.125	.000	.445	.998

事後考驗
Time1 vs Time2 不顯著，其他配對均顯著

根據估計的邊緣平均數而定

a. 調整多重比較：最低顯著差異 (等於未調整值)。

*. 平均差異在 .05 水準是顯著的。

剖面圖

剖面圖
以重複測量為個別線或以性別為個別線均未顯示出非平行或明顯的交叉，顯示交互作用不明顯

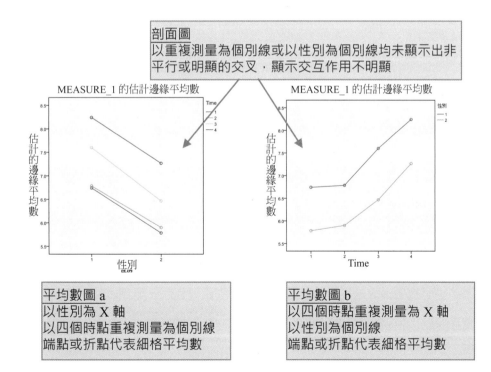

平均數圖 a
以性別為 X 軸
以四個時點重複測量為個別線
端點或折點代表細格平均數

平均數圖 b
以四個時點重複測量為 X 軸
以性別為個別線
端點或折點代表細格平均數

【D. 結果說明】

由上述的報表可以得知：此一相依樣本的球形檢定並未違反，Mauchly's W 係數爲 .599（$\chi^2 = 4.977$，$p = .421$），因此不需使用修正公式得到的數據。交互效果 $F(3,33) = .319$，$p = .811$，未達顯著，因此無須進行單純主要效果分析。若從剖面圖來觀察，亦可發現無明顯的交叉或非平行線段。

兩個自變數的主要效果分析發現，受試者間設計自變數（性別）並未達到顯著，$F(1,33) = 2.027$，$p = .182$，顯示性別與反應時間沒有關係；但受試者內設計的四個樣本平均數差異達顯著水準，組間效果 $F(3,33) = 57.056$，$p < .001$，表示不同的測量時段下，操作員的注意力的確有所不同。變異數分析摘要表見表 9-6。

事後比較可以看出，四個水準平均數的兩兩比較，除了水準 1 與水準 2 相比（不均數差爲 -.8，$p = .560$）爲不顯著之外，其他各水準的兩兩比較均達顯著水準，且平均數呈現逐步增高，顯示時間愈晚的水準，所需反應時間增加，注意力變差。以第四次測量（下班前）的注意力最差，平均數爲 7.792。

→ 表9-6　混合設計二因子變異數分析摘要表

變異來源	SS	df	MS	F	P
性別（獨立因子）	12.632	1	12.632	2.027	.182
時段 $_b$（相依因子）	18.788	3	6.263	57.056	.000
性別 × 時段 $_b$	.105	3	.035	.319	.811
組內	72.178	44			
受試者間（b.s）	68.556	11	6.232		
殘差	3.622	33	.110		
全體 Total	103.900	51			

註：標示 $_b$ 者爲相依設計因子，需以殘差爲誤差項。

二、單純主要效果檢驗

單純主要效果檢驗是混合設計變異數分析的重要程序，雖然本範例的交互效果不顯著，但爲了示範的目的，我們仍以本範例的資料進行說明，在實際研究上，交互效果不顯著時，不必進行單純主要效果檢驗。

混合設計的單純主要效果處理方式與完全獨立設計類似，不同之處在於資料的分割，在檢驗相依因子的單純主要效果須就獨立因子的不同水準進行資料分割，但是獨立因子的單純主要效果則不需資料分割。基本上，每一個單純主要效果仍是一個單因子變異數分析，如果單純主要效果具有三個或以上的水準時（如業績能力的單純主要效果），達顯著後還需進行事後考驗。誤差項與 F 值的計算必須另行以人工處理。

【A. 操作程序】

一、相依因子的單純主要效果考驗

步驟一：分割資料。以類別自變數為分割變數，點選資料→分割檔案→確定。

步驟二：點選比較群組，並選擇分割的類別自變數，移至依此群組中，並按確定執行，完成分割。

步驟三：執行單因子變異數分析。點選分析→一般線性模式重複量數對話框。

步驟四：依照重複量數 ANOVA 原理，選擇相依因子的四個水準為依變數，進行單因子相依樣本變異數分析。並選取如選項中的事後比較 LSD 法。按確定執行。

二、獨立因子的單純主要效果考驗

步驟一：還原分割後，以全體觀察值進行單因子變異數分析。點選分析→比較平均數法→單因子變異數分析。

步驟二：將四相依因子水準逐一移至依變數，將獨立因子移至因子清單，並選擇所需的附加功能。如選項中的敘述統計、同質性檢驗，事後比較 LSD 法。按確定執行。

步驟三：完成摘要表（注意需以人為方式選取誤差項）。

（一）相依因子的單純主要效果考驗

【B. 步驟圖示】

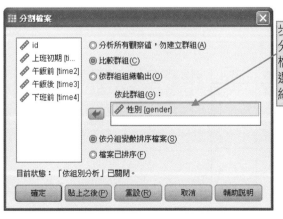

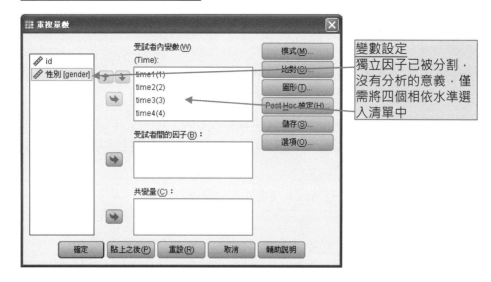

步驟三
選取重複量數分析

以相依因子為依變數

變數設定
獨立因子已被分割，
沒有分析的意義，僅
需將四個相依水準選
入清單中

【C. 結果輸出】

敘述統計

gender 性別		平均數	標準離差	個數
1	time1 上班初期	6.743	1.1326	7
	time2 午飯前	6.786	1.4300	7
	time3 午飯後	7.600	1.4387	7
	time4 下班前	8.243	1.4684	7
2	time1 上班初期	5.783	1.2513	6
	time2 午飯前	5.900	1.1576	6
	time3 午飯後	6.467	1.3110	6
	time4 下班前	7.267	.8641	6

分割後的描述統計數據
將獨立因子分割後，相依因子各水準
的描述統計量

Mauchly 球形檢定 [b]

測量：MEASURE_1

gender 性別	受試者內效應項	Mauchly's W	近似卡方分配	df	顯著性	Epsilon[a]		
						Greenhouse-Geisser	Huynh-Feldt	下限
1	Time	.403	4.290	5	.516	.685	1.000	.333
2	Time	.160	6.810	5	.249	.561	.814	.333

檢定正交化變數轉換之依變數的誤差 共變量矩陣的虛無假設，是識別矩陣 的一部份。

a. 可用來調整顯著性平均檢定的自由度。改過的檢定會顯示在 "Within-Subjects Effects" 表檢定中。

b. Design:截距
受試者內設計: Time

> 變異數分析摘要表
> 分別就兩個限定條件進行 F 考驗，但是 F 檢定結果並不正確。分母須改用整體考驗的 F 考驗分母 MSw，因此這個報表的目的在產生 SSb

受試者內效應項的檢定

測量：MEASURE_1

gender 性別	來源		型 III 平方和	df	平均平方和	F	顯著性	淨相關 Eta 平方	觀察的檢定能力[a]
1	Time	假設為球形	10.826	3	3.609	35.315	.000	.855	1.000
		Greenhouse-Geisser	10.826	2.054	5.270	35.315	.000	.855	1.000
		Huynh-Feldt	10.826	3.000	3.609	35.315	.000	.855	1.000
		下限	10.826	1.000	10.826	35.315	.001	.855	.998
	誤差 (Time)	假設為球形	1.839	18	.102				
		Greenhouse-Geisser	1.839	12.325	.149				
		Huynh-Feldt	1.839	18.000	.102				
		下限	1.839	6.000	.307				
2	Time	假設為球形	8.265	3	2.755	23.177	.000	.823	1.000
		Greenhouse-Geisser	8.265	1.683	4.909	23.177	.000	.823	.998
		Huynh-Feldt	8.265	2.443	3.384	23.177	.000	.823	1.000
		下限	8.265	1.000	8.265	23.177	.005	.823	.966
	誤差 (Time)	假設為球形	1.783	15	.119				
		Greenhouse-Geisser	1.783	8.417	.212				
		Huynh-Feldt	1.783	12.213	.146				
		下限	1.783	5.000	.357				

a. 使用 alpha = .05 計算

（二）獨立因子的單純主要效果考驗

【B. 步驟圖示】

> 步驟一
> 還原資料
> 點選資料之分割檔案。
> 點選分析所有觀察值，不再分割

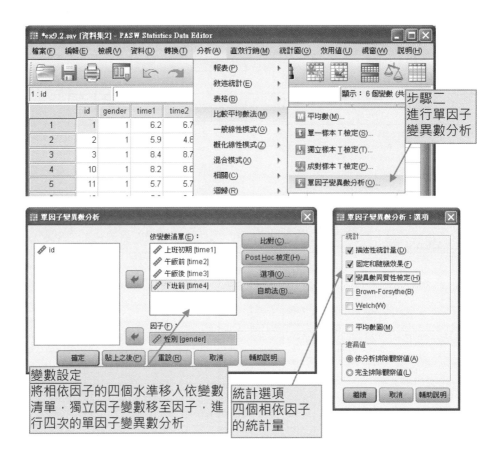

變數設定
將相依因子的四個水準移入依變數
清單，獨立因子變數移至因子，進
行四次的單因子變異數分析

統計選項
四個相依因子
的統計量

【C. 結果輸出】

ANOVA

		平方和	自由度	平均平方和	F	顯著性
time1 上班初期	組間	2.975	1	2.975	2.107	.174
	組內	15.525	11	1.411		
	總和	18.500	12			
time2 午飯前	組間	2.535	1	2.535	1.470	.251
	組內	18.969	11	1.724		
	總和	21.503	12			
time3 午飯後	組間	4.150	1	4.150	2.172	.169
	組內	21.013	11	1.910		
	總和	25.163	12			
time4 下班前	組間	3.079	1	3.079	2.032	.182
	組內	16.670	11	1.515		
	總和	19.749	12			

變異數分析摘要表
四個相依因子水準
的單因子 F 考驗結
果，F 考驗值並不正
確，需以人工方式重
新計算。我們可以從
本表中獲得 SS 數值

【D. 結果說明】

　　混合設計的單純主要效果檢驗，是分別以兩個自變數為條件化變數，進行單因子變異數分析檢驗。相依因子的單純主要效果檢驗，分母為殘差均方和（MS_r），而獨立設計因子的單純主要效果檢驗，分母不是受試者間均方和，而是細格內均方和（MS_w），因為獨立因子的簡單主要效果考驗是在不同的相依條件下進行檢驗，並沒有把個別差異的受試者間效果排除，因此誤差要以全體細格內的變異為之，也就是完全獨立設計的誤差項（由此可知，我們建議讀者採用傳統的組間對比組內的 ANOVA 摘要表，如此即可輕易的獲知 MS_w 的數值）。混合設計的單純主要效果摘要表如表 9-7。

　　本範例的交互作用不顯著，因此不必進行單純主要效果考驗。本節僅作示範，但可以從摘要表看出，時段自變數在兩個獨立因子的水準下，均達顯著差異，型 I 錯誤率採族系錯誤率 α_{FW} = .05/6 = .0083 下，男性水準下為 $F_{(3,33)}$ = 32.73，$p <$ .001，女性水準下為 $F_{(3,33)}$ = 25.00，$p <$ .001，兩者 p 值皆小於 .0083，這兩個檢定值與表 9-6 中不區分性別水準下的主要效果 $F_{(3,33)}$ = 57.056，$p <$ .001，結論相同，均達顯著水準。表示不同的測量時段下，操作員的注意力的確有所不同，而且在男性與女性條件下均一致。另一方面，性別自變數在四個相依因子的水準下，均未有顯著差異，$F_{(1,44)}$ 分別為 1.81、1.55、2.53、1.88，這些個檢定值與完整的性別變數主要效果 $F_{(1,33)}$ = 2.027，p = .182，結論相同，表示性別與反應時間不論在什麼情況下皆無關係。

→ **表9-7** 混合設計單純主要效果變異數分析摘要表

單純主要效果	SS	df	MS	F_o	p
時段（相依因子）					
在男性條件下	10.826	3	3.60	32.73	.000
在女性條件下	8.265	3	2.75	25.00	.000
誤差（殘差 residual）	3.622	33	.110		
性別（獨立因子）					
在上班初期條件下	2.975	1	2.975	1.81	.185
在午飯前條件下	2.535	1	2.535	1.55	.220
在午飯後條件下	4.150	1	4.150	2.53	.119
在下班前條件下	3.079	1	3.079	1.88	.177
誤差（殘差 residual）	72.178	44	1.64		

範例 9-3　二因子變異數分析（完全相依設計）

　　某家食品公司為了開發新的薑母茶飲料，選取一些消費者至實驗室中進行試吃，食品公司所關心的是薑母茶當中薑的濃度（低薑、中薑、與高薑）與糖分（低糖、普通糖）對於消費者的接受度的影響，計有 5 位消費者參與試吃，每一個人必須吃完六種不同成分的飲料，並評估他們的接受度（1 至 10 分），為了使不同的飲料不至干擾消費者的判斷，每一次試吃均間隔 30 分鐘，並做必要的控制處理。此時每一個受試者均接受六種情況，為一完全相依樣本設計範例。實驗數據如下，請問食品公司獲致何種結論？

糖　分（A）	低甜度（a1）			普通甜度（a2）		
薑濃度（B）	低（b1）	中（b2）	高（b3）	低（b1）	中（b2）	高（b3）
S1	3	5	8	7	6	4
S2	1	3	8	8	7	5
S3	4	6	7	5	10	6
S4	5	9	9	6	9	7
S5	3	9	9	5	10	6

一、主要效果之檢驗

【A. 操作程序】

步驟一：輸入資料。每一位受試者占一列。重複測量的各水準以單獨的一個變
　　　　數來輸入。計有六個變數。

步驟二：點選分析→一般線性模式→重複量數。

步驟三：進入定義因子清單，輸入重複量數因子名稱 (sugar) 水準數 (2) 以及重
　　　　複量數因子名稱（ginger）水準數 (3)，然後按定義。

步驟四：進入重複量數對話框，依序點選重複的水準至全部點選完畢。

步驟五：選擇所需的附加功能。如選項中的敘述統計。
　　　　點選對比，選擇多重比較的比較內容。

步驟六：按確定執行。

【B. 步驟圖示】

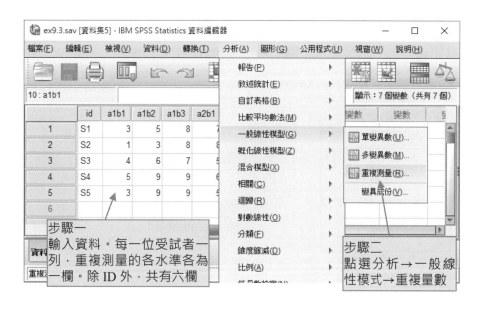

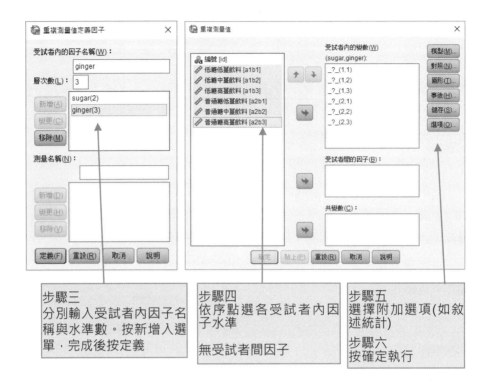

步驟三
分別輸入受試者內因子名稱與水準數。按新增入選單，完成後按定義

步驟四
依序點選各受試者內因子水準

無受試者間因子

步驟五
選擇附加選項(如敘述統計)

步驟六
按確定執行

【C. 結果輸出】

受試者內因子

測量: MEASURE_1

sugar	ginger	依變數
1	1	a1b1
	2	a1b2
	3	a1b3
2	1	a2b1
	2	a2b2
	3	a2b3

自變數名稱及水準數
自變數 1: Sugar(兩個水準)
自變數 2: Ginger(三個水準)
共六個水準。描述統計量

敘述統計

	平均值	標準差	N
低糖低薑飲料	3.20	1.483	5
低糖中薑飲料	6.40	2.608	5
低糖高薑飲料	8.20	.837	5
普通糖低薑飲料	6.20	1.304	5
普通糖中薑飲料	8.40	1.817	5
普通糖高薑飲料	5.60	1.140	5

各變數描述統計量
每一個樣本的平均數、標準差、個數

球形考驗
Sugar 只有兩組，沒有檢驗值，其他各檢驗未顯著，表示沒有違反

Mauchly 的球形檢定 [a]

測量: MEASURE_1

受試者內效應	Mauchly's W	近似卡方分配	自由度	顯著性	Epsilon [b]		
					Greenhouse-Geisser	Huynh-Feldt	下限
sugar	1.000	.000	0	.	1.000	1.000	1.000
ginger	.202	4.791	2	.091	.556	.617	.500
sugar * ginger	.532	1.895	2	.388	.681	.912	.500

檢定標準正交化變換依變數的誤差共變數矩陣與恆等式矩陣成比例的虛無假設。

a. 設計：截距

受試者內設計：sugar + ginger + sugar * ginger

受試者內效應項檢定

測量: MEASURE_1

來源		類型 III 平方和	自由度	均方	F	顯著性	Partial Eta Squared
sugar	假設的球形	4.800	1	4.800	2.165	.215	.351
	Greenhouse-Geisser	4.800	1.000	4.800	2.165	.215	.351
	Huynh-Feldt	4.800	1.000	4.800	2.165	.215	.351
	下限	4.800	1.000	4.800	2.165	.215	.351
Error(sugar)	假設的球形	8.867	4	2.217			
	Greenhouse-Geisser	8.867	4.000	2.217			
	Huynh-Feldt	8.867	4.000	2.217			
	下限	8.867	4.000	2.217			
ginger	假設的球形	41.267	2	20.633	8.092	.012	.669
	Greenhouse-Geisser	41.267	1.113	37.08	8.092	.040	.669
	Huynh-Feldt	41.267	1.234	33.43	8.092	.034	.669
	下限	41.267	1.000	41.267	8.092	.047	.669
Error(ginger)	假設的球形	20.400	8	2.550			
	Greenhouse-Geisser	20.400	4.451	4.584			
	Huynh-Feldt	20.400	4.936	4.133			
	下限	20.400	4.000	5.100			
sugar * ginger	假設的球形	44.600	2	22.300	12.990	.003	.765
	Greenhouse-Geisser	44.600	1.362	32.745	12.990	.011	.765
	Huynh-Feldt	44.600	1.823	24.45	12.990	.004	.765
	下限	44.600	1.000	44.600	12.990	.023	.765
Error (sugar*ginger)	假設的球形	13.733	8	1.717			
	Greenhouse-Geisser	13.733	5.448	2.521			
	Huynh-Feldt	13.733	7.294	1.883			
	下限	13.733	4.000	3.433			

A 主要效果檢定值 SS_A
糖分變數的主要效果檢定顯著性 p=.215 可知未達顯著

B 主要效果檢定值 SS_B
薑濃度變數的主要效果檢定顯著性 p=.215 可知未達顯著

交互效果檢定值 SS_{A*B}
糖分*薑濃度兩自變數交互效果的顯著性 p=.003，可知十分顯著

受試者間效應項檢定

受試者效果檢定
即受試者間平均數之變異量

測量：MEASURE_1
變換的數數：平均值

來源	類型 III 平方和	自由度	均方	F	顯著性	Partial Eta Squared
截距	1203.333	1	1203.3	229.21	.000	.983
誤差	21.000	4	5.250			

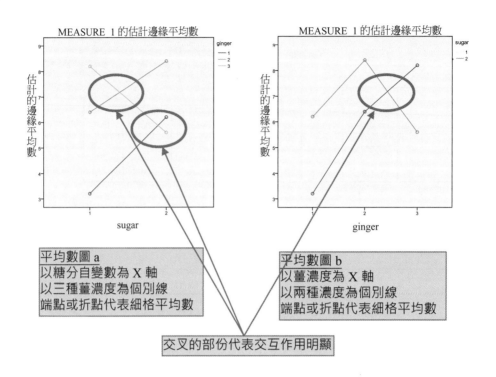

【D. 結果說明】

　　分析的結果發現，相依樣本的球形檢定並未違反，Mauchly's W 係數為 .202（$\chi^2 = 4.791$，$p > .05$）及 .532（$\chi^2 = 1.895$，$p > .05$），因此不需使用修正公式得到的數據。

　　由受試者內效應項的檢定，可以看出兩個自變數主要效果中糖分自變數（sugar）並未達到顯著水準，$F(1,4) = 2.165$，$p > .05$，薑濃度（ginger）則有顯著的效果，$F(2,8) = 8.092$，$p < .05$。

　　交互作用項達顯著水準，$F(2,8) = 12.99$，$p < .01$，以剖面圖來觀察，亦可發現有明顯的交叉或非平行線段。因此 B 主要效果即使顯著，也不須進行處理。變異數分析摘要表見表 9-8。

二、單純主要效果之檢驗

　　本範例是一個交互作用顯著的完全相依設計二因子變異數分析，由於交互作用顯著，研究結果必須等待單純主要效果分析完畢才能得到。而由於兩個自變數都是受試者內設計變數，因此單純主要效果仍必須分別就兩個因子分別來討論。討論糖分變數的 A 單純主要效果時，需依薑濃度自變數的三個水準分成低薑 b1、中薑 b2、高薑 b3 三個單純主要效果分別來分析；相對的，討論薑濃度變數的 B 單純主

→表9-8　完全相依設計二因子變異數分析摘要表

變異來源	SS	df	MS	F
組間	90.67	5		
SUGAR（A 主要效果）	4.80	1	4.80	2.16
GINGER（B 主要效果）	41.27	2	20.63	8.10*
SUGAR*GINGER（交互作用）	44.60	2	22.30	12.99**
組內	64	24	2.67	
受試者間 b.s	21.00	4	5.25	
殘差（A×b.s）	8.87	4	2.22	
殘差（B×b.s）	20.40	8	2.55	
殘差（AB×b.s）	13.73	8	1.72	
全體 Total	154.67	29		

*$p < .05$　**$p < .01$

要效果時，需依另一個自變數糖分的兩個水準分成低糖 a1、正常糖 a2 兩條件個別來進行，共計進行五次單純主要效果考驗（重複量數）。

　　對於 A 單純主要效果而言，不論在 b1、b2 或 b3 等三個 B 因子水準下進行單純主要效果檢驗，都是重複量數的雙樣本平均數統計檢定，可以使用相依樣本 t 檢定的概念或單因子變異數分析重複量數設計來檢驗；然而，對於 B 單純主要效果，不論在 a1 或 a2 兩個水準下，因為 B 因子具有三個水準，屬於重複量數的三樣本平均數統計檢定，必須使用單因子變異數分析的重複量數設計來檢驗，且 B 單純主要效果若達顯著，還需進行事後考驗，比較 B 因子三個不同水準的差異情形。考驗的程序與結果說明如後：

【A. 操作程序】

步驟一：點選分析→一般線性模式→重複量數，進入定義對話框。

步驟二：進行 A 簡單主要效果檢驗在 b1 條件下時，受試者內設計因子只需輸入 A 因子名稱（SUGAR）及水準數 (2)。按定義。

步驟三：進入重複量數對話框，將與 b1 有關的變數點選至右方清單中，並選擇所需附加功能，如選項。按確定執行。

步驟四：重複上述一至三步驟，但以 B 因子的其他水準，進行相同的重複量數單因子變異數分析。

步驟五：進行 B 簡單主要效果檢驗在 a1 條件下時，受試者內設計因子輸入 B 因子名稱（GINGER）及水準數 (3)。按定義。

步驟六：進入重複量數對話框，將與 a1 有關的變數點選至右方清單中，選擇附加功能，加選 B 因子事後考驗。按確定執行。

步驟七：重複上述五、六步驟，但以 A 因子的其他水準，進行相同的重複量數單因子變異數分析。

【B. 步驟圖示】

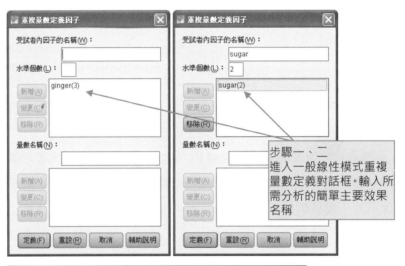

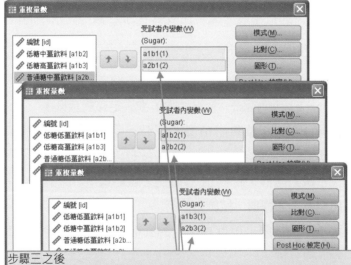

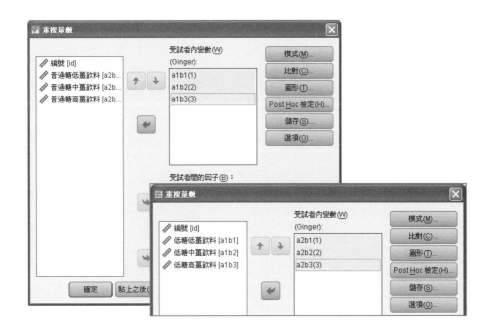

【C. 結果輸出】

A：A因子單純主要效果

（註：A 因子單純主要效果共計需執行三次，僅列出一次之結果。）

受試者內因子
測量：MEASURE_1

Sugar	依變數
1	a1b1
2	a2b1

顯示納入分析依變數
為在 b1 條件下的 A 因子效果
a1b1 與 a2b1

敘述統計

	平均數	標準離差	個數
a1b1 低糖低薑飲料	3.20	1.483	5
a2b1 普通糖低薑飲料	6.20	1.304	5

A 簡單主要效果均方和
糖分變數的簡單主要效
果檢定必須以人工方式
計算。

受試者內效應項的檢定
測量：MEASURE_1

來源		型 III 平方和	df	平均平方和	F	顯著性	淨相關 Eta 平方
Sugar	假設為球形	22.500	1	22.500	6.923	.058	.634
	Greenhouse-Geisser	22.500	1.000	22.500	6.923	.058	.634
	Huynh-Feldt	22.500	1.000	22.500	6.923	.058	.634
	下限	22.500	1.000	22.500	6.923	.058	.634
誤差 (Sugar)	假設為球形	13.000	4	3.250			
	Greenhouse-Geisser	13.000	4.000	3.250			
	Huynh-Feldt	13.000	4.000	3.250			
	下限	13.000	4.000	3.250			

殘差項
此處殘差項不能作
為 F 檢定的分母

B：B因子單純主要效果

（註：B因子單純主要效果共計需執行兩次，僅列出一次之結果。）

受試者內因子
測量：MEASURE_1

Ginger	依變數
1	a1b1
2	a1b2
3	a1b3

敘述統計

	平均數	標準離差	個數
a1b1 低糖低薑飲料	3.20	1.483	5
a1b2 低糖中薑飲料	6.40	2.608	5
a1b3 低糖高薑飲料	8.20	.837	5

受試者內效應項的檢定

> B 簡單主要效果均方和
> 薑濃度變數的簡單主要效果檢定需另行以人工方式計算。

測量：MEASURE_1

來源		型 III 平方和	df	平均平方和	F	顯著性	淨相關 Eta 平方
Ginger	假設為球形	64.133	2	32.067	18.500	.001	.822
	Greenhouse-Geisser	64.133	1.754	36.561	18.500	.002	.822
	Huynh-Feldt	64.133	2.000	32.067	18.500	.001	.822
	下限	64.133	1.000	64.133	18.500	.013	.822
誤差 (Ginger)	假設為球形	13.867	8	1.733			
	Greenhouse-Geisser	13.867	7.017	1.976			
	Huynh-Feldt	13.867	8.000	1.733			
	下限	13.867	4.000	3.467			

> 殘差項
> 此處殘差項不能作為 F 檢定的分母

成對比較

> 事後比較(LSD)法
> 薑濃度簡單主要效果：三個水準 3>1，但是 3:2 與 2:1 未達顯著

測量：MEASURE_1

(I) ginger	(J) ginger	平均差異 (I-J)	標準誤差	顯著性[a]	下界	上界
1	2	-3.200	.800	.016	-6.408	.008
	3	-5.000*	.707	.002	-7.835	-2.165
2	1	3.200	.800	.016	-.008	6.408
	3	-1.800	.970	.137	-5.688	2.088
3	1	5.000*	.707	.002	2.165	7.835
	2	1.800	.970	.137	-2.088	5.688

根據估計的邊緣平均數而定

a. 調整多重比較：最低顯著差異 (等於未調整值)。

> 族系誤差率的設定結果

*. 平均差異在 .016 水準是顯著的。

【D. 結果說明】

　　單純主要效果必須分別以兩個自變數進行資料的分割，誤差項必須取用相對應的誤差變異。B因子在A因子下的變異來源為 SS_B、SS_{AB}，因此誤差項與自由度需為 SS_B 與 SS_{AB} 的誤差項和（20.4 + 13.73 = 34.13）；而A因子在B因子下的變異來源為 SS_A、SS_{AB}，因此誤差項與自由度需為 SS_A 與 SS_{AB} 的誤差項之和（8.87 + 13.73 = 22.6）。（數據取自 p.291 之表 9-8）

另外，F 檢定必須以族系誤差率來考量各檢定的顯著性，α_{FW} 為 .05/3 = .016。

→ 表9-9　完全相依設計單純主要效果分析摘要表

單純主要效果內容	SS	df	MS	F	P	事後比較
A 糖分因子						
在低薑條件下	22.5	1	22.5	11.97	.005	
在中薑條件下	10.0	1	10.0	5.32	.040	
在高薑條件下	16.9	1	16.9	8.99	.011	
誤差（A + AB*b.s）	22.6	12	1.88			
B 薑濃度因子						
在低糖條件下	64.13	2	32.07	15.06	.000	3 > 1
在普通糖條件下	21.73	2	10.87	5.10	.019	3 > 2
誤差（B + AB*b.s）	34.13	16	2.13			

　　由表 9-9 數據可以得知：糖分高低對於消費者的影響，在低薑、中薑與高薑條件下均具有顯著差異。低糖低薑飲料平均滿意度為 3.2，但是普通糖低薑飲料則有 6.2，$F(1,12) = 11.97$，$p = .005$。低糖中薑飲料平均滿意度為 6.4，普通糖中薑飲料為 8.4，$F(1,12) = 5.327$，$p = .040$。有趣的是，低糖高薑飲料平均滿意度為 8.2，但是普通糖高薑飲料反而有較低的滿意度（5.6），$F(1,12) = 8.99$，$p = .011$，顯示出非次序性的交互作用（平均數大小關係倒置）。另一方面，薑濃度的影響在低糖的情況下有明顯的顯著差異 $F(2,16) = 15.06$，$p < .001$。從平均數的高低可以看出，低糖高薑的接受度最佳（8.2），低糖中薑次佳（6.4），低糖低薑差（3.2），事後考驗發現低糖高薑與低糖中薑（$p = .137$），以及低糖中薑與低糖低薑（$p = .016$）沒有顯著差異，顯示消費者僅對於低糖高低薑成分的接受度有區辨力（$p = .002$）。

　　綜合上述發現，糖分與薑的濃度具有交互效果，因此對於新產品的成分不能分別就兩個甜度與薑濃度兩個獨變數來討論，而須經由交互作用的分析來看。單純主要效果的分析發現，低糖高薑是最佳的成分，不但較普通糖高薑為佳，亦較低糖低薑為佳，但是與低糖中薑的區別不明顯。所以研發單位的結論報告應是採用低糖高薑為上策，但亦可考慮低糖中薑的成分配方。

第六節　R的多因子變異數分析範例

範例 9-4　R的二因子變異數分析

```
R RStudio                                                          —    □    ×

File  Edit  Code  View  Plots  Session  Build  Debug        如果無法執行須自行增加檔案路徑

ch09.R* ×

        Source on Save                                    Run      Source

1    #Chapter9: twoway ANOVA examples
2    ch9ex1 <-read.csv("ex9.1.csv" , header=TRUE) #讀取範例9.1資料
3    ch9ex2 <-read.csv("ex9.2b.csv", header=TRUE) #讀取範例9.2資料
4    ch9ex3 <-read.csv("ex9.3b.csv", header=TRUE) #讀取範例9.3資料
5
6    library(car)
7    ch9ex1$FA<-recode(ch9ex1$ability,"1='1水準下';2='2水準中';3='3水準上'")
8    ch9ex1$FB<-recode(ch9ex1$train,"1='1無訓練';2='2有訓練'")
9
10   #twoway ANOVA independent sample design
11   ANOVA9.1a <- aov(score~FA*FB,data=ch9ex1)
12   model.tables(ANOVA9.1a,type="means")         執行整體考驗
13   summary(ANOVA9.1a)
14   TukeyHSD(ANOVA9.1a)
15   grid(interaction.plot(ch9ex1$FA, ch9ex1$FB, ch9ex1$score,col = 2:3))
16   ANOVA9.1A1 <- aov(score~FB,data=ch9ex1[which(ch9ex1$ability=="1"),])
17   ANOVA9.1A2 <- aov(score~FB,data=ch9ex1[which(ch9ex1$ability=="2"),])
18   ANOVA9.1A3 <- aov(score~FB,data=ch9ex1[which(ch9ex1$ability=="3"),])
19   ANOVA9.1B1 <- aov(score~FA,data=ch9ex1[which(ch9ex1$train=="1"),])
20   ANOVA9.1B2 <- aov(score~FA,data=ch9ex1[which(ch9ex1$train=="2"),])
21   summary(ANOVA9.1A1)
22
23   #twoway ANOVA mixed sample design             執行單純主要效果檢驗，
24   ANOVA9.2 <- aov(score~T*SEX+S,data=ch9ex2)    以獲得 SS 數據
25   model.tables(ANOVA9.2,type="means")
26   summary(ANOVA9.2)
27   TukeyHSD(ANOVA9.2)
28   grid(interaction.plot(ch9ex2$T, ch9ex2$SEX, ch9ex2$score,col = 2:3))
29   ANOVA9.2T1 <- aov(score~SEX,data=ch9ex2[which(ch9ex2$T=="T1"),])
30   ANOVA9.2T2 <- aov(score~SEX,data=ch9ex2[which(ch9ex2$T=="T2"),])
31   ANOVA9.2T3 <- aov(score~SEX,data=ch9ex2[which(ch9ex2$T=="T3"),])
32   ANOVA9.2T4 <- aov(score~SEX,data=ch9ex2[which(ch9ex2$T=="T4"),])
33   ANOVA9.2S1 <- aov(score~T,data=ch9ex2[which(ch9ex2$SEX=="M"),])
34   ANOVA9.2S2 <- aov(score~T,data=ch9ex2[which(ch9ex2$SEX=="F"),])
35   summary(ANOVA9.2T1)
36
37   #twoway ANOVA dependent sample design
38   ANOVA9.3 <- aov(score~A*B+S,data=ch9ex3)
39   model.tables(ANOVA9.3,type="means")
40   summary(ANOVA9.3)
41   TukeyHSD(ANOVA9.3)
42   grid(interaction.plot(ch9ex3$B, ch9ex3$A, ch9ex3$score,col = 2:3))
43   ANOVA9.3A1 <- aov(score~B,data=ch9ex3[which(ch9ex3$A=="a1"),])
44   ANOVA9.3A2 <- aov(score~B,data=ch9ex3[which(ch9ex3$A=="a2"),])
45   ANOVA9.3B1 <- aov(score~A,data=ch9ex3[which(ch9ex3$B=="b1"),])
46   ANOVA9.3B2 <- aov(score~A,data=ch9ex3[which(ch9ex3$B=="b2"),])
47   ANOVA9.3B3 <- aov(score~A,data=ch9ex3[which(ch9ex3$B=="b3"),])
48   summary(ANOVA9.3A1)

5:1   (Top Level)                                            R Script

Console
```

　　前述的 R 語法係分別第 9-3 節當中的三個範例進行示範，除了獨立樣本設計的誤差項無須特別處理之外，混合設計與完全相依設計的誤差項必須重新整理，無法直接在報表中進行 F 檢定值的計算。同樣的，交互作用顯著之後的單純主要效果的誤差項也必須有相對應的處理，報表分析得到的 F 檢定值皆非正確的數值，因此本節關於 R 分析的報表不做特別的說明，僅列出語法程序作為參考，讀者必須從中擷取正確的資訊（例如各項分析的 SS），以人工作業的方式找出正確的誤差項，計算出正確 F 檢定數值，據以評估各項檢定的結論。

一、獨立樣本二因子 ANOVA 的整體檢定結果

```
> #twoway ANOVA independent sample design
> ANOVA9.1a <- aov(score~FA*FB,data=ch9ex1)
> summary(ANOVA9.1a)
            Df Sum Sq Mean Sq F value   Pr(>F)
FA           2  436.6  218.30  47.773 3.82e-12 ***
FB           1   60.2   60.17  13.167 0.000689 ***
FA:FB        2   69.8   34.89   7.635 0.001321 **
Residuals   48  219.3    4.57
```

二、混合設計二因子 ANOVA 的整體檢定結果

```
> #twoway ANOVA mixed sample design
> ANOVA9.2 <- aov(score~T*SEX+S,data=ch9ex2)
> summary(ANOVA9.2)
            Df Sum Sq Mean Sq F value   Pr(>F)
T            3  18.99   6.328  57.655 3.26e-13 ***
SEX          1  12.63  12.632 115.087 2.71e-12 ***
S           11  68.56   6.232  56.780  < 2e-16 ***
T:SEX        3   0.11   0.035   0.319    0.811
Residuals   33   3.62   0.110
```

三、相依設計二因子 ANOVA 的整體檢定結果

```
> #twoway ANOVA dependent sample design
> ANOVA9.3 <- aov(score~A*B+S,data=ch9ex3)
> summary(ANOVA9.3)
            Df Sum Sq Mean Sq F value   Pr(>F)
A            1   4.80    4.80   2.233 0.150741
B            2  41.27   20.63   9.597 0.001197 **
S            4  21.00    5.25   2.442 0.080252 .
A:B          2  44.60   22.30  10.372 0.000812 ***
Residuals   20  43.00    2.15
```

線性關係的分析：相關與迴歸

第一節　基本概念

連續變數是社會及行為科學研究者最常接觸的數據，單獨一個連續變數可以一般的次數分配表與圖示法來表現出資料的內容與特性，或以平均數及標準差來描繪資料的集中與離散情形。然而，一個研究所涉及的議題，往往同時牽涉到兩個以上連續變數關係的探討，此時，兩個連續變數的共同變化的情形，稱為共變（covariance），是連續變數關聯分析的主要基礎。

在統計學上，涉及兩個連續變數的關係多以線性關係的形式來進行分析。線性關係分析是將兩個變數的關係以直線方程式的原理來估計關聯強度，例如積差相關就是用來反映兩個連續變數具有線性關係強度的指標；積差相關係數愈大，表示線性關聯愈強，反之則表示線性關聯愈弱，此時可能是變數間沒有關聯，或是呈現非線性關係。

另一方面，迴歸分析則是運用變數間的關係來進行解釋與預測的統計技術。在線性關係假設成立的情況下，迴歸分析是以直線方程式來進行統計決策與應用，又稱為線性迴歸（linear regression）。一般來說，兩個變數的關係先以相關係數去檢驗線性關聯的強度，若相關達到統計顯著水準，表示線性關係是有意義的，便可進行迴歸來進行進一步的預測與解釋。

一、線性關係

兩個連續變數間的共變關係可能有多種形式，其中最簡單也是最常見的關聯型態是線性關係（linear relationship），亦即兩個變數的關係呈現直線般的共同變化，數據的分布可以被一條最具代表性的直線來表達的關聯情形。例如身高與體重，當身高愈高者，體重也可能愈重，兩個變數的關係是同方向的變動關係，如圖 10-1 所示。象限內的點為每一位樣本在兩個變數上的成對觀察值（paired raw scores），其散布情形顯示出兩變數的關聯情形，稱為散布圖（scatter plot）。

由圖 10-1 可知，兩個變數的關係沿著直線呈現相同方向的變動，該直線方程式為公式 10-1 所示：

$$\hat{Y} = bX + a \tag{10-1}$$

其中斜率 $b = \Delta y / \Delta x$，為 X 變動一單位時在 Y 的變動量。當斜率為正值時，顯示兩變數具有正向的關聯，當斜率為負值時則為負向關聯。當相關係數具有統計

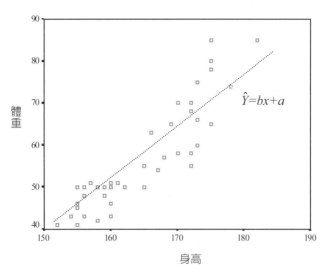

圖10-1　身高與體重散布圖

上的意義時，該線性方程式就可以拿來進行統計決策應用，因此又稱為迴歸方程式（regression equation）。

　　值得注意的是，直線方程式（公式 10-1）只是一個估計的概念，在一群分散的配對觀察值中，可以不同方法求得該線性方程式，因此，線性關係是否存在，如何求得「最佳」的迴歸方程式來代表這些觀察值的關係的這些問題，必須透過統計程序來回答。也只有當我們能夠證實線性關係有其存在的合理基礎（也就是具有顯著的相關），我們才能運用迴歸方程式來進行應用的工作。

第二節　積差相關的原理與特性

　　兩個連續變數的線性關係，可以利用相關（correlation）的概念來描述。用以描述相關情形的量數，稱為相關係數（coefficient of correlation），若以母體資料求得的相關係數以希臘字母 ρ（rho）表示，以樣本資料求得的相關係數則以小寫英文字 r 表示。現將相關係數的原理說明如下。

一、變異數與共變數

　　相關係數的原理可以利用變異數的概念來說明。在單一連續變數中。變異數愈大，代表一個變數的數值愈分散。對於某一個具有 N 個觀察值的樣本，母體變異數的不偏估計數是將離均差平方和（SS）除以 $N-1$ 而得，亦即求取以平均數為中心的離散性的單位面積：

$$Variance(X) = \frac{\Sigma(X - \overline{X})^2}{N-1} = \frac{SS_x}{N-1} \qquad (10\text{-}2)$$

$$Variance(Y) = \frac{\Sigma(Y - \overline{Y})^2}{N-1} = \frac{SS_y}{N-1} \qquad (10\text{-}3)$$

由公式 10-2 與 10-3 可知，變異數是描述單一變數的離散情形的統計量數。現在若要以一個統計量數來描述兩個連續變數 X 與 Y 的分布情形，可將兩者離均差相乘之後加總，得到積差和（Sum of the cross-Product, SP），除以 $N-1$ 後所得到的離散量數，即為兩個變數的共同變化估計值，亦即共變數（covariance），如公式 10-4 所示：

$$Cov(X,Y) = \frac{\Sigma(X - \overline{X})(Y - \overline{Y})}{N-1} = \frac{SP_{xy}}{N-1} \qquad (10\text{-}4)$$

如果類比變異數是利用「單位面積」的概念來描述單一變數的變化量，那麼共變數即是兩個變數共同變異的「單位長方形面積」。共變數的正負號代表兩變數的變動呈現正向或負向關係。共變數若要為正值，兩個離均差必須同時為正值或負值，也就是兩個變數需同時在平均數的左側或右側，表示兩個變數有同方向的變動關係。相反的，要得到一個負的共變數時，兩個離均差必須同時一為正值、一為負值，也就是兩個變數有反方向的變動關係。

從上述的數學關係式來看，變異數是共變數的一個特例，也就是連續變數自己與自己的共變。因此一般在統計報表的呈現上以矩陣的方式來列出多組變數間的兩兩共變數時，就包含了變異數的數值，因此又稱為變異數／共變數矩陣（variance/covariance matrix），如表 10-1 的對角線上的數值即是變異數，下三角形部分的數值就是兩兩變數間的共變數。

→ **表10-1** 九個變數間的變異數／共變數矩陣

	1	2	3	4	5	6	7	8	9
1. 性別	**.25**								
2. 年齡	.05	**1.92**							
3. 數理能力	2.95	13.68	**356.19**						
4. 科學實作能力	2.37	17.65	276.20	**348.68**					
5. 語文能力	-1.78	5.86	81.02	103.36	**136.61**				
6. 美術能力	-.49	1.17	37.85	44.97	49.53	**149.65**			
7. 溝通能力	.06	2.80	40.16	46.25	20.60	7.68	**9.02**		
8. 社會人際能力	.02	3.19	48.50	54.57	25.88	8.81	10.49	**13.49**	
9. 競賽成績	1.00	14.86	235.94	258.49	92.66	47.43	41.50	50.22	**259.31**

二、積差相關係數

　　共變數就像變異數一樣，是帶有單位的統計量數，其數值隨著單位的變化而變化而沒有一定的範圍。若能將單位去除，標準化後的共變數將具有可比較性，其可理解性亦增加。而去除單位的作法，即是以兩個變數的標準差作為分母，將共變數除以兩個變數的標準差，即得標準化關聯係數，此一方法由 Pearson 所提出，因此稱為 Pearson's product moment correlation coefficient（皮爾森積差相關係數），簡稱 Pearson's r。公式如下：

$$r = \frac{cov(x, y)}{s_x s_y} = \frac{\Sigma(X - \overline{X})(Y - \overline{Y})}{\sqrt{\Sigma(X - \overline{X})^2(Y - \overline{Y})^2}} = \frac{SP_{xy}}{\sqrt{SS_x SS_y}} = \frac{z_x z_y}{N - 1} \qquad （10\text{-}5）$$

　　除了將共變數除以標準差來計算積差相關係數，亦可將兩個變數轉換為標準化 Z 分數來求得係數值。這兩種方式推導過程雖不同，但其數學原理相同。

　　同樣的，多個變數間的兩兩相關係數可以利用矩陣來呈現，如表 10-2 所示。表中下三角形部分的數值就是兩兩變數間的相關係數，對角線上的數值則是變異數除以各變數標準差的平方，恰為 1.00，換言之，各變數的變異數經過標準化之後為 1.00，由於在總邊長為一定的條件下，正方形面積恆小於長方形面積，因此相關係數恆小於 1.00。

→ **表10-2**　九個變數間的相關係數矩陣

	1	2	3	4	5	6	7	8	9
1. 性別	1.00								
2. 年齡	.08	1.00							
3. 數理能力	.31	.52	1.00						
4. 科學實作能力	.25	.68	.78	1.00					
5. 語文能力	-.30	.36	.37	.47	1.00				
6. 美術能力	-.08	.07	.16	.20	.35	1.00			
7. 溝通能力	.04	.67	.71	.82	.59	.21	1.00		
8. 社會人際能力	.01	.63	.70	.80	.60	.20	.95	1.00	
9. 競賽成績	.12	.67	.78	.86	.49	.24	.86	.85	1.00

三、積差相關係數的特性

　　由於相關係數為一標準化係數，其值不受變數單位與集中性的影響，係數值介於 ±1 之間。相關係數值愈接近 ±1 時，表示變數的關聯情形愈明顯。$r = \pm 1.00$ 稱為完全正（負）相關，在社會及行為科學當中，完全相關幾乎不曾出現，因為幾乎沒有任何兩個被研究的變數的關係可以達到完全相關。如果真的出現 ±1.00 的完全相關，也正表示兩者是相同（或完全相反）的概念。

　　值得注意的是，相關係數為標準化係數，係數數值非呈等距關係，因此係數數值不能被視為等距尺度，係數的加減乘除沒有意義，僅可以順序尺度的概念，來說明數值的相對大小。此外，相關係數的解釋與應用，必須經過顯著性考驗來決定係數的統計意義，一旦顯著之後，研究者即可依據表 10-3 來解釋係數的強度，給予實務意義。

→ 表10-3　相關係數的強度大小與意義

相關係數範圍（絕對值）	變數關聯程度
1.00	完全相關
.70 至 .99	高度相關
.40 至 .69	中度相關
.10 至 .39	低度相關
.10 以下	微弱或無相關

四、積差相關的推論與顯著性考驗

（一）母體相關係數的不偏估計數

　　由前所述，Pearson 相關係數是將樣本所蒐集得到的兩個變數 X 與 Y，計算出共變數並加以標準化而得。換言之，Pearson 相關係數是一個樣本統計量，如果要拿此一相關係數去推論母體的相關情形則會有高估的情形，因為 Pearson 相關係數並非母體相關係數的不偏估計數。如果要推知母體的相關情形，應以公式 10-6 進行校正：

$$r^* = \sqrt{1 - \frac{(1-r^2)(N-1)}{N-2}} \qquad (10\text{-}6)$$

　　上式中，N 為樣本數，當樣本數很大時，$r = r^*$，當樣本數縮小時，修正的幅度愈大。例如當 $N = 100$ 時，$r = .5$ 的不偏估計數為 $r^* = .492$，但是當 $N = 10$ 時，$r = .5$ 的不偏估計數降為 $r^* = .395$。

（二）單一相關係數的顯著性考驗

相關係數數值雖可以反映兩個連續變數關聯情形的強度大小，但相關係數是否具有統計上的意義，則必須透過 t 檢定來判斷，相關係數的 t 檢定公式如 10-7。

$$t = \frac{r - \rho_0}{s_r} = \frac{r - \rho_0}{\sqrt{\dfrac{1 - r^2}{N - 2}}} \qquad (10\text{-}7)$$

公式 10-7 中，分子為樣本統計量的相關係數 r 與母體相關係數 ρ_0 的差距，分母為抽樣標準誤 s_r。分子與分母兩者相除後，得到 t 分數，配合 t 分配，即可進行統計顯著性檢驗。相關係數的 t 檢定的自由度為 $N - 2$，因為兩個變數各取一個自由度進行樣本變異數估計。

一般來說，研究者所關心的是樣本相關是否顯著不等於 0，也就是說從樣本得到的 r 是否來自於相關為 0 的母體，即 $H_0: \rho_{XY} = 0$，因此分子可寫為 $r - 0$。如果研究者想要從樣本得到的 r 是否來自於某一相關不為 0（例如 .5）的母體，也可以利用以 $H_0: \rho_{XY} = .5$ 的虛無假設考驗來檢驗，此時分子理應為 $r - .5$。但是，由於相關係數不是常態分配，樣本相關係數與母體相關係數必須經過公式 10-8 進行費雪（Fisher）Z 轉換，分別稱為 z_r 與 z_ρ。

$$z = \frac{1}{2} \log\left(\frac{1 + r}{1 - r} \right) \qquad (10\text{-}8)$$

在樣本數足夠的情況下（例如 $N > 10$），費雪 Z 轉換值後的抽樣分配呈平均數為 z、變異數為 $1/(N - 3)$ 的常態分配，因此樣本相關係數與母體相關係數的差異即可進行 Z 檢定（公式 10-9）。當 $|Z_{obt}| \geq 1.96$ 時，具有顯著差異，即可推翻虛無假設。

$$Z_{obt} = \frac{z_r - z_\rho}{\sqrt{1/(N - 3)}} \qquad (10\text{-}9)$$

除了顯著性考驗，也可利用區間估計來進行樣本相關係數的 $(1 - \alpha)$ 信賴區間，如果區間沒有涵蓋母體相關係數 ρ，則表示該樣本相關係數顯著不等於母體相關係數。區間估計的公式如下：

$$z_\rho \leq z_r \pm z_{\alpha/2}\sqrt{1/(N-3)} \qquad (10\text{-}10)$$

求出信賴區間的兩個端點值 $z_{\rho H}$ 與 $z_{\rho L}$ 後，以公式 10-11 進行對數轉換成相關係數形式後即可進行判讀。

$$\rho = \frac{\exp(2z_\rho)-1}{\exp(2z_\rho)+1} \qquad (10\text{-}11)$$

例如 50 位學生的身高與體重相關爲 .2，經費雪 Z 轉換得到 $z_r = .203$，其 95% 信賴區間爲：$z_\rho \leq 0.203 + 1.96\sqrt{1/(50-3)}$，亦即 $-.083 \leq z_\rho \leq .489$。經對數轉換回相關係數形式後，得到 $-.083 \leq \rho \leq .453$。由於 95% 信賴區間未涵蓋 0，表示該係數沒有顯著不等於 0。

在統計學上，統計意義與實務意義是兩個截然不同的概念，有時，一個很微弱的相關（例如 .10），可能會因爲樣本數很大而達到統計的顯著水準，具有統計意義，但是實務意義低；但一個很強的相關（例如 .6），可能因爲樣本數太小而沒有顯著的統計意義，但是其實務意義頗高。很明顯的，樣本數的大小是影響相關係數統計顯著性的重要因素。提高樣本數可以提升統計的意義，但不改變實務意義。影響實務意義的大小的決定因子並非樣本規模，而是變數間的實質關係。兩者間的關係非常微妙。

（三）兩個相關係數的差異顯著性考驗

如果研究者想要比較兩個相關係數是否不同時，必須進行相關係數的差異檢定，檢驗兩個相關係數差異爲 0 的虛無假設是否成立：$H_0: \rho_1 - \rho_2 = 0$。此種檢定類似於雙母體平均數差異檢定，所不同的是要檢驗相關係數的差異而非平均數的差異，但原理相似。

首先，兩個被檢驗的樣本相關係數先經費雪 Z 轉換，得到 z_{r1} 和 z_{r2}，在樣本足夠大的情形下，兩者抽樣分配呈常態，兩者差異分數的抽樣分配亦呈平均數爲 $z_{r1} - z_{r2}$，變異數爲 $[1/(N_1 - 3)] + [1/(N_2 - 3)]$ 的常態分配。此時即可使用 Z 檢定，檢驗 $z_{r1} - z_{r2}$ 是否不等於 0。如果研究者並不是要檢驗兩個相關係數的差異是否 0，而是特定的母體相關係數的差異量，例如 $\rho_1 - \rho_1$，此時也需把母體相關係數差異轉進行費雪 Z 轉換，得到 $z_{\rho 1} - z_{\rho 2}$，來進行顯著性考驗，如公式 10-12。換言之，兩個相關係數差異爲 0 只是其中一個特例（當 $z_{\rho 1} - z_{\rho 2} = 0$）。

$$Z_{obt} = \frac{(z_{r1}-z_{r2})-(z_{\rho 1}-z_{\rho 2})}{\sqrt{1/(N_1-3)+1/(N_2-3)}} \qquad (10\text{-}12)$$

同樣的，相關係數差異量也可計算出（$1 - \alpha$）100% 的信賴區間，區間估計的公式如公式 10-13，求出信賴區間的兩個端點值 $z_{\rho H}$ 與 $z_{\rho L}$ 後，進行對數轉換成相關係數形式後即可進行判讀。

$$z_{\rho 1} - z_{\rho 2} \le (z_{r1} - z_{r2}) \pm z_{\alpha/2}\sqrt{1/(n_1 - 3) + 1/(n_2 - 3)} \qquad （10\text{-}13）$$

▮ 第三節　其他相關的概念

一、淨相關與部分相關

在線性關係中，如果兩個連續變數之間的關係，可能受到其他變數的干擾之時，或研究者想要把影響這兩個變數的第三個變數效果排除，也可以利用控制的方式，將第三變數的效果進行統計的控制。在統計上，依控制方法的不同可以區分為淨相關（partial correlation）與部分相關（part correlation）兩種不同形式。

所謂淨相關（或稱為偏相關），係指在計算兩個連續變數 X_1 與 X_2 的相關之時，將第三變數（X_3）與兩個相關變數的相關 r_{13} 與 r_{23} 予以排除之後的純淨相關，以 $r_{12 \cdot 3}$ 表示，如公式 10-14。

$$r_{12\cdot 3} = \frac{r_{12} - r_{13}r_{23}}{\sqrt{1 - r_{13}^2}\sqrt{1 - r_{23}^2}} \qquad （10\text{-}14）$$

如果在計算排除效果之時，僅處理第三變數與 X_1 與 X_2 當中某一個變數的相關之時，所計算出來的相關係數，稱之為部分相關，或稱為半淨相關（semipartial correlation）時，因為部分相關控制的深度，僅達淨相關控制深度的一部分。

由於部分相關僅處理特定 X_1 與 X_2 中的某一個變數，其符號的表示有兩種情形，$r_{1(2.3)}$ 表示 X_1 與 X_2 的部分相關係數，且將第三變數（X_3）與第二變數 X_2 的關係排除之後的相關。$r_{2(1.3)}$ 則表示 X_1 與 X_3 的相關排除後，X_1 與 X_2 的部分相關係數。明顯的，淨相關與部分相關差別僅在分母項，淨相關多除了一項 $\sqrt{1 - r_{13}^2}$，該項為小數點，因此部分相關係數值比淨相關小。公式如下：

$$r_{1(2\cdot 3)} = \frac{r_{12} - r_{13}r_{23}}{\sqrt{1 - r_{23}^2}} \qquad （10\text{-}15）$$

二、史比爾曼等級相關

　　Pearson 相關係數適用於兩個連續變數的線性關聯情形的描述，史比爾曼等級相關（Spearman rank order correlation coefficient：r_s）應用於順序變數線性關係之描述。當兩個變數中，有任一變數爲順序變數時，必須使用下列公式求得 Spearman相關係數 r_s。例如有 N 位學生的參加口試，他們的名次的數據是由 1 到 N 的數值，此時的順序資料具有類似於等距尺度的固定單位，因此可以利用 r_s 係數仿照積差相關的原理，來計算出兩個順序變數的關聯性。進行計算時，r_s 係數取每一個觀察值在兩個順序變數的配對差異分數來分析關聯性，數值介於 -1 到 1 之間，愈接近1，表示關聯性愈高。若 N 爲人數，D 爲兩個變數上的名次差距 $R(X_i) - R(Y_i)$。公式如下：

$$r_s = 1 - \frac{6\Sigma D_i^2}{N(N^2-1)}$$
　　（10-16）

三、點二系列相關

　　當 X 與 Y 兩個變數中，Y 爲連續變數，X 爲二分類別變數（如性別），兩個變數的相關係數稱爲點二系列相關（point-biserial correlation）。若 $\overline{Y}_1$ 與 $\overline{Y}_2$ 爲兩水準在連續變數的平均數，p、q 爲兩組人數百分比，s_Y 爲 Y 變數的標準差，依公式10-17 可求出點二系列相關（以 r_{pb} 表示）。

$$r_{pb} = \frac{\overline{Y}_1 - \overline{Y}_2}{s_Y}\sqrt{pq}$$
　　（10-17）

　　r_{pb} 數值與以 Pearson 相關係數公式所得出的係數值完全相同，原因是二分變數只有兩個數值，數值之間的差距反映出一種等距關係，因此二分變數也可以視爲一種連續變數，其與其他任何連續變數的相關，即等於皮氏相關係數。例如在表10-2 當中，性別變數的編碼以 0 爲女性、1 爲男性，亦即是一個值域爲 {0,1} 的二分變數，此時性別與其他八個連續變數的積差相關即爲點二系列相關。

　　點二系列相關係數大小的解釋方式雖然與積差相關類似，但是由於二分變數僅有兩個數值，因此相關係數愈高表示當二分變數編碼較高者，在另一個連續變數的平均值愈高，如果係數爲負值，則表示當二分變數編碼較高者，在另一個連續變數的平均值愈低。例如表 10-2 當中性別與語文能力的相關係數爲 -.30，表示性別編碼愈高（亦即男性），語文能力愈低。

四、eta 係數

當我們想求取組數大於 2 組以上的類別變數與連續變數的關聯強度時，可利用 η（eta）係數。其原理是計算類別變數各類別下，在連續變數的平均數的變異情形占全體變異量的比例，或是以 1 減去平均數變異情形占全體變異量以外的比例（誤差比例）。當平均數變異比例愈高或誤差比例愈小，表示兩變數的關聯愈強。公式如下：

$$\eta = \sqrt{\frac{\Sigma(Y-\overline{Y})^2 - \Sigma(Y-\overline{Y}_k)^2}{\Sigma(Y-\overline{Y})^2}} = \sqrt{1 - \frac{\Sigma(Y-\overline{Y}_k)^2}{\Sigma(Y-\overline{Y})^2}} \qquad （10\text{-}18）$$

其中 $\overline{Y}$ 為連續變數的平均數，$\overline{Y}_k$ 為類別變數各組下的連續變數平均數。η 係數數值類似積差相關係數，介於 0 至 1 之間，取平方後稱為 η^2，具有削減誤差百分比（PRE）的概念，又稱為相關比（correlation ratio）。因此可以利用 η^2，解釋為類別變數對於連續變數的削減誤差百分比，是一種非對稱性 PRE 型態關聯量數。在變異數分析（ANOVA）中，亦使用 η^2 的概念來描述類別自變數對於連續依變數的解釋力，也就是效果量的概念。

第四節　迴歸分析

線性關係是社會科學研究的重要概念，相關分析的目的在描述兩個連續變數的線性關係強度，而迴歸則是在兩變數之間的線性關係基礎上，進一步來探討變數間的解釋與預測關係的統計方法。如果研究者的目的在於預測，亦即取用某一自變數去解釋／預測另一個依變數，則可透過迴歸方程式的建立與考驗，來檢測變數間關係以及進行預測用途。

迴歸一詞的起源，可以溯自 1855 年，英國學者 Galton 以 "Regression Toward Mediocrity in Heredity Stature" 為題的論文中，分析孩童身高與父母身高之間的關係，發現當父母的身高可以預測子女的身高，當父母身高愈高或愈矮時，子女的身高會較一般孩童高或矮，但是有趣的是，當父母親身高很高或很矮（極端傾向）時，子女的身高會不如父母親身高的極端化，而朝向平均數移動（regression toward mediocrity），也就是著名的均值迴歸（regression toward the mean）現象。自此之後，regression 這個名詞，也就被研究者視為研究變數間因果或預測關係的重要同義詞，沿用至今。

一、迴歸分析的概念

當兩個變數之間具有顯著的線性關係，此時可以利用一個線性方程式，代入特定的 X 值，求得 Y 的預測值。此種以單一自變數 X（或稱為解釋變數或預測變數）去解釋／預測依變數 Y 的過程，稱為簡單迴歸（simple regression）。例如以智力（X）去預測學業成就（Y）的迴歸分析，可獲得一個迴歸方程式，利用該方程式所進行的統計分析，稱為 Y 對 X 的迴歸分析（Y regress on X）。方程式如下：

$$\hat{Y} = bX + a \tag{10-19}$$

在線性關係中，若變數之間的關係是完全相關時（即 $r = \pm 1$），X 與 Y 的關係呈一直線，配對觀察值可以完全被方程式 $\hat{Y} = bX + a$ 涵蓋；但是，當兩個變數之間的關係未達到完全相關時（即 $r \neq \pm 1$），X 與 Y 的關係是分布在一個區域內，無法以一條直線來表示，而必須以數學方式求取最具代表性的線，稱為迴歸線（regression line）。

更具體來說，對於某一個配對觀察值 (X,Y)，將 X 值代入方程式所得到的數值為對 Y 變數的預測值，記為 $\hat{Y}$，兩者的差值 $Y - \hat{Y}$ 稱為殘差（residual），表示利用迴歸方程式無法準確預測的誤差，最小平方法即為求取殘差的平方和最小化 $\min \sum (Y - \hat{Y})^2$，所求得的迴歸方程式稱為最小平方迴歸線（least square regression line），稱為一般最小平方迴歸分析（ordinal least square regression，簡稱 OLS 迴歸）。

二、迴歸係數

（一）迴歸係數的推導

根據 OLS 迴歸的最小平方法原理，迴歸方程式的斜率與截距計算式如下：

$$b = \frac{\text{cov}(x,y)}{s_x^2} = \frac{\sum (X_i - \overline{X})(Y_i - \overline{Y})}{\sum (X_i - \overline{X})^2} = \frac{SP_{xy}}{SS_x} \tag{10-20}$$

$$a = \overline{Y} - b\overline{X} \tag{10-21}$$

迴歸方程式中，斜率 b 的意義是為當 X 每變化一個單位時，Y 的變化量；b 則表示當 Y 每變化一個單位時，X 的變化量。b 係數是一個帶有單位的非標準化統計量，可以反映預測變數對於依變數影響的數量，但由於單位的差異，無法進行相對比較，若要進行迴歸係數的比較，必須將迴歸係數進行標準化處理。

（二）標準化迴歸係數

在迴歸方程式中，b 為帶有單位的未標準化迴歸係數，如果將 b 值乘以 X 變數的標準差再除以 Y 變數的標準差，即可去除單位的影響，得到一個標準化迴歸係數（standardized regression coefficient），稱為 β（Beta）係數。β 係數也是將 X 與 Y 變數所有數值轉換成 Z 分數後，所計算得到的斜率：

$$\beta = b \frac{s_x}{s_y} \qquad (10\text{-}22)$$

由於標準化的結果，β 係數的數值類似相關係數，介於 -1 至 +1 之間，其絕對值愈大者，表示預測能力愈強，正負向則代表 X 與 Y 變數的關係方向。在簡單迴歸中，由於僅有一個自變數，因此其值恰等於相關係數。

三、迴歸解釋力

OLS 迴歸分析使用最小平方法，自 X 與 Y 兩個變數的原始觀察值 (X_i, Y_i) 當中，尋求一條最佳迴歸預測線 $\hat{Y}_i = bX_i + a$。一旦方程式建立之後，代入一個 X_i 值，可以獲得一個預測值 $\hat{Y}_i$，在完全相關的情況下，該值等於原始配對值 Y_i；但是在非完全相關的情況下，$\hat{Y}_i$ 與 Y_i 之間存在一定的差距，是迴歸無法解釋的誤差部分（e）。每一個原始配對值（X_i 與 Y_i）可用 $Y_i = bX_i + a + e$ 來表示，$e = \hat{Y}_i - Y_i$。誤差平方和 $\sum(Y - \hat{Y})^2$ 表示迴歸方程式無法充分解釋依變數的變異比例。

相對於迴歸無法充分預測的部分，預測值 $\hat{Y}_i$ 與 Y_i 的離均差平方和 $(\hat{Y}_i - \overline{Y})^2$，則是導入迴歸後所能解釋的變異。這兩個部分加總即得到 Y 變數的總離均差的平方和 $\sum(\hat{Y}_i - \overline{Y})^2$（如圖 10-2 所示）：

$$SS_t = \sum(Y_i - \overline{Y})^2 = \sum(\hat{Y}_i - \overline{Y})^2 + \sum(Y_i - \hat{Y}_i)^2 = SS_{reg} + SS_e \qquad (10\text{-}23)$$

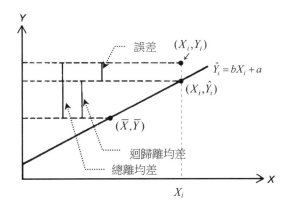

圖10-2　迴歸分析各離均差概念圖示

同除 SS_t 後得到：

$$1 = \frac{SS_{reg}}{SS_t} + \frac{SS_e}{SS_t} = \frac{\sum(\hat{Y}_i - \overline{Y})^2}{\sum(Y_i - \overline{Y})^2} + \frac{\sum(Y_i - \hat{Y}_i)^2}{\sum(Y_i - \overline{Y})^2} \qquad （10-24）$$

令：

$$R^2 = 1 - \frac{SS_e}{SS_t} = \frac{SS_{reg}}{SS_t} = PRE \qquad （10-25）$$

　　此時 R^2 反映了迴歸模型的解釋力，即 Y 變數被自變數所削減的誤差百分比。當 R^2 為 0 表示自變數對依變數沒有解釋力，當 R^2 為 1 表示自變數能夠完全解釋依變數的變異。R^2 開方後可得 R，稱為多元相關（multiple correlation），為依變數數值 Y 與預測值 $\hat{y}$ 的相關係數。

　　由於迴歸無法解釋的誤差為平均數為 0，變異數為的常態隨機變數 σ_e^2。以樣本來計算求得變異誤為 s_e^2，開方後的 s_e 稱為估計標準誤（standard error of estimate）。標準誤愈大，估計誤差愈大，標準誤愈小，估計誤差愈小。

$$s_e = \sqrt{\frac{\sum(Y - \hat{Y})^2}{N - p - 1}} = \sqrt{\frac{SS_e}{df_e}} \qquad （10-26）$$

四、迴歸分析的顯著性考驗

　　迴歸分析除了透過 R^2 了解整個迴歸方程式的預測效果，並以 F 檢定考驗其統計顯著性，個別的迴歸係數 b 則可以用以說明預測變數對於依變數的解釋力，其值的大小亦需經過假設考驗來證明其顯著性。換句話說，R^2 的 F 檢定可以說是迴歸分析的整體考驗（overall test），如公式 10-27 所示。

$$F_{(p, N-p-1)} = \frac{MS_{reg}}{MS_e} = \frac{SS_{reg}/df_{reg}}{SS_e/df_e} = \frac{SS_{reg}/p}{SS_e/N-p-1} \qquad （10-27）$$

　　公式 10-27 當中的 p 是自變數的數目，在只有一個自變數的簡單迴歸中，$p = 1$。Y 變數離均差平方和可以拆解成迴歸離均差平方和與誤差平方和，若將兩項各除以自由度，即可得到變異數，相除後得到 F 統計量，配合 F 分配，即可進行迴歸模式的變異數分析考驗，用以檢驗迴歸模型是否具有統計的意義。

　　對於個別的迴歸係數 b 的統計考驗則與相關係數考驗的原理相同，使用 t 檢定來進行，假設寫成 $H_0：\beta = 0$。t 檢定如公式 10-28，s_b 為迴歸係數標準誤，反映了迴歸係數 b 的隨機變動情形。$df = N - p - 1$：

$$t = \frac{b}{s_b} = \frac{b}{\sqrt{\dfrac{s_e^2}{SS_x}}}$$（10-28）

五、迴歸分析的基本假設

迴歸分析進行變數關係的探討，係基於某些統計假設之下。當這些假設違反時，將導致偏誤生。以下將介紹五個迴歸分析的重要假設，至於無多元共線性假設因為涉及多元迴歸，將留待下一章討論。

（一）固定自變數假設（fixed variable）

在迴歸分析中，自變數是研究者在進行研究之初，依照文獻或理論所挑選出來能夠解釋依變數的主要變數，然後再從樣本所獲得的自變數數據來建立迴歸方程式，此時自變數數據並非隨機選擇得來，應被視為已知數，因此無須受到統計分配的限制，亦即自變數被視為是固定變數的原因。如果一個研究可以被重複驗證，特定自變數的特定數值應可以被重複獲得，也因此得到相同的迴歸模型。

（二）線性關係假設（linear relationship）

由於迴歸分析是基於相關為基礎的延伸應用，因此必須建立在變數之間具有線性關係的假設之上。非線性的變數關係，需將數據進行數學轉換才能視同線性關係來進行迴歸分析，或是改用曲線迴歸等非線性模型來處理。若為類別自變數，則需以虛擬變數的方式，將單一的類別自變數依各水準分成多個二分自變數，以視同連續變數的形式來進行。

（三）常態性假設（normality）

在迴歸分析的一個重要假設，是誤差需呈常態。也就是說，預測值 $\hat{y}$ 與實際 Y 之間的殘差應呈常態分配，$N(0, \sigma_e^2)$。對於一個觀察值的線性方程式 $Y = bX + a + e$，其 $bX + a$ 中即為迴歸模型，各項均非隨機變數，僅有殘差 e 為常態化隨機變數，故 Y 也應呈常態分配。

（四）誤差獨立性假設（independence）

誤差項除了應呈隨機化的常態分配，不同的 X 所產生的誤差之間應相互獨立，無相關存在，也就是無自我相關（nonautocorrelation），而誤差項也需與自變數 X 相互獨立。當誤差項出現自我相關，雖然仍可進行的參數估計，但是標準誤則會產生偏誤而降低統計檢定力，易得到迴歸模型被拒絕的結果。殘差自我相關的現象與衍生的問題，在時間序列分析或縱貫研究較常發生。

（五）誤差等分散性假設（homoscedasticity）

　　延續上一個假設，特定 X 水準的誤差項，除了應呈隨機化的常態分配，且其變異量應相等，稱爲誤差等分散性，如圖 10-3(a)。不相等的誤差變異量（即誤差變異歧異性，heteroscedasticity），如圖 10-3(b)，反映出不同水準的 X 與 Y 的關係不同，不應以單一的迴歸方程式去預測 Y，當研究數據具有極端值存在時，或非線性關係存在時，誤差變異數歧異性的問題就容易出現。違反假設時，對於參數的估計檢定力也就不足。

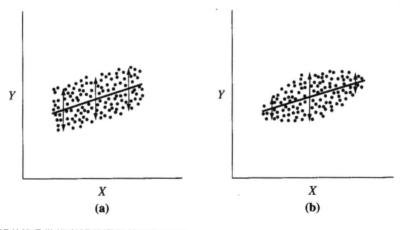

圖10-3　誤差等分散性與誤差變異歧異性圖示

第五節　SPSS 的相關與迴歸範例

範例 10-1　Pearson、Spearman、點二系列相關

某研究所 10 位學生修習統計課程期中考與期末考成績如下，請問這兩次考試成績是否具有相關？性別與成績有關嗎？以名次來計算有相關嗎？

學生編號	1	2	3	4	5	6	7	8	9	10
性別	男	男	女	女	男	男	女	男	男	女
期中考分數	78	80	90	90	70	88	82	74	65	85
期末考分數	84	83	89	90	78	89	87	84	78	80
期中考名次	7	6	1	1	9	3	5	8	10	4
期末考名次	5	7	2	1	9	2	4	5	9	8

【A. 操作程序】

步驟一：輸入資料或開啟資料檔。

步驟二：選取分析→相關→雙變數。

步驟三：選擇欲分析之兩個變數。

步驟四：勾選所需的相關係數與選項內容。按確定執行。

【B. 步驟圖示】

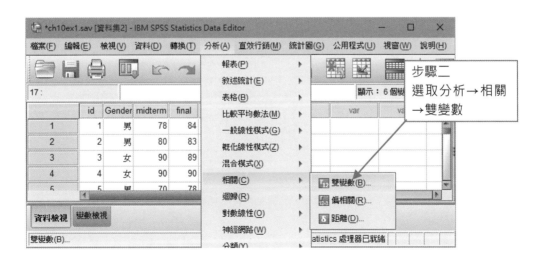

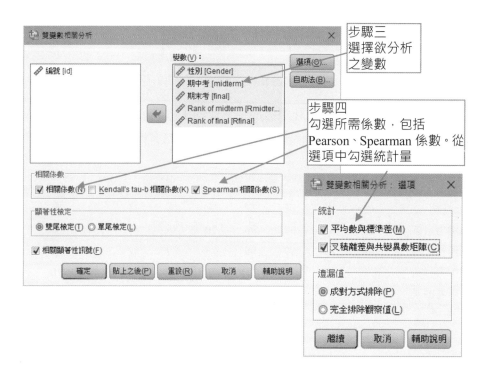

步驟三
選擇欲分析
之變數

步驟四
勾選所需係數，包括
Pearson、Spearman 係數。從
選項中勾選統計量

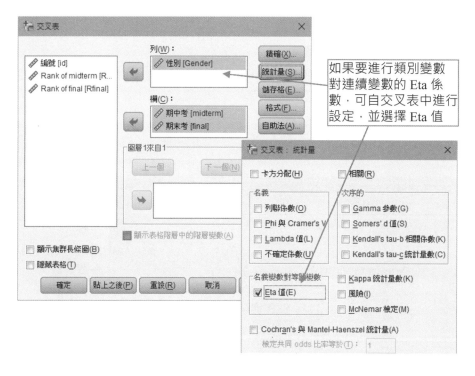

如果要進行類別變數
對連續變數的 Eta 係
數，可自交叉表中進行
設定，並選擇 Eta 值

【C. 結果輸出】

描述性統計量

	平均數	標準差	個數
性別	.60	.516	10
期中考	80.20	8.548	10
期末考	84.20	4.517	10
Rank of midterm	5.500	3.0185	10
Rank of final	5.400	3.1163	10

相關

		性別	期中考	期末考
Pearson 相關	性別	1	-.659	-.438
	期中考	-.659	1	.822
	期末考	-.438	.822	1
顯著性 (雙尾)	性別		.038	.205
	期中考	.038		.004
	期末考	.205	.004	
叉積平方和	性別	2.400	-26.200	-9.200
	期中考	-26.200	657.600	285.600
	期末考	-9.200	285.600	183.600
共變異數	性別	.267	-2.911	-1.022
	期中考	-2.911	73.067	31.733
	期末考	-1.022	31.733	20.400
個數	性別	10	10	10
	期中考	10	10	10
	期末考	10	10	10

Pearson 相關係數

可知兩連續變數之間達.822 的顯著高相關

點二系列相關係數

性別為二分變數，此數所計算出來的係數即為點二系列相關。均為負值，表示男生成績差。以雙變數相關求出結果與交叉表求得的 Eta 值相同

相關性

			Rank of midterm	Rank of final
Spearman 的 rho	Rank of midterm	相關係數	1.000	.825[**]
		顯著性（雙尾）	.	.003
		數目	10	10
	Rank of final	相關係數	.825[**]	1.000
		顯著性（雙尾）	.003	.
		數目	10	10

等級相關係數

等級相關顯示兩個名次的相關係數達.825

**.相關性在 0.01 水準上顯著（雙尾）。

有方向性的測量

			值
名義對區間 η	性別 依變數		1.000
	期中考 依變數		.659

Eta 係數

類別變數(性別)與連續變數(期中考)的 eta 係數為.659，與點二系列相關係數相同（因為性別組數為 2）

有方向性的測量

			值
名義對區間 η	性別 依變數		.890
	期末考 依變數		.438

類別變數(性別)與連續變數(期末考)的 eta 係數為.438，與點二系列相關係數相同（因為性別組數為 2）

【D. 結果說明】

由上述報表可知，兩個成績變數的平均數各為 80.2 與 84.2，性別的平均數沒有解釋上的意義。Pearson's r 分析得知，兩個考試成績變數之間的相關高達 .822(p = .004)，若將成績變數轉換成名次化的等級變數後所求出的 Spearman's rho 係數亦有高達 .825(p = .003) 的相關，均達顯著水準，表示研究生的期中考與期末考成績具有顯著高相關。

另外，由於性別為二分變數，與性別有關的相關係數即為點二系列相關。其中性別與期中考為顯著負相關 r = -.659(p = .038)，與期末考 r = -.438(p = .205) 未達顯著水準，負相關表示男生成績差（性別數值愈大時成績則愈低）。如果把性別當作名義變數，求取 eta 係數，可以利用交叉表當中的統計量中的 eta 係數，得到的係數與點二系列相關相同。例如期中考與性別的 eta 係數 = .659。

範例 10-2　淨相關與部分相關

　　延續前一個範例，若同時測得 10 位學生的統計焦慮分數與年級資料，請問期中考與期末考成績排除這兩個變數後的淨相關如何？部分相關又如何？

學生編號	1	2	3	4	5	6	7	8	9	10
期中考	78	80	90	90	70	88	82	74	65	85
期末考	84	83	89	90	78	89	87	84	78	80
統計焦慮	9	5	3	4	6	5	5	7	10	5
年級	2	3	4	4	1	2	3	2	1	4

一、淨相關

【A. 操作程序】

步驟一：輸入資料。

步驟二：選取分析→相關→偏相關。

步驟三：選擇欲分析之兩個變數與控制變數。

步驟四：於選項勾選統計量。按確定執行。

【B. 步驟圖示】

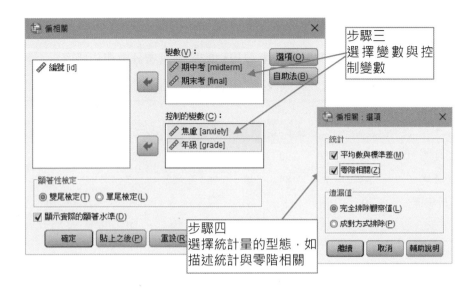

步驟三
選擇變數與控制變數

步驟四
選擇統計量的型態，如描述統計與零階相關

【C. 結果輸出】

敘述統計

	平均數	標準差	個數
期中考	80.20	8.548	10
期末考	84.20	4.517	10
焦慮	5.90	2.183	10
年級	2.60	1.174	10

相關

控制變數			期中考	期末考	焦慮	年級
a	相關	期中考	1.000	.822	-.814	.839
		期末考	.822	1.000	-.606	.562
		焦慮	-.814	-.606	1.000	-.754
		年級	.839	.562	-.754	1.000
	顯著性 (雙尾)	期中考	.	.004	.004	.002
		期末考	.004	.	.063	.091
		焦慮	.004	.063	.	.012
		年級	.002	.091	.012	.
	df	期中考	0	8	8	8
		期末考	8	0	8	8
		焦慮	8	8	0	8
		年級	8	8	8	0
焦慮 & 年級	相關	期中考	1.000	.750		
		期末考	.750	1.000		
	顯著性 (雙尾)	期中考	.	.032		
		期末考	.032	.		
	df	期中考	0	6		
		期末考	6	0		

細格含有零階 (Pearson 相關係數) 相關

零階相關係數
即為未控制前的相關係數。期中考及期末考相關為.822。焦慮與期中考及期末考的相關均達顯著，分別為-.814與-.606

偏相關係數
兩變數的相關係數降為.750，p=.032, 仍達顯著

二、部分相關

【A. 操作程序】

步驟一：選取分析→迴歸→線性。

步驟二：將一個變數移入依變數，其他變數與控制變數作為自變數。

步驟三：進入統計量勾中，選取部分與淨相關。按確定執行。

【B. 步驟圖示】

【C. 結果輸出】

係數 a

| 模式 | 未標準化係數 | | 標準化係數 | t | 顯著性 | 相關 | | |
	B 之估計值	標準誤差	Beta 分配			零階	偏	部分
（常數）	34.135	20.154		1.694	.141			
期中考	.660	.237	1.249	2.780	.032	.822	.750	.585
焦慮	.211	.770	.102	.274	.794	.606	.111	.058
年級	-1.577	1.528	-.410	-1.03	.342	.562	-.388	-.217

a. 依變數：期末考

期中考與期末考的淨相關為.750，部分相關為.585。

【D. 結果說明】

　　由上述的報表可知，排除焦慮與年級這兩個變數之後，期中考與期末考成績的淨相關為 .750（$p = .032$），顯示兩者仍有顯著的高相關，但是已較零階 Pearson 相關 .822 降低許多，原因是焦慮及年級與兩次考試的相關均十分明顯。

　　部分相關的結果以迴歸分析中的係數估計可以得到，期中考排除焦慮後的部分相關為 .585。由零階、淨相關到部分相關，係數降低，可見得部分相關所排除的部分最為明顯。

範例 10-3　簡單迴歸分析

某研究所 10 位學生修習某教授的統計課程，期中考與期末考成績如下，請問以期中考來預測期末考的迴歸分析為何？

學生編號	1	2	3	4	5	6	7	8	9	10
期中考	78	80	90	90	70	88	82	74	65	85
期末考	84	83	89	90	78	89	87	84	78	80

【A. 步驟圖示】

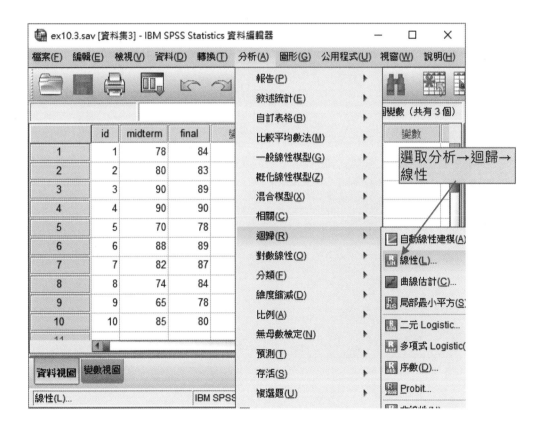

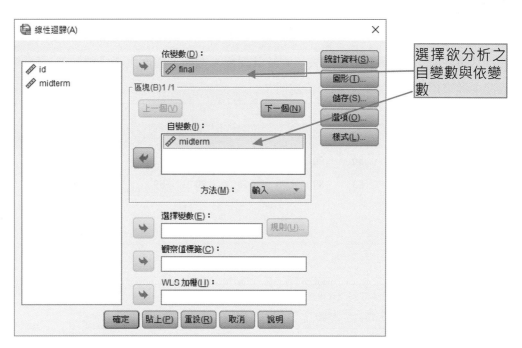

選擇欲分析之自變數與依變數

進入統計量勾選各種統計量

【C. 結果輸出】

敘述統計

	平均數	標準差	N
final	84.20	4.517	10
midterm	80.20	8.548	10

描述統計

各變數之描述統計量各變數之平均數、標準差與個數。

相關

		final	midterm
皮爾森 (Pearson) 相關	final	1.000	.822
	midterm	.822	1.000
顯著性（單尾）	final	.	.002
	midterm	.002	.
N	final	10	10
	midterm	10	10

模型摘要

模型	R	R 平方	調整後 R 平方	估計的標準誤
1	.822[a]	.676	.635	2.729

a. 解釋變數：（常數），midterm

模式摘要

自變數對依變數的整體解釋力。期中考成績可以解釋依變數67.6%的變異。調整後 R^2 為 63.5%。

R^2 的 F 考驗為16.660，達顯著水準。

變異數分析 [a]

模型		平方和	自由度	均方	F	顯著性
1	迴歸	124.038	1	124.038	16.660	.004[b]
	殘差	59.562	8	7.445		
	總計	183.600	9			

a. 應變數: final

b. 解釋變數：（常數），midterm

係數估計

迴歸係數 B、β 及顯著性檢驗。期中考的 β 為.822，達顯著水準。

係數 [a]

模型		非標準化係數		標準化係數	T	顯著性
		B	標準誤	β		
1	（常數）	49.369	8.577		5.756	.000
	midterm	.434	.106	.822	4.082	.004

a. 應變數: final

【D. 結果說明】

　　以期中考成績預測期末考成績，為一簡單迴歸分析，於相同的數學基礎，簡單迴歸與相關分析主要的結果相同。Pearson 相關係數、Multiple R 與 β 皆為 .822，這幾個係數的檢定值均相同，達顯著水準。R^2 則提供迴歸變異量，顯示以期中考成績預測期末考成績 63.5% 的解釋力，$F(1,8) = 16.66$，$p = .004$，顯示該解釋力具有統計的意義。係數估計的結果指出，期中考成績能夠有效預測期末考成績，β 係數達 .822（$t = 4.082$，$p = .004$），表示期中考成績愈高，期末考成績愈好。

第六節　R 的相關與迴歸分析範例

範例 10-4　R 的相關與迴歸分析

【A. R 語法】

```
1  #Chapter10: Correlation and Regression examples
2  library(haven)
3  library(psych)
4  ch10ex1 <- read_sav("ch10ex1.sav")
5  ch10ex2 <- read_sav("ch10ex2.sav")          如果無法執行須自行增加檔案路徑
6
7  #Create the scatter plots
8  pairs.panels(ch10ex2[2:5],stars=TRUE, alpha=.05)
9
10 #compute the correlation coefficients
11 ch10ex1.cor <- cor(ch10ex1[,-c(1)])    #計算除了ID變數以外的相關係數
12 lowerMat(ch10ex1.cor)
13 ch10ex2.cor <- cor(ch10ex2[2:5])       #計算除了ID變數以外的相關係數
14 lowerMat(ch10ex2.cor)
15
16 #significance test for correlation coefficients
17 cor.test(~ midterm + final,  data=ch10ex1, method="pearson")
18 cor.test(~ Rmidterm + Rfinal,data=ch10ex1, method="spearm")
19
20 library(MASS)
21 library(ppcor)
22 cor  (ch10ex2[2:5], method="pearson") #compute correlation coefficients
23 pcor (ch10ex2[2:5])                    #compute partial correlation coefficients
24 spcor(ch10ex2[2:5])                    #compute part coefficients
25
26 #compute the specific correlation coefficient
27 cor.test  (ch10ex2$midterm,ch10ex2$final)
28 pcor.test (ch10ex2[2],ch10ex2[3], ch10ex2[4:5])
29 spcor.test(ch10ex2[2],ch10ex2[3], ch10ex2[4:5])
30
31 #linear regression aalysis
32 model1 <- lm(final~midterm, data=ch10ex2)           #simple regression
33 summary(model1)
```

【B. 結果報表】

```
> ch10ex1.cor <- cor(ch10ex1[,-c(1)])        #計算除了 ID 變數以外的相關係數
> lowerMat(ch10ex1.cor)

          Gendr mdtrm final Rmdtr Rfinl
Gender     1.00
midterm   -0.66  1.00
final     -0.44  0.82  1.00
Rmidterm   0.71 -0.99 -0.82  1.00
Rfinal     0.46 -0.83 -0.99  0.83  1.00

> ch10ex2.cor <- cor(ch10ex2[2:5])          #計算除了 ID 變數以外的相關係數
> lowerMat(ch10ex2.cor)
         mdtrm final anxty grade
midterm   1.00
final     0.82  1.00
anxiety  -0.81 -0.61  1.00
grade     0.84  0.56 -0.75  1.00

>
> #significance test for correlation coefficients
> cor.test(~ midterm + final,  data=ch10ex1, method="pearson")

          Pearson's product-moment correlation

data:  midterm and final
t = 4.0817, df = 8, p-value = 0.003526
alternative hypothesis: true correlation is not equal to 0
95 percent confidence interval:
 0.3985942 0.9565420
sample estimates:
      cor
0.8219416

> cor.test(~ Rmidterm + Rfinal,data=ch10ex1, method="spearm")

          Spearman's rank correlation rho

data:  Rmidterm and Rfinal
S = 28.847, p-value = 0.003291
alternative hypothesis: true rho is not equal to 0
sample estimates:
      rho
0.8251689

> pcor.test (ch10ex2[2],ch10ex2[3], ch10ex2[4:5])
    estimate    p.value statistic  n gp  Method
1 0.7502994 0.03199716  2.779996 10  2 pearson

> spcor.test(ch10ex2[2],ch10ex2[3], ch10ex2[4:5])
    estimate   p.value statistic  n gp  Method
1 0.3512581 0.3935597 0.9189604 10  2 pearson

>
> #linear regression aalysis
> model1 <- lm(final~midterm, data=ch10ex2)
> summary(model1)

Call:
```

```
lm(formula = final ~ midterm, data = ch10ex2)

Residuals:
    Min     1Q  Median     3Q    Max
-6.2847 -0.7345  0.6496  1.5109  2.4927

Coefficients:
            Estimate Std. Error t value Pr(>|t|)
(Intercept)  49.3686     8.5771   5.756 0.000426 ***
midterm       0.4343     0.1064   4.082 0.003526 **
---
Signif. codes:  0 '***' 0.001 '**' 0.01 '*' 0.05 '.' 0.1 ' ' 1

Residual standard error: 2.729 on 8 degrees of freedom
Multiple R-squared:  0.6756,      Adjusted R-squared:  0.635
F-statistic: 16.66 on 1 and 8 DF,  p-value: 0.003526
```

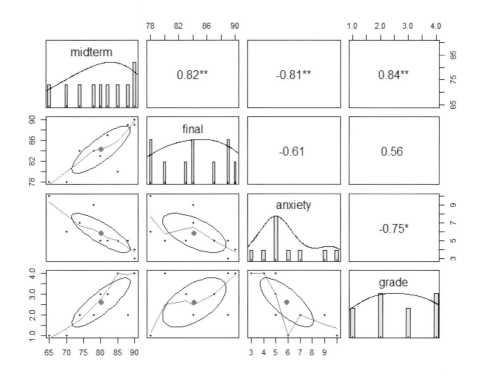

多元迴歸

第一節　基本概念

　　迴歸分析係利用線性關係來進行解釋與預測。如果研究者使用單一自變數去預測依變數，稱爲簡單迴歸，但通常一個研究中，影響依變數的自變數不只一個，此時需建立一套包含多個自變數的多元迴歸模型，同時納入多個自變數來對依變數進行解釋與預測，稱爲多元迴歸（multiple regression）。例如研究者認爲智商（X_1）、閱讀時數（X_2）、與他人討論頻率（X_3），是影響學業表現的三個原因，對依變數的多元迴歸方程式則如公式 11-1 所示：

$$\hat{Y} = b_1 X_1 + b_2 X_2 + b_3 X_3 + a \qquad (11\text{-}1)$$

　　由於多元迴歸必須同時處理多個自變數，計算過程較爲繁複。尤其是自變數之間的共變關係，會影響迴歸係數的計算，因此必須特別小心處理。另一方面，多個自變數對於依變數的解釋可能有次序上的先後關係，使得多元迴歸的運作益顯複雜。

一、多元迴歸的目的與使用時機

　　基於預測（prediction）或解釋（explanation）的不同目的，多元迴歸可被區分爲預測型迴歸與解釋型迴歸兩類。在預測型迴歸中，研究者的主要目的在實際問題的解決或實務上的預測與控制；解釋型迴歸的主要目的則在了解自變數對依變數的解釋情形。兩者異同如下：

（一）分析策略的不同

　　在操作上，預測型迴歸最常使用的變數選擇方法是逐步迴歸（stepwise regression）。逐步迴歸分析可以滿足預測型迴歸所強調的目的：以最少的變數來達成對依變數最大的預測力。因爲逐步迴歸法是利用各自變數與依變數的相關的相對強弱，來決定哪些自變數應納入、何時納入迴歸方程式，而不是從理論的觀點來取捨變數。

　　相對的，解釋型迴歸的主要目的在於釐清研究者所關心的變數間關係，以及如何對於依變數的變異提出一套具有最合理解釋的迴歸模型。因此，不僅在選擇自變數必須愼重其事、詳加斟酌，同時每一個被納入分析的自變數都必須仔細檢視它與其他變數的關係，因此對於每一個自變數的個別解釋力，都必須予以討論與交代，此時，除了整體迴歸模型的解釋力，各自變數的標準化迴歸係數（beta 係數）得作為各自變數影響力相互比較之用。一般學術上所使用的多元迴歸策略，多為同時迴歸（simultaneous regression），也就是不分先後順序，一律將自變數納入迴歸方程式，進行同時分析。

（二）理論所扮演的角色

除了分析策略上的差異，理論所扮演的角色在兩種迴歸應用上也有明顯的不同。基本上，理論基礎是學術研究非常重要的一環，藉由理論，研究者得以決定哪些變數適合用來解釋依變數，一旦分析完成之後，在報告統計數據之餘，也必須回到理論架構下，來解釋研究發現與數據意義，因此，在解釋型迴歸，理論的重要性不僅在於決定自變數的選擇與安排，也影響研究結果的解釋。相對的，預測型迴歸由於不是以變數關係的釐清為目的，而是以建立最佳方程式為目標，因此自變數的選擇所考慮的要件為是否具有最大的實務價值，而非基於理論上的適切性。理論在預測型迴歸中，多被應用於說明迴歸模型在實務應用的價值，以及有效達成問題解決的機制，以期在最低的成本下，獲致最大的實務價值。

值得注意的是，不論在預測型迴歸或解釋型迴歸，如果當自變數具有理論上的層次關係，必須以不同的階段來處理不同的自變數對於依變數的解釋時，可以利用階層迴歸（hierarchical regression）的區組選擇程序（blockwise selection），依照理論上的先後次序，逐一檢驗各組自變數對於依變數的解釋。

第二節　多元迴歸的原理與特性

一、多元相關

在多元迴歸中，對於依變數進行解釋的變數不只一個，這一組自變數與依變數之間的關係，若以相關的概念來表示，即為多元相關（multiple correlation；以 R 表示）。多元相關的數學定義，是依變數的迴歸預測值（$\hat{Y}$）與實際觀測值（Y）的相關，多元相關的平方為 R^2，表示 Y 被 X 解釋的百分比：

$$R = \rho_{\hat{Y}Y} \tag{11-2}$$

在簡單迴歸時，由於僅有一個自變數，因此對於依變數的解釋僅有一個預測來源，此時多元相關 R 恰等於自變數與依變數的積差相關係數 r，R^2 則表示該自變數對於依變數的解釋力。

（一）多元共線性問題

　　若在一個有兩個自變數的多元迴歸中，對於依變數的解釋除了來自於 X_1，還有 X_2，此時多元相關不是 X_1 與 Y 的相關或 X_2 與 Y 的相關，而是指 X_1 與 X_2 整合後與依變數的相關。由於自變數之間（X_1 與 X_2 之間）可能具有相關，因此在計算 R^2 時，需考慮自變數間共變的部分，如圖 11-1 的 (c) 與 (d)。

　　比較特別的是圖 11-1(b)，當兩個自變數彼此相互獨立，r_{12} 為 0，此時多元相關平方為 r_{y1} 與 r_{y2} 兩個相關的平方和，共線性為 0，屬於最單純且最理想的一種狀況，也就如公式 11-3 所示：

$$R_{y.12}^2 = r_{y1}^2 + r_{y2}^2 \qquad\qquad （11-3）$$

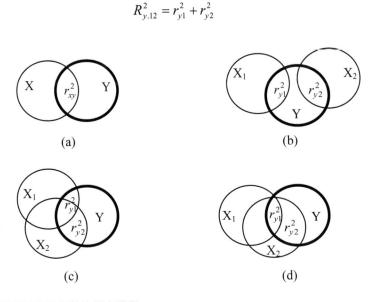

圖11-1　迴歸分析多元相關的概念圖示

　　但是在圖 11-1(c) 與 (d) 中，兩個自變數之間具有相關，$r_{12} \neq 0$，因此 R^2 需將 r_{1y} 與 r_{2y} 兩個相關的平方和扣除重疊計算的區域。

$$R_{y.12}^2 \neq r_{y1}^2 + r_{y2}^2 \qquad\qquad （11-4）$$

　　在重複面積的扣除方法上若有不同的考量，對於各變數的解釋也會有所不同，顯示多元迴歸受到自變數間關係的影響甚鉅，稱為多元共線性（multicollinearity）問題。

　　以圖 11-1(d) 為例，X_1 與 X_2 之間具有高度的關聯，而 X_1 變數對於 Y 變數的解釋也幾乎完全被自變數間的相關所涵蓋，呈現高度共線性。在進行多元迴歸分析時，X_1 變數的解釋力會因爲不同的變數選擇程序而產生不同的結果，形成截然不同的結論。

二、多元迴歸方程式

多元迴歸方程式亦是利用最小平方法，導出最能夠解釋依變數變異的方程式，估計出迴歸係數。方程式的斜率（公式 11-5）反映各自變數對於依變數的淨解釋力，亦即當其他自變數維持不變的情況下，各自變數影響力。斜率與截距公式如下：

$$b_1 = \frac{SS_2 SP_{y1} - SP_{12} SP_{y2}}{SS_1 SS_2 - SP_{12}^2} \qquad (11\text{-}5)$$

$$b_2 = \frac{SS_1 SP_{y2} - SP_{12} SP_{y1}}{SS_1 SS_2 - SP_{12}^2} \qquad (11\text{-}6)$$

$$a = \overline{Y} - b_1 \overline{X}_1 - b_2 \overline{X}_2 \qquad (11\text{-}7)$$

公式 11-5 與 11-6 的兩個斜率公式中，分母相同，分子則爲各自變數對依變數的解釋效果。分子愈大，表示該自變數每單位的變動對於依變數的變化解釋較多，解釋力較大。截距 $a_{y.12}$ 則是指當兩個自變數皆爲 0 時的依變數起始值。若兩個自變數都經過平減（centering），亦即變數數值扣掉平均數，則 $a_{y.12}$ 截距數值爲依變數平均數。

若將 b 係數去除單位效果（乘以自變數標準差，除以依變數標準差），得到標準化迴歸係數 β，可用以說明自變數的相對重要性：

$$\beta_1 = b_1 \frac{s_1}{s_y} \qquad (11\text{-}8)$$

$$\beta_2 = b_2 \frac{s_2}{s_y} \qquad (11\text{-}9)$$

值得注意的是，β 係數是一個標準化的係數，僅適合線性強度的描述與各自變數的相互間比較，但非可以用於加減乘除運算的統計量，如果要檢定各變數的統計意義或進行區間估計，則必須使用未標準化的迴歸係數。

一旦導出多元迴歸方程式後，即可以將自變數數值代入，得到預測值，並進而計算出殘差。迴歸模型所能夠解釋的變異，可以利用總離均差平方和 SS_t 減去 SS_e 得到，也可以利用下列算式求出：

$$SS_{reg} = b_1 SP_{y1} + b_2 SP_{y2}$$ （11-10）

三、R^2 與調整後 R^2

與前一章所介紹的簡單迴歸原理相同，多元迴歸方程式利用最小平方法，導出使殘差最小的方程式，此方程式即為迴歸模型，R^2 反映模型的解釋力，並可利用 F 檢定來檢驗 R^2 的統計顯著性。

$$R^2 = 1 - \frac{SS_e}{SS_t} = \frac{SS_{reg}}{SS_t}$$ （11-11）

值得注意的是，在多元迴歸中，如果研究者不斷增加自變數，雖然不一定增加模型解釋力，但是 R^2 並不會減低（R^2 為自變數數目的非遞減函數），導致研究者往往為了提高模型的解釋力，而不斷的投入自變數，每增加一個自變數，損失一個自由度，最後模型中無關的自變數過多，自由度變少，失去了簡效性（parsimony）。

為了處罰增加自變數所損失的簡效性，R^2 公式中將自由度作為分子與分母項的除項加以控制，得到調整後 R^2（adjusted R^2），可以反映因為自變數數目變動的簡效性損失的影響，如公式 11-12。

$$adjR^2 = 1 - \frac{SS_e / df_e}{SS_t / df_t} = 1 - \frac{SS_e / (N-p-1)}{SS_t / (N-1)}$$ （11-12）

從公式 11-12 可以看出，當自變數數目（p）愈多，$adjR^2$ 為愈小，也就是對於簡效性損失的處罰愈大。如果研究者的目的在比較不同模型的解釋力大小時，各模型的自變數數目的差異會造成簡效程度的不同，宜採用調整後 R^2。

一般而言，當樣本數愈大，對於簡效性處罰的作用愈不明顯。如果樣本數較少時，自變數數目對於 R^2 估計的影響愈大，應採用調整後 R^2 來描述模型的解釋力。如果樣本數愈大，R^2 與調整後 R^2 就會逐漸趨近而無差異。在簡單迴歸時，因為自變數僅有一個，調整前與調整後的數據不會有所差異。

四、迴歸係數的顯著性考驗

多元迴歸分析 R^2 反映了迴歸模型的解釋力，若 R^2 具有統計顯著性，則需進行迴歸係數的統計考驗，來決定各自變數的解釋力。檢定的原理與簡單迴歸相同，也

是利用 t 檢定來檢驗迴歸係數 b 的統計顯著性。以兩個自變數的多元迴歸為例，迴歸係數的 t 檢定如下：

$$t_{b_1} = \frac{b_1}{s_{b_1}} = \frac{b_1}{\sqrt{\dfrac{s_e^2}{SS_1(1-R_{12}^2)}}} \tag{11-13}$$

$$t_{b_2} = \frac{b_2}{s_{b_2}} = \frac{b_2}{\sqrt{\dfrac{s_e^2}{SS_2(1-R_{12}^2)}}} \tag{11-14}$$

其中 s_e^2 是迴歸模型的估計變異誤，R_{12} 為兩個自變數間的相關係數。自由度為誤差項的自由度（$N-p-1$）。

五、共線性診斷

共線性問題可以說是影響多元迴歸分析最重要的因素之一。一般的統計軟體，提供了容忍值（tolerance）或變異數膨脹因素（variance inflation factor, VIF）來評估共線性的影響。

$$\text{VIF} = \frac{1}{Tolerance} = \frac{1}{(1-R_i^2)} \tag{11-15}$$

公式 11-15 中，R_i^2 為某一個自變數被其他自變數當作依變數來預測時可被解釋的比例。R_i^2 比例愈大，VIF 愈小，自變數相關愈高，共線性問題愈嚴重。一般當 VIF 大於 5 時（容忍值大於 .2），自變數之間就有很高的相關，VIF 大於 10 時（容忍值大於 .1），表示共線性已經嚴重威脅參數估計的穩定性。

除了個別自變數的共線性檢驗之外，整體迴歸模式的共線性診斷也可以透過特徵值（eigenvalue, λ）與條件指數（conditional index, CI）來判斷。特徵值愈小，表示自變數間具有共線性，當特徵值為 0 時，表示自變數之間有完全線性相依性。在各種變數組合下的各個特徵值中，最大特徵值除以最小特徵值開根號，稱為條件值（condition number, CN），也就是最後一個線性整合的 CI 值，反映了整個迴歸模型受到共線性問題影響的嚴重程度。CI 值愈高，表示共線性嚴重，當 CI 值低於 30，表示共線性問題緩和，30 至 100 間，表示迴歸模式具有中至高度共線性，100 以上則表示嚴重的共線性（Belsley, 1991；Belsley, Kuh, & Welsch, 1980）。

在計算特徵值的同時，還可計算各變數間線性組合在各自變數的迴歸係數變異誤的變異數比例（variance proportions），當同一個線性整合的 CI 值中，有兩個或以上的自變數有高度變異數比例時，顯示它們之間具有共線性。當任兩個或多個迴歸係數變異數在同一個 CI 值上的變異數比例均很高（大於 50%）且愈接近 1 時，表示為可能存在的共線性組合。

第三節　多元迴歸的變數選擇模式

　　多元迴歸包括了多個自變數，基於不同的目的，研究者可以採行不同的自變數選擇程序以得到不同的結果。在應用 SPSS 等統計軟體時，可以利用同時法、逐步法、階層法等不同的程序來進行迴歸分析。茲將各種程序的性質與原理，利用一個實際的範例來說明。

　　表 11-1 為 60 位參與科學競賽活動的學生性別（D1）、年齡（D2）、參賽成績（Y）與賽前所蒐集的能力測驗得分。能力測驗包括六項能力的測驗成績：數理能力（X1）、科學實作能力（X2）、語文能力（X3）、美術能力（X4）、溝通能力（X5）與社會人際能力（X6）。主辦單位之所以納入能力變數的測量，是因為想要探討科學競賽表現優異者，是否因為具有特殊的認知能力或人際互動能力。因此，主辦單位特別邀請認知與測量心理學家參與，希望能夠對於心理與社會能力如何影響科學能力提出一套解釋模型。

→ 表11-1　六十位科學競賽活動參賽者背景資料與各種測量數據

變數	平均數	標準差	相關							
			D_1	D_2	X_1	X_2	X_3	X_4	X_5	X_6
D_1 性別	.50	.50	1.00							
D_2 年齡	17.18	1.39	-.203	1.00						
X_1 數理能力	65.10	18.87	-.366	.523	1.00					
X_2 科學實作能力	71.55	18.67	-.365	.682	.784	1.00				
X_3 語文能力	72.97	11.69	-.305	.362	.367	.474	1.00			
X_4 美術能力	70.10	12.23	.043	.069	.164	.197	.346	1.00		
X_5 溝通能力	8.55	3.00	-.384	.673	.708	.825	.587	.209	1.00	
X_6 社會人際能力	9.06	3.67	-.360	.627	.700	.796	.603	.196	.951	1.00
Y 競賽成績	54.10	16.10	.401	.666	.776	.860	.492	.241	.858	.849

註：相關係數具有底線者，表示未達 .05 顯著性。

一、同時迴歸（simultaneous regression）

最單純的變數處理方法，是將所有的自變數同時納入迴歸方程式當中來對於依變數進行影響力的估計。此時，整個迴歸分析僅保留一個包括全體自變數的迴歸模型。除非自變數間的共線性過高，否則每一個自變數都會一直保留在模型中，即使對於依變數的邊際解釋力沒有達到統計水準，也不會被排除在模型之外。

以同時迴歸技術來進行的迴歸分析，又可稱為解釋型迴歸，因為研究者的目的，是在釐清研究者所提出的自變數是否能夠用來解釋依變數。一般在學術研究上，由於每一個自變數對於依變數的影響都是研究者所欲探討的對象，因此不論顯著與否，都有學術上的價值與意義，因此多採用同時法來處理變數的選擇。

解釋型迴歸的第一個工作是仔細檢視各變數的特性與相關情形。由表 11-1 的數據可以看出，各自變數對於依變數的相關均十分明顯，其中有 X2、X5、X6 三個自變數與依變數的相關達到 .80 以上。除了美術能力與參賽成績相關（$r = .241$，$p = .064$），以及美術能力與其他能力間相關未達顯著水準之外，其餘大多數相關係數均達顯著水準。

自變數間的高度相關，透露出共線性的隱憂。例如溝通能力與社會人際能力的相關高達 .91，顯示兩者幾乎是相同的得分趨勢。在後續的分析中，這些高度重疊性多元共線性現象將影響結果的解釋。

其次，解釋型迴歸的第二個工作，是計算迴歸模型的整體解釋力與顯著性考驗。表 11-2 列出以同時迴歸法所得到模型摘要與參數估計結果，由 $R^2 = .841$ 可以看出，整個模型可以解釋依變數的 84.1%，如果考慮模型簡效性，調整後 R^2 亦有 .816，解釋力仍然非常高，表示這些能力指標與人口變數確實能夠解釋參賽者的表現。

進一步檢視各變數的個別解釋力，發現僅有科學實作能力具有顯著的解釋力，β 係數為 .298，$t(51) = 2.48$，$p = .017$。當科學實作能力愈高者，參賽表現愈理想，但強度僅有中度水準。其他各變數的解釋力則未達顯著。值得注意的是，社會人際能力的 β 係數甚至高於科學實作能力（$\beta = .31$），但是 $t(51) = 1.65$，$p = .105$，未達顯著水準。很明顯的，社會人際變數的 t 值未達到顯著水準，可能是因為標準誤過大，導致反映依變數變動量的 b 係數無法達成統計上的門檻，顯然因為高度共線性所造成的問題。

總結同時迴歸分析得到的結果發現，能夠對於競賽成績進行解釋的預測變數只有一個，即「科學實作能力」，其他各自變數的邊際解釋力並沒有統計顯著性。但是未達顯著水準的自變數並不能忽略，因為各變數都是研究者所關心的。因此得到最終方程式如下：

$$\hat{Y} = -2.4D_1 + 1.16D_2 + .15X_1 + .26X_2 - .07X_3 + .11X_4 + .61X_5 + 1.36X_6 - 12.77$$

→ 表11-2　科學競賽資料的同時迴歸估計結果與模式摘要

DV = 競賽成績	未標準化係數		Beta	t	p	共線性	
	B	s_e				允差	VIF
（常數）	-12.77	15.31		-.84	.408		
D_1 性別	-2.40	2.05	-.074	-1.17	.247	.78	1.29
D_2 年齡	1.17	.94	.101	1.24	.220	.48	2.11
X_1 數理能力	.15	.08	.172	1.84	.072	.36	2.80
X_2 科學實作能力	.26	.10	.298	2.48	.017	.22	4.63
X_3 語文能力	-.07	.10	-.053	-.71	.480	.55	1.80
X_4 美術能力	.11	.08	.084	1.37	.177	.83	1.21
X_5 溝通能力	.61	1.08	.113	.56	.578	.08	13.02
X_6 社會人際能力	1.36	.82	.310	1.65	.105	.09	11.27
整體模型	$R^2 = .841$　$adj\ R^2 = .816$ $F(8,51) = 33.628$（$p < .001$）						

二、逐步迴歸（stepwise regression）

　　以逐步分析策略來決定具有解釋力的預測變數，多是出現在以預測為目的之探索性研究中。一般的作法是投入多個自變數後，由各變數的相關高低來決定每一個預測變數是否進入迴歸模型或淘汰出局，最後得到一個以最少自變數解釋最多依變數變異量的最佳迴歸模型。逐步迴歸有多種不同的變數選擇程序，茲介紹於後。

（一）向前法

　　向前法是以各自變數當中，與依變數相關最高者首先被選入，其次為未被選入的自變數與依變數有最大的偏相關者，也就是能夠增加最多的解釋力（R^2）的預測變數。在實際執行時，研究者必須選定選入的臨界值作為門檻，例如以 F 檢定的顯著水準 $p = .05$ 為臨界值，如果模型外的變數所增加的解釋力（ΔR^2）最大者的 F 檢定值的顯著性小於 .05，即可被選入模型中。以 SPSS 執行向前法的結果列於表 11-3。

　　以表 11-1 的數據為例，與依變數相關最高者為 X_2 科學實作能力（.860），因此首先被選入迴歸方程式（模式 1）。此時，表 11-3 的模型外尚有七個預測變數，各變數與依變數的偏相關（排除其他自變數的效果）以 X_6「社會人際能力」的 .533 最高，而且該自變數預測力達到 .05 的顯著水準（$t = 4.76$，$p < .001$），因此是第二個被選入模型的變數。

選入後，模型 2 即同時包含了兩個自變數「科學實作能力」與「社會人際能力」，β 係數分別為 .502 與 .450，兩者的 t 檢定均達顯著水準。此時，模型外尚有四個自變數，其中還有 X_1「數理能力」的偏相關（.260）顯著性（.046）小於 .05，因此成為第三個被納入的變數，納入後的模型 3，三個自變數的 β 係數分別為 .387、.412、.185，其中以「社會人際能力」的相對重要性最高。此時，模式外的五個變數的偏相關係數均未達到 .05 的統計顯著性，因此選擇變數程序終止，留下最佳預測力的三個自變數於方程式中。

→ 表11-3　逐步迴歸的向前法所得到的模式中與排除係數估計值

模型內的變數	B	標準誤	Beta	t	p
模式 1（$R^2 = .739$）					
X_2 科學實作能力	.74	.06	.860	12.81	.000
模式 2（$R^2 = .813$）					
X_2 科學實作能力	.43	.08	.502	5.31	.000
X_6 社會人際能力	1.97	.41	.450	4.76	.000
模式 3（$R^2 = .826$）					
X_2 科學實作能力	.33	.09	.387	3.58	.001
X_6 社會人際能力	1.80	.41	.412	4.38	.000
X_1 數理能力	.16	.08	.185	2.02	.049

（二）向後法

向後法的原理與向前法恰好相反，是先將所有的自變數投入迴歸模型，再將最沒有預測力的自變數（t 值最小者）依序排除，也就是各自變數對依變數的淨解釋力顯著性考驗未能達到研究者所設定的顯著水準者（例如 $p = .10$），依序加以排除，以得到最佳的方程式。

前面的例子經過向後法淘汰不佳的自變數後，最後保留了三個自變數「科學實作能力」、「社會人際能力」與「數理能力」，得到的結果與向前法完全一樣，請直接參考表 11-3。

（三）逐步法

逐步法整合了向前法與向後法兩種策略，首先是依據向前法的原理，將與依變數相關最高的自變數納入方程式，然後將具有次大預測力且 F 檢定的顯著性大於 .05 的變數納入方程式中，此時，模型中已經包含了兩個自變數，如果第二個變數納入後，原先模型中的自變數的 F 檢定顯著性如果低於 .10 時，則會被排除於模型外。依循此一原理進行反覆的納入／排除變數的檢驗，直到沒有任何變數可被選入或排除之時，即得到最後的模型。

由上述的原理可知，逐步法是以向前法的選入程序為主，因此得到的結果與向前法的結果會非常類似，只是在過程中，增加了排除較低預測力的自變數的檢驗，兼具了向後法的精神，因此較受使用者的歡迎。一般研究者所使用的逐步法，即是指同時兼採向前法與向後法的逐步法。由於逐步法的結果與表 11-3 完全相同，因此不予贅述。

依據前述的程序，不論是以向前法、向後法、逐步法，得到的結果都相同，最佳方程式包含有 X_2、X_6、X_1 三個自變數，可以解釋依變數變異的 82.6%（$R^2 = .826$），得到最終方程式為：

$$\hat{Y} = .33X_2 + 1.8X_6 + .16X_1 + 3.59$$

三、階層迴歸（hierarchical regression）

階層迴歸分析也是一種區分成多個步驟，「逐步依序」來進行迴歸分析。所不同的是，逐步迴歸分析的進入模式，是由相關大小的 F 統計量作為自變數取捨的依據，階層迴歸分析則由研究者基於理論或研究的需要而定。

在一般的學術研究中，自變數間可能具有特定的先後關係，必須依特定順序來進行分析。例如：以性別、社經地位、自尊、焦慮感與努力程度來預測學業表現時，性別與社經地位兩變數在概念上屬於人口變數，不受任何其他自變數的影響，而自尊與焦慮感兩變數則為情意變數，彼此之間可能具有高度相關，亦可能受到其他變數的影響，因此四個自變數可以被區分為兩個階段，先將人口變數視為一個區組（block），以強迫進入法或逐步迴歸法進行迴歸分析，計算迴歸係數，其次再將情意變數以第二個區組，投入迴歸模型，計算自尊、焦慮感各自的預測力，完成對於依變數的迴歸分析，此種方法稱為階層分析法。

在實際執行上，階層迴歸分析最重要的工作是決定變數的階層關係與進入模式。變數間的關係如何安排，必須從文獻、理論、或現象上的合理性來考量，也就是必須要有理論根據，而不是研究者可以任意為之，或任由電腦決定。

→ 表11-4　階層迴歸各區組模型摘要與參數估計值

模型內的變數		區組一			區組二			區組三		
		Beta	t	p	Beta	t	p	Beta	t	p
自變項	D_1 性別	-.278	-2.96	.005	-.088	-1.26	.214	-.074	-1.17	.247
	D_2 年齡	.610	6.49	.000	.167	1.94	.058	.101	1.24	.220
	X_1 數理能力				.251	2.49	.016	.172	1.84	.072
	X_2 科學實作能力				.472	3.89	.000	.298	2.48	.017
	X_3 語文能力				.063	.83	.412	-.053	-.71	.480
	X_4 美術能力				.077	1.14	.261	.084	1.37	.177
	X_5 溝通能力							.113	.56	.578
	X_6 社會人際能力							.310	1.65	.105
模型摘要	R^2		.517			.797			.841	
	F		30.55			34.588			33.628	
	P		.000			.000			.000	
	$\triangle R^2$		.517			.279			.044	
	F change		30.55			18.186			7.051	
	p of F change		.000			.000			.002	

以前述的範例來看，可以將「年齡」與「性別」變數視為人口變數區組，而「溝通能力」與「社會人際能力」與人際互動有關的自變數視為同一個區組，其他與認知或行為能力有關的自變數視為另一個區組。由於人口變數發生於最先，一般均以第一個區組處理之，認知能力可能因為人口變數的影響而有個別差異，因此將其視為第二個區組，在人口變數投入後再進入模型，使得人口變數的差異可以最先獲得控制，人際能力最後投入。各區組內以同時迴歸法來分析，結果列於表 11-4。

由表 11-4 可知，第一個區組人口變數對於依變數具有顯著的解釋力，$R^2 =$ .517，$F(2,57) = 30.55, p < .001$。兩個自變數能夠解釋依變數變異的 51.7%。「性別」的個別解釋力（β）為 -.278（$t(57) = -2.96, p = .005$），「年齡」為 .610（$t(57) = 6.49, p < .001$），「年齡」對於依變數的解釋力大於「性別」。性別變數係數的負號表示性別數值愈高（男）者，參賽成績愈低。

第二個區組認知能力變數投入模型後，模型解釋力達到 $R^2 = .797$，$F(6,53) =$

34.588($p < .001$)。區組解釋力 $\triangle R^2 = .279$，$F\ change(4,53) = 18.186$（$p < .001$），顯示認知能力區組的投入能夠有效提升模型的解釋力，也就是區組的增量（increment）具有統計意義，亦即在控制了人口變數的影響下，認知能力變數能夠額外「貢獻」27.9% 的解釋力。四個自變數當中，以「科學實作能力」的貢獻程度最大，$\beta = .472$（$t(53) = 3.89, p < .001$），其次為「數理能力」的 .251（$t(53) = 2.49, p = .016$），顯示認知能力區組的貢獻，主要是由「科學實作能力」與「數理能力」所創造。

值得注意的是，第一個區組的兩個人口變數的解釋力呈現下降的趨勢，其中「性別」由 -.278 降至 -.088（$t(53) = -1.26, p = .214$）；「年齡」則由 .610 降至 .167（$t(53) = 1.94, p = .058$），兩者均未具有統計意義，顯示兩者已不足以解釋依變數。但是，在模型中仍扮演著控制變數的角色，因為有這兩個變數的存在，我們可以說認知能力對於參賽成績的解釋力，是在控制了人口變數的影響下所得到的數據。

到了第三階段，新增加的人際互動能力區組對於依變數的解釋力增量為 $\triangle R^2 = .044$，$F\ change(6,51) = 7.051$（$p = .002$），具有統計的意義，顯示人際互動能力區組的投入能夠有效提升模型解釋力，使全體模型的解釋力達到 .841，$F(8,51) = 33.628, p < .001$。但是，「溝通能力」與「社會人際能力」兩者個別淨解釋力未達顯著水準，但是人際互動能力區組的解釋力增量 $\triangle R^2 = .044$ 卻達顯著水準。此一區組解釋力達顯著但個別變數解釋力不顯著的矛盾現象，是因為兩個自變數之間具有高度共線性使然。

階層迴歸分析的結果呈現方式與同時迴歸方法相似。先報告模型的整體解釋力 R^2，並配合 F 檢定的檢驗數據，說明模型解釋力的統計意義。一旦顯著之後，即可進行各參數的解釋。所不同的是階層迴歸包含多階段的分析，各階段之間的解釋力增量反映了各區組的附加解釋力，是階層分析最重要的數據之一。而最後一個區組納入方程式後，所有自變數全部包含在迴歸方程式中，此時得到的結果完全等同於同時迴歸法，也就是所有的變數同時進入迴歸模型。由此可知，同時迴歸法是階層迴歸法的一個特殊狀況。

四、三種迴歸方法的比較

由前述的原理與分析實例可以看出，解釋型迴歸所重視的是研究者所提出的自變數是否具有解釋力，以及參數的相對重要性的比較。至於迴歸方程式本身，以及分數的預測，並不是研究的焦點。更具體來說，解釋型迴歸的每一個自變數都是研究者經過深思熟慮，或是基於理論檢視所提出的重要變數，不重要的或無關的自變數都盡可能的省略，以減少不必要的混淆。因此，在多元迴歸模型建立上，多採同時分析法來檢驗各變數的關係，如果採用的是逐步分析法，則有違解釋型迴歸分析以全體自變數相互比較與複雜關係探究的初衷。

　　解釋型迴歸的另一個特性對於共線性問題非常敏感。因為共線性問題除了反映自變數概念可能存在混淆關係，也影響了每一個自變數對於依變數解釋力的估計。相對的，預測型迴歸則將共線性問題交由逐步分析來克服，而不作理論上的討論。這就是為什麼學術上的迴歸分析多為同時分析法或階層分析法，而實務上的迴歸應用則多採逐步迴歸法。學術上對於多元迴歸的應用，重視 R^2 的檢驗與 beta 係數的解釋與比較；而實務上對於多元迴歸的應用以建立最佳方程式，以及進行分數的預測與區間估計等議題為主。

　　最後，階層迴歸可以說是彈性最大、最具有理論與實務意義的迴歸分析程序。由於變數的投入與否可以由研究者基於理論或研究需要來決定，反映了階層迴歸在本質上是一種驗證性的技術，而非探索性的方法。在科學研究上，有其獨特的價值與重要性。從技術層次來看，階層法能夠將自變數以分層來處理，如果結合同時進入法，適合於學術性的研究來決定一組自變數的重要性；如果結合逐步法，則類似於預測型迴歸分析，可用於分層來決定最佳模型。此外，當自變數是類別變數時，欲進行虛擬迴歸（dummy regression）、多項式迴歸、自變數間具有交互作用等狀況，也都必須採用階層迴歸程序。由此可知，階層迴歸是一種整合性的多層次分析策略，兼具統計決定與理論決定的變數選擇程序，是一種彈性很大的迴歸分析策略。

第四節　虛擬迴歸

一、類別資料的迴歸分析

　　線性關係是迴歸分析重要的基本假設，因此迴歸模型中的自變數必須是連續變數，類別變數基本上並不適於線性迴歸分析。但是在社會及行為科學研究中，類別變數經常是重要的研究變數，例如性別、年級別、婚姻型態等；此外，在實驗研究中，通常會將受測者區分為實驗組與對照組，此時組別效果亦屬類別自變數。為了使類別變數也能夠進行迴歸分析，或是與其他連續變數一起納入迴歸模式進行預測，必須以虛擬化方式，將類別自變數轉換成虛擬變數（dummy variable），稱為虛擬迴歸（dummy regression）。

　　類別變數的虛擬化處理，最重要的一個步驟是進行重新編碼，常用的編碼方式有虛擬編碼（dummy coding），亦即將類別變數轉換成一個或多個數值為 0 與 1 的二分變數，然後將虛擬變數作為一個區組投入迴歸方程式中進行迴歸分析。例如前面的範例中，以 0 與 1 編碼的性別變數即是一個虛擬變數，由於性別變數僅有兩個數值，可視為連續變數的一種特例，而不需要另行進行編碼處理即可直接投入迴歸方程式進行分析。

　　除了編碼處理之外，虛擬迴歸的解釋方法與多元迴歸略有不同。主要是因為虛擬迴歸僅是將虛擬變數視同連續變數，在本質上並非連續變數，對於虛擬變數效果的解釋必須謹慎。此外，當水準數大於 2 的類別自變數改以虛擬變數處理時，原來的類別變數被拆解成 $k-1$ 個虛擬變數，利用階層迴歸分析將整組的 $k-1$ 個虛擬變數納入後，所得到的結果才是該類別自變數對於依變數的效果，此時雖然可以利用迴歸分析的數據來解釋類別自變數的整體效果，但是個別虛擬變數的解釋則必須就虛擬化的設定方法來說明。讀者必須注意的是，雖然虛擬迴歸可以將類別自變數納入迴歸分析，但僅是一種權宜策略，使用上有諸多限制。迴歸分析終究不擅長處理類別變數，如果類別變數真的那麼重要，建議配合變異數分析或共變數分析來探討該變數的作用。

　　現以婚姻狀態（Marriage）為例，此一類別變數可以分成鰥寡 (1)、離異 (2)、未婚 (3)、已婚 (4) 四種狀況，因為 1 至 4 四個數字並未具有等距或順序的特性，若直接以此變數進行迴歸分析，勢將違反線性關係之假設。此時，若將此一類別變數，依四個水準分成四個二分變數（dichotomous）D1（鰥寡）、D2（離異）、D3（未婚）、D4（已婚），每一個變數的數值為 0 與 1，0 代表非，1 代表是，這四個變數即為婚姻狀態的虛擬變數。以下是五位受測者的假設性資料。編號 001 為未婚，虛擬變數 D1、D2 與 D4 皆為 0，僅在 D3 計為 1，以此類推。

→ 表11-5　虛擬迴歸之假設性資料

受試者編號	原始變數	虛擬變數			
ID	Marriage	D1	D2	D3	D4
001	3	0	0	1	0
002	2	0	1	0	0
003	1	1	0	0	0
004	4	0	0	0	1
005	4	0	0	0	1

　　由此一範例可知，一個具有 k 個水準的類別變數，經轉換可得 k 個虛擬變數，但是在實際執行迴歸分析時，虛擬變數的數目爲 k-1 個，也就是最後一個水準並不需要設定相對應的虛擬變數（如果設定第四個虛擬變數，並投入迴歸方程式，將會造成多元共線性問題）。以婚姻狀態爲例，由於前三個虛擬變數代表婚姻狀態的前三個類別，在這三個虛擬變數上的數值都是 0 的樣本，自動成爲第四水準（已婚），而無須再行設定一個虛擬變數。此時迴歸方程式如公式 11-16，整個方程式的解釋力即爲婚姻狀態變數對 Y 進行解釋的影響力。

$$\hat{Y} = b_1 D_1 + b_2 D_2 + b_3 D_3 + a \qquad (11\text{-}16)$$

　　使用 $k-1$ 個虛擬變數去處理類別變數時，未經虛擬處理的水準稱爲參照組（reference group），參照組不一定是類別變數的最後一個水準，而宜取用內容明確清楚、樣本數適中的水準作爲參照組（Hardy, 1993）。例如「其他」，就不適宜做爲參照組。此外，如果是具有順序關係的變數，如教育水準，研究者可以選擇等級最高、最低或中間的等級類別作爲參照組。

二、多因子虛擬迴歸

　　當迴歸模型中出現一個類別自變數時，可以利用先前的虛擬變數或效果變數來進行虛擬迴歸分析。同理，如果今天出現兩個或兩個以上的類別自變數時，可以利用虛擬迴歸來分析多個自變數對於依變數的影響，但是如同多因子變異數分析一樣，當自變數愈多，影響依變數的原因除了各個自變數的作用，還有自變數相互作用的交互效果。因此，多元類別變數的虛擬迴歸，原理雖與多因子設計 ANOVA 相同，但是因爲必須進行編碼處理，自變數愈多，虛擬迴歸的處理程序就更顯得複雜，而且多個自變數之間可能存在對 Y 的交互效果，因此還必須創造一個交互作用項，才會得到一個與二因子 ANOVA 一樣的結果。儘管如此，多元類別變數的虛擬迴歸仍是社會科學研究常見的統計分析策略，主要是因爲研究上的需要以及多元迴歸在學術上的重要地位，使得研究者在建立迴歸模型時，面對多個類別變數時，必須採取多因子虛擬迴歸（factorial dummy regression）程序。

　　假設今天有兩個變數，例如性別與婚姻狀況，都僅有兩個水準：{ 男 , 女 }、{ 未婚 , 已婚 }，皆編碼成 {0,1}，這兩個虛擬變數 D1 與 D2 的交互效果 D1 D2 可直接以兩個虛擬變數相乘而得，所形成的方程式進行迴歸分析將會得到與二因子 ANOVA 相同的結果（關於多因子虛擬迴歸的操作將在範例中說明），如公式 11-13 所示。

$$\hat{Y} = b_1 D_1 + b_2 D_2 + b_3 D_1 D_2 + a \qquad (11\text{-}13)$$

第五節　SPSS 的多元迴歸範例

範例 11-1　同時迴歸分析（解釋型迴歸）

　　某位老師以出缺席、期中與期末考試、作業成績，進行學期總分的評分工作，要了解這些變數對於學期總分的影響，甚至於加入性別的作用，則爲一個多元迴歸的範例，資料如下：

學生編號	1	2	3	4	5	6	7	8	9	10
性別	男	男	女	男	女	男	男	女	女	男
缺席次數	2	1	0	0	5	2	1	1	0	1
作業分數	80	85	90	85	75	80	80	75	80	85
期中考	78	80	90	90	70	88	82	74	65	85
期末考	84	83	89	90	78	89	87	84	78	80
學期總分	80	82	89	95	70	87	85	82	80	84

【A. 操作程序】
　　解釋型迴歸的目的在分析研究者所挑選的自變數對於依變數的解釋力。自變數應全部一起納入模型中，而不採取任何變數選擇程序，因此應選擇強迫進入法。

步驟一：選取分析→迴歸→線性。
步驟二：選擇欲分析之依變數與自變數，移入清單中。
步驟三：選擇強迫進入變數法。
步驟四：進入統計量勾選各種統計量。
步驟五：進入統計圖勾選各種統計圖。
步驟六：於選項勾選條件與遺漏值處理模式。按確定執行。

【B. 步驟圖示】

【C. 結果輸出】

敘述統計

	平均數	標準差	N
grade 學期總分	83.40	6.569	10
gender 性別	1.40	.516	10
absent 缺席次數	1.30	1.494	10
homework 作業分數	81.50	4.743	10
midexam 期中考成績	80.20	8.548	10
finexam 期末考成績	84.20	4.517	10

> 敘述統計
> 各變項之描述統計，由此可看出各變項之平均數、標準差與個數

模型摘要 [b]

模型	R	R 平方	調整後 R 平方	估計的標準誤	變更統計量					Durbin-Watson
					R 平方變更	F 值變更	自由度 1	自由度 2	顯著性 F 值變更	
1	.977[a]	.954	.896	2.118	.954	16.522	5	4	.009	1.797

a. 解釋變數，（常數），finexam 期末考成績, gender 性別, absent 缺席次數, homework 作業分數, midexam 期中考成績

b. 應變數: grade 學期總分

> 模式摘要
> 所有自變數可以解釋依變數 95.4%的變異。調整後的 R 平方為 89.6%。

Anova [b]

模式		平方和	df	平均平方和	F	顯著性
1	迴歸	370.462	5	74.092	16.522	.009[a]
	殘差	17.938	4	4.484		
	總數	388.400	9			

a. 預測變數:(常數), 期末考成績, 性別, 缺席次數, 作業分數, 期中考成績

b. 依變數: 學期總分

> 模式考驗
> 檢驗迴歸模式的顯著性

係數 [a]

模式		未標準化係數		標準化係數	t	顯著性	相關			共線性統計量	
		B 之估計值	標準誤差	Beta 分配			零階	偏	部分	允差	VIF
1	（常數）	51.625	33.376		1.547	.197					
	性別	-.163	1.740	-.013	-.093	.930	-.413	-.047	-.010	.617	1.621
	缺席次數	-2.683	.735	-.610	-3.649	.022	-.761	-.877	-.392	.413	2.423
	作業分數	-.279	.322	-.201	-.865	.436	.656	-.397	-.093	.214	4.680
	期中考成績	.441	.265	.574	1.668	.171	.806	.641	.179	.097	10.266
	期期考成績	.271	.365	.186	.742	.498	.825	.348	.080	.183	5.450

a. 依變數：學期總分

> 共線性估計
> 個別變項預測力的檢驗。允差（即容忍值）越小，VIF 越大表示共線性明顯。如期中考與其他自變數之共線性嚴重

共線性診斷[a]

模式	維度	特徵值	條件指標	變異數比例					
				(常數)	性別	缺席次數	作業分數	期中考成績	期末考成績
1	1	5.387	1.000	.00	.00	.00	.00	.00	.00
	2	.507	3.259	.00	.00	.39	.00	.00	.00
	3	.102	7.275	.00	.53	.01	.00	.00	.00
	4	.003	43.982	.05	.37	.03	.02	.19	.00
	5	.001	60.797	.01	.01	.06	.22	.01	.15
	6	.000	181.422	.94	.08	.51	.76	.80	.85

a. 依變數: 學期總分

整體模式的共線性檢驗

特徵值越小，條件指標越大，表示模式的共線性明顯

條件指標 181.422 顯示有嚴重的共線性問題，偏高的變異數比例指出作業成績(.76)、期末考(.85)與期中考(.80)之間具有明顯共線性

共線性估計

個別變項預測力的檢驗。允差(即容忍值)越小，VIF 越大表示共線性明顯。如期中考與其他獨變項之共線性嚴重

【D. 結果說明】

本範例為解釋型迴歸分析範例，目的在檢驗各自變數對於依變數的解釋力，因此採用強迫進入法來進行迴歸模式的檢驗。結果發現五個自變數對於學期成績的影響，具有高度的解釋力，整體的 R^2 高達 .954，表示五個自變數可以解釋學期成績 95.4% 的變異量，因為樣本數少且自變數多，宜採調整後 R^2，但也達 89.6% 的解釋比率。模式考驗的結果，指出迴歸效果達顯著水準（$F(5,4) = 16.522$，$p <$ .001），具有統計上的意義。

進一步對於個別自變數進行事後考驗，係數估計的結果指出，缺席次數具有最佳的解釋力，$b = -.610$，顯示缺席次數愈多，學期成績愈差。其次為期中考成績，$b = .574$，表示期中考成績愈高，學期成績愈高。其中，t 檢定結果指出期中考成績的 β 係數雖較高，但是卻不具備統計意義（$t = 1.668$，$p = .171$，n.s.），缺席次數的 β 係數則具有統計意義（$t = -3.649$，$p = .022$）。主要的原因之一是期中考成績具有明顯的共線性問題（容忍值僅 .097，VIF 高達 10.266），因此在進行參數估計時，會有偏誤的情形發生。

範例 11-2　逐步迴歸分析（預測型迴歸）

　　預測型迴歸的目的透過變數選擇程序來建立一個最佳的預測方程式，以用於實際的預測分析。為了選擇最佳自變數組合，應使用逐步法、向前法、向後法，以數學方法決定最佳模式。本範例僅需改為選擇逐步，其他各步驟與同時迴歸法相同。

選入/刪除的變數 a

模型	已輸入的變數	已移除的變數	方法
1	finexam 期末考成績	.	逐步 (準則：F-to-enter 的機率 <= .050, F-to-remove 的機率 >= .100)
2	absent 缺席次數	.	逐步 (準則：F-to-enter 的機率 <= .050, F-to-remove 的機率 >= .100)

a. 應變數:grade 學期總分

> 逐步迴歸分析法自變數進入或刪除清單。與選擇標準。進入以 F 機率.05，刪除以 F 機率.10 為標準
> 共有兩個變數分兩個步驟(模式)被選入迴歸方程式：期中考成績與缺席次數

模式摘要 a

模式	R	R 平方	調過後的 R 平方	估計的標準誤	變更統計量					Durbin-Watson 檢定
					R 平方改變量	F 改變	df1	df2	顯著性F 改變	
1	.825a	.680	.640	3.942	.680	16.997	1	8	.003	
2	.947b	.898	.868	2.383	.218	14.895	1	7	.006	1.589

a. 預測變數:(常數), finexam 期末考成績

b. 預測變數:(常數), finexam 期末考成績, absent 缺席次數

c. 依變數:grade 學期總分

> 模式摘要
> 整體模式的解釋力各為.680 與.898。其中.898(=.680+.218)為累積解釋量

> 兩個步驟下，個別自變數可以解釋的變異量為.680 與.218。均達.05 顯著水準，因而被選入

模式		平方和	df	平均平方和	F	顯著性
1	迴歸	264.096	1	264.096	16.997	.003ᵃ
	殘差	124.304	8	15.538		
	總數	388.400	9			
2	迴歸	348.659	2	174.330	30.707	.000ᵇ
	殘差	39.741	7	5.677		
	總數	388.400	9			

a. 預測變數:(常數), finexam 期末考成績
b. 預測變數:(常數), finexam 期末考成績, ab...
c. 依變數: grade 學期總分

模式顯著性整體考驗

對於模式一的 R^2(.680)，F=16.997，模式二的 R^2(.898)，F 考驗值 30.707，均達顯著，表示迴歸效果具有統計意義

模式		未標準化係數		標準化係數			共線性統計量	
		B 之估計值	標準誤差	Beta 分配	t	顯著性	允差	VIF
1	(常數)	-17.585	24.526		-.717	.494		
	finexam 期末考成績	1.199	.291	.825	4.123	.003	1.000	1.000
2	(常數)	10.639	16.531		.644	.540		
	finexam 期末考成績	.899	.192	.618	4.673	.002	.836	1.196
	absent 缺席次數	-2.243	.581	-.510	-3.859	.006	.836	1.196

a. 依變數: grade 學期總分

逐步係數估計

模式一表示首先進入的自變數為期中考，Beta 為.825，t 檢定達顯著。無共線性問題

模式二再加入一個預測變數缺席次數，Beta=-.510，期中考的 Beta 降為.618，表示經過排除共變後的淨預測力

　　本範例為預測型迴歸分析，因此以逐步分析法來選擇最佳自變數組合，電腦自動選取相關最高的自變數首先進入模式，可以暫時迴避共線性的問題。此時，第一個以最佳自變數角色進入的是期末考成績，在第一階段（模式一）即被選入，期末考成績獨立可以解釋學期成績的 68% 變異量（$F(1,8) = 16.997$，$p = .003$），以調整後 R^2 來表示，仍有 64% 的解釋力。

　　第二個被選入的自變數為缺席次數，該變數單獨可以解釋依變數 21.8% 的變異量，F 改變量為 14.895（$p = .006$），符合被選入的標準，因此模式二共有期末考成績與缺席次數兩個自變數，總計可以解釋依變數 89.8% 的變異量，調整後為 86.8%，以 F 考驗結果，此一解釋力具有統計意義（$F(2,7) = 30.707$，$p < .001$）。最後得到的方程式將包括兩個自變數，方程式如下：

$$\hat{Y} = .899X_{期末考成績} - 2.243X_{缺席次數} + 10.639$$

利用這個方程式，可以進行實際的成績預測，估計標準誤為 2.38。

逐步分析的係數估計發現，期末考成績首先被納入模式一中，該變數可以獨立

預測依變數，β = .825，t 值為 4.123（p = .003）。因為此時只有單獨一個變數被納入，所以無共線性的問題，也就是期末考成績對於學期成績的預測力並沒有受到其他四個變數的干擾。

模式二的係數估計中，增加了缺席次數的進入，其 β = -.510（t = -3.859，p = .006），而期末考成績的 β 係數此時降為 .618，t 值為 4.673（p = .002），顯示期末考變數的效果因為排除了缺席次數的影響而降低，部分相關係數（.565）接近 β 係數可以證明此一影響。

範例 11-3　階層迴歸分析

階層迴歸的主要目的是將預測變數區分成不同區塊，逐次放入模型當中去解釋依變數，在 SPSS 操作時，僅需使用下一個來投入下一個區組，直到各區組設定完成，其他各步驟相同。每一個區塊當中應使用同時輸入法，來估計每一個自變數的影響力。以前一個範例的操作如下：

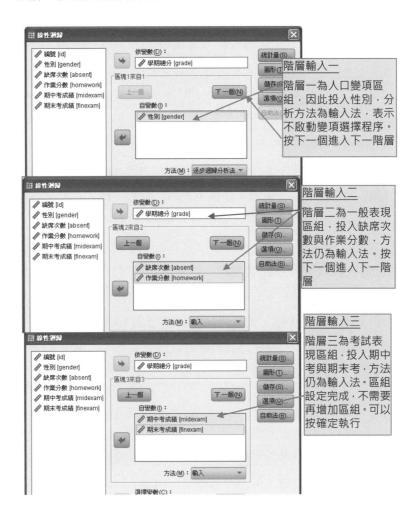

模式摘要

模式	R	R 平方	調過後的R 平方	估計的標準誤	變更統計量				
					R 平方改變量	F 改變	df1	df2	顯著性F 改變
1	.413[a]	.170	.067	6.347	.170	1.642	1	8	.236
2	.843[b]	.710	.565	4.332	.540	5.588	2	6	.043
3	.977[c]	.954	.896	2.118	.244	10.552	2	4	.025

a. 預測變數:(常數), gender 性別

b. 預測變數:(常數), gender 性別, absent 缺席次數, homework 作業分數

c. 預測變數:(常數), gender 性別, absent 缺席次數, homework 作業分數, finexam 期末考成績, midexam 期中考成績

模式摘要

三個階層的模式解釋力各為 .17, .710 與 .954。三個階層總共可解釋 95.4%

三個階層各自解釋力，第一階層未達顯著，其他兩層的解釋力增加量 .540 與 .244 均達 .05 顯著水準

Anova[d]

模式		平方和	df	平均平方和	F	顯著性
1	迴歸	66.150	1	66.150	1.642	.236[a]
	殘差	322.250	8	40.281		
	總數	388.400	9			
2	迴歸	275.825	3	91.942	4.900	.047[b]
	殘差	112.575	6	18.762		
	總數	388.400	9			
3	迴歸	370.462	5	74.092	16.522	.009[c]
	殘差	17.938	4	4.484		
	總數	388.400	9			

三個階層整體解釋力的顯著性考驗，分別為 1.642、4.9 與 16.522，係針對 R^2=.17、.71 與 .954 的顯著性考驗。第二與第三階層的模型整體解釋力達到顯著水準

a. 預測變數:(常數), gender 性別

b. 預測變數:(常數), gender 性別, absent 缺席次數, homework 作業分數

c. 預測變數:(常數), gender 性別, absent 缺席次數, homework 作業分數, finexam 期末考成績, midexam 期中考成績

d. 依變數: grade 學期總分

係數ᵃ

模式		未標準化係數		標準化係數	t	顯著性	共線性統計量	
		B 之估計值	標準誤差	Beta 分配			允差	VIF
1	(常數)	90.750	6.077		14.934	.000		
	gender 性別	-5.250	4.097	-.413	-1.281	.236	1.000	1.000
2	(常數)	68.610	34.986		1.961	.098		
	gender 性別	-3.656	2.913	-.287	-1.255	.256	.921	1.085
	absent 缺席次數	-2.635	1.233	-.599	-2.136	.077	.614	1.630
	homework 作業分數	.286	.401	.207	.714	.502	.576	1.737
3	(常數)	51.625	33.376		1.547	.197		
	gender 性別	-.163	1.740	-.013	-.093	.930	.617	1.621
	absent 缺席次數	-2.683	.735	-.610	-3.649	.022	.413	2.423
	homework 作業分數	-.279	.322	-.201	-.865	.436	.214	4.680
	midexam 期中考成績	.441	.265	.574	1.668	.171	.097	10.26
	finexam 期末考成績	.271	.365	.186	.742	.499	.183	5.450

a. 依變數: grade 學期總分

各階層的係數估計數與顯著性考驗
第一階層的性別（beta=-.413）但不顯著。第二層的缺席與作業也沒有達到統計水準，顯示共線性問題導致沒有任何一個獨變項能有效解釋依變項。第三階層的考試變項亦未有任何參數達到顯著，問題依舊

　　本範例為階層迴歸分析，三個階層分別為階層一為人口變數區組（性別），階層二為平時表現區組（缺席次數與作業分數），階層三為考試分數區組（期中考與期末考）。這三個區組的順序是考量三種不同性質變數的先後次序關係。

　　結果發現三個區組能夠有效解釋依變數學期成績的 95.4% 變異量（$F(5,4) = 16.522$，$p = .009$），以調整後 R^2 來表示，仍有 89.6% 的解釋力。顯示這些自變數對於依變數的解釋力很高。但是由各階層的個別解釋力來看，第一個區組的性別變數沒有到達統計水準，另外兩階層的解釋力增加量均達統計水準，分別為平時表現區組的 $\triangle R^2 = .540$（$F(2,6) = 5.588$，$p = .043$）與考試區組的 $\triangle R^2 = .244$（$F(2,4) = 10.552$，$p = .025$）。各階層分析後的係數估計結果如表 11-6。

→ **表11-6** 階層迴歸各區組模型摘要與參數估計值

模型內的變數		區組一 人口變數			區組二 平時表現			區組三 考試成績		
		Beta	*t*	*p*	Beta	*t*	*p*	Beta	*t*	*p*
自變數	一 性別	-.413	-1.28	.236	-.287	-1.26	.256	-.013	-.09	.930
	二 缺席次數				-.599	-2.14	.077	-.610	-3.65	.022
	作業成績				.207	.71	.502	-.201	-.87	.436
	三 期中考							.574	1.67	.171
	期末考							.186	.74	.499
模型摘要	R²		.170			.710			.954	
	F		1.642			4.9			16.522	
	P		.236			.047			.009	
	△R²		.170			.540			.244	
	△F		1.642			5.588			10.552	
	△p		.236			.043			.025	

　　由表 11-6 可知，三個區組的解釋力當中，性別並沒有達到顯著性，但是性別的 β = -.413，數據頗高，由於女生為 2，男生為 1，負的數值表示男生表現較差，未達顯著的原因可能是人數過少所致。

　　到了第二個區組時，性別的影響力降低了，而平時表現的兩個自變數均未達顯著水準，缺席次數的 β = -.599（$t(6)$ = -2.14, p = .077），作業成績的 b = -.207（$t(6)$ = .71, p = .502）。這兩個變數的 β 係數是在控制了性別之後的結果，性別變數在此一區組內的角色是控制用途。

　　第三個區組的情況也類似，在控制了性別、缺席次數與作業成績後，考試成績區組的增加解釋力雖達顯著，但是兩個變數的解釋力均未達顯著水準，分別為期中考的 b = .574（$t(4)$ = 1.67, p = .171），期末考的 β = .186（$t(4)$ = .74, p = .499）。係數數值高，但是因為樣本少，因此沒有統計顯著性。階層分析的結果發現，缺席次數在第二區組時、期中考在第三區組時、以及性別在第一區組時，解釋力均高，可惜的是具有實務顯著性，但未具有統計顯著性。

範例 11-4　單因子虛擬迴歸分析

　　研究者認為婚姻生活會影響人們的生活品質，處於不同婚姻狀態的成人，其生活滿意度有所不同，某位研究者收集了20位受測者的婚姻狀態X（1未婚、2已婚、3離異、4鰥寡）以及生活滿意度程度Y，得分介於0（極不滿意）至6（非常滿意）之間，測量數據如下：

ID	X	Y	ID	X	Y	ID	X	Y	ID	X	Y
1	1	4	6	2	5	11	3	3	16	4	1
2	1	6	7	2	6	12	3	1	17	4	0
3	1	2	8	2	4	13	3	2	18	4	0
4	1	5	9	2	2	14	3	2	19	4	2
5	1	6	10	2	5	15	3	1	20	4	0

【A. 操作程序】

步驟一：虛擬化處理類別變數：選取**轉換→重新編碼成不同變數**，以**舊值與新值**指令設定新變數的數值狀況 (如下列語法)。此步驟重複 k 次。

步驟二：選取**分析→迴歸→線性**。

步驟三：選擇依變數。

步驟四：選擇 $k-1$ 個虛擬變數移入自變數清單中。

步驟五：選擇強迫進入變數法。按確定執行。

　　將婚姻狀態（marr）進行虛擬編碼的 SPSS 語法：

```
RECODE marr (1=1) (ELSE=0) INTO D1.
RECODE marr (2=1) (ELSE=0) INTO D2.
RECODE marr (3=1) (ELSE=0) INTO D3.
RECODE marr (4=1) (ELSE=0) INTO D4.
VARIABLE LABELS  D1 ' 未婚組 ' D2 ' 已婚組 ' D3 ' 離異組 ' D4 ' 鰥寡組 '.
```

【B. 步驟圖示】

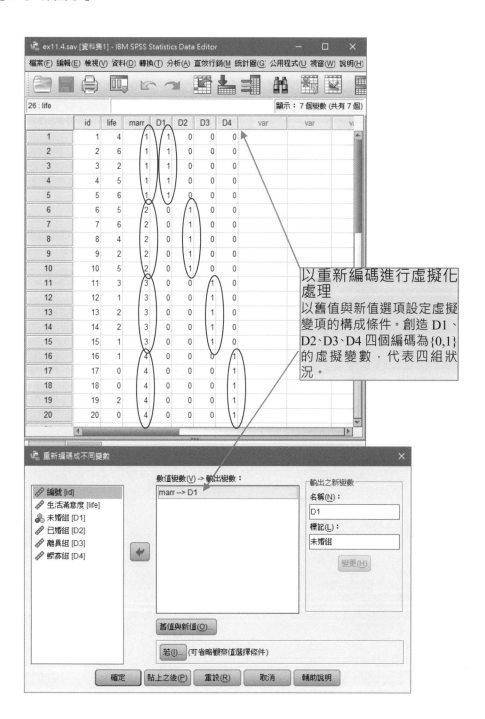

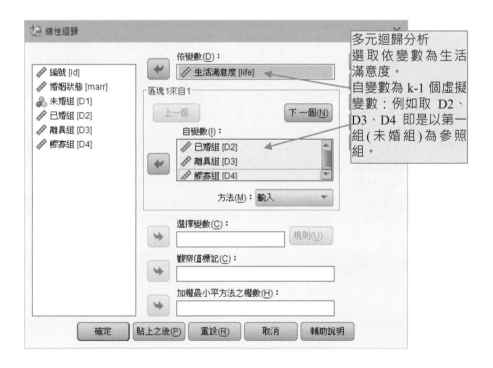

【C. 結果與解釋】

敘述統計

	平均數	標準差	個數
life 生活滿意度	2.85	2.110	20
D2 已婚組	.25	.444	20
D3 離異組	.25	.444	20
D4 鰥寡組	.25	.444	20

模式摘要

模式	R	R 平方	調過後的 R 平方	估計的 標準誤
1	.829[a]	.688	.629	1.285

a. 預測變數：（常數），D4 鰥寡組，
　 D3 離異組，D2 已婚期

> 模式摘要
> 顯示虛擬變數對於依變項的解釋力：三個虛擬變數可以解釋依變項 68.8% 的變異

Anova[a]

模式		平方和	df	平均平方和	F	顯著性
1	迴歸	58.150	3	19.383	11.747	.000[b]
	殘差	26.400	16	1.660		
	總數	84.550	19			

a. 依變數：life 生活滿意度
b. 預測變數：（常數），D4 鰥寡組，D3 離異組，D2 已婚期

> 迴歸模式解釋力顯著性考驗
> 迴歸模型 $F=11.747$，$p<.001$ 具有統計顯著性，三個虛擬變數可以有效解釋依變數

係數 [a]

模式	未標準化係數		標準化係數		
	B 之估計值	標準誤	Beta 分配	t	顯著性
1　（常數）	4.600	.574		8.008	.000
D2 已婚組	-.200	.812	-.042	-.246	.808
D3 離異組	-2.800	.812	-.590	-3.447	.003
D4 鰥寡組	-4.000	.812	-.842	-4.924	.000

a. 依變數：life 生活滿意度

> 係數估計與檢驗
> 虛擬變數的係數是與參考組比較的差異效果：離異組 (D3) b=-2.8, t=-3.447, p<.01、鰥寡組 (D4) b=-4, t=-4.924, p<.01，表示相對於未婚者，鰥寡、離異者滿意度低。

　　由上述虛擬迴歸分析結果發現，這一組虛擬變數可以有效解釋依變數，$R^2 =$ .688，F(3,16) = 11.747，$p < .001$，也說明整個 marr 變數可以解釋生活滿意度的高低。三個虛擬變數中，離異與未婚的對比，對生活滿意度影響最為明顯，$b = -2.8$($t = -3.447$，$p < .01$)，鰥寡與未婚的對比也達顯著水準，$b = -4.0$($t = -4.924$，$p < .01$)，由 b 係數的負號可知，鰥寡與離異者較未婚者的滿意度為低，未婚則與已婚者無異 ($b = -.20$，$t = -.246$，$p = .809$)，無法用以解釋生活滿意度。

範例 11-5　二因子虛擬迴歸分析

　　接續前一個範例，研究者認為社經地位也可能影響生活滿意度，因此研究者假設處於不同婚姻狀態與社經地位的成人，其生活滿意度有所不同。研究者收集了20位受測者的婚姻狀態 X1（1：未婚、2：已婚、3：離異、4：鰥寡）、社經地位 X2（0：低、1：高）以及生活滿意度程度 Y（介於 0（極不滿意）至 6（非常滿意）之間），數據如下。現以多元虛擬迴歸來檢驗兩個類別變數且帶有交互作用項如何預測生活滿意度。

ID	X_1	X_2	Y		ID	X_1	X_2	Y		ID	X_1	X_2	Y		ID	X_1	X_2	Y
1	1	1	4		6	2	0	5		11	3	1	3		16	4	0	1
2	1	0	6		7	2	0	6		12	3	0	1		17	4	1	0
3	1	1	2		8	2	1	4		13	3	1	2		18	4	1	0
4	1	0	5		9	2	1	2		14	3	1	2		19	4	0	2
5	1	0	6		10	2	1	5		15	3	0	1		20	4	1	0

【A. 操作程序】

　　二因子虛擬迴歸的主要工作除了將類別變數進行虛擬化處理，並需設定交互作用項（將虛擬變數相乘）。然後將各虛擬變數一起納入模型中，進行多元迴歸分析。值得注意的是，社經地位原為帶有兩組的類別變數，但資料建檔時已經以 {0,1} 編碼，高社經者編碼為 1，並以低社經為參照組，無須另外再製作一個以低社經者編碼為 1 的虛擬變數。

> 步驟一：虛擬化與交互作用項，虛擬化完成後，利用計算將各虛擬變數相乘，以創造交互效果項。
> 步驟二：執行階層迴歸分析：選取分析→迴歸→線性。
> 步驟三：選擇依變數。
> 步驟四：將第一組 k-1 個虛擬變數移入自變數清單中，按下一步將另一組虛擬變數移入清單中，按下一步將交互效果項移入自變數。
> 步驟五：選擇統計量，選取 R 平方改變量，按確定執行。

　　將婚姻狀態（marr）進行虛擬編碼並製作交互作用項的 SPSS 語法：

```
RECODE marr (1=1) (ELSE=0) INTO D1.
RECODE marr (2=1) (ELSE=0) INTO D2.
RECODE marr (3=1) (ELSE=0) INTO D3.
RECODE marr (4=1) (ELSE=0) INTO D4.
VARIABLE LABELS  D1 ' 未婚組 ' D2 ' 已婚組 ' D3 ' 離異組 ' D4 ' 鰥寡組 '.
COMPUTE D1ses=D1 * ses.
COMPUTE D2ses=D2 * ses.
COMPUTE D3ses=D3 * ses.
COMPUTE D4ses=D4 * ses.
VARIABLE LABELS D1ses ' 未婚高社經 ' D2ses ' 已婚高社經 '
D3ses ' 離異高社經 ' D4ses ' 鰥寡高社經 '.
```

【B. 步驟圖示】

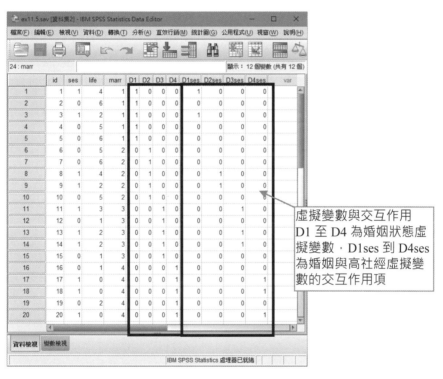

虛擬變數與交互作用
D1 至 D4 為婚姻狀態虛擬變數，D1ses 到 D4ses 為婚姻與高社經虛擬變數的交互作用項

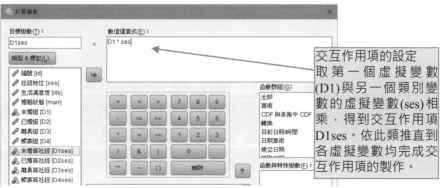

交互作用項的設定
取 第 一 個 虛 擬 變 數 (D1) 與另一個類別變數的虛擬變數(ses)相乘，得到交互作用項 D1ses。依此類推直到各虛擬變數均完成交互作用項的製作。

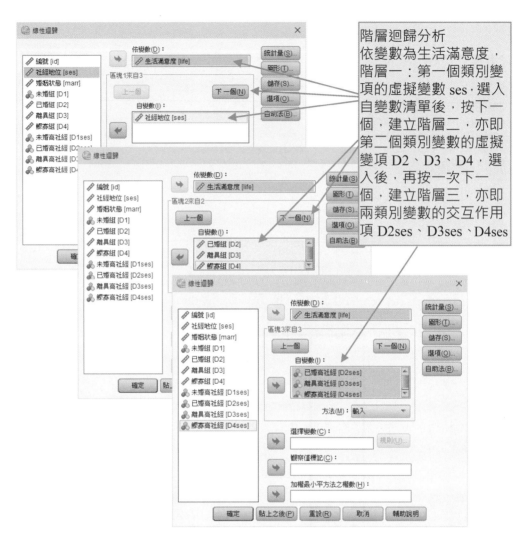

階層迴歸分析
依變數為生活滿意度，
階層一：第一個類別變
項的虛擬變數 ses，選入
自變數清單後，按下一
個，建立階層二，亦即
第二個類別變數的虛擬
變項 D2、D3、D4，選
入後，再按一次下一
個，建立階層三，亦即
兩類別變數的交互作用
項 D2ses、D3ses、D4ses

選擇統計量
勾選R平方改變量與描述
統計量，或其他統計量
最後按確定執行

【C. 結果與解釋】

敘述統計

	平均數	標準差	個數
life 生活滿意度	2.85	2.110	20
ses 社經地位	.50	.513	20
D2 已婚組	.25	.444	20
D3 離異組	.25	.444	20
D4 鰥寡組	.25	.444	20
D2ses 已婚高社經	.10	.308	20
D3ses 離異高社經	.15	.366	20
D4ses 鰥寡高社經	.15	.366	20

> 階層迴歸自變數描述統計
> 三個階層的選入變數，第一層為社經地位，第二層為三個婚姻狀態虛擬變數，第三層為三個交互作用虛擬變數

選人 / 刪除的變數 a

模式	選入的變數	刪除的變數	方法
1	ses 社經地位[b]	.	選入
2	D4 鰥寡組, D2 已婚組, D3 離異組[b]	.	選入
3	D2ses 已婚高社經, D4ses 鰥寡高社經, D3ses 離異高社經[b]	.	選入

a. 依變數: life 生活滿意度

b. 所有要求的變數已輸入。

> 第三階層為交互作用項的顯著性考驗，ΔR^2 為.141，F=7.318, p=.005 達顯著水準

模式摘要

模式	R	R 平方	調過後的 R 平方	估計的標準誤	變更統計量				
					R 平方改變量	F 改變	df1	df2	顯著性 F 改變
1	.462[a]	.213	.170	1.922	.213	4.886	1	18	.040
2	.885[b]	.782	.724	1.107	.569	13.079	3	15	.000
3	.961[c]	.923	.878	.736	.141	7.318	3	12	.005

a. 預測變數:(常數), ses 社經地位

b. 預測變數:(常數), ses 社經地位, D4 鰥寡組, D2 已婚組, D3 離異組

c. 預測變數:(常數), ses 社經地位, D4 鰥寡組, D2 已婚組, D3 離異組, D2ses 已婚高社經, D4ses 鰥寡高社經, D3ses 離異高社經

Anova[a]

模式		平方和	df	平均平方和	F	顯著性
1	迴歸	18.050	1	18.050	4.886	.040[b]
	殘差	66.500	18	3.694		
	總數	84.550	19			
2	迴歸	66.158	4	16.540	13.489	.000[c]
	殘差	18.392	15	1.226		
	總數	84.550	19			
3	迴歸	78.050	7	11.150	20.585	.000[d]
	殘差	6.500	12	.542		
	總數	84.550	19			

> 各模式顯著性考驗
> 各階層迴歸效果均達顯著，表示各虛擬變項以及各種組合可以有效解釋依變數

a. 依變數: life 生活滿意度

b. 預測變數:(常數), ses 社經地位

c. 預測變數:(常數), ses 社經地位, D4 鰥寡組, D2 已婚組, D3 離異組

d. 預測變數:(常數), ses 社經地位, D4 鰥寡組, D2 已婚組, D3 離異組, D2ses 已婚高社經, D4ses 鰥寡高社經, D3ses 離異高社經

係數 [a]

模式		未標準化係數		標準化係數	t	顯著性	共線性統計量	
		B 估計值	標準誤	Beta 分配			允差	VIF
1	（常數）	3.800	.608		6.252	.000		
	ses 社經地位	-1.900	.860	-.462	-2.210	.040	1.000	1.000
2	（常數）	5.117	.535		9.566	.000		
	ses 社經地位	-1.292	.505	-.314	-2.556	.022	.950	1.042
	D2 已婚組	-.200	.700	-.042	-.286	.779	.667	1.500
	D3 離異組	-2.542	.708	-.536	-3.592	.003	.653	1.531
	D4 鰥寡組	-3.742	.708	-.788	-5.288	.000	.653	1.531
3	（常數）	5.667	.425		13.338	.000		
	ses 社經地位	-2.667	.572	-.648	-3.959	.002	.240	4.167
	D2 已婚組	-.333	.601	-.070	-.555	.589	.400	2.500
	D3 離異組	-4.667	.672	-.983	-6.946	.000	.320	3.125
	D4 鰥寡組	-4.157	.672	-.878	-6.202	.000	.320	3.125
	D2ses 已婚高社經	.333	.950	.049	.351	.732	.333	3.000
	D3ses 離異高社經	4.000	.950	.695	4.210	.001	.235	4.250
	D4ses 鰥寡高社經	1.157	.950	.203	1.228	.243	.235	4.250

a. 依變數：life 生活滿意度

　　由上述二因子虛擬迴歸分析可以發現，兩個類別變數的交互作用達到統計顯著水準，亦即第三階層解釋增量$\Delta R^2 = .141$，$F(3,12) = 7.318$，$p = .005$。整個迴歸模型共可解釋依變數的 92.3%，$F(7,12) = 20.585$，$p < .001$，具有統計顯著性。如果研究者想要利用這個方程式去進行預測，則可利係數估計報表當中的模式三，建立一組多元迴歸方程式。

第六節 R 的多元迴歸範例

範例 11-6 R 的多元迴歸分析

以 R 進行多元迴歸分析，可另外下載 CAR（Companion to Applied Regression）與 QuantPsyc（Quantitative Psychology Tools）套件來得到更豐富的分析結果。逐步迴歸可以 step 函數進行，但是並非如同 SPSS 以顯著性 p 值來選擇變數，而是以 AIC 訊息指標來判斷，因此結果會與 SPSS 的結果略微不同。使用者可以自行檢視以 AIC 進行模型選擇後，各自變數的 p 值高低，來檢討是否要保留或移除變數。

```
> #Chapter11: Multiple Regression examples ex11.6
> library(foreign)                                    #用來讀取 SPSS 資料
> ex11.6 <- read.spss("ex11.1.sav", to.data.frame=TRUE)  #讀取 SPSS 資料檔
> #simultaneous regression
> library(pequod)     #先安裝套件 install.packages("pequod")
> simu.m1<-lmres(grade ~., data=ex11.6[,-c(1)])
> summary(simu.m1)
```

如果無法執行須自行設定檔案路徑

"." 表示所有變數均納入。

表示排除第一個 ID 變數

```
Formula:
grade ~ gender + absent + homework + midexam + finexam
<environment: 0x0000000021f80148>

Models
          R     R^2   Adj. R^2    F     df1  df2  p.value
Model  0.977  0.954     0.896   16.522  5.000   4  0.0089 **
---
Signif. codes:  0 "***" 0.001 "**" 0.01 "*" 0.05 "." 0.1 " " 1

Residuals
   Min. 1st Qu. Median   Mean 3rd Qu.   Max.
-1.2401 -1.0312 -0.5799  0.0000  0.8101  3.1258

Coefficients
            Estimate   StdErr  t.value    beta  p.value
(Intercept) 51.62484 33.37595  1.54677          0.19682
gender      -0.16250  1.74029 -0.09338 -0.0128  0.93010
absent      -2.68322  0.73527 -3.64932 -0.6104  0.02178 *
homework    -0.27852  0.32195 -0.86510 -0.2011  0.43578
midexam      0.44146  0.26459  1.66848  0.5744  0.17055
finexam      0.27060  0.36485  0.74168  0.1860  0.49947
---
Signif. codes:  0 "***" 0.001 "**" 0.01 "*" 0.05 "." 0.1 " " 1
Collinearity
            VIF  Tolerance
gender   1.6209   0.6170
absent   2.4231   0.4127
homework 4.6803   0.2137
midexam 10.2657   0.0974
finexam  5.4500   0.1835
```

各自變數的係數與顯著性檢定結果。只有 absent 具有統計意義。與 p.350 結果相同。

共線性診斷發現 midexam 的 VIF 相當高，存在共線性問題。與 p.350 結果相同。

```
># 逐步迴歸 Stepwise regression model
> full.model <- lm(grade ~., data=ex11.6[,-c(1)])
> step.model1 <- step(full.model, direction = "both")
> summary(step.model1)


Call:
lm(formula=grade~absent+homework+midexam, data = ex11.6[,-c(1)])

Residuals:
     Min     1Q  Median      3Q     Max
 -1.7034 -0.9339 -0.6022  0.8766  3.3017

Coefficients:
            Estimate Std. Error t value Pr(>|t|)
(Intercept)  73.5117    14.3475   5.124 0.002170 **
absent       -2.9893     0.5305  -5.634 0.001338 **
homework     -0.4225     0.2170  -1.947 0.099407 .
midexam       0.6011     0.1007   5.969 0.000991 ***
---
Signif. codes:  0 "***" 0.001 "**" 0.01 "*" 0.05 "." 0.1 " " 1

Residual standard error: 1.848 on 6 degrees of freedom
Multiple R-squared:  0.9473,    Adjusted R-squared:  0.9209
F-statistic: 35.92 on 3 and 6 DF,  p-value: 0.0003145
```

> 逐步迴歸保留三個自變數，但 homework 未達 .05 顯著水準，可以考慮移除。

```
> library(lm.beta)            # 先安裝套件 install.packages("QuantPsyc")
> lm.beta(step.model1)        # 計算標準化迴歸係數

     absent   homework    midexam
 -0.6800327 -0.3050877  0.7821780


> vif(step.model1)            # 執行 vif 函數以執行共線性診斷

   absent homework  midexam
 1.657099 2.791933 1.953460
```

> 共線性診斷發現所挑入的自變數均無太高的 VIF 值。

```
> # 階層迴歸 hierarchical regression analysis
> model1 <- lm(grade ~ gender, data=ex11.6)              # 投入第一區組
> model2 <- update(model1,.~.+absent+homework, data=ex11.6)    # 投入第二區組
> model3 <- update(model2,.~.+midexam+finexam, data=ex11.6)    # 投入第三區組
> model1
```

> 以 update 函數逐區組投入自變數

```
Call:
lm(formula = grade ~ gender, data = ex11.6)

Coefficients:
(Intercept)       gender
      90.75        -5.25

> model2

Call:
lm(formula = grade ~ gender + absent + homework, data = ex11.6)

Coefficients:
(Intercept)       gender       absent     homework
    68.6099      -3.6559      -2.6351       0.2863
```

```
> model3

Call:
lm(formula = grade ~ gender + absent + homework + midexam + finexam,
    data = ex11.6)

Coefficients:
(Intercept)        gender        absent      homework       midexam       finexam
    51.6248       -0.1625       -2.6832       -0.2785        0.4415        0.2706

> lm.beta(model1)

     gender
 -0.4126913

> lm.beta(model2)

     gender       absent      homework
 -0.2873790   -0.5994615    0.2067301

> lm.beta(model3)

      gender       absent      homework       midexam       finexam
 -0.01277385  -0.61040033  -0.20110464   0.57442261   0.18605051

> anova(model1,model2)           #模型解釋力差異的 F 變動檢定

Analysis of Variance Table

Model 1: grade ~ gender
Model 2: grade ~ gender + absent + homework
  Res.Df     RSS Df Sum of Sq      F   Pr(>F)
1      8  322.25
2      6  112.57  2    209.68 5.5876  0.04263 *
---
Signif. codes:  0 "***" 0.001 "**" 0.01 "*" 0.05 "." 0.1 " " 1
```

從階層一到階層二的模型解釋力增加的檢定結果。

```
> anova(model2,model3)           #模型解釋力差異的 F 變動檢定

Analysis of Variance Table

Model 1: grade ~ gender + absent + homework
Model 2: grade ~ gender + absent + homework + midexam + finexam
  Res.Df      RSS Df Sum of Sq      F   Pr(>F)
1      6  112.575
2      4   17.938  2    94.637 10.552  0.02539 *
---
Signif. codes:  0 "***" 0.001 "**" 0.01 "*" 0.05 "." 0.1 " " 1

>
```

從階層二到階層三的模型解釋力增加的檢定結果。

範例 11-7　R 的虛擬迴歸分析

　　以 R 進行虛擬迴歸相對容易，只要 R 能辨識自變數爲類別變數，執行迴歸分析時即自動將類別變數進行虛擬轉換（以第一組作爲參照組），兩個類別變數的交互作用也會自動產生而無須另行製作交乘項。

```
> #Chapter11: Multiple Regression examples ex11.7
> library(foreign)                               #用來讀取 SPSS 資料
> ex11.7 <- read.spss("ex11.5.sav", to.data.frame=TRUE)   #讀取 SPSS 資料檔
> str(ex11.7)                                    #檢視資料結構

  "data.frame":    20 obs. of  12 variables:    可增加檔案路徑
  $ id   : num  1 2 3 4 5 6 7 8 9 10 ...
  $ ses  : Factor w/ 2 levels "低","高": 2 1 2 1 1 1 1 2 2 1 ...
  $ life : num  4 6 2 5 6 5 6 4 2 5 ...
  $ marr : Factor w/ 4 levels "未婚","已婚",..: 1 1 1 1 1 2 2 2 2 2 ...
  $ D1   : num  1 1 1 1 1 0 0 0 0 0 ...
  $ D2   : num  0 0 0 0 0 1 1 1 1 1 ...
  $ D3   : num  0 0 0 0 0 0 0 0 0 0 ...
  $ D4   : num  0 0 0 0 0 0 0 0 0 0 ...
  $ D1ses: num  1 0 1 0 0 0 0 0 0 0 ...
```
確認 marr 與 ses 兩者為類別變數 Factor

```
> model1 <- lm(life ~ marr,              data=ex11.7)   #設定階層一
> model2 <- update(model1,.~. +ses,      data=ex11.7)   #設定階層二
> model3 <- update(model1,.~. +marr:ses, data=ex11.7)   #設定階層三
> summary(model2)

Call:
lm(formula = life ~ marr + ses, data = ex11.7)

Residuals:
     Min      1Q  Median      3Q     Max
-1.82500 -0.18125  0.08333  0.71667  1.71667

Coefficients:
            Estimate Std. Error t value Pr(>|t|)
(Intercept)   5.1167     0.5349   9.566 8.93e-08 ***
marr 已婚    -0.2000     0.7003  -0.286  0.77910
marr 離異    -2.5417     0.7076  -3.592  0.00267 **
marr 鰥寡    -3.7417     0.7076  -5.288 9.11e-05 ***
ses 高       -1.2917     0.5054  -2.556  0.02195 *
---
Signif. codes:  0 "***" 0.001 "**" 0.01 "*" 0.05 "." 0.1 " " 1
Residual standard error: 1.107 on 15 degrees of freedom
Multiple R-squared:  0.7825,    Adjusted R-squared:  0.7245
F-statistic: 13.49 on 4 and 15 DF,  p-value: 7.382e-05
```
自動將 marr 與 ses 兩者進行虛擬化處理，並以第一組為參照組

```
> summary(model3)

Call:
lm(formula = life ~ marr + ses + marr:ses, data = ex11.7)

Residuals:
    Min      1Q  Median      3Q     Max
-1.0000 -0.3333  0.0000  0.3750  1.0000
```

```
Coefficients:
                Estimate Std. Error t value Pr(>|t|)
(Intercept)       5.6667     0.4249  13.336 1.48e-08 ***
marr 已婚        -0.3333     0.6009  -0.555  0.58929
marr 離異        -4.6667     0.6719  -6.946 1.55e-05 ***
marr 鰥寡        -4.1667     0.6719  -6.202 4.57e-05 ***
ses 高           -2.6667     0.6719  -3.969  0.00186 **
marr 已婚 :ses 高  0.3333     0.9501   0.351  0.73180
marr 離異 :ses 高  4.0000     0.9501   4.210  0.00121 **
marr 鰥寡 :ses 高  1.1667     0.9501   1.228  0.24303
---
Signif. codes:  0 "***" 0.001 "**" 0.01 "*" 0.05 "." 0.1 " " 1

Residual standard error: 0.736 on 12 degrees of freedom
Multiple R-squared:  0.9231,    Adjusted R-squared:  0.8783
F-statistic: 20.58 on 7 and 12 DF,  p-value: 8.681e-06

> anova(model1,model2)

Analysis of Variance Table

Model 1: life ~ marr
Model 2: life ~ marr + ses


  Res.Df    RSS Df Sum of Sq      F  Pr(>F)
1     16 26.400
2     15 18.392  1    8.0083 6.5315 0.02195 *
---
Signif. codes:  0 "***" 0.001 "**" 0.01 "*" 0.05 "." 0.1 " " 1

> anova(model2,model3)

Analysis of Variance Table

Model 1: life ~ marr + ses
Model 2: life ~ marr + ses + marr:ses
  Res.Df     RSS Df Sum of Sq      F   Pr(>F)
1     15 18.392
2     12  6.500  3   11.892 7.3179 0.004769 **
---
Signif. codes:  0 "***" 0.001 "**" 0.01 "*" 0.05 "." 0.1 " " 1
```

自動計算交互作用項

與 p.364 的交互作用項檢
驗結果 F=7.318 相同

中介與調節

第一節　緒論

中介（mediation）與調節（moderation）是社會科學研究中重要的方法學概念，近年來愈來愈受到研究者的重視。主要原因是研究者經常遇到第三變數的混淆與干擾，使得自變數與依變數的解釋關係受到影響。例如當研究者想探討工作動機對於工作績效的影響時，員工的性別或年齡可能會干擾迴歸係數的估計。對於一個重要的第三變數，如果沒有正確的納入控制或分析，不僅可能會造成係數估計的偏誤（高估或低估），也可能忽略第三變數可能與解釋變數所存在的交互作用，從而無法掌握第三變數對變數解釋關係的條件化作用。

在文獻上，Baron 與 Kenny 於 1986 所撰寫的中介與調節效果論文最為經典，詳述中介與調節的概念與檢驗程序。Aiken 與 West（1991）所出版的 *Multiple regression: Testing and interpreting interactions* 一書，詳述調節效果的處理策略，普遍引述為標準程序。Hayes（2013, 2017）出版了 *Introduction to mediation, moderation, and conditional process analysis* 一書，並附上分析模組 PROCESS，免費提供讀者附掛到 SPSS 或 SAS；R 則有 Mirisola 與 Seta（2016）所開發的 pequod 套件，使得中介與調節效果的分析更加便利。

基本上，迴歸分析所關心的是自變數（X）對依變數（Y）的影響，如果沒有其他自變數，稱為簡單迴歸，如圖 12-1(a) 所示（公式 12-1）。

如果今天存在一個第三變數（Z）可能影響 $X \to Y$ 的關係時，即形成一個第三變數效果（three-variable effect）模式，如圖 12-1(b) 至 (d) 所示。

在研究實務上，對於第三變數的干擾，最簡單的處理方式是採取多元迴歸策略，將 X 與 Z 皆作為預測變數一併投入迴歸模型，透過 X 與 Z 之間的統計控制來去除 Z 對於 $X \to Y$ 的干擾，此時第三變數 Z 被稱為控制變數（control variable）或干擾變數（confounding variable），如圖 12-1(b) 所示。

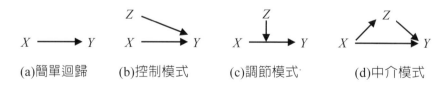

(a)簡單迴歸　　(b)控制模式　　(c)調節模式　　(d)中介模式

圖12-1　第三變數在迴歸分析中的作用之簡要圖示

值得注意的是，在圖 12-1(b) 當中，X 對 Y 的影響因爲納入 Z 而發生改變，換言之，公式 12-1 與公式 12-2 當中的迴歸係數 b_1 數值將發生變化。如果 $X \rightarrow Y$ 的關係受到 Z 的干擾呈現弱化時，原來所觀察到 $X \rightarrow Y$ 的關係稱爲虛假關係（spurious relationship）。相反的，$X \rightarrow Y$ 的關係因爲納入 Z 而提升時，干擾變數稱爲抑制變數（suppressor），表示殘差變異因爲納入 Z 被「壓抑」而減少。

如果 Z 對 $X \rightarrow Y$ 關係的影響並非僅爲干擾，而是一種條件化的影響，亦即在 Z 的不同水準下，$X \rightarrow Y$ 的關係強弱會有所不同，此時 Z 即是一種調節者（moderator）的角色，如圖 12-1(c) 所示。在方程式的表現上，必須納入一個交互作用項（XZ），其影響力以 b_3 係數表示，反映交互作用效果（interaction effect）（公式 12-3）。

$$\hat{Y} = b_1 X + a_1 \qquad\qquad (12\text{-}1)$$
$$\hat{Y} = b_1 X + b_2 Z + a_1 \qquad\qquad (12\text{-}2)$$
$$\hat{Y} = b_1 X + b_2 Z + b_3 XZ + a_1 \qquad\qquad (12\text{-}3)$$
$$\hat{Y} = b_2 Z + a_1 \qquad\qquad (12\text{-}4)$$
$$\hat{Z} = b_4 X + a_2 \qquad\qquad (12\text{-}5)$$

第三變數 Z 還有另一種影響機制，亦即扮演 $X \rightarrow Y$ 關係的中介者（mediator），如圖 12-1(d)，也就是 $X \rightarrow Z$ 先發生，然後才是 $Z \rightarrow Y$，也即是增加了一個以 Z 爲依變數的簡單迴歸，串聯得到一個完整的 $X \rightarrow Z \rightarrow Y$ 中介影響歷程，可由公式（12-1）、（12-2）、（12-5）三者構成。

第二節　調節效果分析

一、基本概念

調節效果是指某一個自變數（X）對於依變數（Y）的解釋在調節變數（Z）的不同狀態下發生改變。如果調節變數是類別變數，那麼 X 對於 Y 的解釋或預測在 Z 的不同水準之下會有所不同，如果調節變數是連續變數，$X \rightarrow Y$ 的關係會隨著 Z 的遞增與遞減而發生變化。

如果今天有一個 $X \rightarrow Y$ 的關係可能受到 Z 的調節，必須在公式 12-1 的簡單迴歸當中增加兩項來進行估計：第一是 $Z \rightarrow Y$ 的直接效果，影響力爲 b_2 係數，第二是 $XZ \rightarrow Y$ 的交乘項效果，亦即公式 12-3 所示，此時稱爲帶有交互作用的迴歸

（regression with interaction），由於迴歸方程式當中包含交互作用項，可進行調節效果分析，因此又稱為調節迴歸（moderated multiple regression, MMR），如圖 12-2 的效果圖示。

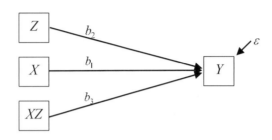

圖12-2　帶有交互作用的迴歸分析效果拆解圖示

　　若 b_3 顯著不為 0，表示 X 與 Z 對 Y 具有顯著的交互作用，可據以進行 $X \rightarrow Y$ 關係的調節效果分析。但如果 b_3 不顯著，表示 X 與 Z 無交互作用，可將交乘項移除，僅保留 Z 變數在模型中作為控制變數之用，稱為控制效果模型（公式 12-2）。

　　如果對比一個帶有 A 與 B 兩個因子的二因子變異數分析，交互作用迴歸公式 12-3 當中的係數 b_1 與 b_2 為 A 與 B 因子的主要效果，b_3 則為 A×B 的交互作用。但由於二因子變異數分析當中的自變數均為類別變數且假設相互獨立，主要效果是以平均數變異數估計值來反映，相對之下，交互作用迴歸當中自變數並非相互獨立，b_1 與 b_2 均為線性關係的淨估計值，因此不宜稱為主要效果，而應稱為簡單效果（simple effect）（Aiken & West, 1991）。其中 b_1 為當 Z=0 時 $X \rightarrow Y$ 的影響力；同樣的，b_2 為當 X=0 時 $Z \rightarrow Y$ 的影響力，兩者均為當其他作用項均存在於模型中的淨效果的一種特例，因此這兩個效果項均為簡單效果。

二、淨解釋力與調節解釋力

　　在交互作用迴歸當中，必須特別注意迴歸係數的解釋。其中，公式 12-1、12-2 與 12-3 中的 b_1 都反映 X 的影響力，但其意義均有不同。同樣的，公式 12-2 與 12-3 中的 b_2 都是反映 Z 的影響力，但 b_2 的意義也不同。

　　公式 12-1 是簡單迴歸方程式，b_1 單純反映 $X \rightarrow Y$ 的影響力；公式 12-2 當中的 b_1 與 b_2 都是控制其他解釋變數解釋力之後對 Y 的「淨解釋力」；公式 12-3 當中的 b_1 與 b_2 都是考慮了交互作用之後的條件化解釋力，亦即其中一個自變數對 Y 的影響，在另一個自變數（作為調節變數）的不同水準下會有不同的強弱，此時稱為「調節解釋力」，迴歸係數 b_3 反映調節力的強弱，可由公式 12-3 所的轉項來得知其意義，如公式 12-6 所示。

$$\hat{Y} = b_1 X + b_2 Z + b_3 XZ + a_1 = (b_1 + b_3 Z)X + b_2 Z + a_1 \qquad （12\text{-}6）$$

　　由公式 12-6 可知，在帶有交互作用項的調節迴歸分析中，X 對 Y 的影響並不是單由 b_1 反應，而是 $b_1 + b_3 Z$。換言之，$X \rightarrow Y$ 的斜率除了 b_1 之外，還要加上 Z 的影響（或調整）：當 $Z = 0$ 時，$X \rightarrow Y$ 的斜率維持為 b_1，當 $Z = 1$ 時，$X \rightarrow Y$ 的影響力為 $b_1 + b_3$，當 $Z = -1$ 時，$X \rightarrow Y$ 的影響力為 $b_1 - b_3$。如果 b_3 的強度很小，表示 Z 變數對 $X \rightarrow Y$ 斜率的影響很小，如果 b_3 不顯著，Z 變數的調節效果可以忽略。

　　基本上，帶有交互作用項的迴歸分析中，各解釋變數對依變數的影響已經不是「線性關係」而是條件化的「非線性關係」（non-linear relationship），因此調節迴歸中的迴歸係數不宜以標準化係數來解釋，而應採未標準化係數來呈現各變數的影響力。此外，由於公式 12-3 的 X、Z 及 XZ 可能具有高度相關，為免多元共線性影響係數的解釋，調節迴歸的一個重要工作是對自變數進行平減，使得迴歸係數的意義更加合理明確。

三、調節迴歸的平減議題

　　當交互作用迴歸當中的自變數為連續變數時，進行分析之前的一個重要的步驟是將自變數以平均數進行平移的中心化（centering），本章稱之為平減，藉以降低變數之間共線性所帶來的解釋上的困擾，但如果自變數是二分變數，可省略平減處理。

　　經過平減後的自變數將成為一個平均數為 0 而變異數不變的離均差分數（deviation score），其原點改變（變成 0）但分數相對位置不變。在簡單迴歸中，方程式僅有一個自變數 X，對 X 進行平減後（以 X^* 表示），簡單迴歸方程式如下：

$$\hat{Y} = b_1(X - \overline{X}) + a_1 = b_1 X + (a_1 - b_1\overline{X}) = b_1 X^* + a_1^* \qquad （12\text{-}7）$$

　　與公式 12-1 相較，平減後的迴歸公式 12-7 中 X 的解釋力仍為 b_1，係數數值並不會發生改變，但截距則與原截距相差一個常數 $b_1\overline{X}$。由於迴歸方程式通過 X 與 Y 變數的平均數 $\overline{Y} = b_0 + b_1\overline{X}$，公式 12-7 當中的 $X^* = 0$ 時即為 $\overline{X}$，因此新截距項 a_1^* 可知為 Y 的平均數（$\overline{Y}$）。換言之，自變數平減後，截距將轉換成 $\overline{Y}$，但斜率與誤差維持不變。

　　在交互作用迴歸中，自變數的平減將使原本有高相關的兩組變數：X 與 XZ、

Z 與 XZ 之高相關削減至低度水準，減輕自變數間的共線性威脅（Cohen, Cohen, West, & Aiken, 2003）。

在調節迴歸中，方程式中同時存在 X、Z 與 XZ，若令 X^* 與 Z^* 分別表示平減後的自變數與調節變數，迴歸方程式成為：

$$\hat{Y} = b_1^* X^* + b_2^* Z^* + b_3^* X^* Z^* + a_1^* \qquad （12-8）$$

b_1^* 是指當 Z^* 為 0（$Z = \bar{Z}$）時 X^* 的斜率的條件效果、b_2^* 是指當 X^* 為 0（$X = \bar{X}$）時 Z^* 的斜率的條件效果。此外，各項經過原點歸 0，截距即可反映結果變數的平均數。

四、簡單效果檢驗：調節效果分析

從統計操作的角度來看，真正的調節效果分析是當交互作用顯著之後所進行的簡單效果（simple effect）檢驗。換言之，交互作用是一個整體考驗，檢驗是否兩個變數會「聯合」對依變數產生影響。簡單效果檢驗則是事後考驗，檢驗在某一個變數為調節變數的情況下，其不同水準下的另一個解釋變數對依變數的影響是否具有統計意義。

（一）類別調節變數的簡單效果檢驗

前面已經提及，調節變數可能有類別與連續兩種形式。類別調節變數的水準數少，簡單效果檢驗相對單純。當交互作用顯著，研究者僅需分別就調節變數的不同水準，進行 $X \rightarrow Y$ 的迴歸分析。當調節變數有兩個水準時，需進行兩次迴歸，如果有 K 組，則進行 K 次迴歸。如果調節變數是二分變數，更直接的作法是利用帶有交互作用項的調節迴歸方程式（公式 12-3），令 $Z = 0$ 與 $Z = 1$ 求得兩個簡單迴歸方程式。作圖時，僅需繪製出各水準下的迴歸線，$X \rightarrow Y$ 的解釋力的差異將反應在迴歸線的斜率差異，截距差異則反映了平均數的差異。

（二）連續調節變數的簡單效果檢驗

如果調節變數 Z 與自變數 X 都是連續變數時，由於連續性調節變數的數值為一連續的光譜，簡單效果檢驗與圖示就不如前述的類別調節變數單純，程序相對繁複。

基本作法是當交互作用顯著後，研究者指定其中一個變數為調節變數（以 Z 為例），另一個為主要變數（以 X 為例），計算當 Z 在平均數以上或以下一個標準差的 $X \rightarrow Y$ 的簡單迴歸方程式，亦即求出 Z 的高低兩個條件值（conditional value;

CV）的 $X \rightarrow Y$ 方程式。亦即：

$$CV_{Z_H} : \hat{Y} = b_1 X + b_2 CV_{Z_H} + b_3 XCV_{Z_H} + a = b^H X + a^H \qquad （12\text{-}9）$$

$$CV_{Z_L} : \hat{Y} = b_1 X + b_2 CV_{Z_L} + b_3 XCV_{Z_L} + a = b^L X + a^L \qquad （12\text{-}10）$$

這兩組迴歸的截距與斜率稱為簡單斜率（simple slope）與簡單截距（simple intercept），其各自的顯著性可以利用調整標準誤 s_b^* 來進行 t 檢定，s_b^* 算式如下（Aiken & West, 1991, p.16）：

$$s_b^* = \sqrt{s_{11} + 2Z s_{13} + Z^2 s_{33}} \qquad （12\text{-}11）$$

其中 s_{11} 與 s_{33} 是迴歸係數 b_1（自變數 X 的效果）與 b_3（X 與 Z 的交互作用項效果）的標準差，可以從迴歸分析的報表中，找出迴歸係數的變異數與共變數矩陣中獲得。t 檢定自由度為 $n - p - 1$，n 為樣本數，p 為自變數個數（調節迴歸有 X、Z 與 XZ 三項，因此 $p = 3$）。

第三節　中介效果分析

一、中介效果的概念

在 $X \rightarrow Y$ 的關係中，第三變數 Z 除了可能以調節者的身分介入迴歸方程式，也可能是以中介者的角色存在，換言之，X 對 Y 的影響係透過 Z 的作用。

根據韋伯字典的定義，中介（mediate）一詞是指位居中間的位置（to be in an interMediate position or sides），或是聯繫兩個人或物的中間傳遞者（to be an intermediary or conciliator between persons or sides）。中介效果（mediation effect）可定義成第三變數 Z 在 X 與 Y 兩變數當中所存在的傳遞效果，Z 的中介作用有兩種途徑：$X \rightarrow Z \rightarrow Y$ 與 $Y \rightarrow Z \rightarrow X$，但一般均以 Y 作為最後的結果（outcome），X 作為最前面的前因（antecedence），因此在沒有特別說明的情況下，中介效果是指的 $X \rightarrow Z \rightarrow Y$ 影響歷程。以下，我們將介紹常用於中介效果評估的幾種方法。

（一）多階段因果關係拆解法

由於中介效果涉及多個變數之間的影響關係，因此最務實的作法就是逐一檢視各係數的狀況，來判定中介效果是否存在。最經典的作法是依據 Baron 與 Kenny（1986）所建議的三步驟四條件原則，檢驗 a、b、c 三係數的顯著性，說明於後。

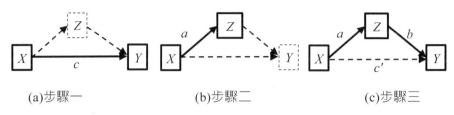

(a)步驟一　　　　　　　(b)步驟二　　　　　　　(c)步驟三

圖12-3　單一中介變數的步驟檢驗法圖示

步驟一：檢驗 $X \to Y$ 的解釋力。亦即迴歸係數 c 必須具有統計顯著性，如圖 12-3(a) 所示。

步驟二：檢驗 $X \to Z$ 的解釋力。亦即 a 必須具有統計顯著性，如圖 12-3(b) 所示。

步驟三：檢驗 $X + Z \to Y$ 的解釋力。同時考慮 X 與 Z 對 Y 的影響，$Z \to Y$ 的效果 b 必須具有統計顯著性，但是 X 對 Y 的解釋力 c 消失，即證實 $X \to Y$ 的關係是經由 Z 傳遞所造成，如圖 12-3(c) 所示，稱為完全中介效果（completed mediation effect）；如果 X 對 Y 的解釋力 c 沒有完全消失，亦即 c 雖有明顯下降成 c'，但 c' 仍具有統計顯著性，則稱為部分中介效果（partial mediation effect）。

（二）間接效果估計法

　　另一種評估的策略，是計算間接效果（indirect effect）並進行顯著性檢定。在僅有 X、Y、Z 三個變數存在的情況下，$X \to Z \to Y$ 的間接效果可由 $X \to Z$ 與 $Z \to Y$ 兩個迴歸係數的乘積，或是由 $X \to Y$ 的 c 到 c' 遞減量求得（MacKinnon, Warsi, & Dwyer, 1995），如公式 12-12。

$$\text{indirect effect} = c - c' = a \times b \tag{12-12}$$

　　從效果拆解的關係來看，圖 12-3(a) 當中 $X \to Y$ 的零階迴歸係數 c 稱為總效果（total effect），由於 X 與 Y 之間沒有任何中介變數，因此又可稱為直接效果（direct effect）。當中介變數納入模型後，總效果被拆解成兩個部分：圖 12-3(c) 當中 $X \to Y$ 的影響力 c' 係排除 z 的影響力後的淨效果，$X \to Z$ 與 $Z \to Y$ 兩個直接效果迴歸係數乘積反映中介變數 z 的間接作用，這些效果具有加成性而可表述如下：

$$\text{總效果} = \text{直接效果} + \text{間接效果} = c' + a \times b \tag{12-13}$$

　　如果間接效果的顯著性檢定達到顯著水準，或是 c 到 c' 遞減量具有統計意義，即可作為中介效果的證據。

二、中介效果的顯著性檢定

（一）Sobel 檢定

對於 $X \rightarrow Z \rightarrow Y$ 的間接效果可由 a 與 b 的乘積來估計，如果可以找出 $a \times b$ 的抽樣分配，估計其標準誤，即可進行中介效果是否顯著不為 0 的考驗或 .95 信賴區間的建立。最常用的檢驗公式是基於 Sobel（1982）所導出的 $a \times b$ 樣本估計數的標準誤，利用 z 檢定或 t 檢定來評估，稱為 Sobel 檢定，Sobel 檢定如公式 12-14 所示。

$$t = \frac{ab}{\sqrt{s_b^2 a^2 + s_a^2 b^2}} \tag{12-14}$$

公式 12-14 的分母為聯合標準誤，可由 a 與 b 的標準誤求得，並利用傳統 OLS 迴歸分析或 ML 估計，但由於 a 與 b 兩個非標準化迴歸係數的抽樣分配雖符合常態分配，但 a 與 b 的聯合機率分配（迴歸係數相乘）並不服從常態分配，而為峰度為 6 的高狹峰分配（Lomnicki, 1967; Springer & Thompson, 1966），同時如果自變數的平均數不為 0，還有非對稱的偏態問題，使得 Sobel（1982）所導出的標準誤為偏估計值（biased estimator）且不符合常態要求，因此 Sampson 與 Breunig（1971）將標準誤進行修正：

$$s'_{ab} = \sqrt{s_b^2 a^2 + s_a^2 b^2 - s_b^2 s_a^2} \tag{12-15}$$

雖然公式 12-15 修正了非常態問題，但是當樣本數太小時（少於 200）常會發生估計數為負值的非正定問題而無法有效估計。Bobko 與 Rieck（1980）建議在進行中介效果分析前，先將 X、Y、Z 進行標準化，並利用三者的相關係數來計算標準誤。至於 $c - c'$ 的標準誤也可以由個別係數標準誤求得，藉以進行 t 檢定或 .95 信賴區間的建立（Freedman & Schatzkin, 1992），如下列方程式。

$$t_{(N-2)} = \frac{c - c'}{\sqrt{s_c^2 + s_{c'}^2 - 2 s_c s_{c'} \sqrt{1 - r_{xz}^2}}} \tag{12-16}$$

雖然檢定方法與標準誤公式相繼被提出，但經過模擬研究發現，Sobel（1982）所提出的原始公式仍是效率最佳的間接效果標準誤（Mackinnon, 2008），這也是為何許多學者仍接受以 Sobel（1982）作為間接效果的顯著性檢定方法。

（二）拔靴標準誤的檢定方法

近年來，由於統計模擬技術的進步與電腦運算速度的提升，對於間接效果標準誤的估計，得以利用重複取樣技術來建立參數分配，求得參數的拔靴標準誤（bootstrapping standard error）（Efron & Tibshirani, 1993），用以建立 .95 信賴區間（.95CI）。其計算原理是以研究者所獲得之觀察數目為 N 的資料為母體，從中反覆進行 k 次（例如 $k = 5{,}000$ 次）的置回取樣（sampling with replacement）來獲得 k 次間接效果的參數分配，此一分配的標準差所反映即是間接效果的抽樣誤差，也就是標準誤。由於拔靴標準誤反映了「真實的」參數抽樣分配，因此不需受限於常態機率與對稱分配的要求，因此可以利用拔靴標準誤所建立的間接效果參數分配，取其 2.5th 與 97.5th 百分位數數值為上下界，檢視 .95CI 是否涵蓋 0，藉以判定間接效果是否顯著不為 0。

基於拔靴標準誤所建立的 .95CI 雖不受分配型態的限制，但隨著所估計的參數類型不同，拔靴重抽得到的參數分配不對稱情況也各有不同，為了改善拔靴 .95CI 上下界的對稱性，可進行偏誤校正（bias correction）（Efron & Tibshirani, 1993）。但是最近的一些模擬研究發現（例如 Biesanz et al, 2010; Falk & Biesanz, 2015），未經偏誤校正的拔靴信賴區間來評估間接效果的結果未必較差，有時反而有更理想的表現，例如在小樣本數（N < 200）時，保留正確的虛無假設的能力較佳（型一錯誤較低）。

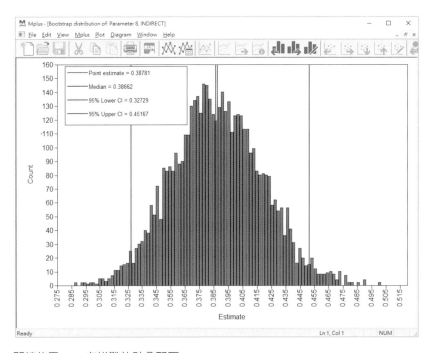

圖12-4　間接效果5,000次拔靴估計分配圖

不論是否經過偏誤校正，以拔靴法所建立 .95CI 稱為拔靴本位標準誤（bootstrapped-based confidence interval），主流軟體皆已納入拔靴功能來建立偏誤校正的拔靴信賴區間來評估間接效果的統計意義，如圖 12-4 所示，逐漸成為檢驗間接效果的常規技術。

（三）貝氏標準誤的檢定方法

除了拔靴本位 .95CI，貝氏估計標準誤也逐漸受到重視，並認為可以取代拔靴標準誤來檢驗間接效果的統計意義（例如 Wang & Preacher, 2015）。事實上，貝氏估計法所建立的 .95CI 也如同拔靴法的估計程序，利用重抽技術來反覆取樣藉以獲得參數分配。貝氏方法的不同之處，是基於先驗分配資訊的導入，結合實際樣本的重抽分配，兩者加以整合之後所得到的參數後驗分配的標準差，亦即貝氏標準誤，進而建立貝氏置信區間（Bayesian-based credibility interval）。

第四節　SPSS 的調節與中介效果分析範例

本範例利用 SPSS 軟體所提供的範例資料 employee data.sav（可在 SPSS 軟體的子目錄下得到該檔案）來進行示範。該資料庫蒐集了 474 位員工的人事與薪資資料，重要變數包括性別（為字串變數，需虛擬化成 {0,1} 的數值變數）、受教育年數、在該公司的年資、先前的工作資歷、是否為少數民族、起薪與目前薪資。本範例以目前薪資為依變數，教育程度與起薪為自變數，範例 12-1 示範起薪對目前薪資的影響時，以教育程度為調節變數，範例 12-2 示範教育程度對目前薪資的影響時，以性別為調節變數。

由於起薪與教育程度在本範例中是連續變數，因此必須加以平減。性別變數為二分虛擬變數，為簡化分析，不予以平減。以下就是對各自變數以及交互作用項進行平減的語法（SPSS 使用者可以利用轉換功能計算）。轉換後的各變數描述統計量如下。平減後的各變數平均數均為 0，標準差則無改變。

平減與交互作用項製作語法

COMPUTE C_educ = educ – 13.4916.（教育程度減去教育程度平均數）

COMPUTE C_salb = salbegin – 17016.0865.（起薪減去起薪平均數）

COMPUTE Inter1 = C_educ*C_salb.（教育程度與起薪的交互作用項）

COMPUTE Inter2 = C_ educ *gender.（教育程度與性別的交互作用項）

範例 12-1　SPSS 的調節效果分析（連續調節變數）
起薪與教育程度對目前薪資的影響（以教育程度爲調節變數）

一、交互作用迴歸

調節迴歸分析採用階層迴歸程序，依照公式 12-1 至 12.3 逐一投入各變數：自變數、調節變數、交互作用項。並在迴歸分析統計量中勾選 R 平方改變量，即可獲得各階層解釋力改變的顯著性考驗結果。階層迴歸操作畫面如下：

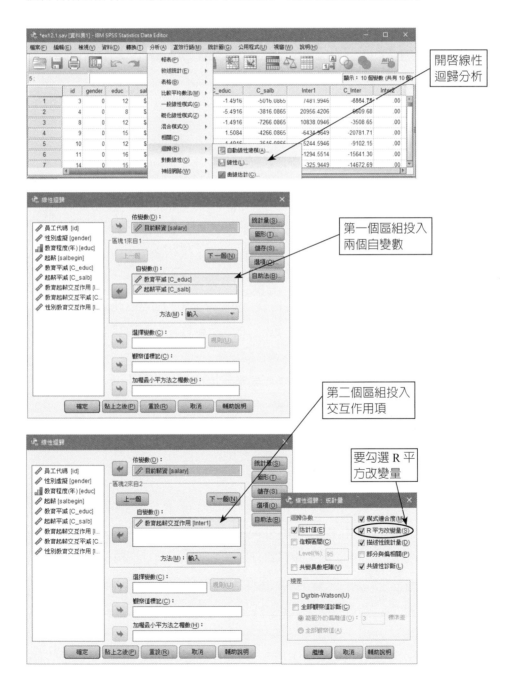

【A. 結果報表】

模式摘要

模式	R	R 平方	調過後的 R 平方	估計的 標準誤	變更統計量				
					R 平方 改變量	F 改變	df1	df2	顯著性 F 改變
1	.890[a]	.792	.791	7802.88	.792	898.204	2	471	.000
2	.890[b]	.793	.791	7806.33	.000	.583	1	470	.445

a. 預測變數：（常數），C_salb 起薪平減，C_educ 教育平減
b. 預測變數：（常數），C_salb 起薪平減，C_educ 教育平減，Inter1 教育起薪交互作用

Anova[a]

模式		平方和	df	平均平方和	F	顯著性
1	迴歸	109374305273.0	2	54687152636	898.204	.000[b]
	殘差	28676820157.29	471	60884968.49		
	總數	138051125430.3	473			
2	迴歸	109409859959.2	3	36469953320	598.468	.000[c]
	殘差	28641265471.04	470	60938862.70		
	總數	138051125430.3	473			

a. 依變數：salary 目前薪資
b. 預測變數：（常數），C_salb 起薪平減，C_educ 教育平減
c. 預測變數：（常數），C_salb 起薪平減，C_educ 教育平減，Inter1 教育起薪交互作用

係數 [a]

模式	未標準化係數		標準化係數	t	顯著性	共線性統計量	
	B 之估計值	標準誤	Beta 分配			允差	VIF
1　（常數）	34410.253	358.398		96.011	.000		
C_educ 教育平減	1021.006	160.681	.172	6.354	.000	.599	1.669
C_salb 起薪平減	1.673	.059	.771	28.411	.000	.599	1.669
2　（常數）	34187.165	462.454		73.926	.000		
C_educ 教育平減	1063.639	170.167	.180	6.251	.000	.535	1.871
C_salb 起薪平減	1.614	.097	.744	16.561	.000	.219	4.567
Inter1 教育起薪交互作用	.016	.020	.028	.764	.445	.319	3.132

a. 依變數：salary 目前薪資

【B. 結果說明】

　　由階層迴歸分析可知，帶有交互作用項的調節迴歸方程式如下：

$$\hat{Y} = 1.614X + 1063.639Z + .016XZ + 34187.165$$

　　其中交互作用項不顯著，$\Delta R^2 = .000$（$F\ change(1,470) = .583$，$p = .445$）。從參數估計的結果也可以看到交互作用項的 t 檢定不顯著（$t = .764$，$p = .445$）。對於兩個自變數的檢驗則發現，起薪與教育程度對目前薪資的淨解釋力分別為 .771（$t = 28.411$，$p < .001$）與 .172（$t = 6.354$，$p < .001$），兩者均達 .001 顯著水準，表示兩者在控制彼此後，都有顯著淨解釋力。

因此，本範例的結果推翻了起薪與教育程度兩個自變數對目前薪資具有交互作用的假設，教育程度對起薪→目前薪資的解釋力（$\beta = .016$）沒有顯著的調節作用。但是控制模型成立（$R^2 = .792$, $F(2,471) = 898.204$，$p < .001$），教育程度與起薪各自對目前薪資的解釋力達顯著。控制迴歸方程式如下：

$$\hat{Y} = 1.673X + 1021.006Z + 34410.253$$

二、簡單效果檢驗

　　雖然交互作用未達顯著，基於示範的目的，以下說明如何執行簡單效果檢驗。本範例的調節變數為教育程度，平減後的平均數為 0，標準差為 2.8848，可計算出條件值如下：

$$CV_{Z_H} = \bar{Z} + 1SD_Z = 2.8848$$
$$CV_{Z_L} = \bar{Z} - 1SD_Z = -2.8848$$

　　將條件值帶入調節迴歸方程式：

$$\hat{Y} = 1.614X + 1063.639 \times (\pm 2.8848) + .016 \times (\pm 2.8848)X + 34187.165$$

　　即可得到條件迴歸方程式，並得以繪製出迴歸線來說明 $X \rightarrow Y$ 的關係是否受到 Z 的調節（如圖 12-5），由於交互作用效果不顯著，因此兩條迴歸線趨於平行而無交叉。

$$\hat{Y}^H = 1.660X + 37255.551$$
$$\hat{Y}^L = 1.568X + 31108.779$$

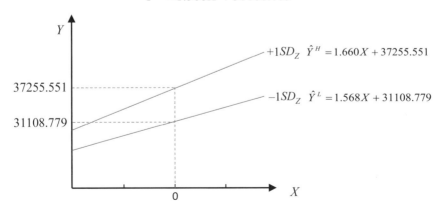

圖12-5　　兩個連續解釋變數的交互作用迴歸圖示

範例 12-2　SPSS 的調節效果分析（類別調節變數）
教育程度與性別對目前薪資的影響（以性別爲調節變數）

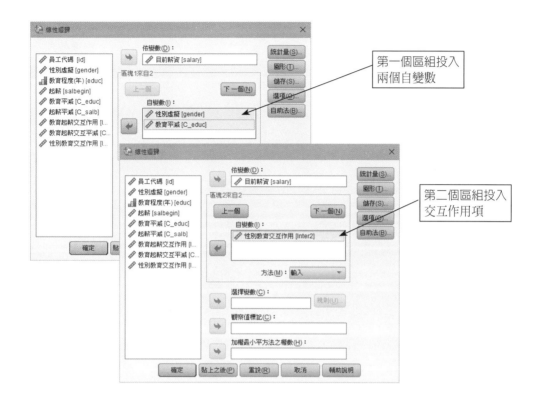

【A. 交互作用檢驗與結果報表】

模式摘要

模式	R	R 平方	調過後的R 平方	估計的標準誤	R 平方改變量	F 改變	df1	df2	顯著性F 改變
						變更統計量			
1	.661ª	.436	.435	$12,840.381	.436	365.306	1	472	.000
2	.700ᵇ	.489	.487	$12,234.647	.053	48.894	1	471	.000
3	.724ᶜ	.523	.520	$11,830.955	.034	33.691	1	470	.000

係數ª

模式		B 之估計值	標準誤差	Beta 分配	t	顯著性	允差	VIF
		未標準化係數		標準化係數			共線性統計量	
1	(常數)	34410.365	589.778		58.345	.000		
	C_educ 教育平減	3911.587	204.656	.661	19.113	.000	1.000	1.000
2	(常數)	29814.785	864.717		34.479	.000		
	C_educ 教育平減	3392.161	208.671	.573	16.256	.000	.873	1.145
	gender 性別虛擬	8443.006	1207.448	.246	6.992	.000	.873	1.145
3	(常數)	27970.279	894.532		31.268	.000		
	C_educ 教育平減	1747.086	347.914	.295	5.022	.000	.294	3.404
	gender 性別虛擬	9504.792	1181.850	.277	8.042	.000	.852	1.173
	Inter2 性別教育交互作用	2478.968	427.085	.326	5.804	.000	.322	3.108

a. 依變數：salary 目前薪資

【B. 簡單效果檢驗與結果報表】

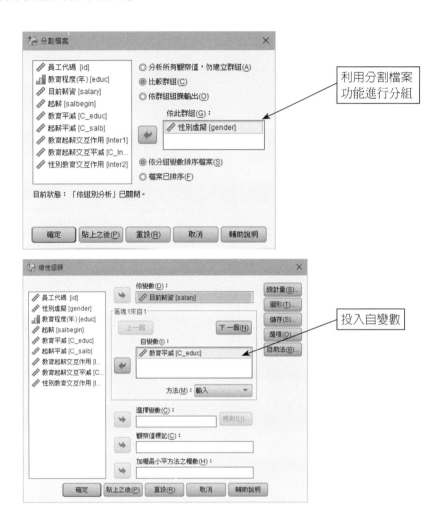

敘述統計

gender 性別虛擬		平均數	標準離差	個數
0 女	salary 目前薪資	$26,011.39	$7,576.522	216
	C_educ 教育平減	-1.121230	2.3191522	216
1 男	salary 目前薪資	$41,441.78	$19,499.214	258
	C_educ 教育平減	.938633	2.9793349	258

模式摘要

gender 性別虛擬	模式	R	R 平方	調過後的 R 平方	估計的標準誤	R 平方改變量	F 改變	df1	df2	顯著性 F 改變
0 女	1	.535[a]	.286	.283	$6,417.045	.286	85.715	1	214	.000
1 男	1	.646[a]	.417	.415	$14,918.320	.417	183.064	1	256	.000

a. 預測變數:(常數), C_educ 教育平減

簡單迴歸的
係數估計值

係數ᵃ

gender 性別虛擬		模式		未標準化係數		標準化係數		
				B 之估計值	標準誤差	Beta 分配	t	顯著性
0 女	1	(常數)		27970.279	485.189		57.648	.000
		C_educ 教育平減		1747.086	188.706	.535	9.258	.000
1 男	1	(常數)		37475.071	973.948		38.478	.000
		C_educ 教育平減		4226.054	312.345	.646	13.530	.000

a. 依變數: salary 目前薪資

【C. 結果說明】

由階層迴歸分析可知，性別與教育程度的交互作用項達顯著，$\triangle R^2 = .034$（F $change(1,470) = 33.691$，$p < .001$）。從參數估計的結果也可以看到交互作用項的 t 檢定顯著（$t = 5.804$，$p < .001$）。此一結果顯示，性別與教育程度彼此會調節對目前薪資的影響。本範例以性別為調節變數，因此結論為：性別對教育程度與目前薪資的解釋具有調節效果，不同性別的員工，教育程度對目前薪資的影響程度不同。

事後的簡單效果檢驗發現，在性別的不同水準下，教育程度對目前薪資的解釋力不同：對男性而言，教育程度能解釋目前薪資變異的41.7%（$F (1,256) = 85.715$，$p < .001$），對女性而言僅有28.6%（$F (1,214) = 183.064$，$p < .001$）。對男性而言，每多讀一年書，薪水多了 4226.054 元，對女性而言薪水只增加 1747.086 元，兩者的解釋力分別為男性的 $\beta = .646(t = 13.53, p < .001)$ 與女性的 b = $.535(t = 8.258, p < .001)$。以散布圖來呈現兩者解釋力大小如下圖所示。

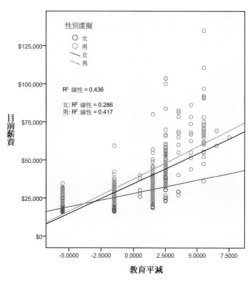

範例 12-3　SPSS 的中介效果分析

延續先前 employee data.sav 的薪資資料範例，本節提出下列幾項假設，構成一個中介效果模式的檢測範例：

H1：教育程度 X（受教育年數）會影響目前薪資 Y。

H2：教育程度 X（受教育年數）會影響起薪 Z。

H3：起薪 Z 會影響目前薪資 Y。

H4：起薪 Z 為教育程度 X 對目前薪資 Y 的影響的中介變數。

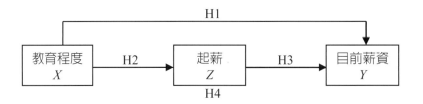

A. OLS 迴歸分析與結果

【A. 步驟圖示】

【B. 結果報表】

係數^a

模式		未標準化係數		標準化係數	t	顯著性
		B 之估計值	標準誤差	Beta 分配		
1	(常數)	-18363.199	2823.416		-6.504	.000
	educ 教育程度(年)	3911.587	204.656	.661	19.113	.000

a. 依變數: salary 目前薪資

係數^a

模式		未標準化係數		標準化係數	t	顯著性
		B 之估計值	標準誤差	Beta 分配		
1	(常數)	-6290.967	1340.920		-4.692	.000
	educ 教育程度(年)	1727.528	97.197	.633	17.773	.000

a. 依變數: salbegin 起薪

係數^a

模式		未標準化係數		標準化係數	t	顯著性
		B 之估計值	標準誤差	Beta 分配		
1	(常數)	-7836.858	1755.291		-4.465	.000
	educ 教育程度(年)	1021.006	160.681	.172	6.354	.000
	salbegin 起薪	1.673	.059	.771	28.411	.000

a. 依變數: salary 目前薪資

【C. 結果說明】

　　教育程度對目前薪資（c = 3911.587, β_c = .661, t = 19.11, p < .001）、教育程度對起薪（a = 1727.528, β_a = .633, t = 17.77, p < .001）、起薪對目前薪資（b = 1.673, β_b = .771, t = 28.41, p < .001）均達顯著水準，研究假設 1 至 3 均成立。但教育程度對目前薪資的解釋力仍達顯著水準（c' = 1021.006, $\beta_{c'}$ = .172, t = 6.354, p < .001），因此 Baron 與 Kenny 所定義的完全中介效果不成立。

　　此外，β_c 到 $\beta_{c'}$ 明顯降低，.661-.172 = .489，其數值恰好為 β_a 與 β_b 的乘積 .633×.771 = .489，因此本範例仍可以宣稱具有部分的中介效果。

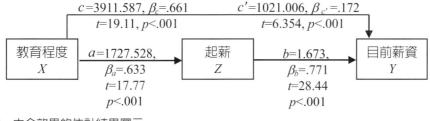

圖12-6　中介效果的估計結果圖示

第五節　PROCESS 的調節與中介效果分析範例

本節所使用的 PROCESS 分析模組，係由 Hayes（2013, 2017）所發展的免費 SPSS 配套模組，也可以附掛在 SAS 下執行。最新版 PROCESS3.2 可由 http://www. processmacro.org/download.html 下載。作者也提供了操作手冊，說明如何以語法形式來執行中介與調節效果分析，由於 PROCESS 依照不同的模型編號進行調節與中介模型分析，模型編號列於作者所出版的專書附錄 Appendix A 當中，因此如果想要充分了解各模型的使用時機，建議購買專書。

另一種更便捷的作法是安裝對話框，然後依照對話框要求輸入資訊來執行。安裝對話框的步驟如下：下載軟體後解壓縮，得到 process.spd 對話框程式，直接執行該程式即可自動安裝。如果無法安裝，則可開啟公用程式→安裝自訂對話方塊（SPSS 第 24 版之後的安裝自訂對話方塊則直接放在延伸之下），選擇 process. spd，即可安裝在 SPSS 的分析→迴歸的功能表下（如下圖）：

範例 12-4　PROCESS 的調節效果分析

【A. 操作程序】

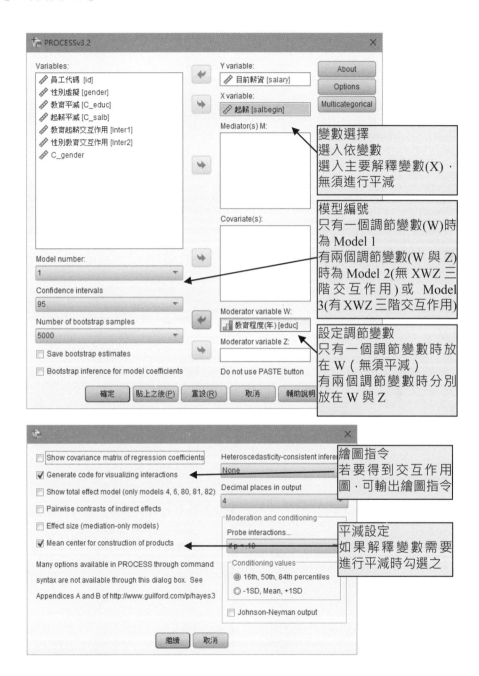

【B. 結果報表】

```
*************************************************************************
Model   : 1
    Y   : salary
    X   : salbegin
    W   : educ

Sample
Size:  474

*************************************************************************
OUTCOME VARIABLE:
 salary

Model Summary
         R      R-sq         MSE          F        df1        df2          p
     .8902     .7925  60938862.7   598.4679     3.0000   470.0000      .0000

Model
              coeff          se           t           p        LLCI        ULCI
constant 34187.1234    462.4549     73.9253       .0000  33278.3882  35095.8586
salbegin     1.6140       .0975     16.5608       .0000      1.4224      1.8055
educ      1063.6395    170.1666      6.2506       .0000    729.2579   1398.0211
Int_1         .0155       .0204       .7638       .4453      -.0245       .0556

Product terms key:
 Int_1    :        salbegin x         educ

Test(s) of highest order unconditional interaction(s):
         R2-chng          F         df1         df2           p
X*W        .0003      .5834      1.0000    470.0000       .4453
----------
    Focal predict: salbegin (X)
          Mod var: educ     (W)
```

模型解釋力檢定
包含交互作用項的
ANOVA 結果

交互作用項的解釋
力增量檢定

```
Data for visualizing the conditional effect of the focal predictor:
Paste text below into a SPSS syntax window and execute to produce plot.

DATA LIST FREE/
   salbegin  educ       salary     .
BEGIN DATA.
 -5766.0865    -1.4916 23428.1904
 -2016.0865    -1.4916 29393.5338
  4223.9135    -1.4916 39319.8653
 -5766.0865    -1.4916 23428.1904
 -2016.0865    -1.4916 29393.5338
  4223.9135    -1.4916 39319.8653
 -5766.0865     2.5084 27324.1011
 -2016.0865     2.5084 33522.6924
  4223.9135     2.5084 43837.1483
END DATA.
GRAPH/SCATTERPLOT=
 salbegin WITH salary  BY  educ.
```

繪製交互作用圖的 SPSS 語法。剪貼至語法視窗後執行即可得到交互作用圖

範例 12-5　PROCESS 的中介效果分析

【A. 操作程序】

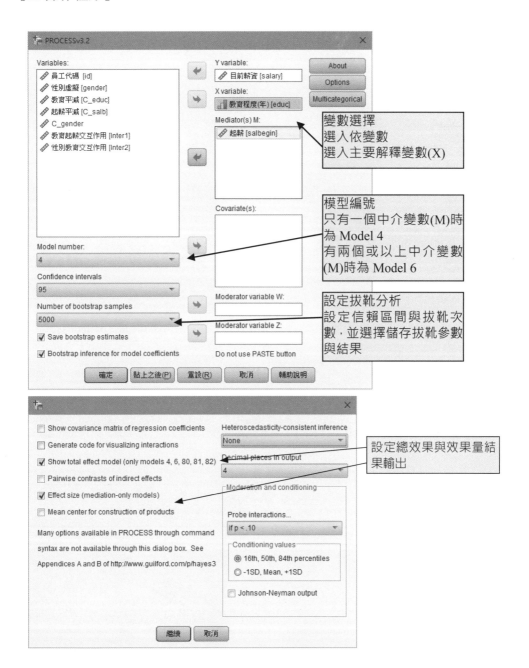

【B. 結果報表】

```
******************************************************************
Model   :  4
    Y   :  salary
    X   :  educ
    M   :  salbegin

Sample
Size:  474

******************************************************************
OUTCOME VARIABLE:
  salbegin
```

以中介變數(M)為依變數的模型
解釋變數為 X(educ)

```
Model Summary
         R         R-sq        MSE          F         df1         df2           p
     .6332        .4009  37188762.8    315.8967     1.0000    472.0000       .0000

Model
             coeff          se           t           p        LLCI        ULCI
constant -6290.9673   1340.9198     -4.6915       .0000  -8925.8785  -3656.0560
educ      1727.5283     97.1969     17.7735       .0000   1536.5360   1918.5206

******************************************************************
OUTCOME VARIABLE:
  salary
```

以最終結果變數(Y)為依變數的模型
解釋變數為 X(educ)與 M(salbegin)

```
Model Summary
         R         R-sq        MSE          F         df1         df2           p
     .8901        .7923  60884968.5    898.2045     2.0000    471.0000       .0000

Model
             coeff          se           t           p        LLCI        ULCI
constant -7836.8585   1755.2907     -4.4647       .0000  -11286.029  -4387.6884
educ      1021.0057    160.6813      6.3542       .0000    705.2647   1336.7467
salbegin     1.6732       .0589     28.4107       .0000     1.5575      1.7890

************************** TOTAL EFFECT MODEL **************************
OUTCOME VARIABLE:
  salary
```

TOTAL 效果模型：沒有中介變數時
的迴歸模型（只有 EDUC 時）

```
Model Summary
         R         R-sq        MSE          F         df1         df2           p
     .6605        .4363  164875383    365.3059     1.0000    472.0000       .0000

Model
             coeff          se           t           p        LLCI        ULCI
constant -18363.199   2823.4158     -6.5039       .0000  -23911.219  -12815.179
educ      3911.5868    204.6561     19.1130       .0000   3509.4370   4313.7365


************** TOTAL, DIRECT, AND INDIRECT EFFECTS OF X ON Y **************

Total effect of X on Y
```

```
    Effect         se         t         p         LLCI            ULCI    c_ps      c_cs
3911.5868    204.6561   19.1130    .0000   3509.4370   4313.7365   .2290   .6605
```

Direct effect of X on Y
```
    Effect         se         t         p         LLCI            ULCI    c'_ps     c'_cs
1021.0057    160.6813    6.3542    .0000    705.2647   1336.7467   .0598   .1724
```

Indirect effect(s) of X on Y:
```
                Effect      BootSE    BootLLCI    BootULCI
salbegin    2890.5810    233.4210   2448.4033   3368.6124
```

中介效果拔靴檢驗
間接效果即中介效果
列出拔靴信賴區間
涵蓋 0 表示未顯著

Partially standardized indirect effect(s) of X on Y:
```
                Effect      BootSE    BootLLCI    BootULCI
salbegin      .1692       .0095       .1530       .1903
```

標準化 X→ Y 效果

Completely standardized indirect effect(s) of X on Y:
```
                Effect      BootSE    BootLLCI    BootULCI
salbegin      .4881       .0264       .4404       .5465
```

標準化中介效果

****
Bootstrap estimates were saved to a file

Map of column names to model coefficients:
```
          Conseqnt Antecdnt
COL1      salbegin constant
COL2      salbegin educ
COL3      salary    constant
COL4      salary    educ
COL5      salary    salbegin
```

*********** BOOTSTRAP RESULTS FOR REGRESSION MODEL PARAMETERS ************

OUTCOME VARIABLE:
  salbegin

模型參數的拔靴檢驗
列出模型中所有參數的拔靴估計資訊

```
              Coeff     BootMean     BootSE     BootLLCI      BootULCI
constant   -6290.9673   -6318.4309   1728.1573   -9786.2364   -3028.1012
educ        1727.5283    1729.0476    137.8184    1466.1824    2008.1681
```

OUTCOME VARIABLE:
  salary

```
              Coeff     BootMean     BootSE     BootLLCI      BootULCI
constant   -7836.8585   -7833.1151   1603.5905   -11025.813   -4812.1241
educ        1021.0057    1008.7401    165.3129     683.6828    1338.1679
salbegin       1.6732       1.6826       .0982       1.5082       1.8965
```

*********************** ANALYSIS NOTES AND ERRORS ************************

Level of confidence for all confidence intervals in output:
  95.0000

Number of bootstrap samples for percentile bootstrap confidence intervals:
  5000

第六節　R 的調節與中介效果分析範例

範例 12-6　R 的調節效果分析

　　以 R 進行調節效果分析，原理與前一章的多元迴歸分析相同，但比起 SPSS 而言則相對簡單，因為既不需要自行平減，也不需自行創造交互作用項，直接利用 pequod 套件來進行處理即可，更可以檢測單純效果的統計顯著性，同時也可以繪製交互作用圖，十分方便。以下即以先前的兩個範例來說明當調節變數爲連續與類別變數時，以 R 進行交互作用迴歸與調節效果分析。

範例 12-6A：調節變數爲連續變數的交互作用迴歸

```
> #Chapter12: Moderation effect R example ex12.6
> #install.packages("car")              # 先安裝套件
> #install.packages("ggplot2")          # 先安裝套件
> #install.packages("pequod")           # 先安裝套件
> # 讀取資料
> library(foreign)
> ex12.1 <- read.spss("ex12.1.sav", to.data.frame=TRUE) # 讀取 SPSS 資料檔
>
> # 載入 pequod 套件進行交互作用迴歸
> library(pequod)
> m1<-lmres(salary~educ*salbegin, centered=c("educ","salbegin"), data=ex12.1)
> summary(m1, type="nested")

**Models**

Model 1: salary ~ educ + salbegin
<environment: 0x0000000009844548>

Model 2: salary ~ educ + salbegin + educ.XX.salbegin
<environment: 0x0000000009844548>

**Statistics**

              R     R^2   Adj. R^2   Diff.R^2    F     df1  df2   p.value
Model 1     0.89   0.79    0.79        0.79  898.20   2.00  471  < 2.2e-16 ***
Model 2:    0.89   0.79    0.79        0.00  598.47   3.00  470  < 2.2e-16 ***
---
Signif. codes: 0 '***' 0.001 '**' 0.01 '*' 0.05 '.' 0.1 ' ' 1

**F change**
    Res.Df      RSS       Df Sum of Sq    F  Pr(>F)
1 4.71e+02  2.87e+10
2 4.70e+02  2.86e+10 1.00e+00  3.56e+07 0.58   0.45

**Coefficients**
```

如果無法執行須增加檔案路徑

指定發生交互作用的兩個變數
其他自變數可以 "+" 逐一加入模型

指定需要平減的變數

列出兩個階層的模型分析結果

不含交互作用項的控制模型

含交互作用項的控制模型

從無交互作用項到有交互作用項的兩個模型增量檢驗

```
                 Estimate      StdErr     t.value     beta p.value
-- Model 1 --

(Intercept)      3.4410e+04 3.5840e+02 9.6011e+01          <2e-16 ***
educ             1.0210e+03 1.6068e+02 6.3542e+00 0.1724  <2e-16 ***
salbegin         1.6732e+00 5.8890e-02 2.8411e+01 0.7709  <2e-16 ***
```

不含交互作用項的控制模型
係數與檢定結果

```
-- Model 2 --

(Intercept)       3.4187e+04 4.6245e+02 7.3925e+01         <2e-16 ***
educ              1.0636e+03 1.7017e+02 6.2506e+00 0.1796  <2e-16 ***
salbegin          1.6139e+00 9.7460e-02 1.6561e+01 0.7436  <2e-16 ***
educ.XX.salbegin  1.5550e-02 2.0360e-02 7.6384e-01 0.0284  0.4454
---
Signif. codes:  0 '***' 0.001 '**' 0.01 '*' 0.05 '.' 0.1 ' ' 1
```

交互作用項的係數
與檢定結果

```
> #test for simple effect and plot
> Sim_m1 <- simpleSlope(m1,pred="salbegin",mod1="educ")
> summary(Sim_m1)
```

利用 simpleSlope 函數進行單純效果檢驗
需分別指定主要自變數與調節變數

```
 ** Estimated points of salary  **

                    Low salbegin (-1 SD) High salbegin (+1 SD)
Low educ (-1 SD)                   18769                 43468
High educ (+1 SD)                  24200                 50311
** Simple Slopes analysis ( df= 470 ) **
```

列出調節變數與主要自變數位
於±1SD 時的依變數數值

```
                    simple slope standard error t-value p.value
Low educ (-1 SD)          1.5691          0.1485    10.6 <2e-16 ***
High educ (+1 SD)         1.6588          0.0619    26.8 <2e-16 ***
---
Signif. codes:  0 '***' 0.001 '**' 0.01 '*' 0.05 '.' 0.1 ' ' 1
```

列出調節變數位
於±1SD 時的簡
單斜率顯著性檢
定結果

```
> PlotSlope(Sim_m1)
>
```

要求繪製交互
作用圖

範例 12-6B：調節變數爲類別變數的交互作用迴歸

```
> library(foreign)
> ex12.1<-read.spss("ex12.1.sav", to.data.frame=TRUE)
> #test for moderation effect educ*gender
> ex12.1$gender2<-as.numeric(ex12.1$gender=='男')   # 將性別定義成數值 {0,1} 變數
> m2 <- lmres(salary ~ educ*gender2, centered=c("educ"), data=ex12.1)
> summary(m2, type="nested")
```

性別為類別變數，需
先轉換成 {0,1} 變數

指定交互作用項

指定需要平減的變數

```
**Models**

Model 1: salary ~ educ + gender2
<environment: 0x0000000002ff7b28>

Model 2: salary ~ educ + gender2 + educ.XX.gender2
<environment: 0x0000000002ff7b28>
```

列出兩個階層的模型分析結果

```
**Statistic 不含交互作用項的控制模型

            R     R^2    Adj. R^2   Diff.R^2    F      df1   df2    p.value
Model 1   0.70   0.49     0.49        0.49   225.63   2.00   471  < 2.2e-16 ***
Model 2:  0.72   0.52     0.52        0.03   172.09   3.00   470  < 2.2e-16 ***
---
Signif. codes:  0 '***' 0.001 '**' 0.01 '*' 0.05 '.' 0.1 ' ' 1
**F change** 含交互作用項的模型

     Res.Df       RSS      Df Sum of Sq     F    Pr(>F)
1 4.71e+02 7.05e+10
2 4.70e+02 6.58e+10 1.00e+00  4.72e+09  33.7 1.2e-08 ***
---
Signif. codes:  0 '***' 0.001 '**' 0.01 '*' 0.05 '.' 0.1 ' ' 1

**Coefficients**

                    Estimate      StdErr    t.value    beta    p.value
-- Model 1 --

(Intercept)     29814.6532     864.7143    34.4792           < 2.2e-16 ***
educ             3392.1606     208.6714    16.2560  0.5728   < 2.2e-16 ***
gender2          8443.0057    1207.4483     6.9924  0.2464   < 2.2e-16 ***


-- Model 2 --

(Intercept)     27970.2107     894.5259    31.2682           < 2.2e-16 ***
educ             1747.0860     347.9135     5.0216  0.2950   < 2.2e-16 ***
gender2          9504.6959    1181.8477     8.0422  0.2774   < 2.2e-16 ***
educ.XX.gender2  2478.9684     427.0847     5.8044  0.3258   < 2.2e-16 ***
---
Signif. codes:  0 '***' 0.001 '**' 0.01 '*' 0.05 '.' 0.1 ' ' 1
```

```
> #test for simple effect and plot
> Sim_m2<-simpleSlope(m2,pred="educ",mod1="gender2", coded="gender2")
> summary(Sim_m2)
```

利用 simpleSlope 函數進行單純效果檢驗

調節變數為類別變數需指明編碼型態

```
 ** Estimated points of salary **

                    Low educ (-1 SD)  High educ (+1 SD)
Low gender2 ( 0 )            22930              33010
High gender2 ( 1 )          25283              49666
```

列出調節變數為 0 與 1 與自變數為 ±1SD 時的依變數數值

```
 ** Simple Slopes analysis ( df= 470 ) **
```

列出調節變數為 0 與 1 時的簡單斜率檢定結果

```
                 simple slope  standard error  t-value  p.value
Low gender2 ( 0 )        1747             348     5.02  <2e-16 ***
High gender2 ( 1 )       4226             248    17.06  <2e-16 ***
---
Signif. codes:  0 '***' 0.001 '**' 0.01 '*' 0.05 '.' 0.1 ' ' 1

 ** Bauer & Curran 95% CI **

        lower CI upper CI
gender2  -1.4293  -0.3325

> PlotSlope(Sim_m2)
>
```

要求繪製交互作用圖

兩個交互作用圖如下：

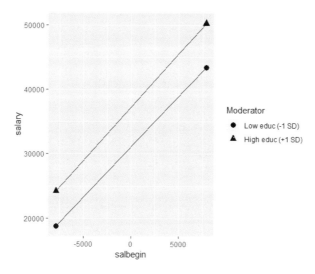

(a)調節變數為連續變數

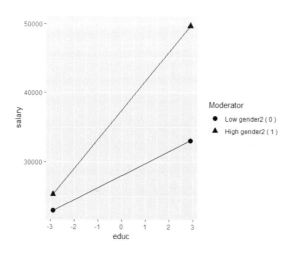

(b)調節變數為類別變數

圖12-7　以R軟體得到的交互作用圖

範例 12-7　R 的中介效果分析

　　以 R 進行中介效果分析原理與迴歸分析相同，可利用 psych 套件來進行中介效果與拔靴標準誤的估計，舉例如下。

```
> #Chapter12: Mediation and Moderation examples ex12.7
> #install.packages("psych")      # 先安裝套件
> library(foreign)
> ex12.1 <- read.spss("ex12.1.sav", to.data.frame=TRUE) # 讀取 SPSS 資料檔
>
> library(psych)
```

> 設定中介效果模型，括弧內的變數為中介變數

```
> Med <- mediate(salary~educ+(salbegin), data=ex12.1, n.iter = 10000)
> summary(Med)
```

> 設定拔靴次數

```
 Call: mediate(y = salary ~ educ + (salbegin), data = ex12.1, n.iter = 10000)

 Total effect estimates (c)
       salary     se     t   df    Prob
educ 3911.59 204.66 19.11 471 1.06e-60

Direct effect estimates      (c')
          salary     se    t   df    Prob
educ      1021.01 160.68 6.35 471 4.95e-10
salbegin     1.67   0.06 28.41 471 3.63e-104

R = 0.89 R2 = 0.79   F = 898.2 on 2 and 471 DF    p-value:  1.86e-161

 'a'  effect estimates
      salbegin   se    t   df    Prob
educ  1727.53 97.2 17.77 472 1.76e-54


 'b'  effect estimates
          salary   se    t   df    Prob
salbegin   1.67 0.06 28.41 471 3.63e-104
```

> 間接效果的拔靴估計區間

```
 'ab'  effect estimates
      salary   boot    sd   lower   upper
educ 2890.58 2902.1 230.83 2452.62 3353.9

> mediate.diagram(Med)
```

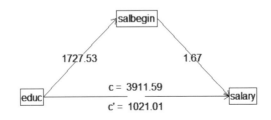

第四篇　量表發展的分析技術

標準化測量工具能夠提供客觀的量化資料。一套良好的測驗量表，不但可以作爲研究工具，更可以提供實務工作者進行評量與診斷。爲了獲得良好的工具，測驗編製者除了發展適切的題目，進行必要的先導研究，還必須借重統計與資料分析，檢驗測驗量表的品質，以提出有利的證據，確認測驗編製工作的圓滿完成。

項目分析是測驗編製過程中，第一個與資料分析發生關係的工作，目的在確認測驗題目的堪用程度，必要時得將不良試題予以刪除。除了個別的試題，整套量表的穩定可靠性則可以藉由信度估計來檢驗。

如果項目分析與信度考驗是測驗工具的基石，效度檢驗就是充實內涵的檢驗技術。因素分析技術爲效度檢驗提供了一套客觀實用的策略，協助研究者進行複雜的因素抽取工作。傳統因素分析抱持探索的觀點，得以了解量表背後的結構，進階的因素分析則採驗證觀點，試圖從理論出發來獲得數據的支持，兩者雖然涇渭分明，但卻殊途同歸，對於量表發展都是不可或缺的重要分析技術。

量表發展與信效度議題

測驗、量表與測量工具的發展，在心理學、教育學與社會學等相關領域有其重要的地位與悠久的歷史。中國人早自西元前 2200 年的漢唐時代，就已經發展出一套嚴謹的科學考試制度來鑑別能力高低；西方人在十三世紀也有了考試制度。到了十九世紀時，隨著科學的發展，測驗與評量領域更快速發展。

　　基本上，一個研究如果涉及心理特質、能力與態度等抽象構念的評量，首要工作是透過標準化程序來發展測量工具。在心理計量領域，這些不可直接測量觀察的抽象構念以潛在變數（latent variable）的形式存在，透過間接測量的程序，自一群可測量的變數（即測驗題目）來估計潛在變數的強弱高低。用來測量的題目稱為測量變數（measured variable）或外顯變數（manifest variable），它們可能是一組類似的問卷題目（如自陳式問題）、一些具有同質性的統計數據（如代表社經地位的薪水層級、教育程度、職業等級）、或是一些具體的行為測量（如創造思考測量得到的流暢力、變通力、獨創力與精進力分數），這些觀察變數的共同變化，背後係受到潛在變數的影響，藉由統計程序，我們可以把構念從觀察變數的相關之中萃取出來，此時，信度與效度指標是說明測量是否理想的重要指標。

　　反過來說，如果研究者所關心的問題並非與潛在變數有關，所測量的對象不是構念，而是一些客觀的事實或態度意見，例如家裡有幾個未成年子女？一個禮拜看幾場電影？對於政府的施政滿不滿意？這些意見調查或是社會調查的結果，研究者可以直接就每一題的作答情形進行分析，而不用涉入所謂信度與效度問題。

　　基本上，測驗的編製既是一門科學，也是一種藝術。過程中涉及一連串的質化與量化方法，也不時需要研究者進行決策與判斷。從研究方法的角度來看，量表與測驗往往是研究者最主要的研究工具，因此量表編製是非常基本的學術訓練；從實務工作的角度來看，量表與測驗是重要的篩選與診斷評量工具，測量工具的適用性與品質更直接影響實務工作者的工作內容，因此量表編製的原理與實務是心理學科非常重要的專業課題，本章將針對這些議題加以探討。

第一節　量表發展的程序與步驟

　　量表編製的主要工作包括項目分析、信度估計與效度評估等等，整個流程如圖 13-1 所示。

圖13-1　量表發展的基本流程

一、準備階段

（一）文獻整理與定向

　　一個新量表或測驗的發展，必須進行充分的準備工作。研究者在進行一項研究之前，對於所關心的議題會有一個初步的概念，但未必對於研究需使用哪些工具，測量哪些東西有一定見。隨著研究的進展，研究者逐漸釐清所關心的問題、變數的內容，並發展操作型定義。從前人的研究文獻當中，如果可以找到由他人發展出來的測驗或量表，研究者即不必耗費精力自行編製新測驗，但是如果沒有既成的量表，必須從國外翻譯或自行發展，或因過去的量表已陳舊不堪使用，研究者必須先行重新修訂，才能進行研究工作。

　　如果要自行發展測量工具，研究者必須清楚掌握測量的目的、內容與對象。此一階段，必須倚賴理論或文獻的引導，協助研究者進行定向的工作。如果研究者所探討內容是一個前人沒有探討過的，或是研究者認為必須重新自理論基礎的發展來出發，研究者就必須進行前導性研究，自行發展理論建構。

（二）量表編製計畫

　　一旦定向的工作完成，研究者即可以針對所需發展的量表，訂定編製計畫。事實上，測量工具的發展本身就是一個完整的研究，一旦量表發展完成，研究者可以將量表發展的過程與成果整理成為論文，在正式的期刊上發表，讓社會大眾與相關領域的專業人員得以認識這個新的測驗，接受公評與大眾的檢視。

　　一般而言，雖然每一個量表的目的與內容不同，但是一個量表編製計畫應該具備量表的名稱、目的與內容、對象、測量的格式與尺度、量表的長度與時間、預試施測的計畫、正式施測的計畫、信效度分析的計畫、常模建立、成本估計、時程甘梯圖等幾個幾項基本元素，詳細的內容與範例說明於表 13-1。

二、預試階段

　　當量表發展者準備就緒之後，研究者即可進入具體的編製過程，首先是編寫題庫，並利用預試樣本進行項目分析，決定題目的優劣，以作為正式量表的決策依據，此一階段可以稱為預試階段。

（一）題庫編寫

　　預試工作的第一步，是編寫量表試題，建立量表的題庫（item pool）。題目的選擇與編寫，必須符合先前定向工作所決定的測量的範疇、內涵、並符合理論的界

→ **表13-1**　量表編製計畫的內容與說明

項目名稱	項目內容	範例
量表的名稱	說明量表的名稱	組織創新氣氛知覺量表、創造認知思考測驗
量表的目的與內容	說明量表所欲測量的內容，必要時舉出相關理論觀點來說明概念的內容與理論基礎	創意思考測驗的目的在測量發散性思考的能力，是基於 Torrence 所提出的概念，包括了流暢力等四個成分……
量表的對象	說明量表實際適用的對象	十八歲以上的成人、高中階段的青少年
測量的格式與尺度	說明量表所使用的測量方式、評定格式	本量表是 Likert 式的五點量表，1 表非常不同意，5 為非常同意
量表的長度與時間	決定量表最終版本的可能題數或可能花費的時間	本量表長度預估為 20 題，每一個分量表 5 題，作答時間約為 10 分鐘
預試施測	說明預試施測的母體與樣本規模，以及項目檢驗與分析的相關事項	本量表預定以大臺北地區的國中學生為預試母體，將隨機抽取兩個班級的學生約 100 人做為預試樣本
正式施測	說明正式施測的母體與樣本規模與相關事項。包括抽樣的詳細程序，以及隨同正式量表一併施測的效標或其他量表的介紹	本量表為適用於全體國中學生，正式施測以全臺灣的國民中學為母體，正式施測將採分層隨機叢集抽樣，建立 2,000 人的樣本規模
信效度分析	說明正式量表所欲提出的各項信效度技術指標	本量表除了進行內部一致性信度估計，並將進行三個月的再測信度。效度則採效標關聯效度，以受試者學期末的學業成績為效標
常模建立	說明常模的建立程序與內容	本量表將建立國中學生的性別與年級百分等級常模
成本估計	預估發展量表所需投入的相關成本與人力規劃	本量表將聘任助理 × 名，所需經費人事部分為 ××× 元，施測費用為 ××× 元，其他支出為 ××× 元
時程甘梯圖	說明量表發展的步驟與時程	以圖表的形式來呈現

說。但是，由於抽象構念具有不明確性，使得研究者無法以單一的題目來測量，因此必須編寫收集一系列的題目來測量某一個構念。

　　理論上，測量某一構念的題目有無限可能，如果把構念的現象當作一個母體，研究者所編寫收集的題目可以視為是從中隨機挑選的一組行為樣本（behavioral sample）。就像抽樣理論的原則，這組行為樣本當中的每一個被觀察行為必須具有隨機性與代表性，同時也必須涵蓋充分的內容廣度，也就是內容效度，才能反映潛在的心理構念。

一般而言，初步量表題庫題目需達最後所需題數的數倍，經過逐步刪減，成為最終的正式量表題目。如果研究者預定編製一個十題的自尊量表，他可能先行發展出一個二十至三十題的題庫來進行預試，容許部分不良題目被刪除的空間。因此題庫愈大，可供刪減的空間也就愈大。但是，題目編寫有其難度，不僅要能熟悉測量的內容，更要有創意。一般建議供做預試的題目，至少為最終量表題數的兩倍。

　　題目編寫有幾點必須注意的事項，第一，題目不宜過長，以精簡、易於閱讀為原則。因為心理測驗的量表長度較長，題目的長度字數愈多，對於填答者的負擔愈重。第二，題目必須適合適用對象的閱讀與理解能力，否則填答者可能無法以其個人的狀況，或依循研究者預設的方向來回答。第三，使用必要的措施來因應填答者的特殊作答風格與反應心向，例如利用反向題來防止填答者的草率與惡意作答。並在題目編排之時，將正反向題以適當的方式排放。

　　在試題編寫階段的另一個工作是決定測量的尺度與尺度精密度。在第二章已經介紹了各種不同的測量尺度，例如 Likert 量尺、Guttman 量尺、Thurstone 量尺等等，各種量尺有其優劣與適用性，所採用的精密度愈高，對於測量的品質愈有幫助，能夠使用的統計分析愈豐富，但是填答者所需付出的心力可能會愈高。有些測量尺度的發展困難度與成本較高，這些都是研究者在決定測量尺度所需考量的問題。

（二）預試（try-out）

　　當研究者準備好一套預試的題本之後，即刻進行的便是預試的工作。預試多半使用立意抽樣或便利性抽樣，建立一個小型樣本，施以預試版本測驗，以決定題目的堪用程度，據以刪除不良的題目，決定正式量表，這個過程稱之為項目分析（item analysis）。預試樣本的人數雖不用太多，但是為了考量統計分析的穩定性，樣本人數也不宜過少，學者建議 300 人是一個可以努力達到的數字（Ghiselli, Campbell, & Zedeck, 1981）。

　　除了實際的施測，預試也可以多種方式同時併進，例如將試題交給相關的學者專家或實務工作者，請其評估題目的良窳。通常專家所評定的內容不僅是「題目看起來像不像是測量該特質的題目」（所謂表面效度 face validity），更可以協助進行內容效度的評估，指出是否題目包含了適當的範圍與內容，同時，更可以藉由專家的意見，針對題目是否適合用來測量某一構念進行討論，提供類似於構念效度的評估意見，因此專家評估是多數測驗學者也會一併採用的預試策略。

（三）項目分析

項目分析可以說是量表發展非常關鍵的一項工作，其主要目的是在針對預試題目進行適切性的評估。項目分析可分爲質的分析與量的分析，前者主要著重於量表項目的內容與形式的適切性的討論，後者在一般能力測驗的發展過程當中，主要係指試題的難度與鑑別度項目的檢驗。對於非認知測驗（如人格測驗與態度量表），則可從各種量化的指標來檢驗項目的適切性，這些指標包括了項目總分相關係數、項目變異量與平均數等（DeVellis, 2003）。經由項目分析的執行，研究者得以剔除不良的項目，以提高量表的品質。我們將在下一章詳細討論項目分析的操作原理與計量方法。

三、正式階段

經過了預試的檢驗，調整初步編寫的題目內容、刪除不良的試題之後，正式題本得以決定，研究者可以進行最後的排版，決定背景變數等等作業，完成完稿的作業，並選取具有代表性的樣本，進行正式施測。正式施測的目的在進行信效度的評估，決定一個量表的整體堪用程度，並得以建立常模。

信度的評量可以說是一個量表堪用程度的必要條件，如果信度不良，表示該量表受到測量誤差的威脅很大。目前最常用的信度估計方法爲 Cronbach（1951）所發展的 α 係數。在心理學研究中，幾乎所有的測量工具都會報告 Cronbach's α 值，以說明該量表的信度。有些量表不適合報告 α 係數時，可能會採用再測信度（test-retest reliability）來估算量表在兩個時點之間的穩定情形。

效度所反映的測量分數的眞實內涵與意義，雖然信度係數提供了測量分數是否能夠穩定的測到眞實分數，但是接下來的問題卻是，這個眞實分數到底是什麼？對於一個量表進行效度的評估，目的就是在回答這個問題。有趣的是，效度的評定只是一種參考性的價值，不像信度係數可以對於量表的穩定性進行絕對性的評定。效度的好壞評定程序並沒有一套共同的標準，在量表評估中可以視爲一個充分條件，若各種效度指標係數十分理想，表示量表的效度良好，對於量表有相當的加分效果，但是效度係數偏低，不一定表示量表品質不佳。

四、維護階段

量表發展的最後一個步驟，是進行量表的持續研究與維護工作，以提高量表的實用性。除了編製各種參考手冊，正式出版之外，研究者可將研究結果發表在學術會議或學術期刊上，與其他研究者進行討論，分享心得。另一個重要的工作，是持續發展與修訂常模（norm），提高量表分數的使用價值。所謂常模，是研究者針對某特定團體，選取一個代表性樣本，施以該量表，並將該特定團體的常模樣本的測量結果，製作成一個分數對照表，任何一個受測者，可以依照該表將其原始分數輕易轉換成相對分數（例如百分等級），獲知相對的高低。

第二節　信度

一、信度的意義

信度（reliability）即是測量的可靠性（trustworthiness），係指測量結果的一致性（consistency）或穩定性（stability）。當測量誤差愈大，測量的信度愈低，因此，信度亦可視為測驗結果受測量誤差影響的程度。如果測量誤差不大，不同題目的得分應該趨近一致，或是在不同時點下，測驗分數前後一致具有穩定性。基本上，信度並非全有或全無，而是一種程度的概念。任何一種測量，或多或少會有誤差，誤差主要由機率因素所支配，但也可能受到非機率因素的影響。

傳統的測驗觀點認為，對於任何一個被測量的特質，每個人都具有一個特定的水準或強度，測驗的主要目的，就是利用一套計量的尺度去反映每一個人在這個特質上的水準或強度，如果測驗真的可以測到這個人類「真實」的特質強度，反映在測驗得分上，稱為真分數（true scores）。這個真分數其實是一個理論上存在的分數，代表受測者的實際心理特質內涵與真實的心理運作歷程，在測驗實務上，準確測得人類心理特質的真分數是所有測驗的終極目標。

若測驗工具所測得的分數稱（觀察分數）等於真分數，那麼我們可以說這個測量是一個完美、正確的測量。但是通常測驗無法如此精確的測得構念特質的內容，而會包含一些誤差的成分。如下列所示：

$$觀察分數 = 真分數 + 誤差分數$$

當誤差為 0，觀察分數可以完全反映真分數。當誤差不為 0，即必須對於誤差發生的狀況進行了解，了解誤差的統計特性，若能找出誤差的分配，即可利用機率理論來進行估計與推論。這套學理，稱為古典測驗理論（classical test theory）。

二、信度係數的原理

古典測量理論最主要的論述，測量誤差是測量分數的一部分，估計測量誤差就可以掌握眞分數。若以變異數的概念來表示，觀察變異（σ_{total}^2）等於眞分數變異（σ_{true}^2）加上誤差變異（σ_e^2）：$\sigma_{total}^2 = \sigma_{true}^2 + \sigma_e^2$，經過移項，可以得到下列的關係：

$$1 = \frac{\sigma_{true}^2}{\sigma_{total}^2} + \frac{\sigma_e^2}{\sigma_{total}^2} \tag{13-1}$$

上式中，眞分數變異除以觀察總變異，代表一個測量分數能夠測得眞分數的能力，稱爲信度係數（coefficient of reliability），以 r_{xx} 表示。如下所示：

$$r_{xx} = \frac{\sigma_{true}^2}{\sigma_{total}^2} = 1 - \frac{\sigma_e^2}{\sigma_{total}^2} \tag{13-2}$$

由數學原理來看，信度係數是一個介於 0 與 +1 之間的分數，數值愈大，信度愈高。在毫無誤差的情況之下，眞分數的變異等於測量變數的總變異量，得到信度係數爲 1.00；反之，信度爲 0 表示測驗測得的分數變異完全由隨機因素造成，完全無法反應眞分數。

三、信度的估計方法

前面已經提及，眞分數無法獲知，但是誤差可以估計，因此實際上在衡量測驗信度時，多是以多次測量的方法來求出得分波動與變異（亦即誤差），進而推導出測量的信度。如果測驗反映眞分數的能力很強，那麼多次測量或以不同的題目來測量，測得的分數差異應很小，相關係數應該很高；相反的，如果測量誤差很大，多次或多題的測量分數差異很大，相關係數很低。以下列舉幾種常用的信度估計方法。

（一）再測信度

再測信度（test-retest reliability）是指將一個測驗在同一群受測者身上前後施測兩次，然後求取兩次測驗分數的相關係數作爲信度的指標。一個無誤差的測量，在前後兩次測量上得分應相同，相關爲 1.00。但是由於測量誤差的存在，受測者在前後兩次的測量上得分不同，相關便不會是 1.00。此時誤差是因爲時間所造成，信度係數反映了測量分數的穩定程度，又稱穩定係數（coefficient of stability）。再測信度愈高，代表測驗分數愈不會因爲時間變動而改變。

在實作上，再測的時距是一個重要的決策，當兩次測量相隔的時間愈長，信度（穩定係數）自然愈低，不同時距的選擇，影響誤差大小，因此再測信度的誤差來源可以說是對測量的時間抽樣（time sampling）。最適宜的相隔時距隨著測驗的目的和測量的內容性質而異，少者一、兩週，多則六個月甚至一年。

（二）複本信度

再測信度的一個問題是同一個受測者要重複填寫兩次相同的測驗，若時距過短可能會有記憶效果，時距過長則有信度下降的問題，另一方面也造成研究者要追蹤受測者的負擔。此時若測量工具有兩個內容相似的複本，令同一群受試者同時接受兩種複本測驗，求取兩個版本測驗得分的相關係數，即為複本信度（alternate-form reliability）。

複本信度的誤差來源是題目差異，亦即是一種內容抽樣（content sampling）的誤差，因此複本信度反映的是測驗分數的內部一致性或穩定性。在實施複本時有幾個注意事項，第一，兩個複本必須同時施測。如果兩個複本施測的時間不同，造成誤差的來源即混雜了時間取樣與內容取樣。第二，複本的內容必須確保相似性，從題目的類型、長度、指導語、涵蓋的範圍等應保持一致，但題目內容不能完全相同。如果測驗所測量的內容很容易產生遷移與記憶學習效果，那麼就必須避免使用複本信度。通常的作法是將兩個版本的測驗題目一起發展，一併檢測，最後再將測驗拆成兩份，而非分開獨立發展。

（三）折半信度

折半信度（split-half reliability）與複本信度非常相似，也是求取兩個複本間的相關來表示測量的信度。所不同的是折半信度的兩套複本並非獨立的兩個測驗，而是把某一套測驗依題目的單雙數或其他方法分成兩半，根據受測者在兩半測驗上的分數，求取相關係數而得到折半信度。因此折半信度可以說是一種特殊形式的複本信度，造成誤差的來源也是因為內容取樣的問題，操作上比複本信度簡單許多。

由於計算折半信度時，相關係數是以半個測驗長度的得分來計算。當題目減少，相關也隨之降低，造成信度的低估，必須使用史布公式（Spearman-Brown formula）來校正相關係數：

$$r_{SB} = \frac{nr_{xx}}{1+(n-1)r_{xx}} \qquad （13-3）$$

上式中，r_{xx} 為折半相關係數，n 為測驗長度改變的倍率。折半信度會使測驗長度減少一半，$n=2$，公式如下：

$$r_{SB} = \frac{2r_{xx}}{1+r_{xx}}$$　　　　　　（13-4）

（四）內部一致性信度

　　在計算測驗信度時，如果直接計算測驗題目內部之間的一致性，作為測驗的信度指標時，稱為內部一致性係數（coefficient of internal consistency）。這種係數由於是直接比較測驗題目之間的同質性，因此測量誤差反應的是一種內容取樣的誤差，介紹如下：

1. KR20與KR21信度

　　庫李信度（Kuder-Richardson reliability）是 Kuder & Richardson（1937）所提出適用於二分題目的信度估計方法。其原理是將 k 個題目的通過百分比（p）與不通過百分比（q）相乘加總後除以總變異量（s^2）：

$$r_{KR20} = \frac{k}{k-1}\left(1 - \frac{\Sigma pq}{s^2}\right)$$　　　　　　（13-5）

　　此式為庫李所推導的第 20 號公式，因此稱為庫李 20 信度。由公式 13-5 可知，各題都有各自的 p 與 q 數值，表示題目難度不同。如果將每一個題目難度都假設為相同，或者是研究者不重視試題難度的差異，而將試題難度設定為常數（通常以平均難度 m 取代），可以用 KR21 公式來計算內部一致性係數：

$$r_{KR21} = \frac{k}{k-1}\left(1 - \frac{m(k-m)}{ks^2}\right)$$　　　　　　（13-6）

2. Cronbach's α

　　從前面的介紹可以得知，KR20 與 KR21 適用於二分變數的測驗類型（例如能力測驗與教育測驗），但是在社會與行為科學研究中，多數的測量並非為對錯之二分測量，而多以評定量尺作為測量工具，因此 Cronbach（1951）將 KR20 加以修改，得到 α 係數，如公式 13-7 所示。

$$\text{Cronbach's } \alpha = \frac{k}{k-1}\left(1 - \frac{\Sigma s_i^2}{s^2}\right)$$　　　　　　（13-7）

其中 s_i^2 表示各題的變異數。Cronbach's α 所求出的數據，在數學原理上等同於計算題目之間的相關程度。且由公式 13-7 可知，Cronbach's α 與庫李信度的原理相似，所不同之處僅在於對個別題目變異數的求法，Cronbach's α 採用的是每一個題目變異數的和，因此 α 係數可用於二分或其他各種類型的測量尺度，取代 KR20 信度。

（五）評分者間信度

　　當測量的進行使用的工具是「人」，而非量表之時，不同的評量者可能打出不同的分數，分數誤差變異的來源是評分者間的差異，若計算各得分的相關，即是評分者間信度（inter-rater reliability）。

　　評分者間信度所反映的是不同的評分者在測驗過程當中進行觀察、記錄、評分等各方面的一致性。相關愈高，表示測量的信度愈高。如果評分者所評定的分數不是連續變數，而是等第（順序尺度），不宜使用傳統的 Pearson 相關係數，而應採用 Spearman 相關或 Kendall 和諧係數。評分者間信度的誤差變異來源是評分者因素，也就是評分者取樣問題（rater sampling），而非題目的內容取樣問題。

四、影響信度的因素

　　從前述的討論可知，信度與誤差之間具有密切的關係。誤差變異愈大，信度愈低；誤差變異愈小，信度愈高。探討影響信度的因素，基本上即是在探討誤差的來源。使用者可以針對自己的需要以及研究設計的可行性，取用適當的信度指標。

　　基本上，造成測量誤差的原因很多，包括受試者因素（如受測者的身心健康狀況、動機、注意力、持久性、作答態度等變動）、主試者因素（如非標準化的測驗程序、主試者的偏頗與暗示、評分的主觀性等等）、測驗情境因素（測驗環境條件如通風、光線、聲音、桌面、空間因素等皆有影響的作用）、測驗內容因素（試題取樣不當、內部一致性低、題數過少等），以及時間因素。

　　上述各項因素中，前三項屬於測驗執行過程的干擾與誤差，屬於程序性因素。後者則屬於工具本身的因素，有賴量表編製的嚴謹程序。很明顯的，要提高測量的可靠性，降低測量的誤差，無法單就從編製來著手，而需兼顧研究執行的過程與嚴謹的工具發展。

　　除了前述因素之外，樣本的異質性也會影響測驗的信度。在影響信度的技術因素中，從前面的變異數拆解公式當中，我們可以得知信度是 1 減去誤差分數的變異與測驗得分總變異的比值。因此，在其他條件保持不變的情況下，如果接受測驗的受測者的異質性愈大，總分變異愈大，得到的信度係數就會愈高。換句話說，在估計一個測驗的信度之時，若採用異質性較高的樣本，可以獲得較理想的信度。例如實施一個智力測驗於大學生身上得到信度，會較一個包含國中、高中與大學生不同層級學生的樣本的到的信度為低。

在量表發展過程當中，運用於信效度評估的正式施測，樣本規模通常不會太小，樣本所涵蓋的次團體也可能不只一個，因此在報告信度係數時，除了報告全體樣本的總體信度，也應該報告各個次團體的信度係數，從這些係數當中，我們可以據以判斷在哪一個次團體上，該測驗的使用有最佳的穩定性，而在哪一個次團體中，測驗的分數有較大的波動性。

第三節　效度

一、效度的意義

效度（validity）即測量的正確性，指測驗或其他測量工具確實能夠測得其所欲測量的構念之程度，亦即反映測驗分數的意義為何。測量的效度愈高，表示測量的結果愈能顯現其所欲測量內容的真正特徵。效度是心理測驗最重要的條件，一個測驗若無效度，則無論其具有其他任何要件，亦無法發揮其測量功能。因此，選用標準測驗或自行設計編製測量工具，必須審慎評估其效度，詳細說明效度的證據。同時，在考慮測量的效度之時，必須顧及其測量目的與特殊功能，使測量所測得的結果，能夠符合該測量的初始目的。

在評估測量的效度之時，必須先確定測量的目的、範圍與對象，進而能夠掌握測驗的內容與測驗目的相符合的程度。一般使用的效度評估方法，主要有判斷法（informed judgment）與實徵法（gathering of empirical evidence）兩個策略，前者著重於測量特性與質性評估，通常經由研究者對於資料的主觀判讀；實證法則根據具體客觀的量化指標來進行效度評估。事實上，這兩種策略都很重要，一般皆以質性評估為先，實證檢測在後，使測量的品質得以確保。

二、效度的類型與原理

效度的評估有內容效度、效標關聯效度、構念效度三種主要形式，介紹如下。

（一）內容效度

內容效度（content validity）反映測量工具本身內容範圍與廣度的適切程度。

內容效度的評估，須針對測量工具的目的和內容，以系統的邏輯方法來分析，又稱為邏輯效度（logical validity）。另一種與內容效度類似的效度概念為表面效度（face validity），指測量工具在外顯形式上的有效程度，為一群評定者主觀上對於測量工具外觀上有效程度的評估。

內容效度強調測量內容的廣度、涵蓋性與豐富性，以做為外在推論的主要依據，表面效度則重視工具外顯的有效性，兩者具有相輔相成之效。在研究上，為了取得受試者的信任與合作，良好的表面效度具有相當的助益，確保作答時的有效性，因此在測量工具在編製與取材上，必須顧及受試者的經驗背景與能力水準，保有一定水準的內容效度和表面效度。不過這兩種效度的共同點都缺乏實證評估的指標，因此需以判斷法來進行。

一般在能力測驗或態度測量中，內容效度可以藉由測驗規格（test specification）的擬定來評估。所謂測驗規格是將測驗所欲測量的能力屬性與測量內容範圍列出一個清單，設定比重，量表編製者即依照此一規格表來進行測驗題目的編製，以求符合最初研究者的需要。例如：某系轉學考試的統計學考試，範圍涵蓋描述統計與推論統計，但是由於推論統計範圍大，因此出題的比重較大，量表編製者可以羅列所欲評量的項目與比重，據以編製題目。另外，對於餐廳滿意度的評量，包括服務品質、環境衛生、食材與價格等各面向，也可以列出測驗規格來指導題目的編寫。

在一些以人格特質為測量對象的非認知測驗，由於構念的測量內容與範圍多無從得知，因此甚少可以提出前述架構清晰完整的測驗規格表來指導題目的編寫。研究者所能做的是參酌一些理論觀點或是前導研究的發現，從不同的理論角度或面向來編寫題目，盡力達成測量面向的完整涵蓋。

（二）效標關聯效度

效標關聯效度（criterion-related validity）又稱實徵效度（empirical validity）或統計效度（statistical validity），係以測驗分數和特定效標之間的相關係數，表示測量工具有效性之高低。

效標關聯效度最關鍵的問題在於效標（criterion）的選用。做為測量分數有效性與意義度的參照標準，效標必須能夠作為反映測量分數內涵與特質的獨立測量，同時也需為社會大眾或一般研究者接受能夠具體反映某項特定內涵的指標。因此研究者除了透過理論文獻的證據作為選用效標的基礎，且能提出具有說服力的主張，來支持其效標關聯效度檢驗的評估。

測量的效標，如果是在測量之同時可以獲得的數據，稱之為同時效標，如果效標的資料需在測量完成之後再行蒐集者，稱之為預測效標，由這兩種類型的效標所建立的效標關聯效度又稱為同時效度（concurrent validity）與預測效度（predictive validity）。在實務上，同時效度由測量分數與同時獲得的效標數據之間的相關表示之；預測效度則是由測量分數與未來的效標測量分數間的相關表示之。

（三）構念效度

構念效度（construct validity）係指測量工具能測得一個抽象概念或特質的程度。構念效度的檢驗，必須建立在特定的理論基礎之上，透過理論的澄清，引導出各項關於潛在特質或行為表現的基本假設，並以實徵的方法，查核測量結果是否符合理論假設的內涵。最常提及的構念效度評量技術，係由 Campbell 和 Fiske 於 1959 年所提出的多元特質多重方法矩陣法（multitrait-multimethod matrix, MTMM），以多種方法（如自評法、同儕評量法）來測量多種特質，據以考驗聚斂效度（convergent validity）及區辨效度（discriminant validity）。

另一種與構念效度有直接關係的效度則為因素效度（factorial validity），也就是一個測驗或理論其背後的因素結構的有效性。因素效度主要以因素分析技術來檢測，近年來隨著驗證性因素分析（confirmatory factor analysis）的發展而更加受到重視。例如某研究者認為工作動機應包括兩種次向度，他所編製的量表測得的分數即應該獲得兩個因素的結果，同時每一個題目應有其指定的因素。如果分析的結果支持此一因素模式，則其因素構念的假設即可獲得支持。

三、其他效度議題

（一）增益效度

增益效度（incremental validity）是指某特定測驗對於準確預測某一效標，在考量其他測量分數對於效標的影響後的貢獻程度（Sechrest, 1963）。對於某一個測驗分數 A，效標為 Y 變數，增益效度是指 A 對於 Y 的解釋是否優於另一個 B 變數對於 Y 變數的解釋。如果 A 變數優於 B 變數，那麼 A 變數對於 Y 變數的解釋，在 B 變數被考慮的情況下，應仍具有解釋力。例如：如果某項能力測驗（A）果真在反映個體的認知能力，那麼該能力測驗應可以用以解釋學生的學習成果（Y），而且在將努力因素（B）排除之後，能力測驗仍然能夠有效解釋學習成果的話，即可說明能力測驗具有相當程度的增益效度。

Cohen 與 Cohen（1983）以半淨相關（semipartial correlation）作為增益效度的強弱指標。若要計算考慮 B 變數之下，A 變數對於 Y 變數的影響，如公式 13-8。

$$r_A = \frac{r_{YA} - r_{YB}r_{AB}}{\sqrt{(1 - r_{AB}^2)}}$$ 　　　　　（13-8）

此外，增益效度也可利用階層迴歸分析，檢驗 A 變數對於效標的解釋是否在 B 變數加入後仍然存在。首先以 B 變數納入迴歸模型中，計算出對 Y 變數的解釋力（R^2），第二步再將 A 變數納入迴歸模型，此時模型中已有兩個自變數，而第二步所納入的變數可以計算解釋力的增加量（R^2 change）並進行顯著性考驗，即代表增益效度。

由於增益效度反映了測驗效標的關聯情形，因此可以被視為一種效標關聯效度的應用，但從其操作原理，增益效度亦帶有構念效度的區辨 / 聚斂效度的色彩（Bryant, 2000），因其所檢測的是某測驗與另一個測量分數或數個變數的整合分數的關係，也就是檢驗在排除其他概念之後，某一個測驗得分的預測力。但由於增益效度可以納入其他多個「B」變數，來檢驗某測驗分數的解釋力，在實務上，B 變數可以是各種不同性質的變數與影響來源，這些變數是否對於測驗分數具有抑制作用，可以利用統計方式進行估計與檢驗其顯著性，是相當具有應用價值的一種效度衡鑑概念與技術。另一方面，增益效度對於特別重視效標的解釋力的領域有其實務價值（例如人事甄選與組織績效的評量，格外重視工作滿意度、離職意願的效標關聯效度），因此增益效度近年來獲得實務領域相當程度的重視。

（二）區分效度

心理測驗的分數除了反映測量特質的內容之外，另一個重要的目標是能夠鑑別個別差異。個別差異的鑑別除了可以從效標的迴歸分析來評估之外（也就是效標關聯效度），亦可以從測驗分數對於不同行為作業、或效標情境的表現的差異來評估，這就是區分效度（differential validity）的概念（Anastasi & Urbina, 1997）。

具體來說，心理測驗的效標關聯效度數據，若以相關係數來表示，那麼在不同的效標上，相關係數應有所不同，以反映這些效標與測驗得分間的理論差異性。區分效度所反映的是測驗分數 X 與 A、B 兩個不同效標具有不同的相關係數，例如 r_{XA} 為 .8，r_{XB} 為 .0。區分效度的概念特別適用於當一個測驗具有分類的目的與功能時，例如學生的職業性向分類，不同領域的性向得分必須能夠在不同的職業表現效標上有所差異。相較於性向測驗，智力測驗就不是用來鑑別職業表現的理想測驗，因為傳統智力測驗是在評量個體的一般性認知能力，對於不同職業的適應與表現，智力測驗並不會有理想的區分效度。

在實際的分析策略上，區分效度可以透過直接比較兩個相關係數的大小差異，如果測驗分數為多向度的測驗題組（test battery），也可以利用多元迴歸分析，計算不同效標的 R^2 來加以比較。甚至可以利用假設考驗的形式，對於兩個相關或迴歸係數進行差異檢定。

（三）複核效化

所謂複核效化（cross-validation）是指測量的結果具有跨樣本或跨情境的有效性。在測量領域，複核效化概念很早就受到重視，早期是應用於迴歸分析的一種統計技術，用於檢測迴歸係數的穩定性（Mosier, 1951; Cattin, 1980），但隨著測量理論與統計技術的發展，凡是測量的結果在不同情境下的穩定性的檢驗，都可以視為複核效化的一種作法。

複核效化的概念反映了效度類化（validity generalization）的能力，研究者從不同樣本上重複獲得證據，證明測量分數有效性的一個動態性、累積性的過程。在某一個複核效化研究中，或許可以重複證明某一個模型是最佳模型，但是單一一次的複核效化檢驗也不足以作為測量分數在不同樣本或情境下的證據，需要多次的反覆驗證，才能累積充分的證據，證明效度可以類化到不同的情形中。

四、效度衡鑑技術

雖然效度的分析方法會隨著效度的類型有所不同，同一種效度概念也可以利用不同的統計方法來獲得，傳統上用來評估測驗效度的技術主要包括了相關分析、迴歸分析、因素分析、多重特質多重方法矩陣（MTMM）等等。近年來，則有愈來愈多學者運用結構方程模式來進行信效度的衡鑑。有關這些效度衡鑑技術分別介紹於下：

（一）相關分析

效度係數最常用到的計量方法就是相關係數。測驗分數與效標的相關係數，反映了測驗所測量的特質與另一個概念間的變動的一致性的程度，利用相關係數，可以很容易的將兩個變數間的關係強度顯示出來。例如效標關聯效度，利用相關係數來反映測驗的效度，是一個最直接的方式，因此長期以來，效標關聯效度均以相關係數為之。對於構念效度來說，使用相關係數的機會雖然也是相當的大，但是相關的求取已非專指是測驗分數與效標的相關（也就是不一定涉及效標的概念），而是求取與其他類似心理構念的測量的一致性，或進行測驗得分的潛在結構分析。

在效標關聯效度的分析上，典型相關（canonical correlation）也是一種常用來檢驗測驗分數與效標分數之間關聯情形的統計技術。尤其是當測驗包括不同分量表或子因素之時，且效標測量也涉及多向度、多因素的數據之時，兩組測量分數之間的關係涉及這兩組測量分數之間的潛在結構，典型相關則是兩個組合分數的相關，用來評估效標關聯效度時，典型相關就是兩組潛在結構之間的相關性。但是隨著 SEM 的興起，典型相關逐漸被驗證性因素分析取代。

（二）多元迴歸

　　多元迴歸也是檢驗效度的普遍作法。尤其適用於效標關聯效度的檢測。如果一個測驗具有多個分量表時，而這些分量表亦具有相當程度的相關，利用多元迴歸可以將分量表間的相關，透過統計控制的程式來加以排除，以獲得測驗分數對於效標的純淨解釋力。

　　除了一般性的多元迴歸，先前所提及的增益效度則使用階層迴歸來檢驗不同測驗分數對於效標解釋的增益效能的檢驗，此外，當效標是以二分變數的形式存在時（例如錄取與否、通過考試與否），則可應用邏輯斯迴歸來進行效標關聯效度的檢驗。

（三）因素分析

　　隨著統計技術的發展，因素分析（factor analysis）已然成為量表發展過程當中不可或缺的工具。主要是因為心理測驗多與抽象特質有關，因此如何從實際的測量題目的相關係數中，去了解題目背後的潛在構念成為心理測驗檢驗構念效度的最主要議題，而因素分析法即是尋找變數間的相關結構的最有效的策略，因此受到測驗學者的重用。

　　因素分析最大的功能，在協助研究者進行構念效度的驗證。利用一組題目與抽象構念間關係的檢驗，研究者得以提出計量的證據，探討潛在變數的因素結構與存在的形式，確立潛在變數的因素效度。傳統上，因素分析在心理測驗領域，主要被用來尋找一組變數背後潛藏的因素結構與關係，稱為探索性因素分析（exploratory factor analysis, EFA）。如果研究者在研究之初既已提出某種特定的結構關係的假設，例如某一個概念的測量問卷是由數個不同子量表所組成，此時因素分析可以被用來確認資料的模式是否即為研究者所預期的形式，稱為驗證性因素分析（confirmatory factor analysis, CFA）（Hayduk, 1987; Long, 1983; Jöreskog, 1969），具有理論檢驗與確認的功能。在技術層次來說，CFA 是結構方程模式的一種次模型，除了作為因素分析之用，並可以與其他次模型整合，成為完整的結構方程模型分析。有關 EFA 與 CFA 的原理與應用，將在本書的最後兩章中討論。

（四）結構方程模式

心理測驗所關心的是不可直接測量的抽象構念。結構方程模式（structural equation modeling, SEM）整合了傳統的因素分析與路徑分析的概念，大幅擴展了潛在變數的應用範圍。結構方程模式的驗證性因素分析部分可以用來萃取構念，反映了構念效度或內容效度的問題，而路徑模型部分則可以應用在效標預測的估計上。因此，SEM 模型，對於效度的衡鑑具有重要的價值，有興趣的讀者可閱讀本書作者所撰寫的相關專書。

五、影響效度的因素

（一）測量過程因素

前面有關信度的討論中，提及測量的過程是影響測驗分數波動的主要因素之一。除了影響測量的穩定性，不良的測驗實施程序更可能導致效度的喪失。例如主試者不當的控制測驗情境，有意圖的引導作答方向，將影響測驗結果的正確性。因此實施過程的標準化可以說是測驗實施的重要原則，不遵照標準化的程序進行測量工作，必然使效度降低，失去客觀測量的意義。

（二）樣本性質

效度的評估與選用的樣本具有密切的關係。首先，由同質性樣本所得到的測量分數變異量較低，在信度估計時不至於影響內部一致性等指標的估計，但是可能因為測量變異量不足，導致與效標之間的相關降低，造成效度的低估。因此為提高測量的效度，宜選用異質性高的樣本。例如：以大學入學考試成績來預測大學學業表現，可能會得到不甚理想的預測效度，因為大學生是一個同質性樣本，能夠成為大學生者，在入學考試成績上皆有一定的水準，若以大學生為樣本，以大學學業成績為效標，即面臨效度低估的威脅。

其次，樣本的代表性也可能影響效度的評估。效度評估所使用的樣本，必須能夠代表某一測驗所欲適用的全體對象。一般研究者在發展測量工具時，多以學生為樣本，但是實際適用的範圍則可能為全體青少年，此時以學生為樣本代表性可能不足，對於學生有意義的測量，不一定對於其他非學生受試者有相同的意義。

（三）效標因素

測量效標的適切與否是實證效度的先決條件，不適當的效標選用，可能造成效度無法顯現或被低估的可能，其次，效標本身的測量品質，即信度與效度，或是效標資料在測量過程的嚴謹程度，也同時影響效度的評估。在統計上，測驗本身的信度、效標的信度，以及測驗與效標間的眞正相關，是影響效度係數高低的決定因素。因此，一般均建議效標應採用客觀資料或行爲指標，避免採用構念性的測量，以避免效標與測驗本身雙重信效度混淆。

（四）干擾變數

構念效度的檢測容易受到其他特質或干擾測量的影響，造成效度的混淆。從受試者本身的角度，受試者的智力、性別、興趣、動機、情緒、態度和身心健康狀況等，皆可能伴隨著測量工具的標準刺激而反映在測驗分數中，成爲效度評估的干擾變數（confounding variable）。如果某些特質具有關鍵的影響，而研究者無力將其效果以統計控制或平行測量來進行分割，即可能受到影響，使得效度失去參考的價值。

例如：當研究者想要對於特質性的焦慮傾向（long-term anxiety）進行測量之時，測驗的得分卻與情境引發的狀態焦慮（state anxiety）具有高度的相關（Spielberger, Gorsuch, & Lushene, 1970），如果忽略了狀態焦慮的存在，長期焦慮的效度即可能受到相當影響。

總而言之，測驗效度受到多方因素的影響，遠較信度的影響層面廣泛且深遠。測驗效度的增進，除依賴研究者豐富的實務操作經驗之外，必須落實量表編製與實施程序的標準化模式，留意受試者的行爲反應與意見，方能建立符合測量目的與功能的效度。

第四節　信度與效度之關係

心理測驗最大的挑戰，除了測驗分數的意義確保之外（效度），就是測量誤差的問題，也就是信度的問題。信度與效度是兩項心理測驗與評量的重要指標，兩者在概念與內容上均有顯著的不同，但是在測量實務上卻無法切割。從定義來看，信度代表的是測量的穩定性與可靠性，效度則是測量分數的意義、價值與應用性。因此一般學者均將信度視爲測量的先決條件，而以效度作爲測驗品質的充分要件。也就是說，一個沒有信度的測量分數，勢必無法達成測量目的，提供有意義的數據，因此有效度的測驗，必定有信度爲基礎，但是有信度的測驗，不一定保證具有效度。

從實證的角度，信度係數的估計多有實證性的指標作爲依據，同時研究者之間也有普遍接受的檢驗程式與評估標準，因此被廣泛作爲測量良莠的評定標準。相對之下，效度的評估牽涉廣泛，從理論的界定到實施的方式，均有很大的變異，同時易受到干擾因素的影響，舉證不易，論定一個測量的缺乏效度亦難，因此效度高低的評估，並無一套共識作法，而由研究者個別性論述與證據來支持，間接造成信度是前提，效度是辯證的現象。

　　一般而言，效度是以量表與其他效標或其他測量分數之間的相關係數來表示，但是，當量表的信度不是 1.00 的時候，以相關係數為效度證據會有低估（削弱）的現象。Nunnally（1978）以具體的數學模式，說明信度與效度的關係，當某一個測驗（x）與效標（y）求得實際的效度係數為 r_{xy} 時，若兩者的信度分別為 r_{xx}、r_{yy}，完美效度係數以 $r_{xy\,max}$ 表示，為兩個完美的測驗所求得的預期相關。下列削弱相關校正公式（correction for attenuation）顯示四者的關係：

$$r_{xy\,max} = \frac{r_{xy}}{\sqrt{r_{xx}r_{yy}}} \tag{13-9}$$

　　依公式 13-9 可知，當兩個測量本身均為相同的特質，或可以完全的預測，此時 $r_{xy\,max}$ 應可達 1.00，公式 13-9 即成為：

$$1.0 \geq \frac{r_{xy}}{\sqrt{r_{xx}r_{yy}}} \tag{13-10}$$

或

$$\sqrt{r_{xx}r_{yy}} \geq r_{xy} \tag{13-11}$$

　　此時，若效標為無誤差測量，如具體的行為頻率次數變數，r_{yy} 可視為 1.00，此時實際效度的大小與信度具有下列特性：

$$實際效度（r_{xy}）\leq 信度（r_{xx}）的平方根$$

　　也就是說，信度的平方根是效度係數的上限。當信度愈高，效度係數即可能愈大。此一關係雖然說明信度與效度的假設性邏輯關係，但是兩者彼此並非互為決定因素，要由信度來精確推導效度仍是不可能的任務。測量研究者仍需回歸到信效度估計的原始目的，進行測量品質的判定，並掌握信度係數所具備的指標性意義與效度評估的辯證性價值，才能有效運用測量工具來達成研究的使命。

項目分析與信度估計

在量表發展過程中，預試是檢驗測量題目是否適切的一個重要程序，其主要目的在了解題目的基本特性，確認量表題目的堪用程度，必要時可以對於量表的內容進行修改增減，使得量表題目在最終正式題本定稿之前，有一個先期檢驗的機會。一旦量表題目經過各種檢測，量表發展者就可以繼續進行全量表的信效度檢驗，提供更進一步的技術指標，作為測驗與量表良窳程度的具體證據。

預試當中最重要的工作為項目分析，此外，為了掌握測量的穩定性，多數研究者在預試階段會進行試探性的信度分析，以作為題目改善的依據，因此，本章以預試階段所可能應用的資料分析程序進行討論，有關效度檢驗最常使用的因素分析則在後續的章節中介紹。

第一節　項目分析的基本概念

題目的好壞如何鑑別，就好像要去判定一個人是不是好人，是一個困難而沒有絕對標準的工作。除了從各種量化的指標來檢驗項目的適切性，也必須從理論層次或研究者的需要來評估。以下介紹題目診斷的幾個重要概念。

一、項目難度

項目難度（item difficulty）是指一個測驗的試題對於受測者的能力水準的反應能力，主要適用於能力測驗或教育測驗的項目評估，因為測驗的題目是用來判定能力的強弱，其計分通常是正確與否的兩種答案。在一個對錯二分的題型下，項目難度通常以所有受測者在該項目上正確答對的百分比來表示，也就是通過人數百分比（percentage passing），以 p 來表示。p 值愈高，表示題目愈簡單，例如 $p = .8$ 代表有 80% 的受測者可以正確答對該題，$p = .2$ 代表只有 20% 的受測者可以正確答對該題。如果一個題目難度太低，每一個人都可以通過，或是難度太高，每一個人都無法通過，這些測驗題目就失去了偵測受測者能力水準的能力。為了使測驗題目反映受測者能力水準的偵測能力達到最大，一個測驗題目的難度以 .5 為宜，此時約有一半的受測者可以正確回答該題，有一半的受測者無法回答該題。

如果是人格與態度測量，多半是以多點尺度（例如 Likert-type 量表）來評量受測者的個別差異，此時最適合作為難度指標者就是題目的平均數，當平均數過低或過高時，代表測驗題目過於偏激或冷澀，導致全體受測者均回答出類似的答案。

值得注意的是，個別的題目難度決定個別題目的通過率或平均數高低，一組題目的整體平均難度則決定了整個測驗得分的落點。如果某一個測驗的題目難度都很高，假設整體的平均難度為 $p = .2$，那麼全體受測者測得的分數即會偏低，分數的分布會呈現正偏態；反之，如果平均難度為 $p = .8$，那麼全體受測者測得的分數即會偏高，分數的分布會呈現負偏態；當平均難度接近 .5 時，全體受測者測得的分數居中，分配呈現常態。如圖 14-1 所示。一般情形下，我們會希望測驗的難度適中，如此可以得到受測者最大的個別差異，並且讓得分呈現常態，有利於區辨所有的受測者。

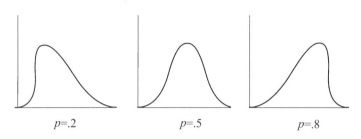

$p=.2$　　　　　$p=.5$　　　　　$p=.8$

圖14-1　不同難度測驗得分的分布情形

二、項目鑑別度

　　測驗題目的特性，除了反映在難度的差異之外，更重要的是測驗項目是否能夠精確、有效的偵測出心理特質的個別差異，也就是項目鑑別度的概念。項目鑑別度（item discrimination）反映了測驗題目能夠正確測得受測特質的內容的程度，並能夠鑑別個別差異的能力。一般除了利用鑑別指數（the index of discrimination），也常使用相關係數法來反映項目鑑別度。

（一）認知能力測驗的項目鑑別度

　　在能力測驗中，題目得分多為二分變數，此時可以將受測者依照總分高低排序後，找出高分群與低分群兩個極端組，計算將這兩組人在各題目的通過人數（答對者）百分比，以 pH 與 pL 來表示，若將這兩個百分比相減，可以得到一個差異值 D，即可以用來反映一個題目的鑑別力。

　　鑑別度指數 D 值是一個介於 100 到 -100 的數值。對於某一題來說，D = 100 代表高分組的受測者全部答對（$p_H = 1.00$），而低分組的受測者全部答錯（$p_L = 0.00$）；D = -100 代表高分組的受測者全部答錯（$p_H = 0.00$），而低分組的受測者全部答對（$p_L = 1.00$）；如果高分組與低分組的受測者都有一半的受測者答對，D 值為 0。D 值為負值的題目，顯示低分組的表現優於高分組，表示該題可能是一個反向計分的題目，或是一個有問題的題目。對個別的題目來說，D 值愈高，鑑別度愈高；對於整個量表來說，如果每一個題目的鑑別度都很高，全體的 D 值平均數愈高，測驗的整體信度也就愈理想。

D 值的大小與項目的難度高低有關，當項目難度為中等（$p = .5$）時（高分組全部通過而低分組全部失敗），可以獲得最大的 D 值（100）；如果難度逐漸提高或降低，D 值便會降低，難度在適中水準時，會有最佳的鑑別度。

（二）非認知測驗的項目鑑別度

在非認知測驗中，每一個題目的計分通常是多點量尺，得到的反應是不同程度的權數（例如 1 到 5 的強度評估），此時可以求取受測者在每一題的得分與效標變數的得分的共變情形（也就是相關係數），來表示項目的鑑別度。相關愈高，代表受測者該題得分高者，在效標得分也高，在測驗題目上得分低者，在效標得分也低；相對的，如果相關很低或是呈現負相關時，表示測驗題目得分高低與效標得分高低沒有一致的方向，也就表示項目沒有鑑別度。

對於二分變數的題型，若效標為連續變數，項目與效標之間的相關可使用點二系列相關；如果測驗項目與效標均為二分變數，項目與效標之間的相關須使用 ϕ 相關。

如果外在的效標不容易取得，此時項目鑑別度的檢驗也可以利用測驗的總分高低來作為效標。如果一個題目有其效度，它應該跟總分有明顯的正相關，如果一個題目不是很好的題目，無法鑑別特質的內容，那麼它與總分的相關就會比較低，此時總分是一個來自測驗內部的效標，各題目與總分之間的高相關反映了測驗題目之間的一致性與同質性。另一種類似的作法，是將受測者的得分依照高低順序排列，然後選出最高分（前 27%）與最低分（後 27%）的兩群人，稱為效標組。然後比較每一個題目在這兩個效標組的得分，是否達到顯著的差距，稱為極端組比較法（comparisons of extreme groups）。

Anastasi 與 Urbina（1997）指出，使用不同的鑑別度指標去檢測測驗的題目所得到的差異性，遠不及同一個測驗實施於不同樣本之時，用同一個方法得到的鑑別度數據的波動性。也就是說，重點並不在於使用何種指標，而是在測驗項目本身的好壞。

就認知與能力測驗而言，測驗項目的鑑別度除了與外在效標來比較之外，還可以利用實驗設計的原理，比較有無接受特定訓練指導下的受測者在每一個項目上的得分狀況，決定題目是否有效。接受訓練處理的受測者，他們的答題狀況應有顯著的不同，此時，訓練的有無即成為重要的效標。

第二節　項目分析的計量方法

　　項目分析是測驗發展最爲根本的一項工作，其主要目的是在針對預試題目進行適切性的評估。從計量的觀點來看，項目分析因爲涉及多種統計數據或指標的判別，因此在資料分析運作上，占有相當重要的地位。在本章的實例中，將介紹幾種常用的項目分析策略：遺漏值檢驗、項目描述統計檢驗、極端組比較法、相關分析法與因素分析法。茲將各種方法的原理介紹於後。

一、遺漏值判斷法

　　首先，遺漏值的數量評估法，主要目的在檢驗受測者是否抗拒或難以回答某一個題目，導致遺漏情形的發生。過多的遺漏情形表示該題目不宜採用。至於遺漏人數達到多少就必須將該題刪除，並沒有絕對的標準，研究者必須從各題目的遺漏狀況來相對比較檢視，如果某一題遺漏人數顯然比其他題目爲多，即有詳加檢視的必要。

　　遺漏值判斷法適合於量表發展最初使用，因爲測驗的題目尚未經過實際的施測，因此容易發現具有大量遺漏的題目。在量表發展的中後期時，題目已經經過修飾與調整，遺漏現象應不至於大量發生，即使發生了，也應屬於隨機性遺漏。

二、描述統計指數

　　描述統計評估法利用各題目的描述統計量來診斷題目的優劣。例如題目平均數的評估法，認爲各題目的平均數應趨於中間值（亦即難度適中），過於極端的平均數代表過難、過易、偏態或不良的試題。而題目變異數的評估，則指出若一個題目的變異量數如果太小，表示受試者填答的情形趨於一致，題目的鑑別度低，屬於不良的題目。此外還可以自題目的偏態與峰度來評估。

（一）平均值的偏離檢驗方法
　　一般而言，平均數的偏離有三種方法來判斷，第一是與量尺的中間數來相比較，如果量尺是 1 到 5 的五點尺度，中間數是 3，那麼項目的平均數若高於或低於 3 過多，即可能是一個不良的題目。第二種方法是以該題在全量表每一個題目加總後的總平均數相比較，項目的平均數若高於或低於總平均數過多，即可能是一個不良的題目。這兩種方法中，平均數超過多少即可視爲不理想題目，可以取兩倍標準差作爲標準，因爲依照 t 檢定原理，超過兩個標準差的差異即具有統計顯著性。第三種方法是利用偏態係數來協助判斷，因為如果過低或過高的項目平均數，勢必伴隨著正偏態或負偏態的問題，因此當我們發現一個平均數極高或極低的題目，可以同時檢查偏態狀況是否合理。

（二）變異數的檢驗方法

　　題目變異數過小表示題目的鑑別度不足，可以視為不理想的題目而予以刪除。刪除的標準，可以參考常態分配的概念，一個常態分配的全距通常不超過六個標準差（因為 Z 分數在正負 3 的機率即達 99.74%），因此一個題目如果是 6 點量表，全距大約為 6 時，標準差即不宜低於 1，以此類推。

　　基本上，何謂過高或過低的平均數，以及何謂過小的變異數（標準差），必須由研究者自行斟酌研判，而沒有共同標準。但是，偏態與峰度則可利用 t 檢定，來決定偏態與峰度係數是否具有統計的顯著性（請參考第五章描述統計與資料圖示章節的介紹）。

三、題目總分相關法

　　相關分析技術是項目分析最常使用的判準。最簡單的相關分析法係計算每一個項目與總分的簡單積差相關係數，一般的要求在 0.3 以上，且達統計的顯著水準。SPSS 軟體特別在信度分析功能中，提供一項校正項目總分相關係數（corrected item-total correlation），係每一個題目與其他題目加總後的總分（不含該題目的本身）的相關係數，使研究者得以清楚的辨別某一題目與其他題目的相對關聯性。

　　SPSS 另外提供一個類似的指標，也就是刪除該題後的內部一致性係數（Cronbach's α），如果刪除該題之後，整個量表的內部一致性係數比原來增加，此題可被視為是內部一致性欠佳者；相對的，如果某個題目刪除之後，整個量表的內部一致性係數比原來降低，表示該題是內部一致性優異的題目，刪除該題不但沒有好處，還會造成內部一致性的降低，因此不宜刪除。

　　特別值得注意的是，如果一個量表的因素結構在研究之初已經決定（基於特定理論或研究者的指定），那麼不同因素的題目應該分開來執行此項檢驗，如果把不同因素的題目混合在一起執行項目總分相關，可能會造成相關低估的問題。因為總分的計算基礎並不是將同一個構念的題目加總，而是將多個不同構念的總分加總，如此將會削弱相關係數。最謹慎的方法，是在進行項目總分相關分析之前，先進行探索性因素分析，大致了解題目的因素組成，如果量表的因素結構複雜，必須特別小心處理「總分」應該是哪些題目加總的這個問題。

四、內部效標法

第四種策略為內部效標法（小樣本分析），亦即極端組檢驗法，係將預試樣本在該量表總分的高低，取極端的 27% 分為高低二組，然後計算個別的題目，在兩個極端組的得分平均數。具有鑑別度的題目，在兩個極端組的得分應具有顯著差異，t 檢定達到顯著水準（此時 t 值又稱為決斷值或 CR 值，得以用於決定是否具有鑑別度）。

值得注意的是，在取極端組時，需取用全樣本的百分之多少比例者，是一個難以決定的問題。雖然前面已經提及 27% 是多數研究者採用的標準，但是在不同的情況下，仍有變動的可能。例如當我們的預試樣本人數很少時，可能要放寬選取的百分比，以獲得充分的高低組人數（各組人數不宜低於 30 人）；反之，當我們的預試樣本人數很多時，即可能可以取更極端的百分比。但是如果人數多時，建議仍維持 27% 的比例，因為如果取用更極端的樣本時，會出現過度拒絕（over-rejection）的現象，t 檢定值（CR 值）幾乎不會不顯著。

一般在進行 t 檢定時，為了避免過度拒絕的問題發生，所使用的顯著水準多採用 $\alpha = .01$，亦即 $CR \geq 2.58$ 表示具有良好鑑別度；或 $\alpha = .001$，亦即 $CR \geq 3.29$ 時表示具有良好鑑別度。約略的標準可以設定在 CR 值 ≥ 3，會比 CR 值 ≥ 1.96 來的嚴謹許多。

五、因素負荷量判斷法

最後，許多研究者運用探索性因素分析的因素負荷量（factor loading）大小來進行項目的診斷。由於心理測驗由一系列問題所組成，在這些項目的背後可能存在多個不同的因素，同時，不同的因素間亦可能存在某程度的相關，因此以全部題目計算出的總分來作為個別項目的參考點並不恰當。此時研究者可使用因素分析來探索因素的結構，並使用因素負荷量來判斷個別項目與相對因素的關係。

對於因素個數的決定，如果一個量表只是在測量單一面向的構念，可以利用探索性因素分析（主軸萃取法），將因素設定為 1，檢驗因素負荷量的高低。但是如果研究者認為量表不是單一構面，此時建議研究者先利用探索性因素分析來確立因素結構，然後分別把各因素的題目分開執行因素分析（每一次的因素分析都指定因素數數目為 1），來得到因素負荷量的資訊。例如如果研究者的量表有 20 題，探索性因素分析得到 4 個因素，那麼應就這四個因素的各個題目分開來執行因素分析。

如果研究者對因素結構採取某種理論觀點，此時可直接使用驗證性因素分析就研究者所主張的因素結構來估計因素負荷量。不論是探索性或驗證性因素分析，因素負荷量的性質都代表了測量題目能夠反映構念內容的程度，其數值高低建議達 .70 以上，亦即題目解釋變異量達 50%（詳細內容請參考第 15 章有關因素負荷量數值的討論）。

第三節　SPSS 的項目分析範例

　　本節所採用的範例為「組織創新氣氛知覺量表」（邱皓政、陳燕禎、林碧芳，2009）的發展實例，該量表係用以測量組織環境對於創意行為有利程度，作為組織診斷與管理變革的依據。研究者首先以質化研究的方式，探討組織創新的概念建構，確立創意組織氣候所應涵蓋的範疇與內容，並以訪談與自由反應問卷等方式所蒐集到的內容，作為編寫題目與發展題庫之依據。

　　預試樣本為 223 位來自製造業（包括高科技與一般製造業）、軍公教人員、以及服務業（包括一般服務業與金融服務業）的受訪者，經過項目分析與因素分析，保留31題，完成正式題本的建立，共計抽取出『團隊默契』、『組織理念』、『工作風格』、『領導能耐』、『學習成長』、與『資源運用』等六因素，也即為組織創新氣氛的六項指標。經過更進一步的背景分析，顯示出量表的信效度頗佳，足可進行大樣本的後續研究。

範例 14-1　遺漏檢驗與描述統計檢測

　　遺漏檢驗的目的係針對量表試題發生遺漏狀況的趨勢分析。而描述統計檢測係以各題的平均數、標準差、偏態與峰度等資料來判斷。遺漏檢驗與描述統計檢驗可以利用同一個指令來執行，如下所述：

【A. 操作程序】

步驟一：選取分析→報表→觀察值摘要。

步驟二：進入對話框，選取欲分析的題目移至清單中。

步驟三：進入統計量對話框，選擇平均數、標準差、偏態與峰度等描述統計選項，移至清單中。按確定執行。

【B. 步驟圖示】

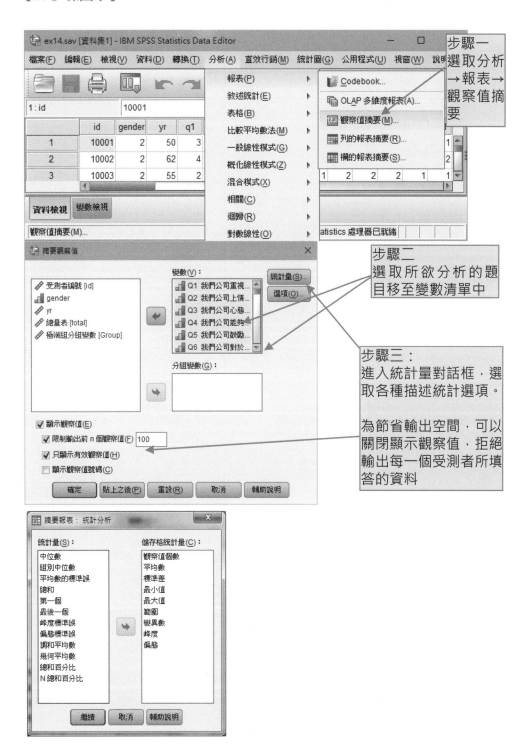

【C. 結果報表】

觀察值處理摘要

	觀察值					
	包括		排除		總和	
	個數	百分比	個數	百分比	個數	百分比
Q1 我們公司重視人力資產、鼓勵創新思考。	218	97.8%	5	2.2%	223	100.0%
Q2 我們公司上情下達、意見交流溝通順暢。	222	99.6%	1	.4%	223	100.0%
Q3 我們公司心態保守、開創性不足。	219	98.2%	4	1.8%	223	100.0%
Q4 我們公司能夠提供誘因鼓勵創新的構想。	216	96.9%	7	3.1%	223	100.0%
Q5 我們公司鼓勵嘗試與錯中學習的任事精神。	219	98.2%	4	1.8%	223	100.0%
Q6 我們公司對於風險相當在意、忌諱犯錯。	215	96.4%	8	3.6%	223	100.0%
Q7 我們公司崇尚自由開放與創新變革。	218	97.8%	5	2.2%	223	100.0%
Q8 當我有需要，我可以不受干擾地獨立工作。	222	99.6%	1	.4%	223	100.0%
Q9 我的工作內容有我可以自由發揮與揮灑的空間。	221	99.1%	2	.9%	223	100.0%
Q10 我可以自由的設定我的工作目標與進度。	220	98.7%	3	1.3%	223	100.0%
Q11 我的工作多半是一成不變、例行性的工作事項。	223	100.0%	0	.0%	223	100.0%
Q12 我的工作十分具有挑戰性。	220	98.7%	3	1.3%	223	100.0%
Q13 當我工作時，往往有許多雜事會干擾著我。	221	99.1%	2	.9%	223	100.0%
Q14 時間的壓力是我無法有效工作的困擾因素。	222	99.6%	1	.4%	223	100.0%
Q15 我的工作負荷龐大、工作壓力沉重。	222	99.6%	1	.4%	223	100.0%
Q16 我擁有足夠的設備器材以進行我的工作。	217	97.3%	6	2.7%	223	100.0%
Q17 我可以獲得充分的資料與資訊以進行我的工作。	222	99.6%	1	.4%	223	100.0%
Q18 只要我有需要，我可以獲得專業人員的有效協助。	219	98.2%	4	1.8%	223	100.0%
Q19 我經常獲得其他機構或單位廠商的支援而有效推動工作。	209	93.7%	14	6.3%	223	100.0%
Q20 我的工作經常因為預算、財務或資金的問題而有所阻礙。	207	92.8%	16	7.2%	223	100.0%
Q21 我的工作經常因為各種法規、規定與規則限制而有所阻礙。	212	95.1%	11	4.9%	223	100.0%
Q22 對於我們工作上的需要，公司會盡量滿足我們。	219	98.2%	4	1.8%	223	100.0%
Q23 我的工作夥伴與團隊成員有良好的共識。	218	97.8%	5	2.2%	223	100.0%
Q24 我的工作夥伴與團隊成員有一致的目標。	220	98.7%	3	1.3%	223	100.0%
Q25 我的工作夥伴與團隊成員能夠相互支持與協助。	220	98.7%	3	1.3%	223	100.0%
Q26 我的工作夥伴與團隊成員能夠多方討論、交換心得。	221	99.1%	2	.9%	223	100.0%
Q27 我的工作夥伴與團隊成員能以溝通協調來化解問題與衝突。	220	98.7%	3	1.3%	223	100.0%
Q28 我的工作夥伴與團隊成員惡性競爭、批判性濃厚。	218	97.8%	5	2.2%	223	100.0%
Q29 我的工作夥伴與團隊成員分工明確、責任清楚。	220	98.7%	3	1.3%	223	100.0%
Q30 我的主管能夠尊重與支持我在工作上的創意。	216	96.9%	7	3.1%	223	100.0%
Q31 我的主管擁有良好的溝通協調能力。	217	97.3%	6	2.7%	223	100.0%
Q32 我的主管能夠尊重不同的意見與異議。	220	98.7%	3	1.3%	223	100.0%
Q33 我的主管能夠信任部屬、適當的授權。	220	98.7%	3	1.3%	223	100.0%
Q34 我的主管以身作則，是一個良好的工作典範。	217	97.3%	6	2.7%	223	100.0%
Q35 我的主管固執己見、主觀色彩濃厚。	214	96.0%	9	4.0%	223	100.0%
Q36 我的主管控制慾望強烈、作風專制武斷。	219	98.2%	4	1.8%	223	100.0%
Q37 我的公司提供充分的進修機會、鼓勵參與學習活動	218	97.8%	5	2.2%	223	100.0%
Q38 人員的教育訓練是我們公司的重要工作。	219	98.2%	4	1.8%	223	100.0%
Q39 我的公司重視資訊收集與新知的獲得與交流。	219	98.2%	4	1.8%	223	100.0%
Q40 我的公司重視客戶的反應與相關廠商或單位的意見。	214	96.0%	9	4.0%	223	100.0%
Q41 要讓公司引進新的技術設備或不同的工作理念十分困難。	209	93.7%	14	6.3%	223	100.0%
Q42 熱衷進修與學習的同仁可以受到公司的支持與重用。	207	92.8%	16	7.2%	223	100.0%
Q43 公司經常辦理研討活動、鼓勵觀摩別人的作品與經驗。	211	94.6%	12	5.4%	223	100.0%
Q44 我的工作空間氣氛和諧良好、令人心情愉快。	222	99.6%	1	.4%	223	100.0%
Q45 我有一個舒適自由、令我感到滿意的工作空間。	222	99.6%	1	.4%	223	100.0%
Q46 我的工作空間易受他人或噪音的侵擾。	218	97.8%	5	2.2%	223	100.0%
Q47 我的工作環境可以使我更有創意的靈感與啟發。	217	97.3%	6	2.7%	223	100.0%
Q48 我可以自由安排與佈置我的工作環境。	220	98.7%	3	1.3%	223	100.0%
Q49 整體而言，我的工作環境同仁關係良好、人際交流豐富。	223	100.0%	0	.0%	223	100.0%
Q50 在我的工作環境中，經常可以獲得來自他人的肯定與支持。	219	98.2%	4	1.8%	223	100.0%

高遺漏題目

觀察值摘要：項目描述統計

	平均數	標準差	偏態	峰度
Q1 我們公司重視人力資產、鼓勵創新思考。	2.77	.93	-.215	-.859
Q2 我們公司上情下達、意見交流溝通順暢。	2.86	.89	-.294	-.739
Q3 我們公司心態保守、開創性不足。	2.31	.96	.107	-.969
Q4 我們公司能夠提供誘因鼓勵創新的構想。	2.45	.90	.193	-.714
Q5 我們公司鼓勵嘗試與錯中學習的任事精神。	2.59	.96	-.114	-.910
Q6 我們公司對於風險相當在意、忌諱犯錯。	1.80	.85	.638	-.691
Q7 我們公司崇尚自由開放與創新變革。	2.58	.97	-.022	-.999
Q8 當我有需要，我可以不受干擾地獨立工作。	2.53	.98	.099	
Q9 我的工作內容有我可以自由發揮與揮灑的空間。	2.69	.94	-.106	
Q10 我可以自由的設定我的工作目標與進度。	2.68	1.01	-.199	
Q11 我的工作多半是一成不變、例行性的工作事項。	2.09	.94	.345	-.921
Q12 我的工作十分具有挑戰性。	2.60	.94	-.196	-.841
Q13 當我工作時，往往有許多雜事會干擾著我。	1.94	.86	.592	-.371
Q14 時間的壓力是我無法有效工作的困擾因素。	2.39	.88	-.157	-.817
Q15 我的工作負荷龐大、工作壓力沉重。	2.29	.89	.121	-.777
Q16 我擁有足夠的設備器材以進行我的工作。	2.82	.89	-.242	-.753
Q17 我可以獲得充分的資料與資訊以進行我的工作。	2.87	.85	-.433	-.349
Q18 只要我有需要，我可以獲得專業人員的有效協助。	2.83	.91	-.333	-.698
Q19 我經常獲得其他機構或單位廠商的支援而有效推動工作。	2.32	.96	.241	-.870
Q20 我的工作經常因為預算、財務或資金的問題而有所阻礙。	2.70	.94	-.329	
Q21 我的工作經常因為各種法規、規定與規則限制而有所阻礙。	2.23	.98	.241	
Q22 對於我們工作上的需要，公司會盡量滿足我們。	2.79	.89	-.286	
Q23 我的工作夥伴與團隊成員具有良好的共識。	2.98	.80	-.452	-.202
Q24 我的工作夥伴與團隊成員具有一致的目標。	3.12	.78	-.736	.379
Q25 我的工作夥伴與團隊成員能夠相互支持與協助。	3.20	.79	-.768	.159
Q26 我的工作夥伴與團隊成員能夠多方討論、交換心得。	3.15	.85	-.824	.082
Q27 我的工作夥伴與團隊成員能以溝通協調來化解問題與衝突。	3.07	.82	-.728	.159
Q28 我的工作夥伴與團隊成員惡性競爭、批判性濃厚。	2.91	.92	-.506	-.541
Q29 我的工作夥伴與團隊成員分工明確、責任清楚。	2.91	.83	-.318	-.561
Q30 我的主管能夠尊重與支持我在工作上的創意。	2.95	.83	-.557	-.101
Q31 我的主管擁有良好的溝通協調能力。	2.95	.78	-.332	-.371
Q32 我的主管能夠尊重不同的意見與異議。	2.91	.84	-.435	-.352
Q33 我的主管能夠信任部屬、適當的授權。	2.95	.86	-.523	-.325
Q34 我的主管以身作則，是一個良好的工作典範。	2.98	.88	-.523	-.478
Q35 我的主管固執己見、主觀色彩濃厚。	2.51	.92	-.114	-.819
Q36 我的主管控制慾望強烈、作風專制武斷。	2.67	.94	-.358	-.722
Q37 我的公司提供充分的進修機會、鼓勵參與學習活動	2.70	.95	-.174	-.922
Q38 人員的教育訓練是我們公司的重要工作。	2.80	.91	-.301	-.729
Q39 我的公司重視資訊收集與新知的獲得與交流。	2.79	.92	-.247	-.800
Q40 我的公司重視客戶的反應與相關廠商或單位的意見。	3.12	.85	-.642	-.355
Q41 要讓公司引進新的技術設備或不同的工作理念十分困難。	2.46	.86	-.002	-.634
Q42 熱衷進修與學習的同仁可以受到公司的支持與重用。	2.91	.82	-.262	-.597
Q43 公司經常辦理研討活動、鼓勵觀摩別人的作品與經驗。	2.59	.87	-.054	-.667
Q44 我的工作空間氣氛和諧良好、令人心情愉快。	2.99	.86	-.540	-.362
Q45 我有一個舒適自由、令我感到滿意的工作空間。	2.98	.84	-.659	.037
Q46 我的工作空間易受他人或噪音的侵擾。	2.50	.87	-.086	
Q47 我的工作環境可以使我更有創意的靈感與啟發。	2.55	.87	.052	
Q48 我可以自由安排與佈置我的工作環境。	2.60	.99	-.140	
Q49 整體而言，我的工作環境同仁關係良好、人際交流豐富。	3.11	.80	-.844	.379
Q50 在我的工作環境中，經常可以獲得來自他人的肯定與支持。	3.06	.72	-.468	.127

平均
偏離

高偏
態

低變
異量

【D. 結果說明】

　　全部的 223 名受試者在 50 題共計 11,150 次反應次數中，產生了 249 次的遺漏，占 2.23%。其中有 5 題的遺漏值超過 5%，分別為第 19、20、41、42、43 題。高於

3.5% 則有第 6、21、35、40 題等 4 題。這些高遺漏值項目傾向於優先刪除之題目，但值得注意的是，較高遺漏的題目有集中的趨勢，顯示出填答者在遭遇填答困難時，前後題目的填答亦受到干擾影響，因此題目的刪除尚須合併其他指標的考量。

　　描述統計檢測，以量表各項目的描述統計資料顯示出題目的基本性質，過高與過低的平均數、較小的標準差與嚴重的偏態等三種傾向，代表測驗項目可能存在鑑別度不足的問題。本範例題本的量尺為四點量表（不包含「無法作答」之中性選項），中間值為 2.5，各項目的平均數介於 1.8 至 3.2，標準差介於 .72 至 1.01。對於題目的選取，研究者可以自行訂定標準，判定項目的優劣。

　　以該研究為例，基於經驗法則或研究的需要，作者提出幾個檢驗標準：(1) 項目平均數明顯偏離（項目平均數超過全量表平均數的正負 1.5 個標準差，即高於 3.41 或低於 2.01），計有第 6、13 題偏低；(2) 低鑑別度（標準差小於 .75），以第 50 題偏小；(3) 偏態明顯（偏態係數接近正負 1），計有第 24、25、26、27、49 等五題高於 0.7。這些低鑑別度指標同時發生於同一試題者，僅有第 6 題，故應優先刪除。其他較差者留待最後統整討論。值得注意的是，這幾個標準是由該研究者提出，僅適用於該研究，並非通則性的作法。

範例 14-2　極端組比較

　　另一種項目鑑別度檢驗是極端組比較法，將所有受測者當中，依全量表總分高低兩極端者予以歸類分組，各題目平均數在這兩極端受試者中，以 t 或 F 考驗來檢驗應具有顯著的差異，方能反映出題目的鑑別力（鑑別高低分者）。具體作法如下：

【A. 操作程序】

步驟一：選取轉換→計算變數，增加新變數 total，計算量表總分。

步驟二：選取分析→敘述統計→次數分配表，選取量表總分至清單。

步驟三：點選統計量，進入統計量對話框，勾選百分位數，輸入並新增 27 與 73，尋找前後 27% 受試者的切割點。

步驟四：進入結果視窗，尋找 27 與 73 百分位數（為 2.424 與 2.98）。

步驟五：選取轉換→重新編碼成不同變數，點選舊變數（total），填入新變數（group），進行標籤後，按變更。

步驟六：點選新值與舊值選項。勾選範圍，輸入 0 至 2.4284，並設定新值爲數值 1（低分組），按新增後，再輸入 2.9904 至 4，將值設定爲 2（高分組），按新增，按繼續與確定執行。

步驟七：查閱資料編輯視窗產生新變數 group。

步驟八：進行 *t* 檢定。選取分析→比較平均數法→獨立樣本 *t* 檢定，將欲分析的題目移至清單，以group爲分組變數，定義組別爲1與2。按確定執行。

【B. 步驟圖示】

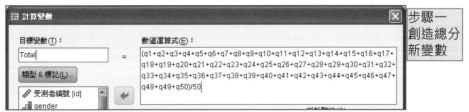

步驟一
創造總分
新變數

步驟二
選取分析→敘述統計→次數分配表，將量表總分變數移入清單中

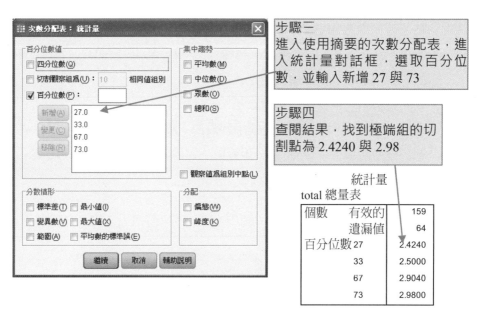

步驟三
進入使用摘要的次數分配表，進入統計量對話框，選取百分位數，並輸入新增 27 與 73

步驟四
查閱結果，找到極端組的切割點為 2.4240 與 2.98

統計量
total 總量表

個數	有效的	159
	遺漏值	64
百分位數	27	2.4240
	33	2.5000
	67	2.9040
	73	2.9800

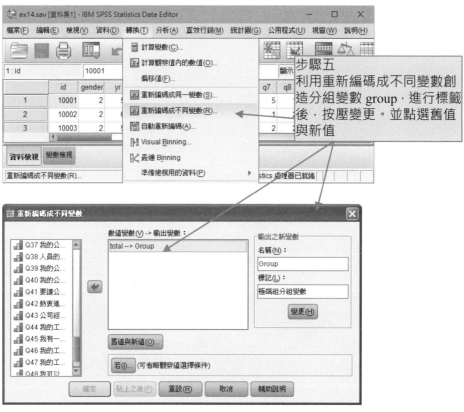

步驟五
利用重新編碼成不同變數創造分組變數 group，進行標籤後，按壓變更。並點選舊值與新值

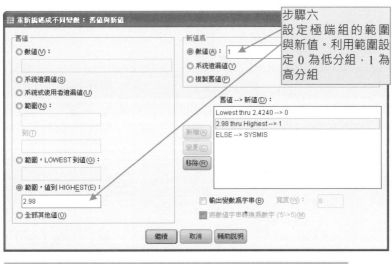

步驟六
設定極端組的範圍與新值。利用範圍設定 0 為低分組，1 為高分組

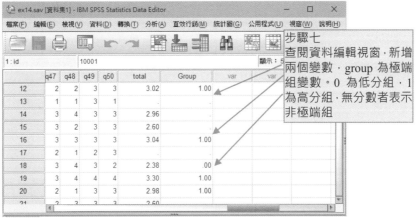

步驟七
查閱資料編輯視窗，新增兩個變數，group 為極端組變數。0 為低分組，1 為高分組，無分數者表示非極端組

步驟八
執行 t 檢定，以預試題目為檢定變數以極端組變數為分組變數。組別為 0 與 1

【C. 結果輸出】

獨立樣本檢定

		變異數相等的 Levene 檢定		平均數相等的 t 檢定				
		F 檢定	顯著性	t	自由度	顯著性（雙尾）	平均差異	標準誤差異
Q1 我們公司重視人力資產、鼓勵創新思考。	假設變異數相等	2.362	.128	11.397	86	.000	1.511	.133
	不假設變異數相等			11.369	84.067	.000	1.511	.133
Q2 我們公司上情下達、意見交流溝通順暢。	假設變異數相等	1.685	.198	11.416	86	.000	1.556	.136
	不假設變異數相等			11.374	82.455	.000	1.556	.137
Q3 我們公司心態保守、開創性不足。	假設變異數相等	.320	.573	8.389	86	.000	1.423	.170
	不假設變異數相等			8.388	85.762	.000	1.423	.170
Q4 我們公司能夠提供誘因鼓勵創新的構想。	假設變異數相等	.309	.580	7.636	86	.000	1.227	.161
	不假設變異數相等			7.646	85.985	.000	1.227	.161
Q18 只要我有需要，我可以獲得專業人員的有效協助。	假設變異數相等	.952	.332	8.481	86	.000	1.255	.148
	不假設變異數相等			8.444	81.492	.000	1.255	.149
Q19 我經常獲得其他機構或單位廠商的支援而有效推動工作。	假設變異數相等	.000	.998	5.935	86	.000	1.099	.185
	不假設變異數相等			5.943	85.978	.000	1.099	.185
Q20 我的工作經常因為預算、財務或資金的問題而有所阻礙。	假設變異數相等	11.47	.001	1.820	86	.072	.355	.195
	不假設變異數相等			1.807	75.935	.075	.355	.196
Q32 我的主管能夠尊重不同的意見與異議。	假設變異數相等	2.861	.094	8.676	86	.000	1.208	.139
	不假設變異數相等			8.617	76.867	.000	1.208	.140
Q33 我的主管能夠信任部屬、適當的授權。	假設變異數相等	3.353	.071	9.647	86	.000	1.321	.137
	不假設變異數相等			9.581	76.942	.000	1.321	.138
Q34 我的主管以身作則，是一個良好的工作典範。	假設變異數相等	17.84	.000	9.418	86	.000	1.409	.150
	不假設變異數相等			9.293	62.283	.000	1.409	.152
Q35 我的主管固執己見、主觀色彩濃厚。	假設變異數相等	1.391	.242	2.266	86	.026	.451	.199
	不假設變異數相等			2.262	84.573	.026	.451	.199
Q36 我的主管控制慾望強烈、作風專制武斷。	假設變異數相等	4.426	.038	4.499	86	.000	.879	.195
	不假設變異數相等			4.480	81.907	.000	.879	.196

【D. 結果說明】

　　在全體受測者 223 人當中，各取全量表總分最高與最低的各 27%（各約 60 人）為極端組，進行平均數差異檢定，數據顯示，t 檢定未達 .05 顯著水準計有第 20 題（$t(86) = 1.820$，p = .072），顯示此題明顯的無法鑑別高低分者。未達 .01 水準者為第 35 題（$t(86) = 2.266$，p = .026），46 題（$t(86) = 2.651$，p = .010），顯示這兩題的鑑別度稍差。其他較差的題目（t 值低於 4 者）尚包括第 6、13、15、21、41 等題。

範例 14-3　題目總分相關分析

【A. 操作程序】

步驟一：求項目與總分相關。選取分析→尺度→信度分析。

步驟二：進入對話框，選取欲分析的題目移至清單中。點選統計量。

步驟三：進入統計量對話框，選擇刪除題項後之量尺摘要。

步驟四：按確定執行。

【B. 步驟圖示】

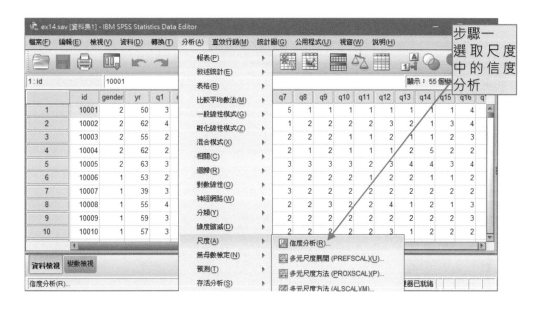

【C.結果報表】

項目與總分相關：

項目整體統計量

	項目刪除時的尺度平均數	項目刪除時的尺度變異數	修正的項目總相關	項目刪除時的Cronbach's Alpha 值
Q1 我們公司重視人力資產、鼓勵創新思考。	132.91	483.359	.635	.942
Q2 我們公司上情下達、意見交流溝通順暢。	132.82	484.391	.627	.943
Q3 我們公司心態保守、開創性不足。	133.42	484.092	.589	.943
Q4 我們公司能夠提供誘因鼓勵創新的構想。	133.25	486.503	.568	.943
Q5 我們公司鼓勵嘗試與錯中學習的任事精神。	133.05	484.833	.564	.943
Q6 我們公司對於風險相當在意、忌諱犯錯。	133.87	497.908	.291	.945
Q7 我們公司崇尚自由開放與創新變革。	133.14	483.386	.618	.943

【D.結果說明】

分析結果發現，全量表的同質性極高，內部一致性係數為 .95，顯示出量表項目具有相當的同質性。

→ 表14-1　項目分析結果總表（列出30題）

題號	題目內容	遺漏檢驗	平均數	標準差	偏態	極端組 t 檢定	相關[a]
1	我們公司重視人力資產、鼓勵創新思考。	2.2%	2.77	.93	-.21	-14.7	.64
2	我們公司上情下達、意見交流溝通順暢。	.4%	2.86	.89	-.29	-13.8	.63
3	我們公司心態保守、開創性不足。	1.8%	2.31	.96	.11	-10.2	.59
4	我們公司能夠提供誘因鼓勵創新的構想。	3.1%	2.45	.90	.19	-8.7	.57
5	我們公司鼓勵嘗試與錯中學習的任事精神。	1.8%	2.59	.96	-.11	-9.8	.56
6	我們公司對於風險相當在意、忌諱犯錯。	3.6%	1.80	.85	.64	-4.0	.29
7	我們公司崇尚自由開放與創新變革。	2.2%	2.58	.97	-.02	-11.7	.62
8	當我有需要，我可以不受干擾地獨立工作。	.4%	2.53	.98	.10	-10.8	.60
9	我的工作內容有我可以自由發揮與揮灑的空間。	.9%	2.69	.94	-.11	-12.0	.66
10	我可以自由的設定我的工作目標與進度。	1.3%	2.68	1.01	-.20	-9.5	.55
11	我的工作多半是一成不變、例行性的工作事項。	.0%	2.09	.94	.34	-5.4	.28
12	我的工作十分具有挑戰性。	1.3%	2.60	.94	-.20	-5.7	.38
13	當我工作時，往往有許多雜事會干擾著我。	.9%	1.94	.86	.59	-3.8	.31
14	時間的壓力是我無法有效工作的困擾因素。	.4%	2.39	.88	-.16	-4.1	.29
15	我的工作負荷龐大、工作壓力沉重。	.4%	2.29	.89	.12	-4.5	.27
16	我擁有足夠的設備器材以進行我的工作。	2.7%	2.82	.89	-.24	-8.8	.50
17	我可以獲得充分的資料與資訊以進行我的工作。	.4%	2.87	.85	-.43	-8.6	.56
18	只要我有需要，我可以獲得專業人員的有效協助。	1.8%	2.83	.91	-.33	-11.0	.60
19	我經常獲得其他機構或單位廠商的支援而有效推動工作。	6.3%	2.32	.96	.24	-6.5	.46
20	我的工作經常因為預算、財務或資金的問題而有所阻礙。	7.2%	2.70	.94	-.33	-1.3	.13
21	我的工作經常因為各種法規、規定與規則限制而有所阻礙。	4.9%	2.23	.98	.24	-4.2	.30
22	對於我們工作上的需要，公司會盡量滿足我們。	1.8%	2.79	.89	-.29	-8.1	.50
23	我的工作夥伴與團隊成員具有良好的共識。	2.2%	2.98	.80	-.45	-11.8	.64
24	我的工作夥伴與團隊成員具有一致的目標。	1.3%	3.12	.78	-.74	-10.2	.59
25	我的工作夥伴與團隊成員能夠相互支持與協助。	1.3%	3.20	.79	-.77	-10.8	.60
26	我的工作夥伴與團隊成員能夠多方討論、交換心得。	.9%	3.15	.85	-.82	-9.6	.51
27	我的工作夥伴與團隊成員能以溝通協調來化解問題與衝突。	1.3%	3.07	.82	-.73	-10.1	.55
28	我的工作夥伴與團隊成員惡性競爭、批判性濃厚。	2.2%	2.91	.92	-.51	-6.2	.39
29	我的工作夥伴與團隊成員分工明確、責任清楚。	1.3%	2.91	.83	-.32	-8.1	.38
30	我的主管能夠尊重與支持我在工作上的創意。	3.1%	2.95	.83	-.56	-10.3	.56
全量表		2.2%	2.71	.47	-.10		

a. 信度分析所提供之校正後項目總分相關（Correlated Item-Total Correlation）係數。

■ **綜合判斷**

　　項目分析的決定，係根據上述各項指標的數據來加以整體研判，各項目有任何一項指標未臻理想者計有 19 題。各項指標中，有五項指標不理想者有一題，為第六題「我們公司對於風險相當在意、忌諱犯錯。」，有三項不理想者計有第 20、21、35、46，達二項者為第 11、13、14、15 題，這些項目可考慮加予刪除。因此，經過項目分析之後，刪除 9 題，保留 41 題，用以進行下一階段的正式量表施測。整體而言，項目分析可以從多重角度來進行，如下表，在判斷上並無公認的標準，研究者可從個人需求出發，自行運用各種策略，來確認量表題目的品質。

題號	題目內容	遺漏檢驗	平均數	標準差	偏態	極端檢定	相關	累計數
6	我們公司對於風險相當在意、忌諱犯錯。	*	*		*	*	*	5
11	我的工作多半是一成不變、例行性的工作事項。					*	*	2
13	當我工作時，往往有許多雜事會干擾著我。			*		*		2
14	時間的壓力是我無法有效工作的困擾因素。					*	*	2
15	我的工作負荷龐大、工作壓力沉重。					*	*	2
19	我經常獲得其他機構或單位廠商的支援有效推動工作。	*						1
20	我的工作經常因為預算、財務或資金的問題而有所阻礙。	*				*	*	3
21	我的工作經常因為各種法規規定與規則限制而有所阻礙。	*				*	*	3
25	我的工作夥伴與團隊成員能夠相互支持與協助。				*			1
26	我的工作夥伴與團隊成員能夠多方討論、交換心得。				*			1
27	我的工作夥伴與團隊成員能以溝通協調化解問題與衝突。				*			1
35	我的主管固執己見、主觀色彩濃厚。	*				*	*	3
40	我的公司重視客戶的反應與相關廠商或單位的意見。	*						1
41	要讓公司引進新的技術設備或不同的工作理念十分困難。	*				*		2
42	熱衷進修與學習的同仁可以受到公司的支持與重用。	*						1
43	公司經常辦理研討活動、鼓勵觀摩別人的作品與經驗。	*						1
46	我的工作空間易受他人或噪音的侵擾。					*	*	2
49	整體而言，我的工作環境同仁關係良好、人際交流豐富。				*			1
50	在我的工作環境中，經常可以獲得來自他人的肯定支持。					*		1

第四節　SPSS 的信度估計範例

信度評估除了針對整份量表來進行檢測之外，還必須就不同的分量表來進行。
示範如下：

範例 14-4　Cronbach's α 係數分析

以前述所提及的組織創新量表為例，共有「團隊默契」等六個因素。整套量表
與六個因素的信度估計步驟如下：

【A. 操作程序】

步驟一：選取分析→量尺法→信度分析。
步驟二：進入對話框，選取欲分析的題目移至清單中。
步驟三：點選所需的信度估計模式，包括 ALPHA、折半信度、GUTTMAN、平
　　　　行模式與嚴密平行模式檢定。
步驟四：點選統計量。進入統計量對話框，選擇適當的統計量。

【B. 步驟圖示】

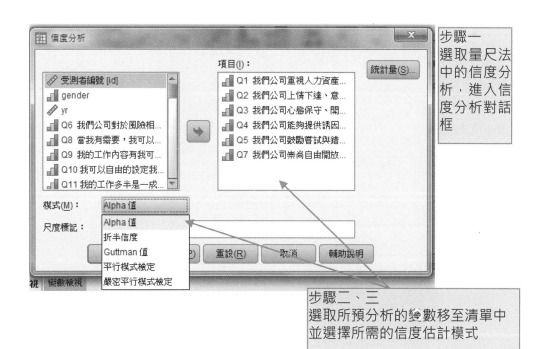

步驟四
進入統計量對話框，選擇適當的統計量

【C. 結果報表】

觀察值處理摘要

		個數	%
觀察值	有效	209	93.7
	排除 a	14	6.3
	總數	223	100.0

a. 根據程序中的所有變數刪除
　全部遺漏值。

信度係數
Alpha 即為 Cronbach's α，
.867 屬於高信度係數

標準化信度係數
標準化的α表示考慮各題目變異量不相等所造成的影響，經校正後的係數

可靠性統計量

Cronbach's Alpha 值	以標準化項目為準的 Cronbach's Alpha 值	項目的個數
.867	.867	6

描述統計
列出量表的題目標籤。

列出各題的平均數、標準差與樣本數

項目統計量

	平均數	標準離差	個數
Q1 我們公司重視人力資產、鼓勵創新思考。	2.78	.926	209
Q2 我們公司上情下達、意見交流溝通順暢。	2.86	.893	209
Q3 我們公司心態保守、開創性不足。	2.30	.961	209
Q4 我們公司能夠提供誘因鼓勵創新的構想。	2.46	.904	209
Q5 我們公司鼓勵嘗試與錯中學習的任事精神。	2.59	.952	209
Q7 我們公司崇尚自由開放與創新變革。	2.58	.963	209

摘要項目統計量

	平均數	最小值	最大值	範圍	最大值 / 最小值	變異 數	項目的 個數
項目平均數	2.593	2.301	2.856	.555	1.241	.041	6
項目變異數	.871	.797	.928	.131	1.164	.003	6
項目間共變異數	.454	.341	.578	.237	1.695	.004	6
項目間相關	.521	.373	.648	.275	1.738	.005	6

項目整體統計量

	項目刪除 時的尺度 平均數	項目刪除 時的尺度 變異數	修正的 項目總 相關	複相關 平方	項目刪除 時的 Alpha 值
Q1　我們公司重視人力資產、鼓勵創新思考。	12.78	13.083	.730	.550	.832
Q2　我們公司上情下達、意見交流溝通順暢。	12.70	13.796	.640	.420	.848
Q3　我們公司心態保守、開創性不足。	13.26	13.741	.585	.380	.858
Q4　我們公司能夠提供誘因鼓勵創新的構想。	13.10	13.552	.671	.494	.843
Q5　我們公司鼓勵嘗試與錯中學習的任事精神。	12.97	13.605	.615	.414	.853
Q7　我們公司崇尚自由開放與創新變革。	12.98	12.788	.743	.561	.830

範例 14-5　折半信度分析

　　折半係數（Split-half）模式，此模式將量尺自動分成兩部分，並且檢驗兩部分的相關。可由信度對話框中選取此一模式。下列結果僅列出與 ALPHA 不同之處。

可靠性統計量

Cronbach's Alpha 值	第 1 部分	數值	.764
		項目的個數	3a
	第 2 部分	數值	.794
		項目的個數	3b
	項目的總個數		6
形式間相關			.731
Spearman-Brown 係數	等長		.844
	不等長		.844
Guttman Split-Half 係數			.844

a. 項目為 \：Q1 我們公司重視人力資產、鼓勵創新思考。Q2 我們公司上情下達、意見交流溝通順暢。Q3 我們公司心態保守、開創性不足。

b. 項目為 \：Q4 我們公司能夠提供誘因鼓勵創新的構想。Q5 我們公司鼓勵嘗試與錯中學習的任事精神。Q7 我們公司崇尚自由開放與創新變革。

> 折半信度分析摘要：
> 六個題目分成等長度的兩個子量表。兩個量表之間的相關係數為.731
> 折半係數等長度下之史布係數為.844，不等長的校正係數也為.844（因為本範例題數為偶數，校正結果無差異）。

【D. 結果分析】

　　分析結果發現，以組織理念分量表為例的信度估計，Alpha 係數（.87）較折半係數（.85）高，主要原因在於折半係數的兩個子量表，各只有一半的長度，當長度減小，信度會下降，因此一般皆建議使用 Alpha 係數。

　　整體而言，全量表的同質性極高，內部一致性係數為 .94，顯示出量表項目具有相當的同質性。各因素所形成的分量表信度係數介於 .75 至 .87，顯示出最後一個分量表（資源提供）的係數較低（因為題數較少），但是均在可接受的範圍內。

第五節　R 的項目分析與信度分析範例

以 R 進行項目分析與信度分析，僅需使用本書先前所提及的一些套件（例如 psych），進行描述統計與 *t* 檢定，以及基本的變數運算的應用，即可完成大多數的分析。比較特別的是，如果要計算信度或項目總分相關，則需倚賴 psychometric 套件，介紹如下。

```
> #Chapter14: Item analysis and reliability analysis
> #讀取資料
> library(foreign)                                    如果無法執行須自行增加檔案路徑
> ex14.1 <- read.spss("ex14.sav", to.data.frame=TRUE) #讀取 SPSS 資料檔
>
> #項目分析
> missing1 <-apply(apply(ex14.1[,4:53], 2, is.na), 2, sum)        #計算遺漏次數
> missing2 <-apply(apply(ex14.1[,4:53], 2, is.na), 2, sum)/223    #計算遺漏比率
>
> library(psych)                         #先安裝套件 install.packages("psych")
> des <- describe(ex14.1[,4:53])          #描述統計
>
> library(psychometric)           #先安裝套件 install.packages("psychometric")
> rtot <- item.exam(ex14.1[,4:53],discrim = TRUE)   #計算題目與總分相關
>
> # 進行極端組分組
> ex14.1$tot=apply(ex14.1[,4:53], 1, mean)           #計算總平均
> ex14.1$grp=NA                                      # 設定分組變數初始值為 NA
> ex14.1$grp[ex14.1$tot < 2.424]="L"                 # 設定低分組
> ex14.1$grp[ex14.1$tot > 2.98]= "H"                 # 設定高分組
> library(car)
> ttest<-sapply(ex14.1[,4:53],
+     function(x) t.test(x~ex14.1$grp)$statistic)     #將所有題目皆進行 t-test
>
> # 製作整合性報表
> result<-as.data.frame(t(rbind(missing1, missing2, des$mean, des$sd,
+         des$skew, des$kurtosis, ttest, rtot$Item.Tot.woi)))
> names(result)<-c('遺漏數', '遺漏率', '平均數', '標準差', '偏態', '峰度',
+         '極端組分析','題目總分相關')
> round(result, 3)
                                            綜合後的結果，與表 14-1 相同
      遺漏數  遺漏率  平均數  標準差    偏態    峰度   極端組分析  題目總分相關
q1       5   0.022   2.766   0.928  -0.212  -0.887    11.811        0.635
q2       1   0.004   2.856   0.891  -0.290  -0.770    10.918        0.627
q3       4   0.018   2.311   0.955   0.106  -0.993     8.265        0.589
q4       7   0.031   2.449   0.898   0.190  -0.746     7.661        0.568
q5       4   0.018   2.589   0.955  -0.112  -0.935     8.996        0.564
...

>
> # 信度分析
> alpha(ex14.1[,4:53])
```

```
Reliability analysis
Call: alpha(x = ex14.1[, 4:53])
                                              Cronbach's α 係數

  raw_alpha std.alpha G6(smc) average_r S/N   ase mean   sd median_r
       0.95      0.95    0.97      0.27  18 0.005 2.7 0.47     0.27


 lower alpha upper     95% confidence boundaries
0.94 0.95 0.96
                                                 其他關於項目的各類資訊
 Reliability if an item is dropped:
    raw_alpha std.alpha G6(smc) average_r S/N alpha se var.r med.r
q1       0.95      0.95    0.97      0.26  18  0.0052 0.023  0.27
q2       0.95      0.95    0.97      0.26  18  0.0052 0.023  0.27
q3       0.95      0.95    0.97      0.27  18  0.0051 0.023  0.27
```

因素分析：探索取向

第一節　基本概念

　　什麼是「愛情」、「社會疏離感」、「創造力」？愛情的內涵是什麼？創造力又是由哪些成分所組成？社會與行為科學研究研究者常會問到一些抽象的問題。這些問題看似簡單，但是如何給予一個操作型定義，如何精準的測量這些概念，並以具體的實證研究提供效度的證據，是測驗學者的重大挑戰。現以 Rosenberg（1965）的自尊量表為例：

　　X1. 大體來說，我對我自己十分滿意

　　X2. 有時我會覺得自己一無是處

　　X3. 我覺得自己有許多優點

　　X4. 我自信我可以和別人表現得一樣好

　　X5. 我時常覺得自己沒有什麼好驕傲的

　　X6. 有時候我的確感到自己沒有什麼用處

　　X7. 我覺得自己和別人一樣有價值

　　X8. 我十分地看重自己

　　X9. 我常會覺得自己是一個失敗者

　　X10. 我對我自己抱持積極的態度

　　這十個題目在測量 Rosenberg 所謂的自尊，一個高自尊的人，會在這十個題目上得到高分，反之，低自尊者會得低分。或許每個題目各有偏重，但是影響這些題目分數高低的共同原因，就是自尊這一個構念。為了要證實研究者所設計的測驗的確在測某一潛在特質，並釐清潛在特質的內在結構，能夠將一群具有共同特性的測量分數，抽離出背後構念的統計分析技術，便是因素分析（factor analysis），（=A）。

　　值得注意的是，人們往往會把因素分析與主成分分析（principal component analysis; PCA）兩者混為一談。在現象上，PCA 與 FA 兩者都是一種資料縮減技術，可將一組變數計算出一組新的分數，但在測量理論的位階上兩者卻有不同，PCA 試圖以數目較少的一組線性整合分數（稱為主成分）來解釋最大程度的測量變數的變異數，FA 則在尋找一組最能解釋測量變數之間共變關係的共同因素，並且能夠估計每一個測量變數受到測量誤差影響的程度。相對之下，PCA 僅在建立線性整合分數，而不考慮測量變數背後是否具有測量誤差的影響。

　　基本上，會使用因素分析來進行研究的人，所關注的是爲何測量數據之間具有相關？是否因爲測量變數受到背後潛藏的抽象現象或特質所影響而產生關聯，研究者的責任並非僅在進行資料縮減，而是如何排除測量誤差的干擾，估計測量變數背後所存在的因素結構，因此 FA 所得到的萃取分數較符合潛在變數之所以稱之爲「潛在」的眞意，相對之下，PCA 所得到的組合分數僅是一種變數變換後的結果，而不宜稱之爲潛在變數。更具體來說，雖然兩種方法都是應用類似的線性轉換的統計程序來進行資料縮減，但 PCA 的資料縮減所關心的是測量變數的變異數如何被有效解釋，而 FA 則是進行因素萃取，排除測量誤差以有效解釋測量變數間的共變數。事實上，當研究者所從事的是試探性研究或先導研究時，兼採這兩種技術並加以比較，可以得到更多的資訊。

第二節　因素分析的基本原理

一、潛在變數模型與基本原則

　　因素分析之所以能夠探討抽象構念的存在，主要是透過一個假設的統計模型，利用一套統計程序來估計潛在變數以證明構念的存在。換言之，因素分析所得到的潛在變數（統計結果），就是社會科學研究者所謂的抽象構念（方法學現象）。因而因素模型又被稱爲潛在變數模型（latent variable model）。

　　在潛在變數模型中，最重要的工作是潛在變數的定義。若依照發生的時間關係來區分，潛在變數有先驗性或事前（priori），與經驗性或事後（posteriori）兩種不同形式。當研究者在尚未進行資料蒐集工作之前，就對於所欲觀察或測量的潛在變數的概念與測量方式加以說明，是先驗性潛在變數，相對的，如果在資料蒐集完成之後，由實徵資料當中所整理獲得的潛在變數，稱爲經驗性或事後的潛在變數。

　　不論是經驗性或先驗性潛在變數模型，潛在變數的一個重要統計原則是局部獨立原則（principle of local independence）（Bollen, 2002）。亦即如果一組觀察變數背後確實存在潛在變數，那麼觀察變數之間所具有的相關，會在當潛在變數加以估計後消失，換言之，當統計模型中正確設定了潛在變數後，各觀察變數即應不具有相關，具有統計獨立性，相對的，如果觀察變數的剩餘變異量中仍帶有關聯，那麼局部獨立性即不成立，此時因素分析得到的結果並不適切。

　　因素分析對於潛在變數的定義與估計，有一個重要的方法學原則，稱爲簡效原則（principle of parsimony）。在因素分析當中，簡效性有雙重意涵：結構簡效與模型簡效，前者係基於局部獨立性原則，指觀察變數與潛在變數之間的結構關係具有最簡化的結構特性，後者則是基於未定性原則，對於因素模型的組成有多種不同方式，在能符合觀察數據的前提下，最簡單的模型應被視爲最佳模型。測驗得分背後的最佳化因素結構，稱之爲簡化結構（simple structure），是因素分析最重要的基本原則（Mulaik, 1972）。

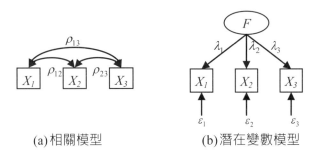

(a) 相關模型　　　　　　　(b) 潛在變數模型

圖15-1　三個觀察變數的相關模型與潛在變數模型

二、因素與共變結構

基本上，因素分析所處理的材料是觀察變數之間的共變，亦即利用數學原理來抽離一組觀察變數之間的共同變異成分，然後利用這個共同變異成分來反推這些觀察變數與此一共同部分的關係。

如果今天有一組觀察變數，以 X 表示，第 i 與第 j 個觀察變數間具有相關 ρ_{ij}，以因素模型的觀點來看，ρ_{ij} 係指兩者的共同部分，此一共同部分可以係數 λ_i 與 λ_j（因素負荷量 factor loading）來重製出 ρ_{ij}：

$$\rho_{ij} = \lambda_i \lambda_j \qquad (15\text{-}1)$$

以三個觀察變數（X_1、X_2、X_3）爲例，兩兩之間具有相關的情況下，可以計算出三個相關係數（ρ_{12}、ρ_{23}、ρ_{13}），反映三個觀察變數之間的關係強弱，如圖 15-1 所示。

對於這三個觀察變數的共同變異部分，可以 F 表示，其與三個觀察變數的關係可以圖 15-1(b) 表示。此時即爲一個具有單因素的因素模型。三個相關係數可以利用 λ_1、λ_2、λ_3 重製得出，亦即 $\rho_{12} = \lambda_1 \lambda_2$、$\rho_{13} = \lambda_1 \lambda_3$、$\rho_{23} = \lambda_2 \lambda_3$。以不同的數學算則與限定條件下，可以求得前述方程式中重製 ρ_{12}、ρ_{23}、ρ_{13} 的 λ_1、λ_2、λ_3 三個係數的最佳解，此即因素分析所得到的參數估計結果。估計得出的共同部分 F 則稱爲因素（factor），此一因素模式建立後，研究者即可利用 F 的估計分數來代表這三個觀察變數，達到資料簡化的目的。或是將 F 這個影響觀察變數變異的共同原因，解釋成爲潛藏在背後的抽象特質或心理構念。

三、因素分析方程式

根據前述的說明，ρ_{ij} 是觀察到的已知數，因此 λ 係數可以透過統計算則進行求解，估計出潛在變數，方程式如下：

$$F = b_1 X_1 + b_2 X_2 + b_3 X_3 + \cdots + U \tag{15-2}$$

以自尊量表爲例，X_1 到 X_{10} 十個觀察變數用來估計「自尊」這一個共同因素（common factor），U 則是自尊這個構念無法被十個題目估計到的獨特部分（uniqueness）。從這十個題目估計出背後的抽象構念，主要的工作就是計算出構成共同因素的權數 b_1、b_2、$\cdots$、b_{10}，稱爲因素分數係數（factor score coefficient）。反過來看，對於個別觀察變數的得分，可以利用下列方程式來重製得出（或加以預測）：

$$X_j = \lambda_1 F_1 + \lambda_2 F_2 + \lambda_3 F_3 + \cdots + \lambda_m F_m = \Sigma \lambda_m F_m \tag{15-3}$$

從個別題目來看，各因素對題目的解釋力可計算出共同性（communality），亦即每一個測量變數變異被因素解釋的比例，以 h^2 表示，又稱爲共同變異（common variance）。

$$h^2 = \lambda_1^2 + \lambda_2^2 + \cdots + \lambda_m^2 = \Sigma \lambda_m^2 \tag{15-4}$$

相對的，無法解釋的部分則稱爲獨特性，又稱爲獨特變異（unique variance），以 u^2 表示。當萃取出來的各因素能夠解釋觀察變數變異的能力愈強時，共同性愈高，獨特性愈低，反之，當萃取出來的各因素能夠解釋觀察變數變異的能力愈弱時，共同性愈低。測量變數的變異數（σ^2）爲共同性與獨特性的和：$\sigma^2 = h^2 + u^2$。

值得注意的是，當因素分析以相關矩陣進行分析時，各測量變數係取標準分數來進行分析，因此各觀察變數的變異數爲 1，共同性 h^2 與獨特性 u^2 均爲介於 0 到 1 的正數，兩者和爲 1，因此對其解釋的方式可以百分比的概念爲之。但是如果是以共變矩陣進行分析時，各測量變數的變異數即不一定爲 1，而反映各觀察變數的變異強弱。一般而言，爲了便於解釋，去除各觀察變數單位（量尺）差異的影響，因素分析均以相關係數作爲分析矩陣，以確實掌握共同部分的內涵。如果研究者爲了保持各觀察變數的原始尺度，使因素或主成分的萃取能夠保留原始單位的概念時，可以利用共變矩陣來分析。

第三節　因素分析的程序

一、因素分析的條件

（一）共變關係的檢測

　　到底一組測量變數適不適合進行因素分析，測量變數背後是否具有潛在構念，除了從理論層次與題目內容兩個角度來推導之外，更直接的方式是檢視測量變數的相關情形。表 15-1 自尊量表前 6 題的描述統計量與觀察相關矩陣（observed correlation matrix），以 R 表示。該矩陣的各向量反映了各觀察變數的兩兩相關。

　　第二種方法是利用淨相關矩陣來判斷變數之間是否具有高度關聯，當測量變數的兩兩相關在控制其他觀察變數所求得的淨相關（partial correlation）矩陣（稱爲反映像矩陣），表示各題之間具有明顯的共同因素，相對的，若淨相關矩陣有多數係數偏高，表示變數間的關係不大，不容易找到有意義的因素。

　　反映像矩陣的對角線稱爲取樣適切性量數（measures of sampling adequacy; MSA），爲該測量變數有關的所有相關係數與淨相關係數的比較值，該係數愈大，表示相關情形良好，各測量變數的 MSA 係數取平均後即爲 KMO 量數（Kaiser-Meyer-Olkin measure of sampling adequacy），執行因素分析的 KMO 大小判準如表 15-2（Kaiser, 1974）。

→ 表15-1　自尊量表前6題的描述統計量與相關矩陣（R）（N = 1000）

	M	s	X1	X2	X3	X4	X5	X6
X1 大體來說，我對我自己十分滿意	3.535	1.123	1.00					
X2 有時我會覺得自己一無是處	2.743	1.400	.321	1.00				
X3 我覺得自己有許多優點	3.401	1.039	.494	.396	1.00			
X4 我自信我可以和別人表現得一樣好	3.881	1.050	.392	.241	.512	1.00		
X5 我時常覺得自己沒有什麼好驕傲的	2.187	1.110	.163	.282	.253	.104	1.00	
X6 有時候我的確感到自己沒有什麼用處	2.808	1.368	.316	.651	.377	.223	.371	1.00

註：對角線下方的數值爲皮爾森相關係數。

→ **表15-2**　*KMO統計量的判斷原理*

KMO 統計量	因素分析適合性
.90 以上	極佳的（marvelous）
.80 以上	良好的（meritorious）
.70 以上	中度的（middling）
.60 以上	平庸的（mediocre）
.50 以上	可悲的（miserable）
.50 以下	無法接受（unacceptable）

　　第三種方法是檢查共同性。共同性為測量變數與各因素相關係數的平方和，表示該變數的變異量被因素解釋的比例，其計算方式為在一變數上各因素負荷量平方值的總和。變數的共同性愈高，因素分析的結果就愈理想。

（二）樣本數問題

　　在因素分析當中，樣本的選取與規模是一個重要的議題。如果樣本太小，最直接的問題是樣本欠缺代表性，得到不穩定的結果。從檢定力的觀點來看，因素分析的樣本規模當然是愈大愈好，但是到底要多大，到底不能多小，學者們之間存在不同甚至對立的意見（參見 MacCallum, Widaman, Zhang, & Hong, 1999 的整理）。一般而言，對於樣本數的判斷，可以從絕對規模與相對規模兩個角度來分析。

　　早期研究者所關注的主要是整個因素分析的樣本規模，亦即絕對樣本規模（absolute sample size）。綜合過去的文獻，多數學者主張 200 是一個重要的下限，Comrey 與 Lee（1992）指出一個較為明確的標準是 100 為差（poor），200 還好（fair），300 為佳（good），500 以上是非常好（very good），1000 以上則是優異（excellent）。

　　相對規模則是取每個測量變數所需要的樣本規模（cases-per-variable ratio; N/p) 來判斷，最常聽到的原則是 10:1（Nunnally, 1978），也有學者建議 20:1（Hair, Anderson, Tatham, & Grablowsky, 1979）。一般而言，愈高的比例所進行的因素分析穩定度愈高，但不論在哪一種因素分析模式下，每個因素至少要有三個測量變數是獲得穩定結果的最起碼標準。

　　近年來，研究者採用模擬研究發現，理想的樣本規模並沒有一個最小值，而是取決於幾個參數條件的綜合考量，包括共同性、負荷量、每個因素的題數、因素的數目等。例如 de Winter, Dodou, & Wieringa（2009）指出，在一般研究情境中，如果負荷量與共同性偏低而因素數目偏多時，大規模的樣本仍有需要，但是如果因素負荷量很高，因素數目少，而且每一個因素的題目多時，在 50 以下的樣本數仍可以獲得穩定的因素結構。例如在因素負荷量達到 .80，24 個題目且只有一個因素的情況下，6 筆資料即可以得到理想的因素偵測。

當因素結構趨向複雜時，樣本規模的需求也就提高。其中一個比較容易發生的問題是因素間相關（Interfactor Correlation, IFC），當 IFC 愈高時，正確的因素偵測所需要的樣本數也就提高。此外，研究者習慣以每因素題數比例來檢驗因素分析所需要的樣本數，de Winter, Dodou, & Wieringa（2009）的研究發現，p/f 比例本身並非重要的指標，而是這兩個條件分別變動的影響。當此一比例固定時，題數與因素數目的變動所造成的樣本量需求必需分開檢視，例如當因素負荷量為 .8，p/f = 6 時，能夠穩定偵測因素的最低樣本數，在 12/2 時為 11，但在 48/8 時為 47。

二、因素的萃取（factor extraction）

將一組測量變數進行簡化的方法很多，但能夠萃取出共同因素、排除測量誤差的方法才被稱之為因素分析（如主軸因素法）。在一般統計軟體中所提供的主成分分析法，係利用變數的線性整合來化簡變數成為幾個主成分，並不合適用來進行構念估計。

主軸因素法與主成分分析法的不同，在於主軸因素法是試圖解釋測量變數間的共變量而非全體變異量。其計算方式與主成分分析的差異，是主軸因素法是將相關矩陣 R 以 R̃ 取代，以排除各測量變數的獨特性。換言之，主軸因素法是萃取出具有共同變異的部分。第一個抽取出的因素解釋了測量變數間共同變異的最大部分；第二個因素則試圖解釋第一個因素萃取後所剩餘的測量變數共同變異的最大部分；其餘因素依序解釋剩餘的共變量中的最大部分，直到共同變異無法被有效解釋為止。

此法符合古典測量理論對於潛在構念估計的概念，亦即因素萃取係針對變數間的共同變異，而非分析變數的總變異。若以測量變數的總變異進行因素估計，其中包含著測量誤差，混雜在因素估計的過程中，主軸因素萃取法藉由將共同性代入觀察矩陣中，雖然減低了因素的總解釋變異，但是有效排除無關的變異的估計，在概念上符合理論的需求，因素的內容較易了解（Snock & Gorsuch, 1989）。此外，主軸因素法的因子抽取以疊代程序來進行，能夠產生最理想的重製矩陣，得到最理想的適配性，得到較小的殘差。但是，也正因為主軸因素法需估計觀察矩陣的對角線數值，因此比主成分分析估計更多的參數，模式簡效性較低。但一般在進行抽象構念的估計時，理論檢驗的目的性較強，而非單純化簡變數，因此宜採用主軸因素法，以獲得更接近潛在構念的估計結果。

另一種也常被用來萃取因素的技術是最大概似法（maximal likelihood method; ML），基於常態機率函數的假定下來進行參數估計。由於因素分析最重要的目的是希望能夠從樣本資料中，估算出一個最能代表母體的因素模式。因此，若個別的測量分數呈常態分配，一組測量變數的聯合分配也為多元常態分配，基於此一統計分配的假定下，我們可以針對不同的假設模型來適配觀察資料，藉以獲得最可能的參數估計數，做為模型的參數解，並進而得以計算模式配適度（goodness-of-fit），檢視理論模式與觀察資料的適配程度。換言之，如果從樣本估計得到的參數愈理想，所得到的重製相關會愈接近觀察相關。由於樣本的估計係來自於多元常態分配的母體，因此我們可以利用常態分配函數以迭代程序求出最可能性的一組估計數作為因素負荷值。重製相關與觀察相關的差異以透過損失函數（lose function）來估計，並可利用顯著性考驗（卡方考驗）來進行檢定，提供了評估因素結構的客觀標準。可惜的是，ML 法比起各種因素分析策略不容易收斂獲得數學解，需要較大的樣本數來進行參數估計，同時比較可能得到偏誤的估計結果，是其不利因素。

另一個與最大概似法有類似程序的技術稱為最小平方法（least squares method），兩者主要差異在於損失函數的計算方法不同。最小平方法在計算損失函數時，是利用最小差距原理，導出因素型態矩陣後，取原始相關矩陣與重製矩陣的殘差的最小平方值，稱為未加權最小平方法（unweighted least squares method），表示所抽離的因素與原始相關模式最接近。若相關係數事先乘以變數的殘差，使殘差大的變數（可解釋變異量少者），比重降低，共同變異較大者被加權放大，進而得到原始相關係數／新因素負荷係數差異的最小平方距離，此時稱為加權最小平方法（weighted least squares method）。在計算損失函數時，只有非對角線上的數據被納入分析。而共同性是分析完成之後才進行計算。

還有一種萃取方法稱為映像因素萃取（image factor extraction），其原理是取各測量變數的變異量為其他變數的投射。每一個變數的映像分數係以多元迴歸的方法來計算，映像分數的共變矩陣係以 PCA 進行對角化。此一方法雖類似 PCA 能夠產生單一數學解，但對角線以替代，因此得以視為是因素分析的一種。但是值得注意的是，此法所得到的因素負荷量不是相關係數，而是變數與因素的共變數。至於 SPSS 當中提供的 Alpha 法（alpha factoring），則是以因素信度最大化為目標，以提高因素結構的類化到不同測驗情境的適應能力。

三、因素個數的決定

對於因素數目的決定，Kaiser（1960, 1970）建議以特徵值大於一為標準，也就是共同因素的變異數至少要等於單一測量變數的標準化變異數（亦即 1.00）。雖然 Kaiser 法則簡單明確，普遍為統計軟體作為預設的標準，但是確有諸多缺點。例如：此一方法並沒有考慮到樣本規模與樣本特性的差異。此外，當測量變數愈多，愈少的共同變異即可被視為一個因素。例如在 10 個測量變數時，1 個單位的共同變異占了全體變異的 10%，但是在 20 個測量變數時，1 個單位的共同變異僅占了全體變異的 5%，仍可被視為一個有意義的因素。Cliff（1988）即質疑此一原則會挑選出過多的無意義的因素而公開反對此一標準的使用。

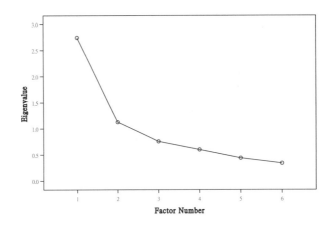

圖15-2　因素陡坡圖

另一種方法則是以陡坡檢定（scree test）（Cattell, 1966），如圖 15-2 所示。其方法是將每一個因素，依其特徵值排列，特徵值逐漸遞減，當因素的特徵值逐漸接近，沒有變化之時，代表特殊的因素已無法被抽離出來，當特徵值急遽增加之時，即代表有重要因素出現，也就是特徵值曲線變陡之時，即是決定因素個數之時。

如果前述的 Kaiser-Guttman 法則是一種特徵值的絕對數量（大於 1.00）的比較，那麼陡坡圖的使用就是一種相對數量的比較。當重要且顯著的因素存在時，從測量變數所逐一抽取的共同變異量會有明顯的遞變，但是當沒有重要且顯著的因素存在時，共同變異的抽取只是一種隨機的變動，在陡坡圖上展現出平坦的趨勢線。陡坡圖的使用可以判斷出有重要的因素是否存在，但是由於何時可以視為平坦趨勢線並無客觀的標準，因此陡坡圖多作為因素數目決定的參考（Gorsuch, 1983）。

另外，Horn（1965）提出了平行分析（parallel analysis）來決定因素分析所萃取的合理因素數目，具體作法是利用蒙地卡羅模擬技術 Monte Carlo（Montanelli & Humphreys, 1976)，從測量變數的真實分數中，另外創造一個隨機分數矩陣，這個矩陣與真實矩陣資料具有一樣的型態，但是數據卻是隨機分布，據以進行因素分析。此時特徵值的變動是一種抽樣誤差的影響，如果分數是完全隨機的次序，所獲得的相關矩陣應該是單位矩陣（identity matrix），特徵值以 1.0 為平均數隨機波動；反之，如果分數不是隨機的次序，所獲得的矩陣則是非等值矩陣，特徵值則為呈現一般陡坡圖所呈現的遞減趨近 1.00 的函數模式。藉由原始矩陣與隨機矩陣所得到的兩組特徵值的比較，可決定哪幾個因素是應該萃取，當原始觀察矩陣得到的特徵值大於隨機矩陣的特徵值時，因素是顯著有其必要存在，但是特徵值小於隨機矩陣的特徵值時，表示因素的特徵值小於期望的水準，該因素是隨機效果的作用而不宜抽取。

平行分析當中，隨機次序分數所形成的特徵值，其波動幅度與樣本數大小以及測量變數的多寡有關。當樣本數愈大或測量變數愈少時，波動範圍愈小。基本上，平行分析可能產生過多的因素，因此一般多把平行分析所得到的因素數目做為因素萃取數目的上限的參考資訊。

四、特徵向量、特徵值與萃取變異

因素分析最關鍵的運算步驟，是基於主成分分析技術，利用矩陣原理在特定的條件下對測量變數的相關矩陣（R）進行對角轉換（diagonalized），使得測量變數的相關矩陣得以縮減成一組直交的對角線特徵值矩陣（L），L 矩陣對角線上的每一個向量值稱為特徵值（eigenvalue），代表各測量變數的線性整合分數的變異量，特徵值愈大者，表示該線性整合分數（或稱為主軸 principal axis）具有較大的變異量，又稱為萃取變異（extracted variance）或解釋變異量（explained variance）。經對角轉換後的特徵值矩陣與測量變數間的轉換關係由一組特徵向量矩陣（V）表示，具有 $L = V'RV$ 的轉換關係。

傳統上，以主成分分析技術進行對角轉換（估計主軸）的過程，係利用各測量變數的變異數作加權，主軸的方向多由變異數大者的測量變數所主導，而解釋力最大的主軸係最能解釋測量變數總變異量的線性整合分數，研究者可以選擇數個最能代表測量變數的幾個主軸（稱為主成分）加以保留，用來代表原來的測量變數，因此又稱為主成分分析。

相對的，Spearman 的因素分析模式所著重的是測量變數間相關情形的解釋與心理構念的推估，因此測量變數變異數解釋量的多寡並非主軸萃取的主要焦點，測量變數變異數不是潛在變數估計的主要材料，所以，對角化過程應將相關矩陣（R）的正對角線元素 (1) 改由估計的共同性或測量變數的多元相關平方（squared multiple correlation; SMC）所取代，稱為縮減相關矩陣（reduced correlation matrix，以 $\tilde{R}$ 表示），令主軸的方向以測量變數的共同變異為估計基礎，而非測量變數的變異數。當對角線元素改由共同性元素所取代後重新估計得到新的共同性值，可以再次代回矩陣，進行迭代估計，當共同性不再變動時所達成的收斂解，是為最後的因素模式，此一方法稱為主軸萃取法（principal axis method）。

以前述六題自尊測量的相關矩陣 R 為例，六個測量變數所形成的相關係數觀察矩陣為 6×6 矩陣，因此矩陣運算最多能夠產生與測量變數個數相等數量的特徵值（6 個）。特徵值的大小反映了線性整合後的變數變異量大小，因此，過小的特徵值表示其能夠解釋各測量變數相關的能力太弱，沒有存在的必要而加以忽略。主軸萃取法的結果如表 15-3。

→ 表15-3　因素分析的解釋變異量

因子	初始特徵值			平方和負荷量萃取			轉軸平方和負荷量		
	總數	變異數 %	累積 %	總數	變異數 %	累積 %	總數	變異數 %	累積 %
1	2.742	45.705	45.705	2.307	38.451	38.451	1.555	25.911	25.911
2	1.126	18.768	64.473	0.671	11.182	49.633	1.417	23.612	49.523
3	0.756	12.605	77.078						
4	0.599	9.976	87.054						
5	0.438	7.295	94.348						
6	0.339	5.652	100.000						

萃取法：主軸因子萃取法。

從表 15-3 可以看出，以傳統主成分技術針對相關係數矩陣 R 進行對角轉換所可能得到六個特徵值（列於初始特徵值），前兩個（2.742 與 1.126）能夠解釋較多的測量變數變異量之外，另外四個特徵值太小則可加以忽略。但是如果以進行因素萃取所到的前兩大特徵值，亦即最能解釋測量變數共變數的前兩個因素的特徵值分別為 2.307 與 0.671，兩者的特徵值數量均比主成分萃取得到的特徵值為低，顯示縮減相關矩陣扣除了共變以外的獨特變異，使得估計得出的共同變異（因素）反映扣除測量誤差（測量變數獨特性）後的真實變異，作為構念的估計數。前述特徵值的計算與測量變數關係的矩陣推導關係為 L = V$\tilde{R}$V：

$$L = \begin{bmatrix} .365 & .438 & .470 & .332 & .245 & .507 \\ .311 & -.309 & .442 & .479 & -.187 & -.591 \end{bmatrix} \begin{bmatrix} \tilde{R} \end{bmatrix} \begin{bmatrix} .365 & .311 \\ .438 & -.309 \\ .470 & .442 \\ .332 & .479 \\ .245 & -.187 \\ .507 & -.591 \end{bmatrix} = \begin{bmatrix} 2.307 & .000 \\ .000 & .671 \end{bmatrix}$$

　　在因素分析的初始狀況下，測量題目的總變異爲各測量變數變異數的總和，各因素萃取得到的特徵值占全體變異的百分比稱爲萃取比例。表 15-3 當中六個題目總變異爲 6（每題變異數爲 1），兩個因素各解釋 2.307/6 = 38.45% 與 .671/6 = 11.18% 的變異量，合計爲 49.63% 萃取變異量。

　　因素分析所追求的是以最少的特徵值來解釋最多的測量變數共變數，當萃取因素愈多，解釋量愈大，但是因素模型的簡效性愈低。研究者必須在因素數目與解釋變異比例兩者間找尋平衡點。因爲如果研究者企圖以精簡的模式來解釋測量數據，勢必損失部分可解釋變異來作爲補償，因而在 FA 中，研究者有相當部分的努力，是在決定因素數目與提高因素的解釋變異。

五、因素負荷量與共同性

　　因素萃取係由特徵向量對於相關矩陣進行對角轉換得出。因此，反映各萃取因素（潛在變數）與測量變數之間關係的因素負荷量矩陣（factor loading matrix，以 A 表示）可由矩陣轉換原理從特徵向量矩陣求得，亦即 $A = V\sqrt{L}$：

$$\tilde{R} = VLV' = V\sqrt{L}V\sqrt{L}' = (V\sqrt{L})(\sqrt{L}V') = AA' \tag{15-5}$$

　　以六個自尊測量的主軸萃取結果爲例，因素負荷量矩陣如下：

$$A = \begin{bmatrix} .365 & .311 \\ .438 & -.309 \\ .470 & .442 \\ .332 & .479 \\ .245 & -.187 \\ .507 & -.591 \end{bmatrix} \begin{bmatrix} \sqrt{2.307} & 0 \\ 0 & \sqrt{.671} \end{bmatrix} = \begin{bmatrix} .562 & .255 \\ .674 & -.253 \\ .724 & .362 \\ .511 & .392 \\ .377 & -.153 \\ .781 & -.484 \end{bmatrix}$$

→ **表15-4**　因素負荷量、共同性與解釋變異量的關係

測量變數	因素一	因素二	共同性
X1	$(.562)^2$	$(.255)^2$	.381
X2	$(.674)^2$	$(-.253)^2$	.518
X3	$(.724)^2$	$(.362)^2$	.655
X4	$(.511)^2$	$(.392)^2$	.415
X5	$(.377)^2$	$(-.153)^2$	.166
X6	$(.781)^2$	$(-.484)^2$	.843
因素負荷平方和	2.307	.671	2.979
解釋變異百分比	38.45%	11.18%	49.63%

　　因素負荷量的性質類似於迴歸係數，其數值反映了各潛在變數對於測量變數的影響力，例如本範例中的兩個因素對第 1 題的負荷量分別為 .562 與 .255，表示因素一對第 1 題的解釋力較強。同樣的，各因素對於第 2 題的進行解釋的負荷量分別為 .674 與 -.253，表示因素一對第 2 題的解釋力較強之外，第二個因素對第 2 題的解解釋力為負值，表示影響方向相反，亦即當第二個因素強度愈強時，第 2 題的得分愈低。

　　如果把負荷量平方後相加，可得到解釋變異量。對各題來說，兩個因素對於各題解釋變異量的總和，反映了萃取因素對於各題的總解釋力，或是各測量變數對於整體因素結構所能夠貢獻的變異量的總和（亦即共同性）。此外，各因素在六個題目的解釋變異量的總和，則反映了各因素從六個測量變數的 $\tilde{R}$ 矩陣所萃取的變異量總和，即為先前提到的解釋變異量。計算的過程如表 15-4 所示。

　　至於因素負荷量多高才算是理想，Tabachnica 與 Fidell（2007）認為當負荷量大於 .71，也就是該因素可以解釋觀察變數 50% 的變異量之時，是非常理想的狀況，若負荷量小於 .32，也就是該因素解釋不到 10% 的觀察變數變異量，是非常不理想的狀況，通常這類題目雖然是形成某個因素的題項，但是貢獻非常小，可以考慮刪除（見表 15-5）。

→**表15-5**　因素負荷量的判斷標準

λ	λ^2	判定狀況
.71	50%	優秀
.63	40%	非常好
.55	30%	好
.45	20%	普通
.32	10%	不好
.32 以下		不及格

六、因素轉軸（factor rotation）

　　將前一步驟所抽取的因素，經過數學轉換，使因素或成分具有清楚的區隔，能夠反映出特定的意義，稱為轉軸。轉軸的目的，是在釐清因素與因素之間的關係，以確立因素間最清楚的結構。

　　轉軸的進行，係使用三角函數的概念，將因素之間的相對關係，以轉軸矩陣所計算出的因素負荷矩陣的參數，將原來的共變結構所抽離出來的項目係數進行數學轉換，形成新的轉軸後因素負荷矩陣（經正交轉軸）或結構矩陣（經斜交轉軸），使結果更易解釋。進一步的協助研究者進行因素的命名。

（一）直交轉軸

　　因素的構成是由測量變數所決定，而測量變數與因素間的關係則由因素負荷量表示，因此，因素負荷量可以說是用以判斷因素內容與命名的重要參考。然而，經由初步萃取得出的因素結構的因素負荷量並不容易。在執行上，因素分析提供多種轉軸的方法，其中一種稱為直交轉軸（orthogonal rotation）。所謂直交，係指轉軸過程當中，藉由一組轉軸矩陣（transformation matrix, Λ），使兩因素平面座標的 X 與 Y 軸進行夾角為 90 度的旋轉，直到兩因素之間的相關為 0 為止，重新設定各測量變數在兩因素上的座標（亦即因素負荷量）。轉換公式如下為 $A\Lambda = A_{rotated}$。基於三角幾何的原理，從原 X 軸進行特定角度（Ψ）的轉換係數矩陣：

$$\Lambda = \begin{bmatrix} \cos\Psi & -\sin\Psi \\ \sin\Psi & \cos\Psi \end{bmatrix}$$

　　以自尊量表的六個題目為例，經過與原 X 軸 42.6 度直交轉軸後的新座標下的因素負荷量計算如下：

$$A_{rotated} = \begin{bmatrix} .562 & .255 \\ .674 & -.253 \\ .724 & .362 \\ .511 & .392 \\ .377 & -.153 \\ .781 & -.484 \end{bmatrix} \begin{bmatrix} .737 & .676 \\ -.676 & .737 \end{bmatrix} = \begin{bmatrix} .242 & .567 \\ .668 & .269 \\ .289 & .756 \\ .112 & .634 \\ .381 & .142 \\ .902 & .171 \end{bmatrix}$$

直交轉軸有幾種不同的形式，最大變異法（varimax）使負荷量的變異數在因素內最大、四方最大法（quartimax）使負荷量的變異數在因素內最大、均等變異法（equimax rotation）綜合前兩者，使負荷量的變異數在因素內與變數內同時最大。這三種轉軸法所形成的簡化結構有所不同，可利用 Γ（gamma）指標表示簡化的程度，當 $\Gamma = 1$ 表因素在各變數間有最簡化結構，此時爲最大變異法；$\Gamma = 0$ 表示變數在因素間有最清楚結構，但是因素間的簡化性最低，四方變異法屬之；最後，均等變異法下，$\Gamma = .5$，表示簡化程度居中。

基本上，不論採行何種直交轉軸，因素的結構與內在組成差異不大。在未轉軸前，各因素的內部組成非常複雜，若要憑藉因素負荷量來進行因素的解釋與命名十分困難，但是轉軸後的因素負荷量，則擴大了各因素負荷量的差異性與結構性。

由圖 15-3 中的因素負荷量，我們可以清楚的看出，因素一當中，最重要的構成變數爲第 6 題，負荷量爲 .902，該題對於第二因素的負荷量僅有 .171，其次是第 2 題的 .668，與第 5 題的 .381。這三個測量變數落在因素一的負荷量均高於因素二，也就是因素一爲這三個測量變數的目標因素（target factor）；相對的，第 1、3、4 三個測量變數的 target factor 則是因素二，負荷量分別爲 .567、.756、.634，均高於對於因素一的負荷量 .242、.289、.112，如此一來，我們即可以區分出因素一與因素二的主要構成題項爲何，適當的針對這兩個因素加以解釋與命名。確認因素的組成結構，使之具有最清楚明確的區分，是直交轉軸最主要的功能。

值得注意的是，雖然每一個題目各有相對應的目標因素，但是對於非目標因素，各測量變數仍然具有一定的解釋力，例如第 5 題的目標因素是因素一，負荷量爲 .381，但是這一題在因素二的負荷量亦達 .142，其他各題也多少會受到非目標因素的影響，因此，在對於因素命名或解釋時，除了針對測量變數與目標因素之間的對應關係進行解事實，也應考量到非目標因素的測量變數的影響。

另一個必須注意的地方，是經直交轉軸後的各因素總解釋變異量雖然維持不變，各測量變數的共同性也相同，但是各因素所能夠解釋的變異量則產生了明顯的不同，顯示直交轉軸所影響的的是各因素間的內部組成與相對關係，而非整體因素

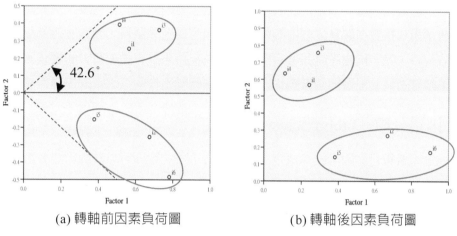

(a) 轉軸前因素負荷圖　　　　　(b) 轉軸後因素負荷圖

圖15-3　　**轉軸前與直交轉軸後因素負荷量與因素分布圖**

結構的萃取能力。

（二）斜交轉軸

在轉軸的過程當中，若容許因素與因素之間具有相關，稱為斜交轉軸（oblique rotation）。其中最小斜交法（oblimin roation）或直接斜交法（direct oblimin）可使因素負荷量的交乘積（cross-products）最小化；最大斜交法（oblimax rotation）、四方最小法（quartimin）則可使型態矩陣中的負荷量平方的交乘積最小化。Promax 則先進行直交轉軸後的結果再進行有因素負荷交乘積最小化的斜交轉軸；Orthoblique 則使用 quartimax 算式將因素負荷量重新量尺化（rescaled）以產生直交的結果，因此最後的結果保有斜交的性質。

斜交轉軸針對因素負荷量進行三角函數數學轉換，並估計因素負荷量的關係，因而會產生兩種不同的因素負荷係數：型態係數（pattern coefficients）與結構係數（structure coefficients）。型態係數的性質與直交轉軸得到因素負荷量性質相同，皆為迴歸係數的概念，為排除了與其他因素之間相關之後的淨相關係數來描述測量變數與因素間的關係。結構係數則為各測量變數與因素的積差相關係數，適合作為因素的命名與解釋之用。如果是直交轉軸，由於因素間沒有相關，型態係數矩陣與結構係數矩陣相同，皆稱為因素負荷係數。

以直交轉軸轉換得到的參數估計數，與因素間相互獨立的簡化原則相符，從數學原理來看，直交轉軸將所有的測量變數在同一個因素或成分的負荷量平方的變異量達到最大，如此最能夠達到簡單因素結構的目的，且對於因素結構的解釋較為容易，概念較為清晰，對於測驗編製者，尋求明確的因素結構，以發展一套能夠區別不同因素的量表，直交法是最佳的策略。但是，將因素之間進行最大的區隔，往往會扭曲了潛在特質在現實生活中的眞實關係，容易造成偏誤，因此一般進行實徵研究的驗證時，除非研究者有其特定的理論做爲支持，或有強而有力的實證證據，否則爲了精確的估計變數與因素關係，使用斜交轉軸是較貼近眞實的一種作法。

七、因素分數（factor scores）

　　一旦因素數目與因素結構決定與命名之後，研究者即可以計算因素分數，藉以描述或估計受測者在各因素的強弱高低。由於因素分析的主要功能在於找出影響測量變數的潛在導因（構念），因此因素分數的計算可以說是執行因素分析的最終目的。當研究者決定以幾個潛在變數來代表測量變數後，所計算得到的因素分數就可被拿來進行進一步的分析（例如作爲預測某效標的解釋變數）與運用（例如用來描述病患在某些心理特質上的高低強弱）。

　　因素分數的計算有幾種方式，最簡單的方式是組合分數（composite scores），以因素負荷量爲依據，決定各測量變數的目標因素爲何，而將測量變數依照各因素自成一組，然後加總求取各題平均值來獲得各因素的得分。此一方法的優點是簡單明瞭，每一個因素各自擁有一組測量變數，求取平均後可使平均數的量尺對應到原始的測量尺度（例如1爲非常不同意，5爲非常同意），有利於分數強弱高低的比較與解釋。但是其缺點是忽視了各題對應其因素各有權重高低的事實，對於潛在變數的估計不夠精確。另一個缺點是未考量測量誤差的影響，在估計因素間的相關強弱時，會有低估的現象。

　　另一種策略爲線性組合法，利用因素分析求出的因素分數係數，將所有測量變數進行線性整合，得到各因素的最小平方估計數。其計算式是取因素負荷量與相關係數反矩陣的乘積，亦即 $B = R^{-1}A$，而因素分數即爲各測量變數轉換成 Z 分數後乘以因素分數係數而得，亦即 $F = ZB$。且由於各測量變數先經過了標準化處理才進行線性整合，因此因素分數的性質也是平均數爲 0，標準差爲 1 的標準分數，且由於各因素的尺度沒有實質的單位的意義，因此因素分數僅適合作爲比較與檢定之用（例如以 t 檢定來比較性別差異），因素分數的數值沒有實際量尺的意義，且因素相關會受到轉軸方式與萃取方式的不同而變化，在解釋因素分數與因素相關時需要特別小心。

　　由於因素分數經常作爲後續研究的預測變數，當各因素之間具有高相關時會出現多元共線性問題，然而研究者可以利用不同的轉軸與因素分數估計法來獲得不同的因素分數，控制因素間的相關，以避免多元共線性問題，尤其是當因素分數是以直交轉軸所獲得的分數時，將可確保直交轉軸的因素分數爲零相關，但如果採用斜交轉軸，因素負荷量分離出型態矩陣與結構矩陣兩種形式，因素之間即可能出現不同的相關強度估計數。如果研究者想要保留因素分數共變矩陣的特徵時，可採用主成分萃取模式的一般線性迴歸策略來計算因素分數。

第四節　探索性因素分析範例

範例 15-1　SPSS 的探索性因素分析

　　Rosenberg 所發展出來的自尊量表是一個廣爲被研究者採用以評量自尊的工具，現以臺灣地區 1704 名高中生的施測結果（邱皓政，2003），來進行探索式的因素分析，檢驗 10 題的自尊量表是否具有多重的因素結構。

　　由於研究者並無預設自尊的特定因素結構，同時因素分析的目的在於尋找可能的因素結構，因此適合以主軸法，抽取 10 個題目的共同的變異成分，並排除測量誤差的影響。同時爲建立因素間最簡單的結構，採用直交轉軸法尋求因素區隔的最大可能性。配合斜交轉軸來了解因素間的關係。

【A. 操作程序】

步驟一：點選分析→維度縮減→因子，進入因素分析對話框。

步驟二：點選量表的題目，移至變數清單中。

步驟三：點選描述統計量，進入描述統計量對話框。點選所需的統計量數，如單變數描述統計、未轉軸統計量。按壓繼續。

步驟四：點選萃取。進入萃取對話框，決定因素抽取的方法、是否需要陡坡圖、特徵值的標準等等。按壓繼續。

步驟五：點選轉軸法。進入轉軸法對話框，決定轉軸方式，以及圖示法。按壓繼續。

步驟六：點選選項。進入選項對話框，決定因素負荷量的排列方式。按壓繼續。

步驟七：按確定執行。

【B. 步驟圖示】

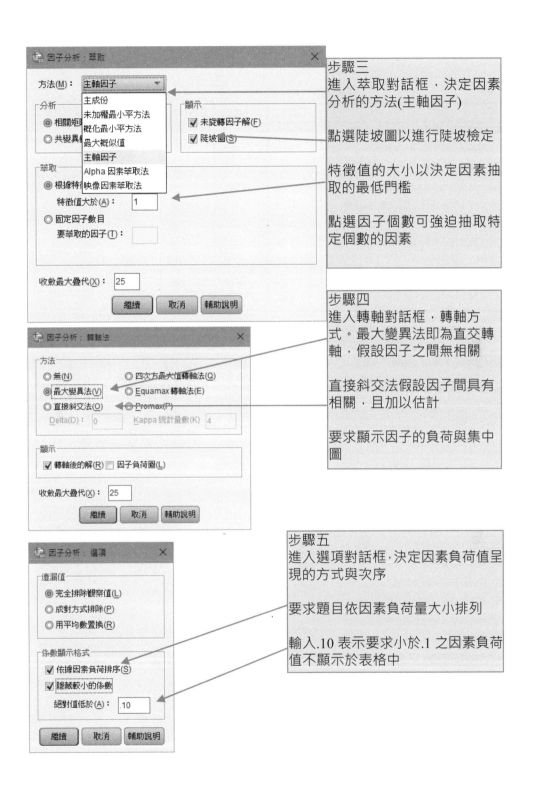

步驟三
進入萃取對話框，決定因素分析的方法(主軸因子)

點選陡坡圖以進行陡坡檢定

特徵值的大小以決定因素抽取的最低門檻

點選因子個數可強迫抽取特定個數的因素

步驟四
進入轉軸對話框，轉軸方式。最大變異法即為直交轉軸，假設因子之間無相關

直接斜交法假設因子間具有相關，且加以估計

要求顯示因子的負荷與集中圖

步驟五
進入選項對話框，決定因素負荷值呈現的方式與次序

要求題目依因素負荷量大小排列

輸入.10 表示要求小於.1 之因素負荷值不顯示於表格中

【C.結果報表】

敘述統計

	平均數	標準離差	分析個數
i51 大體來說，我對我自己十分滿意	3.50	1.117	1704
i52 有時我會覺得自己一無是處	2.69	1.381	1704
i53 我覺得自己有許多優點	3.28	1.066	1704
i54 我自信我可以和別人表現得一樣好	3.83	1.066	1704
i55 我時常覺得自己沒有什麼好驕傲的	2.20	1.105	1704
i56 有時候我的確感到自己沒有什麼用處	2.76	1.337	1704
i57 我覺得自己和別人一樣有價值	3.95	1.030	1704
i58 我十分地看重自己	3.71	1.068	1704
i59 我常會覺得自己是一個失敗者	3.35	1.298	1704
i60 我對我自己抱持積極的態度	3.64	1.068	1704

描述統計量

顯示各題目的基本統計量平均數、標準差與個數

KMO與Bartlett檢定

Kaiser-Meyer-Olkin 取樣適切性量數。		.879
Bartlett 的球形檢定	近似卡方分配	5569.703
	df	45
	顯著性	.000

球形檢定
KMO 取樣適切性檢定為.879，接近 1
球形檢定為卡方值為 5569.703，達顯著，表示本範例適於進行因素分析

共同性

	初始	萃取
i51 大體來說，我對我自己十分滿意	.349	.408
i52 有時我會覺得自己一無是處	.426	.514
i53 我覺得自己有許多優點	.403	.456
i54 我自信我可以和別人表現得一樣好	.366	.448
i55 我時常覺得自己沒有什麼好驕傲的	.151	.178
i56 有時候我的確感到自己沒有什麼用處	.512	.755
i57 我覺得自己和別人一樣有價值	.473	.569
i58 我十分地看重自己	.456	.536
i59 我常會覺得自己是一個失敗者	.391	.440
i60 我對我自己抱持積極的態度	.281	.320

萃取法：主軸因子萃取法。

共同性

顯示各題目的變異量被共同因素解釋的比例

共同性越高，表示表示該變項與其他變項可測量的共同特質越多。也就是越有影響力(以 I56 最佳)

解說總變異量

因子	初始特徵值			平方和負荷量萃取			轉軸平方和負荷量		
	總數	變異數的%	累積%	總數	變異數的%	累積%	總數	變異數的%	累積%
1	4.175	41.749	41.749	3.670	36.696	36.696	2.734	27.338	27.338
2	1.449	14.490	56.239	.956	9.557	46.254	1.892	18.916	46.254
3	.773	7.733	63.972						
4	.693	6.931	70.903						
5	.598	5.980	76.883						
6	.555	5.546	82.429						
7	.550	5.500	87.928						
8	.468	4.675	92.603						
9	.392	3.916	96.520						
10	.348	3.480	100.000						

萃取法：主軸因子萃取法。

解釋變異量
說明因素分析所抽取的因素能夠解釋全體變數變異量的比例
以特徵值=1 為萃取標準，得到兩個主要因素，分別可以解釋 36.696%與 9.557%
的變數變異量。合計占 46.254
轉軸後兩個因素的相對位置不變，但是因素的完整性增加，可解釋的比重改變。
分別為 27.338%與 18.916%

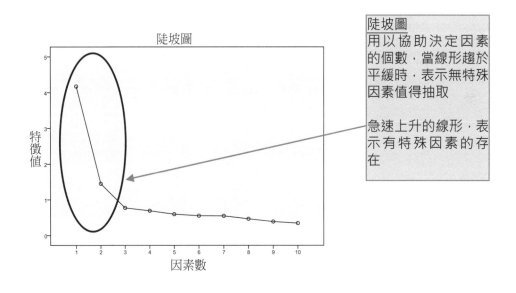

陡坡圖
用以協助決定因素的個數，當線形趨於平緩時，表示無特殊因素值得抽取

急速上升的線形，表示有特殊因素的存在

轉軸後的因子矩陣 a

	因子	
	1	2
i57 我覺得自己和別人一樣有價值	.732	.182
i58 我十分地看重自己	.703	.204
i54 我自信我可以和別人表現得一樣好	.666	
i53 我覺得自己有許多優點	.618	.273
i51 大體來說，我對我自己十分滿意	.602	.214
i60 我對我自己抱持積極的態度	.529	.199
i56 有時候我的確感到自己沒有什麼用處	.218	.841
i52 有時我會覺得自己一無是處	.235	.677
i59 我常會覺得自己是一個失敗者	.359	.558
i55 我時常覺得自己沒有什麼好驕傲的		.418

萃取方法：主軸因子。
旋轉方法：旋轉方法：含 Kaiser 常態化的 Varimax 法。

a. 轉軸收斂於 3 個疊代。

轉軸後成份矩陣

表示構成某一因素的題目內容與比重，經由直交轉軸後的因素負荷量

相類似的題目構成某一特定的因素。因此因素的名稱可以藉由題目的內容來決定

因子轉換矩陣

因子	1	2
1	.809	.587
2	-.587	.809

萃取方法：主軸因子。
旋轉方法：旋轉方法：含 Kaiser 常態化的 Varimax 法。

因子轉換矩陣
用以計算各項目負荷量的參數
功能在說明轉軸的方向及角度大小

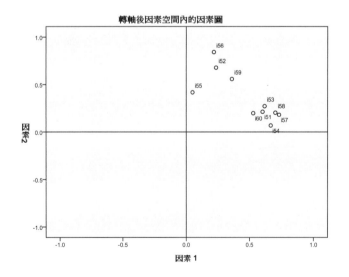

轉軸後因素空間內的因素圖

因素圖
用以表示各因素的相對位置與組成變數的關係圖

■ 斜交轉軸結果

斜交轉軸的不同在於假設因素之間具有相關，除了轉軸後所產生的矩陣與直交轉軸有所不同外，其他量數並無差異。以下僅就樣式矩陣（pattern matrix）與結構矩陣（structure matrix）的內容來說明。

	因子	
	1	2
i57 我覺得自己和別人一樣有價值	.763	
i58 我十分地看重自己	.725	
i54 我自信我可以和別人表現得一樣好	.721	-.124
i53 我覺得自己有許多優點	.611	.116
i51 大體來說，我對我自己十分滿意	.610	
i60 我對我自己抱持積極的態度	.533	
i56 有時候我的確感到自己沒有什麼用處		.864
i52 有時我會覺得自己一無是處		.678
i59 我常會覺得自己是一個失敗者	.245	.509
i55 我時常覺得自己沒有什麼好驕傲的		.447

萃取方法：主軸因子。
旋轉方法：旋轉方法：含 Kaiser 常態化的 Oblimin 法。。
　a. 轉軸收斂於 4 個疊代。

樣式矩陣
因素負荷值以偏迴歸係數求得，代表以成分去預測某一變數時，每一個因素的加權係數。

樣式矩陣反映變項間的相對重要性。適合於做比較。如 I57 在因子一有較重要的影響力。

結構矩陣

	因子	
	1	2
i57 我覺得自己和別人一樣有價值	.754	.354
i58 我十分地看重自己	.732	.368
i53 我覺得自己有許多優點	.668	.414
i54 我自信我可以和別人表現得一樣好	.661	.227
i51 大體來說，我對我自己十分滿意	.637	.354
i60 我對我自己抱持積極的態度	.563	.322
i56 有時候我的確感到自己沒有什麼用處	.431	.869
i52 有時我會覺得自己一無是處	.404	.714
i59 我常會覺得自己是一個失敗者	.493	.628
i55 我時常覺得自己沒有什麼好驕傲的	.159	.418

萃取方法：主軸因子。
旋轉方法：旋轉方法：含 Kaiser 常態化的 Oblimin 法。。

結構矩陣

因素負荷值代表成分與變數之間的相關係數。
結構矩陣之功能在反應因子與變數的關係。適合於因素命名的決定。
不適合做變項間比較，例如第一因素可以命名為「正面肯定」，第二因素為「負面評價」

因子相關矩陣

因子	1	2
1	1.000	.488
2	.488	1.000

萃取方法：主軸因子。
旋轉方法：旋轉方法：含 Kaiser 常態化的 Oblimin 法。。

因子相關矩陣
表示因素之間的相關。直接由轉軸後的兩個因子所計算得出
兩個因素的相關為.488

【D. 結果說明】

　　自尊量表的因素分析發現，經由主軸萃取法，10 個測量題目可以抽離出兩個主要的因素，經過直交轉軸後，前者可解釋 27.3% 的變異量，後者可解釋 18.9% 的變異量，合計為 56.2%。構成因素一的題目有 6 題，分別為第 51、53、54、57、58、60 題，構成因素二的題目有四題，分別為第 52、55、56、59 題，根據題目的特性，分別可命名為「正面肯定」與「負面評價」。

　　各項檢定支持因素分析的基本假設均未違反，所有的題項也具有相當程度的抽樣適切性。經斜交轉軸後，計算出兩者之間具有 .488 的相關，顯示自尊的兩個因素是具有相當的關聯性。詳細的因素與其相對的題目請參考結構矩陣中的資料。

範例 15-2　R 的探索性因素分析

在 R 當中執行 EFA 可使用 psych 套件，語法與結果如下：

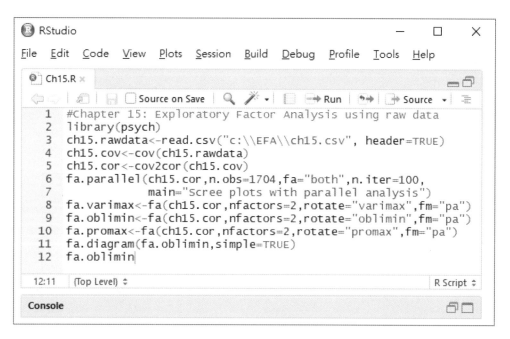

```
> fa.oblimin
Factor Analysis using method =  pa
Call: fa(r = ch15.cor, nfactors = 2, rotate = "oblimin", fm = "pa")
Standardized loadings (pattern matrix) based upon correlation matrix
      PA1   PA2   h2   u2 com
i1   0.60  0.06 0.41 0.59 1.0
i2   0.04  0.70 0.52 0.48 1.0
i3   0.60  0.13 0.46 0.54 1.1
i4   0.72 -0.12 0.45 0.55 1.1
i5  -0.08  0.46 0.18 0.82 1.1
i6  -0.03  0.88 0.75 0.25 1.0
i7   0.76 -0.01 0.57 0.43 1.0
i8   0.72  0.02 0.54 0.46 1.0
i9   0.22  0.52 0.44 0.56 1.3
i10  0.53  0.07 0.32 0.68 1.0


                        PA1  PA2
SS loadings            2.76 1.87
Proportion Var         0.28 0.19
Cumulative Var         0.28 0.46
Proportion Explained   0.60 0.40
Cumulative Proportion  0.60 1.00

 With factor correlations of
     PA1  PA2
PA1 1.00 0.51
PA2 0.51 1.00
```

```
Mean item complexity =  1.1
Test of the hypothesis that 2 factors are sufficient.

The degrees of freedom for the null model are  45  and the objective function was  3.28
The degrees of freedom for the model are 26  and the objective function was  0.06

The root mean square of the residuals (RMSR) is  0.02
The df corrected root mean square of the residuals is  0.03

Fit based upon off diagonal values = 1
Measures of factor score adequacy
                                                       PA1  PA2
Correlation of (regression) scores with factors       0.92 0.92
Multiple R square of scores with factors              0.85 0.84
Minimum correlation of possible factor scores         0.69 0.68
```

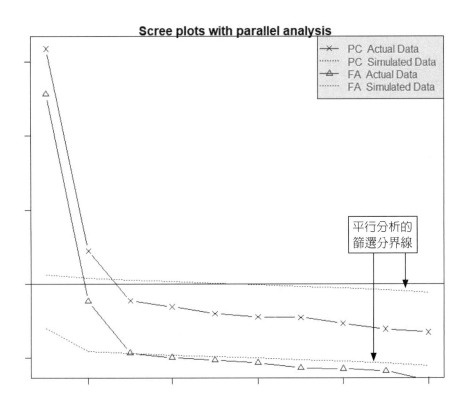

第五節　結語

　　因素分析可以說是當代社會科學領域最重要的多變量統計應用技術之一。雖然此一技術從 1904 年，統計學家 Spearman 提出其基本概念至今已有百餘年的歷史，但直到今日，有關因素分析在方法學與原理上的議題仍不斷被提出，對於因素分析的批評聲從未間斷，但是使用者仍是前仆後繼，在某些期刊上，有接近三成的論文都與因素分析有關（Fabrigar, et al., 1999）。在國內，因素分析法也是普遍應用於心理與教育等社會科學領域（王嘉寧、翁儷禎, 2002)。因此，若將因素分析視為一門獨立的因素分析學，有其歷史脈絡與典範傳統、獨特的數學原理、廣泛的應用價值、以及眾多待解的議題與未來發展的潛力，實不為過。

　　因素分析之所以在當今學術領域占有重要的地位，一方面是拜電腦科技的發展之所賜，使得繁複的計算估計程序可以快速演算進行，便捷的套裝軟體使操作更為簡便。但更重要的是，因素分析技術能滿足研究者對於抽象構念探究的需求，如果不是為了探索智力、創造力、自尊等這類的心理構念，因素分析的發展不會有今日的光景，換言之，因素分析的獨特價值，是因為抽象構念的測量問題而存在。

　　重要的心理計量學者 Nunnally（1978）認為，因素分析的主要貢獻是得以對於心理構念的效度進行客觀的評估，因此是心理構念測量最重要的分析技術，資料簡化只是因素分析次要功能。Guilford 在一甲子之前，就已經認為因素分析所能夠幫助研究者所提出因素效度證據，將是心理構念研究的重要方法學突破。他篤定的說，構念是否存在，一切都看因素（…the answer then should be in terms of factors）（Guilford, 1946, p. 428）。但是，這些評論都是在數位革命之前所提出，七十年代之後，電腦普及且效能不斷提升，資訊科技不僅改變了人們的生活，同時也影響了學術研究的技術發展，驗證性因素分析誕生，讓因素分析的應用脫胎換骨，更讓心理計量學邁入新的紀元。

因素分析：驗證取向

第一節　基本概念

　　傳統上，研究者在進行因素分析之前，並未對於資料的因素結構有任何預期與立場，而藉由統計數據來研判因素的結構，此種因素分析策略帶有濃厚的嘗試錯誤的意味，因此稱為探索性因素分析（EFA）。然而，有時研究者在研究之初即已提出某種特定的結構關係的假設，例如某一個概念的測量問卷是由數個不同子量表所組成，此時因素分析可以被用來確認資料的模式是否即為研究者所預期的形式，此種因素分析稱為驗證性因素分析（confirmatory factor analysis, CFA），具有理論檢驗與確認的功能。

　　探索性因素分析與驗證性因素分析最大的不同，在於測量的理論架構（因素結構）在分析過程中所扮演的角色與檢驗時機。對 EFA 而言，測量變數的理論架構是因素分析的產物，因素結構是從一組獨立的測量指標或題目間，以數學程式與研究者主觀判斷所決定的一個具有計量合理性與理論適切性的結構，並以該結構代表所測量的概念內容，換句話說，理論架構的出現在 EFA 是一個事後（posterior）的概念；相對之下，CFA 的進行則必須有特定的理論觀點或概念架構作為基礎，然後藉由數學程式來確認該理論觀點所導出的計量模型是否確實、適當，換句話說，理論架構對於 CFA 的影響是於分析之前發生的，計量模型具有理論的先驗性，其作用是一種事前（priori）的概念。

　　從統計方法學的角度來看，CFA 是 SEM 的子模型。其數學與統計原理都是SEM 的一種特殊應用。由於 SEM 的模式界定能夠處理潛在變數的估計與分析，具有高度的理論先驗性，因此如果研究者對於潛在變數的內容與性質，在測量之初即非常明確、詳細的加以推演，或有具體的理論基礎，提出適當的測量變數組成測量模型，藉由 SEM 即可以對於潛在變數的結構或影響關係進行有效的分析。SEM 中對於潛在變數的估計程式，即是在考驗研究者先期提出的因素結構（測量模型）的適切性，一旦測量的基礎確立了，潛在變數的因果關連就可以進一步的透過多元迴歸、路徑分析的策略（結構模型）來加以探究。

第二節　驗證性因素分析的特性

　　在 SEM 的術語中，測量模型的檢驗即是驗證性因素分析。圖 16-1 是一個典型的 CFA 測量模型。圖 16-1 中有兩個具有相關的潛在變數 F1 與 F2，F1 由 V1 至 V3三個指標來測量，F2 由 V4 至 V6 三個指標來測量，E1 至 E6 分別代表六個測量變數的測量誤差。從潛在變數指到測量變數的單箭頭，代表研究者所假設的潛在變數對於測量變數的直接因果關係，經由統計過程對於這些因果關係的估計數稱為因素負荷量，有標準化與未標準化兩種形式，性質類似於迴歸係數。

　　在整個模型當中，研究者所能具體測量的是六個測量變數，其背後受到某些共同的潛在變數的影響，因此測量變數可以說是內生變數，潛在變數與測量誤差則為外源變數。從變異量的拆解原理來分析，每個測量變數的變異量可以被拆解成兩部分：共同變異（common variance）與獨特（或誤差）變異（unique variance）。以 F1 為例，V1、V2、V3 是用來測量潛在特質 F1 的指標或測量題目，其背後受到同一個潛在因素的影響，從數學關係來說，即是三個變數共變的部分，而測量誤差（E1、E2、E3）的部分就是三個測量變數無法被該潛在變數解釋的獨特變異量或殘差（disturbance），彼此相互獨立。

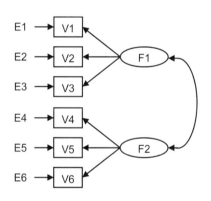

圖16-1　典型的CFA模型圖

一、測量誤差的估計

　　CFA 的優點之一是能夠有效估計測量誤差。基於潛在變數模型的概念，各觀察變數的相關是因為背後存在一個（或多個）共同因所造成，當研究者基於特定假設觀點所建立的測量模型來指定測量變數與潛在的共同因的對應關係後，即可對於共同因素進行估計，同時也就能夠對各觀察變數獨特的部分也就加以估計，使得 CFA 得以分離潛在變數與測量誤差。

　　從測量變數所拆解得出的獨特變異可能包含兩種類型的測量誤差，第一是隨機誤差（random error），也就是傳統信度估計所估計的測量誤差。造成原因包括測量過程、受試者個人因素、工具因素等，這些因素對於測量分數並無系統化的影響（如系統性的高估或低估），因此稱為隨機性的誤差來源。第二則是系統誤差

（systematic error），對於測量分數會有系統化的影響，使測量分數以特定的模式偏離實際的眞分數。理論上，系統化誤差可以從測量變數中的獨特變異量中抽離出來，因爲系統性誤差的存在，是因爲在潛在變數之外仍有其他的影響分數的變異來源。最明顯的一個例子是方法效應（method effect），也就是研究過程中對於變數的測量基於某一種特殊的方法，例如紙筆測驗，造成測量分數的系統性變化，無法反映眞分數的一種現象（Marsh, 1988; Kenny & Kashy, 1992）。

二、單維測量與多維測量

CFA 與 EFA 的主要不同點之一，在於測量變數與潛在因素之間的組合型態，可以不受限於單一變數只能被單一潛在變數影響，意即單維測量（unidimensional measurement）模型。而可允許單一變數被多個潛在變數影響的多維測量（multidimensional measurement）模型。以圖 16-2 爲例，每一個測量變數皆與一個特定的潛在變數相聯結，但是 V3 與 V5 則另外尚有額外的聯結（V3 ← F2、V5 ← F1），也就是說 V3 與 V5 同時與兩個潛在變數有關。

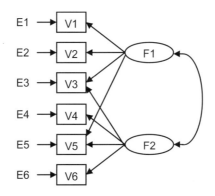

圖16-2　多維測量度的CFA測量模型圖

CFA 測量模式除了允許測量變數與潛在變數可以具有多維關係之外，測量變數的誤差項也可以與其他變數存在共變，也就是說，CFA 測量模式在技術上允許測量變數的誤差項爲多維測量。最普遍的一種現象是使用相關誤差（correlated measurement error）的測量模型，亦即誤差項存在相關，代表測量變數除了受到特定潛在特質的影響之外，尚有其他未知的影響來源（如圖 16-3）。

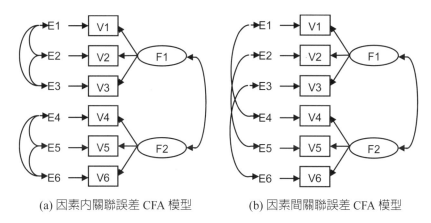

(a) 因素內關聯誤差 CFA 模型　　　　(b) 因素間關聯誤差 CFA 模型

圖16-3　兩種關聯誤差的CFA測量模型圖

　　圖 16-3(a) 與 (b) 中，誤差項之間具有假設存在的共變，圖 16-3(a) 的關聯誤差發生在同一個潛在因素內，稱為因素內關聯誤差模型，而圖 16-3(b) 的關聯誤差則跨愈不同因素，稱為因素間關聯誤差模型。

　　因素內關聯誤差模型最典型的例子即是前一節所提及的方法效應，也就是說測量變數都是由同一種測量工具所測量，例如 F1 是以三個 Likert-type 自陳量表題目 V1、V2、V3 來測定，F2 由另一種方法來測定，對於同一個因素（如 F1），三個測量變數除了受到該潛在因素的影響外，還受到方法效應的影響，反映在誤差項的相關上（E1 ↔ E2、E1 ↔ E3、E2 ↔ E3）。

　　因素間關聯誤差模型最典型的例子是再測信度的測量。假設 F1 因素與 F2 因素分別代表在兩個時間點下同一個潛在特質的兩次測量，V1、V2、V3 與 V4、V5、V6 是同一組題目，即 V1 = V4、V2 = V5、V3 = V6，時間變動將造成測量分數的波動，三個題目在兩次測量中的誤差項的兩兩相關（E1 ↔ E4、E2 ↔ E5、E3 ↔ E6）反映了特定題目的因為時間變動的波動情形。

三、初階模型與高階模型

　　一般而言，CFA 測量模型所處理的問題是測量變數與潛在變數的關係。利用一組測量變項實際測得的共變結構，抽離出適當的潛在因素，用以檢測研究者所提出的假設模型是否合宜、適配，這些潛在因素直接由測量變項抽離得出，稱之為初階因素（first-order factors）。如果一個測量模型有多個初階潛在因素，因素之間的共變關係可以加以估計，計算出兩兩因素相關係數來反映潛在變數之間的關係強度。此時，潛在因素之間存在的是平行的相關關係，各個初階因素並無特定的隸屬結構關係，稱之為初階驗證性因素分析（first-order CFA）；如果研究者認為在這些初階潛在因素之間，存在有共同的、更高階的潛在因素，可以利用如圖 16-4 的測量模型來進行檢測時，稱爲階層驗證性因素分析（hierarchical CFA, HCFA），那些假設存在的共同潛在因素稱爲高階因素（higher-order factors）。初階因素之上的一層潛在因素稱爲二階因素（second-order factor)（如圖 16-4 之 F3），第三層因素稱爲三階因素（third-order factor），以此類推。階層化驗證性因素分析使得研究者可以提出更多的測量模型來加以檢驗，提高了分析的彈性，尤其在一些行爲科學研究，因素之間具有繁複的結構關係，SEM 的共變分析技術提供了檢驗的工具。

　　HCFA 對於因素的檢驗雖然較一般 CFA 複雜，但是 HCFA 的設定原理與操作方法與一般的 CFA 並無太大不同，如果讀者已經熟習了前面兩個 CFA 範例的操作，可以很輕易的學會如何操作 HCFA。然而也即是因爲 HCFA 可以針對高階因素進行檢驗，可以非常輕易的處理「潛在因素的因素分析」（factor analysis on latent factors），或更爲複雜的理論模型的檢驗，此一特性使得 CFA 的用途更加廣泛，現在應用結構方程模式分析的研究中，已有許多是應用 HCFA 的概念。

　　總而言之，不論是誤差的處理、多維假設的應用、或是階層化分析的技術等各方面來看，CFA 測量模型分析突破過去路徑分析與因素分析限制與應用範圍，使得假設存在的潛在變項，得以進行多樣化的實證檢測。對於研究者而言，不僅是工具與技術方面的提升，也是在理論建構與檢驗的策略的一大進步，值得廣泛的推廣與運用。

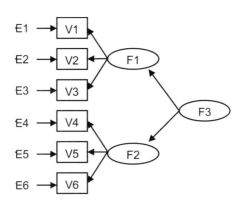

圖16-4　二階的階層驗證性因素分析圖示

第三節 驗證性因素分析的執行

一、CFA 的執行步驟

驗證性因素分析的執行可以分成幾個步驟，第一個步驟是發展假設模型（hypothetic model）。也就是針對測量的題目的潛在結構關係，基於特定的理論基礎或是先期的假設，提出一個有待檢驗的因素結構模式，從結構方程模式的術語來說，就是建立一套假設的測量模型。

第二個步驟是進行模型辨識（model identification），也就是將研究者所欲檢驗的模型，轉換成統計模型，以便利用統計軟體來進行分析。此一步驟的完成，必須非常謹慎的計算模型的辨識性，以避免 SEM 執行失敗。除此之外，研究者必須熟習 SEM 分析軟體的程式語言或操作方式，將所欲檢驗的模型寫入 SEM 分析軟體的指令系統中。

步驟三是執行 SEM 分析，進行參數估計與模型檢驗。一般而言，SEM 所使用的資料型態可為原始資料（raw data），雖然方便，但是由於原始資料庫當中，往往包含有許多與 CFA 無關的變數，以及許多遺漏值存在，因此，如果要使用原始資料庫，應先清理資料庫。比較簡單的方法則是直接取用測量變數的相關或共變異數矩陣。

第四個步驟是進行模型評鑑（model evaluation）與參數報告分析，也就是研判 CFA 分析的報表結果，檢驗各項數據的正確性。基本上，CFA 可以用不同的估計方法來進行參數估計，而不同的方法所得到的結果也有所不同，因此，在 CFA 的研究報告中，應說明使用何種估計策略，並說明為配合該種策略，有無特殊的處理（例如樣本規模的決定、變項經過常態校正等），使得讀者可以清楚了解 CFA 的各項參數是在何種基礎下估計出來。

一般而言，最常用的估計方法是最大概似法（ML 法），ML 法的優點是在小樣本時，或是變項有不太理想的峰度時，仍然可以獲得理想的參數估計數，因此，對於 CFA 分析不熟悉的使用者，可以直接使用 ML 法來進行 CFA 分析。

最後一個步驟是對 CFA 分析進行最終報告，如果模型結果不甚理想，研究者可以進行模型修飾與調整，但由於此舉可能有違當初研究者所提出的假設模型，因此文獻上多不鼓勵研究者在最後這個階段因為結果不理想而進行過多的修正與調整。如果真有修飾模型的必要，也必須詳加說明修式的正當性與合理性，必要時引述文獻學理的說法，以強化立論根據。

在分析 CFA 報表時，應分別就兩個層次的數據進行處理，第一是過程性的資料，也就是在完成最終結論之前，我們必須詳細檢閱 CFA 分析的各項數據，觀察這些數據的狀態，必要時加以記載，作為報告撰寫之用。第二是終解（final solution）的報告，也就是 CFA 分析的最後結論的各種參數數據，以及模型適配度的最終數據。

二、模式適配評鑑

CFA 模式是否可被接受，關鍵在於研究者所設定的模式是否能夠反應觀測數據的共變結構，稱為模型適配檢驗（test for goodness of fit）。模式適配指標的功能是用來評估一個 CFA 模型是否與觀測資料適配。適配有兩種不同的意義，第一是絕對適配（absolute fit），第二是相對或增量適配（relative or incremental fit）。前者反映的是模型導出的共變矩陣與實際觀測的共變矩陣之間的適配情形，適配度數值大小，表示模型導出數與實際觀測數差異的多寡。最常用的絕對適配統計量是 χ^2 值，χ^2 值的原理是計算自 CFA 模型所估計得到的參數所導出的共變數矩陣與觀察共變數矩陣的之間差異程度的殘差，殘差愈大（表示參數估計結果與觀察數據有落差），χ^2 值愈大，反之，殘差愈小（表示參數估計結果與觀察數據相符），χ^2 值愈小。

至於相對與增量適配，則是指某一個模型的適配度，較另一個替代模型的適配度，增加或減少了多少適配度。例如一個模型假設潛在變項之間具有相關，替代模型則假設潛在變項之間沒有相關（稱為虛無或獨立模型），計算出兩個模型的適配度差異量後，以推知何者較能適配觀測資料。

在這兩種適配度的概念下，發展出不同的適配指標。一般學術報告均要求報告 χ^2 值以及與 χ^2 統計數的計算有關的訊息（自由度、樣本數、顯著性），因為 χ^2 值反映了模式適配的原始狀態，也因為許多適配指標是由 χ^2 值衍生而來。如果數據具有明顯的非常態性性質，經過特殊校正，則可報告調整後的 χ^2（例如 SB 量尺化卡方 Scaled χ^2；Satorra & Bentler, 1994）與相對應調整後的模式適配指標（參見邱皓政，2010 關於 C1 至 C4 替代性卡方量數的介紹）。

GFI 指標可以說是絕對適配指標當中最常應用在 CFA 的指標，因為 GFI 指標反映了潛在變數的萃取能力，性質類似於迴歸分析的 R^2，當數值愈大，表示實際觀察的共變矩陣能夠被假設模型解釋的百分比愈高，模型適配度愈佳。至於增量適配，被 Hu 與 Bentler（1995）稱為第二類型指標。如果樣本夠大而使用最大概似估計法時，NNFI（或稱為 TLI 指標；Tucker & Lewis's index）是較常用的指標，但是當樣本數少時（例如低於 150）則不建議使用，例如可以改用 IFI 指標。如果研究者採用的是 GLS 估計方法，以 IFI 指標的表現較理想。

Hu 與 Bentler（1995）指出第三類型指標是以非中央卡方為基礎所發展的增量適配指標，較佳的選擇是 CFI 指標（又稱為 BFI 指標，Bentler, 1995；或 RNI 指標，McDonald & Marsh, 1990）；RMSEA 指標則是近年來逐漸受到普遍採用的指標，因為 RMSEA 是第三類的非中央卡方指標當中，不受樣本分配影響的指標。Hu 與 Bentler（1999）主張 CFI 與 RMSEA 兩個指標都需報告在論文中。當研究者想去估計統計檢定力時，RMSEA 是非常適合的指標。當研究者想要比較不同的模型，但是沒有巢套關係時，則可使用 ECVI、AIC 或 CAIC 指標[1]。

呈現數據時，如果模型很多，利用表格來整理呈現可以一目了然。在論文的文字敘述中，可以寫為 $\chi^2(128, N = 284) = 506.23$，$p < .001$，NNFI $= .89$，CFI $= .91$ 的型態。值得注意的是，在 χ^2 數值呈現時，應一併報告自由度與樣本數資料。然後再就數值內容與意義加以說明。

三、內在適配檢驗

CFA 模式是否理想除了從模式適配程度來看，還必須從模式的內在品質來衡量潛在變數的適切性，又稱為內部適配。換言之，當模式整體適配被接受之後，我們必須針對個別的因素品質進行檢測。在本質上，模式適配檢驗是一種整體考驗，個別因素的考驗則是事後評估。Hair 等人（2006）認為，在 CFA 中，除了報告模式適配指標之外，還必需進一步了解測量模式當中的個別參數是否理想（項目信效度），各潛在變數的組合情形是否穩定可靠（構念的信效度），如果某些參數不甚理想，可以藉由模式修飾來找出不良題項或增加參數，來提高模式的內在適配。在具體作法上，比較為人所採用的策略包括三項檢驗：項目品質、組合信度（ρ_c）、平均變異萃取量（ρ_v）、構念區辨力。

（一）項目品質檢驗

Bollen（1989）指出，潛在變數的有效估計的前提，是找到一組能夠反映潛在構念意義的觀察指標，換言之，構成潛在變數的題目必須具有相當的信效度，否則無法支撐一個潛在變數模式。就組成一個因素的個別題目來說，當題項的測量誤差愈小，表示測量題目受到誤差的影響愈小，能夠測到真分數的程度愈高。Bagozzi

---

[1] 由於篇幅限制，關於適配指標的詳細討論請自行參考結構方程模式專書中的討論（例如余民寧，2006；邱皓政，2010；黃芳銘，2002）。

與 Yi（1988）認爲測量模式當中的測量殘差必須具有統計的顯著性，才能確立一個潛在變數是由一組帶有測量誤差的觀察變數所形成的這個前提基礎，相反的，如果測量誤差太微弱而未達統計顯著性時（或因素負荷量太高，超過 .95 時），意味該題足以完全反映該潛在構念的內容，測量模式的合理性即不復存在。除此之外，因素負荷量的係數正負號也應符合理論預期，更不應出現超過正負 1 的數值，這些條件的維繫，稱爲基本適配指標（preliminary fit criteria）（Bagozzi & Yi, 1988）。

延續前述的討論，因素負荷量一方面除了反映測量誤差的影響之外，也同時反映了個別題目能夠用來反映潛在變數的程度，Hair 等人（2006）認爲一個足夠大的因素負荷量，代表題項具有良好的聚斂效度（convergent validity）。一般而言，當因素負荷量大於 .71 時，即得以宣稱項目具有理想品質，因爲此時潛在變數能夠解釋觀察變數將近 50% 的變異，這個 $\lambda \geq .71$ 指標可以說是基本適配指標當中最明確的一個判準（Bagozzi & Yi, 1988; Hair et al, 2006）。

事實上，$\lambda \geq .71$ 原則其實來自於傳統因素分析當中共同性的估計，亦即個別題目能夠反映潛在變數的能力指標。一般來說，社會科學研究者所編製的量表的因素負荷量都不會太高，這可能是受限於測量本質的特性（例如態度測量的範圍太廣不易聚焦、構念過於模糊不易界定）、外在干擾與測量誤差的影響、甚至於構念本質是形成性或反映性等爭議。此時，建議採用 Tabachnica 與 Fidell（2007）所建議的標準（例如 $\lambda \geq .55$ 即可宣稱良好），而不必堅守 $\lambda \geq .71$ 原則。

從決定係數的角度來看，研究者可以利用多元相關平方（squared multiple correlation, SMC）來反映個別測量變數受到潛在變數影響的程度，當 SMC 愈高，表示真分數所占的比重愈高，相對的，當 SMC 愈低，表示真分數所占的比重愈低，信度愈低。

$$SMC_{\mathrm{var}\,i} = \frac{\lambda_i^2}{\lambda_i^2 + \Theta_{ii}} \qquad (16\text{-}1)$$

其中 λ_i 爲個別測量變數的因素負荷量，取平方後除以總變異量（解釋變異量加誤差變異量），即爲個別題目的信度估計數。值得注意的是，SMC 的計算是以單維假設爲基礎的信度估計數，也就是一個測量變數僅受到單一一個潛在變數的影響（單一真分數變異來源）。如果一個測量變數受到兩個或以上的潛在變數的影響，該式即不適用。

（二）組合信度（ρ_c）

CFA 模式的信度估計，基本上延續了古典測量理論的觀點，將信度的視為眞實分數所占的比例，而測量誤差的變異，即爲觀察分數當中，無法反映眞實分數的殘差變異量。對於個別測量題目來說，由於測量變數分數的變動係受到潛在因素與測量誤差的影響，而潛在因素所影響產生的變異即代表眞實分數的存在，因此，信度可以以測量變數的變異量可以被潛在變數解釋的百分比（proportion of variance of a measured variable）來表示。Fornell 與 Larker（1981）基於前述 SMC 的概念，提出了一個非常類似於內部一致性信度係數（Cronbach's α）的潛在變數的組合信度（composite reliability; ρ_c）：

$$\rho_c = \frac{(\sum \lambda_i)^2}{[(\sum \lambda_i)^2 + \sum \Theta_{ii}]} \tag{16-2}$$

上式中，$(\sum \lambda_i)^2$ 爲因素負荷量加總後取平方之數值，$\sum \Theta_{ii}$ 爲各觀察變數殘差變異數的總和。當測量模型中帶有殘差相關時，殘差變異量估計數會因爲殘差間的相關而降低，因此的估計必須將殘差相關納入計算（Raykov, 2004; Brown, 2006），如公式 16-3。

$$\rho_c = \frac{(\sum \lambda_i)^2}{[(\sum \lambda_i)^2 + \sum \Theta_{ii} + 2\sum \Theta_{ij}]} \tag{16-3}$$

其中 $\sum \Theta_{ii}$ 爲第 i 與 j 題殘差共變的總和，換言之，利用 SEM 來估計模型之餘，尚可以進行測量工具的信度的估計，而且，除了整體量表的信度得以估計之外，也可以計算個別測量題目的信度。唯一的缺點是在計算整個因素（量表）的信度之時，必須以人爲的方式來計算，LISREL 尚無模組得以自動產生。

依據古典測量理論的觀點，量表信度需達 .70 才屬比較穩定的測量，在 SEM 的測量模式也多沿用此一標準，但此一標準的達成必須當各題的因素負荷量平均達 .70 以上，社會科學領域的量表不易達到此一水準，因此 Bagozzi 與 Yi（1988）建議達 ρ_c 達 .60 即可，Raine-Eudy（2001）的研究指出，組合信度達 .50 時，測量工具在反映眞分數時即可獲得基本的穩定性。

（三）平均變異萃取量（ρ_v）

先前已經提及，測量題目的因素負荷量愈高，表示題目能夠反映潛在變數的能力愈高，因素能夠解釋各觀察變數的變異的程度愈大，因而可以計算出一個平均變異萃取量（average variance extracted, AVE 或 ρ_v），來反映一個潛在變數能被一組觀察變數有效估計的聚斂程度指標（Fornell & Larker, 1981）。公式如下：

$$\rho_v = \frac{\sum \lambda_i^2}{(\sum \lambda_i^2 + \sum \Theta_{ii})} \qquad (16\text{-}4)$$

上式中，分母為各題的因素負荷量平方加上誤差變異，相加為 1。因此分母即為題數 n：

$$\rho_v = \frac{\sum \lambda_i^2}{n} \qquad (16\text{-}5)$$

換言之，ρ_v 指標就是各因素的各題因素負荷量平方的平均值，如果配合前述的 $\lambda \geq .71$ 原則，那麼 ρ_v 的判準也即是 .50（Anderson & Gerbing, 1988; Hair et al, 2006）。當 ρ_v 大於 .50，表示潛在變數的聚斂能力十分理想，具有良好的操作型定義化（operationalization）。

從數學過程來看，ρ_v 的概念其實就是傳統探索性因素分析當中的特徵值（eigenvalue），亦即當各觀察變數提供一個單位變異量時，各因素的解釋變異量，也就是潛在變數變異量占總變異的百分比。換言之，驗證性因素分析當中的每一個因素，就是執行一次單因數的探索性因素分析的結果，ρ_v 即為該單一因素的特徵值。因此，ρ_v 的解釋宜以概念的本身來解釋，而不宜解釋成聚斂效度（Hair et al, 2006）。

（四）因素區辨力

Hair 等人（2006）除了引用 ρ_v 作為聚斂能力的指標，也指出了驗證性因素分析估計結果所得到的潛在變數必須具有區辨效度（discriminant validity），亦即不同的構念之間必須能夠有效分離。

在具體的 CFA 操作技術上，有三種方式可以用來檢驗潛在變數的區辨力，第一種是相關係數的區間估計法，如果兩個潛在變數的相關係數的 95% 信賴區間涵蓋了 1.00，表示構念缺乏區辨力。

第二種方法是競爭模式比較法，利用兩個 CFA 模型來進行競爭比較，一個 CFA 模型是令兩個構念之間相關自由估計，另一個 CFA 模型則是將相關設為 1.00（完全相關模型；此模型也即等同於單一因素模型），完全相關模型由於少一個有待估計的參數，自由度多 1，模式的適配度也會較低。如果效度模型沒有顯著的優於完全相關模型，即代表兩個構念間缺乏區辨力（Anderson & Gerbing, 1988; Bagozzi & Phillip, 1982）。

　　第三種方法是平均變異萃取量比較法，亦即 ρ_v 的平方根必須大於相關係數，或是比較兩個潛在變數的 ρ_v 平均值是否大於兩個潛在變數的相關係數的平方（Fornell & Larker, 1981）。

　　Hair 等人（2006）將這些測量模型的內在品質的各種要求加以整理後，認爲這些檢測都要符合的情況下，測量的構念效度即可獲得確保。但是此一說法應審慎爲之，因爲測量模式的內在適配理想或許可以提供聚斂與區辨效度的證據，但非構念效度的充分條件。

　　值得注意的是，測量的效度並非可以從單一統計量數來充分支持（Messick, 1989）。以上述這些程式來檢驗所獲得的證據，或許可以作爲測量模型的品質評估部分證據與參考，但是要能作爲測量工具能反映構念的效度的充分證據，還有一段距離。換言之，測量工具的構念效度無法藉由待測量表的本身來自我證實，而必須超越研究者所關心的測量工具本身，以其他測量通同的測量工具來求得合理的關係，或以實驗手段來證實測量分數的有效性。

　　另一個值得注意的是，Hair 等人所謂的聚斂效度與傳統的定義有所不同。Compbell 與 Fiske（1959）認爲聚斂效度是指以「不同方法」來測量相同特質的相關要高於所有的相關，此時不同方法是指不同的量表或不同的測量方式（例如自評與他評），而非一個分量表當中的不同題目（不同題目測量相同特質的相關或因素負荷量，反應的是測量信度）。進一步的，區辨效度的達成是在當不同方法或相同方法測量不同特質的相關，要高於不同方法測量相同特質的相關，此一觀點也無法單純從單一一個量表的檢驗中獲得。

　　因此，本節雖然引述了 Hair 等人（2006）諸多的策略與觀點，說明瞭個別題目品質、ρ_c、ρ_v、因素區辨力的作法，但是在此必須提醒讀者在論及測量的「構念效度」時，應採取更審慎保守的態度。尤其應避免將 ρ_v 視爲聚斂效度的唯一證據。

　　一般現行的驗證性因素分析或結構方程模式分析研究，均把因素負荷量與測量誤差當作測量穩定與一致性的指標，亦即信度的概念，而 ρ_c 與 ρ_v 也反映了潛在變數的整體穩定可靠性，也是信度的概念。至於透過驗證性因素分析方法所獲得的理想模型，多以測量工具具有因素效度（factorial validity）來相稱（Byrne, 1994; Bentler, 1995），而因素效度僅是構念效度的一部分（Anastasi & Urbina, 1997）。這就好像傳統進行探索性因素分析時，我們所得到的因素結構只能作爲量表因素效度的證據，至於構念效度，還需要以其他方式來從待檢工具以外的途徑來舉證（例如平行測量的相關）。

四、驗證性因素分析的其他應用

　　CFA 雖然僅處理測量變項與潛在變項的關係的檢驗，但是在實際研究上，即可以應用在兩種情況下：第一是應用在測量工具發展時，用以評估測量工具的因素結構是否恰當。第二是探討潛在變項之間的關係，是否與特定的理論觀點相符，稱爲理論概念的檢驗。第三，CFA 可以應用於 MTMM 等構念效度的檢驗，第四，CFA 可應用於跨樣本測量恆等性的檢驗。

（一）CFA 與 MTMM 研究

　　多重特質多重方法（multitrait-multimethod design, MTMM）是一種用來檢驗測量的聚斂效度、區辨效度與效度恆等性的技術。傳統上，MTMM 是利用相關係數的比對來檢驗效度，隨著 SEM 的普及，MTMM 逐漸改以 CFA 來進行，圖 16-5 即爲一典型的範例。

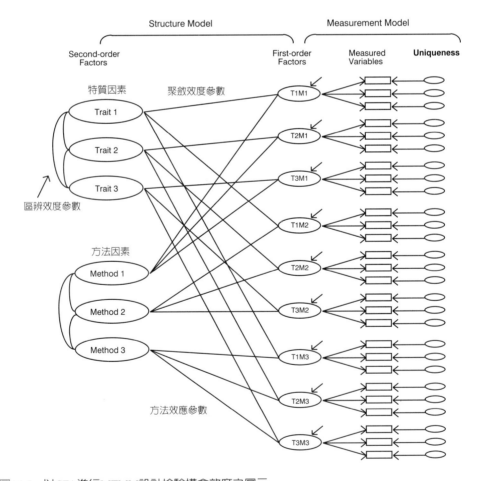

圖16-5　以CFA進行MTMM設計檢驗構念效度之圖示

CFA 的多重特質多重方法矩陣可針對多重方法效應問題進行統計檢測（Chiou & Hocevar, 1995; Chiou, 1995; Lowe & Ryan-Wenger, 1992; Marsh & Hocevar, 1988）。在文獻上，CFA 測量模型的分析對於系統誤差的處理能力受到學者相當的重視，對於解決計量研究者長期以來的困擾有其一定的貢獻（見 Fisicaro, 1988; Ilgen, Barnes-Farrell, & McKellin, 1993; Murphy, Jako, & Anhalt, 1993; Podsakoff & Organ, 1986）。CFA 最大的貢獻是將傳統的 MTMM 設計所得到的各種相關係數得以統計的方法來進行檢證，其次是可以透過對於方法因素（method factors）的估計（e.g., Marsh, 1988），來排除方法效應的影響，大幅度提高測驗的效用。

（二）測量恆等性檢驗

測量恆等性（measurement invariance）是指同一套測驗施於不同的對象或於不同的時點上使用時，測驗的分數應具有一定的恆等性（Reise, Widaman, & Pugh, 1993）。也就是說，當研究者利用一組測驗題目測得一個心理的概念（例如焦慮或自尊）並應用於組間的比較（如男女性別或不同年級），研究者必須假設測驗分數背後的項目分數與尺度對不同的受試對象具有相同的意義。

在測驗發展上，一個測驗即使被證明有良好的信度，並不能說明這些測驗題目與其所測得的潛在因素在不同的受試身上有相同的意義，此時，因素恆等性的檢驗可以提供研究者因素架構、個別因素負荷量、誤差估計在不同樣本間的等同或歧異性。Byrne（1994）指出測驗發展過程中，因素恆等性檢測應有下列五個方向：

1. 測驗項目在不同的母體樣本上是否有相等同的意義？
2. 測驗所獲得的因素結構在不同的母體樣本是否等同？
3. 測驗的因素結構中，某些特定的參數（如相關係數）在不同的母體樣本是否等同？
4. 測驗測得某個心理特質的分數在不同的母體樣本是否等同？
5. 測驗的因素結構在相同的母體中的不同樣本上是否可以複製？

上述諸項檢驗工作的進行，皆可以透過 CFA 技術對於測量模型的檢驗來完成。由於 CFA 可以先期指定一個特定的因素結構，指出每一條路徑參數的相對關係，並將此一模型配套於兩個樣本之上進行獨立估計，若研究者同時設定多樣本分析（multisample analysis），則兩個樣本的因素結構模型將可合併在一個 SEM 中檢驗，進一步地依研究者的指示檢查每一組參數配對之差異是否達到統計的顯著性，也就是檢驗相同的一個路徑或參數在兩個不同樣本的估計是否相同。

由於 CFA 所採用的原理是共變結構的分析，因此儘管不同樣本產生不同的一個共變矩陣，CFA 仍可將其納入同一個分析架構，如此一來，便解決傳統以 EFA 來進行恆等性的諸項問題，避免多次比較所帶來的 Type I & II error 威脅，對於複雜的參數估計得以假設檢定的方式來進行。

恆定性的檢驗涉及了相當繁複的比較歷程，主要原因是由於效度模型的組成除了代表效度與方法效應的參數，尚包括其他不同的參數（如誤差項、因素變異數等）估計，因此恆等性的檢驗必須逐步地檢查不同的參數的恆定性，最終方能得到效度恆等性的檢驗。例如 Marsh（1994）與 Cheung & Rensvold（2002）都曾提出恆等性階層（invariance hierarchy）用以檢驗不同層次的測量恆定性。Cheung 與 Rensvold（2002）建議以八個步驟來檢驗下列各類恆等性：因素結構的形貌恆等（configual invariance）、因素負荷量的量尺恆等（metric invariance）（包括構念層次與題目層次）、代表平均數的截距恆等（intercept invariance）（包括觀察變數與潛在變數截距）、測量殘差恆等（residual variance invariance）、潛在變數變異數與共變數恆等（equivalence of variance/covariance）。同時 Cheung 與 Rensvold（2002）認為恆等性的檢驗不宜以卡方差異檢定的顯著與否來判定（因為 χ^2 受樣本數的影響甚大），而建議以 CFI 的變動量少於 .01 作為恆等性存在的判準。

第四節　驗證性因素分析範例

基本上，CFA 是 SEM 當中的測量模型。當一個 SEM 模型中，如果僅涉及測量模型的檢驗，而沒有結構模型的概念，即是驗證性因素分析。在此種模型中，SEM 所處理僅是測量變數與潛在變數的關係。

本範例是以組織創新氣氛的測量為例，進行測量工具發展的驗證性因素分析的操作示範。為了便於說明，本範例僅取用組織創新氣氛量表（邱皓政，1999）的 18 題短題本來進行操作示範。樣本是 384 位來自於臺灣某家企業的員工。量表題目與描述統計量如表 16-1。

→ 表16-1　18個組織創新氣氛量表題目內容與描述統計量

題目內容	M	SD
v1 我們公司重視人力資產、鼓勵創新思考。	4.42	.98
v2 我們公司下情上達、意見交流溝通順暢。	4.31	1.02
v3 我們公司能夠提供誘因鼓勵創新的構想。	4.07	.97
v4 當我有需要，我可以不受干擾地獨立工作。	4.02	1.16
v5 我的工作內容有我可以自由發揮與揮灑的空間。	4.25	1.16
v6 我可以自由的設定我的工作目標與進度。	4.24	1.09
v7 我可以獲得充分的資料與資訊以進行我的工作。	4.37	.98
v8 只要我有需要，我可以獲得專業人員的有效協助。	4.34	1.03
v9 對於我們工作上的需要，公司會盡量滿足我們。	4.31	1.05
v10 我的工作夥伴與團隊成員具有良好的共識。	4.83	.94
v11 我的工作夥伴與團隊成員能夠相互支持與協助。	4.95	.84
v12 我的工作夥伴與團隊成員能以溝通協調來化解問題與衝突。	4.83	.91
v13 我的上司主管能夠尊重與支持我在工作上的創意。	4.63	.97
v14 我的上司主管擁有良好的溝通協調能力。	4.73	1.01
v15 我的上司主管能夠信任部屬、適當的授權。	4.70	.98
v16 我的公司提供充分的進修機會、鼓勵參與學習活動。	4.23	1.17
v17 人員的教育訓練是我們公司的重要工作。	4.63	1.09
v18 我的公司重視資訊收集與新知的獲得與交流。	4.49	.94

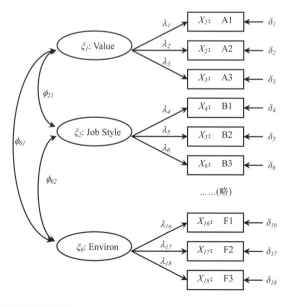

圖16-6　CFA模型各參數路徑圖示

組織創新氣氛量表為 Likert 式 6 點量尺自陳量表，用以測量組織成員對於組織
創新氣氛的知覺。該量表題目的編寫，係由研究者所執行的前導研究，發現影響組
織創新氣氛知覺的因素，包括「組織價值」、「工作方式」、「團隊運作」、「領
導風格」、「學習成長」、「環境氣氛」等 6 個因素，因此針對這些因素編寫題
目，發展出評定量表。在本範例中，每一個因素僅取出 3 個題目做為代表，因此共
有 18 個題目（代號 A1 至 E3）。受測者在這些題目的得分愈高，代表所知覺到的
組織氣氛愈有利於組織成員進行創新的表現。由於部分成員在部分題目上表示無
法填答的情形，因此，實際應用於 SEM 分析的樣本為完全作答的 350 位。這個 18
題的評定量表，基於研究者所提出的先期結構（6 因素測量模型），6 個因素與 18
個測量變數的關係可以利用圖 16-6 的假設模型表示。

範例 16-1　驗證性因素分析：LISREL 範例

　　在各種軟體中，LISREL 是最早通行於學術界的分析工具，也是由 SEM 的發
展者 Jöresgor 所發展。LISREL 提供兩種語法：傳統語法與簡要語法 SIMPLIS，本
範例的語法如表 16-2 所示。

→表16-2　驗證性因素分析的SIMPLIS語法範例

```
Title ch16 CFA using SIMPLIS syntax
Observed Variables: A1 A2 A3 B1 B2 B3 C1-C3 D1-D3 E1-E3 F1-F3
Raw data from file ch16.dat
Sample Size = 313
Latent Variables: VALUE JOBSTYLE TEAMWORK LEADERSH LEARNING ENVIRONM
Relationships
A1-A3  =  VALUE
B1-B3  =  JOBSTYLE
C1-C3  =  TEAMWORK
D1-D3  =  LEADERSH
E1-E3  =  LEARNING
F1-F3  =  ENVIRONM
Set the Variance of VALUE-ENVIRONM equal 1
Path Diagram
LISREL Output SE TV RS MR FS SS SC MI
End of Program
```

　　以 LISREL 得到的結果如下：

Goodness-of-Fit Statistics

Degrees of Freedom for (C1)-(C2)	120
Maximum Likelihood Ratio Chi-Square (C1)	242.298 (P = 0.0000)
Browne's (1984) ADF Chi-Square (C2_NT)	230.062 (P = 0.0000)

```
Estimated Non-centrality Parameter (NCP)            122.298
90 Percent Confidence Interval for NCP             (81.721 ; 170.655)

Minimum Fit Function Value                          0.774
Population Discrepancy Function Value (F0)          0.391
90 Percent Confidence Interval for F0              (0.261 ; 0.545)
Root Mean Square Error of Approximation (RMSEA)     0.0571
90 Percent Confidence Interval for RMSEA           (0.0466 ; 0.0674)
P-Value for Test of Close Fit (RMSEA < 0.05)        0.128

Expected Cross-Validation Index (ECVI)              1.100
90 Percent Confidence Interval for ECVI            (0.970 ; 1.254)
ECVI for Saturated Model                            1.093
ECVI for Independence Model                         9.196

Chi-Square for Independence Model (153 df)         2842.325

Normed Fit Index (NFI)                              0.915
Non-Normed Fit Index (NNFI)                         0.942
Parsimony Normed Fit Index (PNFI)                   0.717
Comparative Fit Index (CFI)                         0.955
Incremental Fit Index (IFI)                         0.955
Relative Fit Index (RFI)                            0.891

Critical N (CN)                                    205.676

Root Mean Square Residual (RMR)                     0.0536
Standardized RMR                                    0.0518
Goodness of Fit Index (GFI)                         0.924
Adjusted Goodness of Fit Index (AGFI)               0.892
Parsimony Goodness of Fit Index (PGFI)              0.649
```

　　LISREL 提供了多種模型適配指數，用以判斷假設模型與實際觀察值之間的擬合情形。自由度 = 120，卡方值 = 242.298，p < .001，RMSEA = .0571，90% 的信賴區間為 (0.0466；0.0674)，涵蓋了慣用的 RMSEA < .06 的標準，NFI（.915）、NNFI（.942）、CFI（.955）均超過 .95 的慣用值，表示模型適配理想。

```
Completely Standardized Solution
    LAMBDA-X
            VALUE   JOBSTYLE  TEAMWORK  LEADERSH  LEARNING  ENVIRONM
          --------  --------  --------  --------  --------  --------
    A1      0.83      - -       - -       - -       - -       - -
    A2      0.69      - -       - -       - -       - -       - -
    A3      0.63      - -       - -       - -       - -       - -
    B1      - -       0.68      - -       - -       - -       - -
    B2      - -       0.83      - -       - -       - -       - -
    B3      - -       0.79      - -       - -       - -       - -
    C1      - -       - -       0.72      - -       - -       - -
    C2      - -       - -       0.71      - -       - -       - -
    C3      - -       - -       0.66      - -       - -       - -
    D1      - -       - -       - -       0.87      - -       - -
    D2      - -       - -       - -       0.89      - -       - -
    D3      - -       - -       - -       0.72      - -       - -
    E1      - -       - -       - -       - -       0.83      - -
    E2      - -       - -       - -       - -       0.91      - -
```

E3	- -	- -	- -	- -	0.81	- -
F1	- -	- -	- -	- -	- -	0.55
F2	- -	- -	- -	- -	- -	0.76
F3	- -	- -	- -	- -	- -	0.84

PHI

	VALUE	JOBSTYLE	TEAMWORK	LEADERSH	LEARNING	ENVIRONM
	--------	--------	--------	--------	--------	--------
VALUE	1.00					
JOBSTYLE	0.54	1.00				
TEAMWORK	0.49	0.70	1.00			
LEADERSH	0.42	0.45	0.52	1.00		
LEARNING	0.53	0.57	0.60	0.56	1.00	
ENVIRONM	0.70	0.39	0.60	0.32	0.44	1.00

　　前述各步驟完成了組織創新氣氛量表的驗證性因素分析，確立了六因素模式的適切性。下一步即是進行測量模式內在適配的評估。組合信度（ρ_c）與變異萃取量（ρ_v），均能達到 ρ_c 大於 .7、ρ_v 大於 .50 的水準，顯示各因素的內在適配良好。茲以第一個因素（組織理念）為例，列出 ρ_c 與 ρ_v 的計算過程如下（因素負荷量請見上一頁）：

$$\rho_c = \frac{(\sum \lambda_i)^2}{[(\sum \lambda_i)^2 + \sum \Theta_{ii}]} = \frac{(.83 + .69 + .63)^2}{(.83 + .69 + .63)^2 + (.31 + .52 + .60)} = \frac{4.62}{6.05} = .76$$

$$\rho_v = \frac{\sum \lambda_i^2}{(\sum \lambda_i^2 + \sum \Theta_{ii})} = \frac{.83^2 + .69^2 + .63^2}{(.83^2 + .69^2 + .63^2) + (.31 + .52 + .60)} = \frac{1.56}{3} = .52$$

　　在敘述上，ρ_c 可以解釋為因素內各觀察變數的一致性，其數值接近因素內各因素負荷量的平均值。以組織理念因素為例，三個因素負荷量的平均為 .72，與 ρ_c 的 .76 相差不遠。ρ_v 則反映了因素的解釋力，.52 的 ρ_v 表示因素能夠解釋觀察變數 52% 的變異。

　　最後，因素區辨力可以相關係數的 95% 是否涵蓋 1.00 來判斷。由 LISREL 報表中我們可以獲得各相關係數的標準誤，利用區間估計的公式，可以計算出各相關係數的 95% 信賴區間，如果這些區間沒有涵蓋 1.00，可視為構念間相關具有合理區辨力的證據之一。如表 16-3，各因素之間的相關係數介於 .32 至 .70 之間，以最大的相關 .70（團隊領導與工作方式間的相關係數）為例，其 95% 的信賴區間（confidence interval; CI）為 .60 至 .80，$95\% CI = .70 \pm 1.96(.05) = .60 \sim .80$，未涵蓋 1.00，可以解釋成該相關係數顯著不等於 1.00。

　　若以 Fornell 與 Larker（1981）建議的 ρ_v 比較法，檢驗兩個潛在變數的 ρ_v 平均值是否大於兩個潛在變數的相關係數的平方。結果列於表 16-4 的第三列，所有各因素兩兩 ρ_v 的平均值均大於相關係數的平方，亦顯示各構念之間具有理想的區辨力。

→ **表16-3**　各因素區辨力檢驗摘要表

因素		組織理念	工作方式	團隊運作	領導效能	學習成長
工作方式	$r(r^2)$	.54(.29)				
	95% CI	(.44, .64)				
	ave AVE	.56				
團隊運作	$r(r^2)$	.49(.24)	.70(.49)			
	95% CI	(.37, .61)	(.60, .80)			
	ave AVE	.51	.54			
領導效能	$r(r^2)$	.42(.18)	.45(.20)	.52(.27)		
	95% CI	(.30, .54)	(.33, .57)	(.40, .64)		
	ave AVE	.61	.64	.59		
學習成長	$r(r^2)$	.53(.28)	.57(.32)	.60(.36)	.56(.31)	
	95% CI	(.43, .63)	(.47, .67)	(.50, .70)	(.46, .66)	
	ave AVE	.62	.66	.61	.71	
環境氣氛	$r(r^2)$	.70(.49)	.39(.15)	.60(.36)	.32(.10)	.44(.19)
	95% CI	(.60, .80)	(.27, .51)	(.50, .70)	(.20, .44)	(.32, .56)
	ave AVE	.53	.56	.51	.61	.63

註：ave AVE 係指兩個因素的 AVE 平均值

→ **表16-4**　驗證性因素分析結果摘要表

因素	題目	λ	殘差	ρ_c	ρ_v
組織理念	1 我們公司重視人力資產、鼓勵創新思考	.83	.31	**.76**	**.52**
	2 我們公司下情上達、意見交流溝通順暢	.69	.52		
	3 我們公司能夠提供誘因鼓勵創新的構想	.63	.60		
工作方式	4 當我有需要，我可以不受干擾地獨立工作	.68	.53	**.81**	**.59**
	5 我的工作內容有我可以自由發揮與揮灑的空間	.83	.31		
	6 我可以自由的設定我的工作目標與進度	.79	.38		
團隊運作	7 我的工作夥伴與團隊成員具有良好的共識	.72	.49	**.74**	**.49**
	8 我的工作夥伴與團隊成員能夠相互支持與協助	.71	.49		
	9 夥伴與成員能以溝通協調來化解問題與衝突	.66	.56		
領導效能	10 我的主管能夠尊重與支持我在工作上的創意	.87	.25	**.87**	**.69**
	11 我的主管擁有良好的溝通協調能力	.89	.22		
	12 我的主管能夠信任部屬、適當的授權	.72	.48		
學習成長	13 我的公司提供充分的進修機會與學習活動	.83	.31	**.89**	**.72**
	14 人員的教育訓練是我們公司的重要工作	.91	.18		
	15 我的公司重視資訊收集與新知的獲得與交流	.81	.34		
環境氣氛	16 我的工作空間氣氛和諧良好、令人心情愉快	.55	.70	**.76**	**.53**
	17 我有一個舒適自由、令我感到滿意的工作空間	.76	.43		
	18 我的工作環境可以使我更有創意靈感與啟發	.84	.30		

註：所有係數均達 .05 統計水準

經過前述的分析，量表的整體適配與內部品質均受到支持，因此研究者可以進行最後的整理。表 16-4 列出了 18 個題目的因素負荷量（完全標準化解）、殘差、ρ_c 與 ρ_v。表中所有的參數的顯著性考驗均達 .05 顯著水準，雖然部分因素負荷量的數值未達 .71 的理想水準，但除了第 16 題低於 .60 以外，其他題目也都能保持在良好的水準之上，因此從個別題目來看，題目的品質良好。

　　LISREL 分析的優點之一，是能夠產生各種參數估計值之外，可以將各項資料以路徑圖的方式呈現，免除人為製圖的工作。因此，使用者可以將前面的標準化解結果條例整理後，佐以路徑圖示來強化研究結果的說明，有效的利用文書軟體來協助報告的完成。

範例 16-2　驗證性因素分析：Mplus 範例

　　Mplus 是以語法為主的分析工具。操作與呈現非常簡化，使用者只需參考指導手冊的範例，撰寫適當的指令即可獲得重要的資料。以下即以 Mplus(請參閱語法檔 ch16.inp) 來示範。

```
TITLE:      Ch16 Confirmatory Factor Analysis using MPLUS syntax
DATA:       FILE IS ch16.dat;
VARIABLE:   NAMES ARE a1-a3 b1-b3 c1-c3 d1-d3 e1-e3 f1-f3;
MODEL:
   VALUE    by a1*a2-a3;
   JOBSTYLE by b1*b2-b3;
   TEAMWORK by c1*c2-c3;
   LEADERSH by d1*d2-d3;
   LEARNING by e1*e2-e3;
   ENVIRONM by f1*f2-f3;
   VALUE@1;
   JOBSTYLE@1;
   TEAMWORK@1;
   LEADERSH@1;
   LEARNING@1;
   ENVIRONM@1;
OUTPUT:
   STANDARDIZED;
```

設定模型
VALUE by a1*a2-a3 是指 VALUE 因素有三個測量指標，其中 a1 的λ自由估計。若寫做 VALUE by a1-a3 則Mplus 自動設定第一條參數的λ為 1。

設定因素變異數為 1
由於因素當中的每一條λ都自由估計，因此必須設定各因素變異數為 1。

列印標準化估計數
預設報表僅列印原始估計數，若需要完全標準化解，則需下達此一指令。

《分析結果》
```
TESTS OF MODEL FIT
Chi-Square Test of Model Fit
        Value                       241.755
```

```
                Degrees of Freedom                    120
                P-Value                            0.0000
Chi-Square Test of Model Fit for the Baseline Model
                Value                           2842.819
                Degrees of Freedom                    153
                P-Value                            0.0000
CFI/TLI
                CFI                                 0.955
                TLI                                 0.942
Loglikelihood
                H0 Value                         -6751.785
                H1 Value                         -6630.907
Information Criteria
                Number of Free Parameters             69
                Akaike (AIC)                      13641.569
                Bayesian (BIC)                    13900.057
                Sample-Size Adjusted BIC          13681.211
                  (n* = (n + 2) / 24)
RMSEA (Root Mean Square Error Of Approximation)
                Estimate                            0.057
                90 Percent C.I.                     0.047  0.067
                Probability RMSEA <= .05            0.132
SRMR (Standardized Root Mean Square Residual)
                Value                               0.049
```

STDYX Standardization

		Estimate	S.E.	Est./S.E.	Two-Tailed P-Value
VALUE	BY				
A1		0.830	0.032	26.314	0.000
A2		0.692	0.038	18.205	0.000
A3		0.634	0.041	15.518	0.000
JOBSTYLE	BY				
B1		0.682	0.036	18.754	0.000
B2		0.833	0.027	30.700	0.000
B3		0.788	0.030	26.634	0.000
TEAMWORK	BY				
C1		0.717	0.038	19.037	0.000
C2		0.715	0.038	18.935	0.000
C3		0.663	0.041	16.301	0.000
LEADERSH	BY				
D1		0.867	0.021	40.729	0.000
D2		0.886	0.020	43.694	0.000
D3		0.720	0.032	22.644	0.000

```
LEARNING BY
    E1               0.830      0.023      36.901      0.000
    E2               0.906      0.017      51.860      0.000
    E3               0.811      0.023      34.623      0.000
ENVIRONM BY
    F1               0.550      0.046      11.828      0.000
    F2               0.758      0.033      22.837      0.000
    F3               0.837      0.030      27.683      0.000
JOBSTYLE WITH
    VALUE            0.542      0.055       9.802      0.000
TEAMWORK WITH
    VALUE            0.494      0.063       7.825      0.000
    JOBSTYLE         0.697      0.047      14.824      0.000
LEADERSH WITH
    VALUE            0.417      0.059       7.068      0.000
    JOBSTYLE         0.447      0.055       8.067      0.000
    TEAMWORK         0.522      0.056       9.335      0.000
LEARNING WITH
    VALUE            0.526      0.054       9.677      0.000
    JOBSTYLE         0.575      0.048      11.974      0.000
    TEAMWORK         0.603      0.050      12.014      0.000
    LEADERSH         0.557      0.047      11.851      0.000
ENVIRONM WITH
    VALUE            0.695      0.046      15.263      0.000
    JOBSTYLE         0.391      0.061       6.394      0.000
    TEAMWORK         0.600      0.056      10.743      0.000
    LEADERSH         0.316      0.062       5.071      0.000
    LEARNING         0.443      0.056       7.909      0.000
```

　　Mplus 的 CFA 分析結果適配程度頗為理想。各因素負荷參數除了 F1 以外，各題都達到 .60 以上。Mplus 分析結果亦與 LIJREL 的分析結果相仿，但報表整理的方式更為整齊易讀。

範例 16-3　驗證性因素分析：R 範例

在 R 當中執行 CFA 係使用 lavaan 套件，此外，semPlot 套件則可進行繪圖。以下即以 RStudio 載入 lavaan 與 semPlot 套件後，進行 CFA 分析。

（一）R 語法

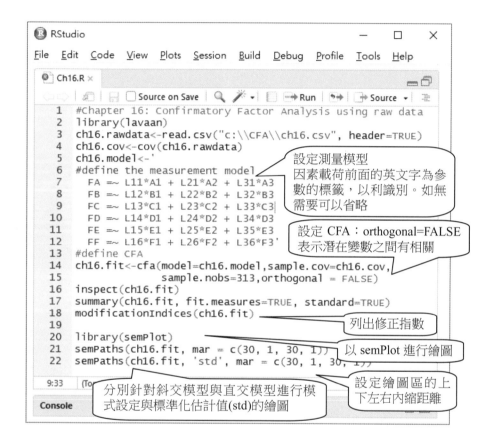

（二）R 分析結果

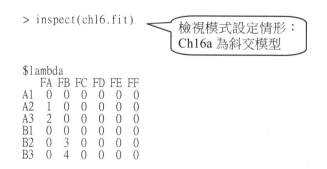

```
> inspect(ch16.fit)
```

檢視模式設定情形：
Ch16a 為斜交模型

```
$lambda
   FA FB FC FD FE FF
A1  0  0  0  0  0  0
A2  1  0  0  0  0  0
A3  2  0  0  0  0  0
B1  0  0  0  0  0  0
B2  0  3  0  0  0  0
B3  0  4  0  0  0  0
```

```
C1  0  0  0  0  0  0
C2  0  0  5  0  0  0
C3  0  0  6  0  0  0
D1  0  0  0  0  0  0
D2  0  0  0  7  0  0
D3  0  0  0  8  0  0
E1  0  0  0  0  0  0
E2  0  0  0  0  9  0
E3  0  0  0  0 10  0
F1  0  0  0  0  0  0
F2  0  0  0  0  0 11
F3  0  0  0  0  0 12
```

測量模型的模式設定狀態。有 12 個估計參數

```
$theta
    A1 A2 A3 B1 B2 B3 C1 C2 C3 D1 D2 D3 E1 E2 E3 F1 F2 F3
A1 13
A2  0 14
A3  0  0 15
B1  0  0  0 16
B2  0  0  0  0 17
B3  0  0  0  0  0 18
C1  0  0  0  0  0  0 19
C2  0  0  0  0  0  0  0 20
C3  0  0  0  0  0  0  0  0 21
D1  0  0  0  0  0  0  0  0  0 22
D2  0  0  0  0  0  0  0  0  0  0 23
D3  0  0  0  0  0  0  0  0  0  0  0 24
E1  0  0  0  0  0  0  0  0  0  0  0  0 25
E2  0  0  0  0  0  0  0  0  0  0  0  0  0 26
E3  0  0  0  0  0  0  0  0  0  0  0  0  0  0 27
F1  0  0  0  0  0  0  0  0  0  0  0  0  0  0  0 28
F2  0  0  0  0  0  0  0  0  0  0  0  0  0  0  0  0 29
F3  0  0  0  0  0  0  0  0  0  0  0  0  0  0  0  0  0 30
```

測量殘差的模式設定狀態，有 18 個測量殘差參數

測量殘差之間沒有相關參數

```
$psi
    FA FB FC FD FE FF
FA 31
FB 37 32
FC 38 42 33
FD 39 43 46 34
FE 40 44 47 49 35
FF 41 45 48 50 51 36
```

變異數與共變數的模式設定狀態。對角線上為變異數，下三角部分為共變數。

```
> summary(ch16.fit, fit.measures=TRUE, standard=TRUE)
lavaan (0.5-23.1097) converged normally after  52 iterations

  Number of observations                          313
```

樣本數：313

```
  Estimator                                        ML
  Minimum Function Test Statistic             241.755
  Degrees of freedom                              120
  P-value (Chi-square)                          0.000
```

適配指標：卡方值 (241.755) 與模型自由度 (120)

```
Model test baseline model:

  Minimum Function Test Statistic            2842.819
  Degrees of freedom                              153
  P-value                                       0.000

User model versus baseline model:

  Comparative Fit Index (CFI)                   0.955
  Tucker-Lewis Index (TLI)                      0.942
```

其他適配指標

```
Loglikelihood and Information Criteria:

  Loglikelihood user model (H0)              -6751.785
  Loglikelihood unrestricted model (H1)      -6630.907

  Number of free parameters                         51
  Akaike (AIC)                                13605.569
  Bayesian (BIC)                              13796.626
  Sample-size adjusted Bayesian (BIC)         13634.870

Root Mean Square Error of Approximation:

  RMSEA                                           0.057
  90 Percent Confidence Interval        0.047    0.067
  P-value RMSEA <= 0.05                           0.132

Standardized Root Mean Square Residual:

  SRMR                                            0.052
```

Parameter Estimates:

参數估計結果：因素載荷的估計與檢定結果，最後一欄為完全標準化解。

```
Latent Variables:
                 Estimate  Std.Err  z-value  P(>|z|)   Std.lv   Std.all
  FA =~
    A1    (L11)     1.000                               0.815    0.830
    A2    (L21)     0.867    0.075   11.496    0.000    0.706    0.692
    A3    (L31)     0.753    0.071   10.564    0.000    0.614    0.634
  FB =~
    B1    (L12)     1.000                               0.789    0.682
    B2    (L22)     1.219    0.101   12.027    0.000    0.961    0.833
    B3    (L32)     1.084    0.093   11.686    0.000    0.856    0.788
  FC =~
    C1    (L13)     1.000                               0.699    0.717
    C2    (L23)     1.053    0.099   10.686    0.000    0.736    0.715
    C3    (L33)     0.995    0.099   10.061    0.000    0.696    0.663
  FD =~
    D1    (L14)     1.000                               0.810    0.867
    D2    (L24)     0.915    0.051   17.843    0.000    0.741    0.886
    D3    (L34)     0.809    0.057   14.218    0.000    0.655    0.720
  FE =~
    E1    (L15)     1.000                               0.806    0.830
    E2    (L25)     1.132    0.061   18.637    0.000    0.912    0.906
    E3    (L35)                                0.000    0.791    0.811
  FF =~
    F1    (L16)     1                                   0.641    0.550
    F2    (L26)     1.292    0.144            0.000     0.828    0.758
    F3    (L36)     1.226    0.133    9.188    0.000    0.786    0.837
```

各因素的第一個因素載荷設定為 1，沒有檢定值

```
Covariances:
                 Estimate  Std.Err  z-value  P(>|z|)   Std.lv   Std.all
  FA ~~
    FB            0.349     0.055    6.366    0.000     0.542    0.542
    FC            0.282     0.048    5.858    0.000     0.494    0.494
    FD            0.275     0.049    5.645    0.000     0.417    0.417
    FE            0.345     0.051    6.772    0.000     0.526    0.526
    FF            0.363     0.055    6.592    0.000     0.695    0.695
  FB ~~
    FC            0.385     0.055    6.982    0.000     0.697    0.697
    FD            0.286     0.049    5.784    0.000     0.447    0.447
    FE            0.365     0.054    6.819    0.000     0.575    0.575
    FF            0.198     0.043    4.614    0.000     0.391    0.391
…(略)
```

因素間的共變數

因素間的相關係數

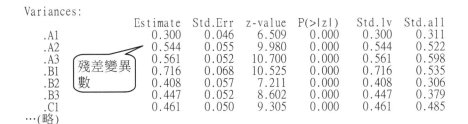

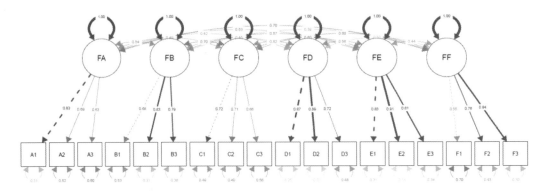

圖16-7　以R進行CFA結果圖示

　　基本上，LISREL、Mplus、R 等不同軟體所估計出來的參數數值幾乎完全相同。三種軟體在估計模式整體適配性時差異比較明顯。LISREL 提供了兩種最小適配函數 χ^2 與 NT/WLS χ^2 兩者，其中 NT/WLS χ^2 數值較小，也因此導致 CFI、TLI、RMSEA 等各項指標比另外兩個軟體更理想。更進一步的比較在此省略，有興趣的讀者可以自行檢視比較三種軟體的差異。

第五節　結語

　　CFA 在結構方程模式整體的發展過程中，占有相當重要的地位，最初發展的先驅如 Jöreskog 等人，長期以來即積極地改善傳統的因素分析的限制，擴大其應用範圍，最後促成了結構方程模式的出現。在結構方程模式的分析架構中，CFA 所檢驗的是測量變數與潛在變數的假設關係，可以說是結構方程模式最基礎的測量部分，它不但是結構方程模式中其他後續高等統計檢驗的基礎，更可以獨立的應用在信效度的考驗與理論有效性的確認。

　　由於 CFA 使用的範圍相當廣泛，大大超越了傳統 EFA 用來簡化數據或抽取因素的單純目的，CFA 可以用來檢驗抽象概念或潛在變數的存在與否，評估測驗工具的項目效度與信效度，並且檢驗特定理論假設下的因素結構，因此在 SEM 典範下，CFA 經常被獨立使用。但在此要提醒的是，研究者必須清楚知道自己的研究目的與需要，因為 EFA 與 CFA 兩者的目的不同，適用時機也不一樣。EFA 與 CFA 各有所長也各有缺點，後起之秀的 CFA 欠缺 EFA 具有尋覓探詢複雜現象的彈性，EFA 則沒有強而有力的理論作為後盾，兩者皆無法取代對方，但兩種技術的熟稔對於研究者探究科學命題具有相輔相成的功效，因此兩者均要熟悉。

總而言之，如果不是為了探索智力、創造力、自尊等這類的心理構念，因素分析的發展不會有今日的光景，反過來說，因素分析的獨特價值，是因為抽象構念的測量問題而存在，但是究其根本，都回歸 Spearman 當初所關心的問題：為什麼智力測驗的測量分數之間會有高相關？是不是有一個智力的心理構念在背後？在心理計量方法與資訊科技的聯手合作下，不論是探索性或驗證性取向，因素分析是研究者手中強而有力的工具，如果能夠善用各種現代化的計量方法與科學工具，將能有助於這些問題的釐清。

附錄：R的小世界——R簡介與操作說明

第一節　R 是什麼

在資料科學與統計分析領域，經常聽到一句話：「你會用 R 嗎？」，如果你回答，「我不僅會用 R，會寫 R 腳本，也會寫 R 套件！」，那麼你一定會被另眼對待。彷彿懂 R、用 R、寫 R 成為我們這個領域的通關密語。那麼，什麼是 R 呢？

簡單來說，R 是一套免費的程式語言，主要用於統計分析與繪圖，由 R 統計運算基金會（R Foundation for Statistical Computing; https://www.r-project.org/）擁有，可在多種平台下執行，例如 UNIX、Windows、MacOS。

R 本身已經有很多基本的統計分析與數學運算功能，但如果遇到一些比較高階的功能，可以另外下載套件（package）來擴充功能，這些套件多半是資訊專家、使用同好、業界高手或學者專家所為，儲存於 R 典藏網（CRAN, Comprehensive R Archive Network），免費提供給 R 使用者運用。網站中除了提供 R 軟體的安裝執行檔、原始碼和說明文件，也收錄各種套件，全球有超過一百個CRAN 鏡像站（臺灣是放在臺灣大學與元智大學），因此 R 不僅免費，更是一套功能強大、訊息公開、擴展性極佳的開源軟體，因此極受各界重視。

一、R 的起源

R 是由紐西蘭奧克蘭大學的 Ross Ihaka 與 Robert Gentleman 兩位學者於 1992 年開始發展（因此稱為 R），1995 年首度發表，到了 2000 年左右趨於穩定。目前由 R 核心團隊（*R Development Core Team*）負責軟體開發維護工作。R 的核心軟體大約每隔幾個月就會升級一次，截至 2019 年 3 月為止，最新版本是 R-3.5.2。

基本上，R 並非是一套全新的程式語言，而是從 S 與 Theme 整合延伸而來。S 語言是 1976 年由諾基亞集團貝爾實驗室（Bell labs）的 John Chambers 領銜開發，他目前仍是 R 核心團隊的主要負責人。Scheme 於 1975 年誕生於麻省理工學院 MIT 人工智慧實驗室，是一種由 LISP 衍生而來的函數式程式語言，主要應用在人工智慧或是結構複雜難以用傳統語言處理的分析作業，擅長處理符號。

在 R 的官方網站中，會以「GNU S」一詞來介紹 R，其中 GNU 是「GNU is Not Unix」的縮寫，表示 R 不是 Uuix 那一種的 S 語言，而是自由自在的軟體語言。GNU 是 1983 年由麻省理工學院的 Richard Matthew Stallman 發起的自由軟體集體協作計畫，又稱為革奴計畫，目的是建立完全自由的作業系統，誓言「重現當年軟體界合作互助的團結精神」，讓世人可以自由地使用、複製、修改和釋出軟體。

R 在全球擁有不計其數的愛好者，除了各式各樣的社群、網站、學協會組織，從 2004 年起每年輪流在歐美地區舉辦盛大的年會 useR! Conference，對於開發者也有 DSC 年會（*Directions in Statistical Computing*），這兩個會議是 R 基金會主要支持的常年會議。除了會議以外，R 也有電子報 R News，從 2001 年發行到 2008 年，後來轉型為期刊 The R Journal（https://journal.r-project.org/），於 2009 年創刊，每年出版兩期，目前已經發行到第 10 卷第 2 期。

二、R 的運作方式

R 的運作主要是透過指令來進行，這些指令（語法）可以在 R 軟體的操作視窗底下以一條條算式或指令來操作，按確認鍵之後馬上就得到結果（因此稱為互動式介面）。例如在指令欄敲入 > 1+1，按確定之後就會得到第一筆結果：[1] 2（如圖 A1-1），因此 R 甚至是一部計算機。

另一種更常用的操作方式，是把一連串的指令寫完後，儲存在一個 R 的程式碼檔案或腳本（script）中（檔案尾部的附檔名為 .R），執行時可以直接點選進入 R 軟體，或從 R 的功能表中讀入腳本檔案，一次執行完畢所有指令。

圖A1-1　初始開啟的R操作視窗與操作方式

除了 R 本身的操作介面，使用者也可以用一些輔助軟體來整合指令、結果、資料檔資訊甚至於相關資訊介紹等功能，以便於使用者操作。目前最廣泛使用的免費輔助軟體是 RStudio，因此也是本書所使用的輔助工具。

RStudio 可以在 R3.0.1 以上的版本下運作，目前已經發展到 RStudio 1.1.463 版。開啓 RStudio 後可以直接進入 R 的指令視窗 Console，以 R 指令來進行運作，例如打入 1+1 得到 2，如圖 A1-2 左下方的視窗所示。同樣的，RStudio 也可以讀入 R 的指令檔（腳本）執行整批的 R 指令，一次就完成所有工作，如圖 A1-2 左上方所讀入的本書第 16 章的語法檔案，按 RUN 執行完畢得到的結果放在右側的資料檔案清單（右上）與圖表視窗（右下）當中，使用上更加便捷。

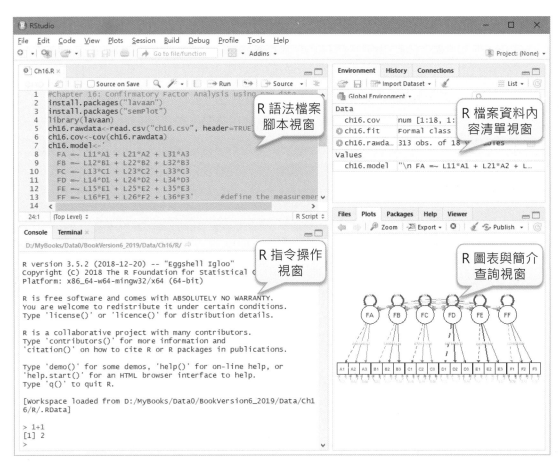

圖A1-2　RStudio的操作介面

第二節　R 與套件安裝

一、基本安裝

　　R 與 RStudio 的基本安裝均十分簡單，只要到這些軟體的官方網站下載安裝執行檔，直接執行即可安裝完成。在下載 RStudio 之時，網站還會提醒使用者如果尚未安裝 R，要先安裝 R，並提供安裝 R 的連結，如圖 A1-3 所示。

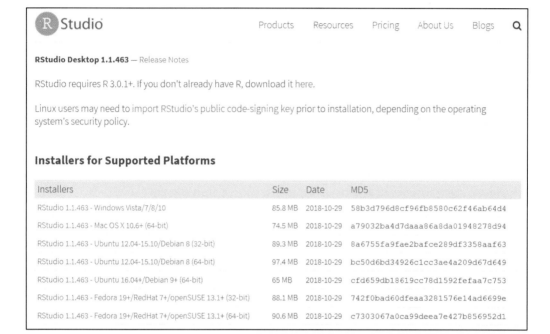

圖A1-3　RStudio的安裝網站
（https://www.rstudio.com/products/rstudio/download/#download）

二、套件安裝與載入

　　R 與 RStudio 除了軟體本身所提供的預設功能與程式套件之外，還可透過其他外部套件來進行各類分析。外部套件的安裝只需以 install.packages（「套件名稱」）執行一次即可，不必反覆安裝。但是執行這些套件，每一次重新開啓程式檔就要把套件以 library（套件名稱）或 require（套件名稱）載入記憶體。值得注意的是，套件名字的大小寫必須正確，否則無法安裝與載入。

1. 安裝套件指令

```
> install.packages("car")                # 安裝 car 套件（用於各種統計分析）
> install.packages("lavaan")             # 安裝 lavaan 套件（用於結構方程模式）
> install.packages("lavaan",dep=TRUE)    # 安裝 lavaan 與其他有關的套件
> install.packages(c("car","lavaan"))    # 安裝 car 與 lavaan 套件
```

2. 載入套件指令

```
> library(car)       # 載入 car 套件到記憶體
> library(lavaan)    # 載入 lavaan 套件到記憶體
> require(lavaan)    # 載入 lavaan 套件到記憶體
```

3. 查閱套件資訊

```
> help(package="lavaan")    # 查閱 lavaan 套件的資訊
> help("lavaan")            # 查閱 lavaan 函數的資訊
```

除了利用指令來安裝套件，也可以利用對話視窗來進行安裝的工作。例如在 R 當中，可從程式套件→安裝程式套件來安裝，過程中必須選擇下載的網站，建議找到臺灣的鏡像站來下載比較省時，如圖 A1-4。

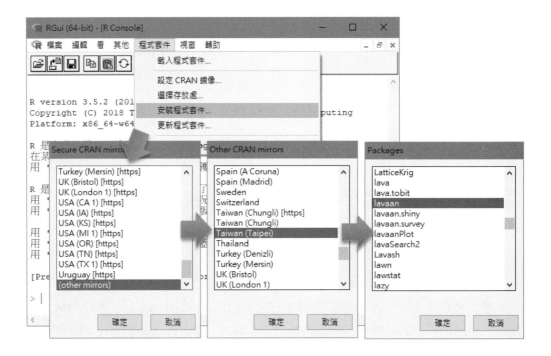

圖A1-4　從R的功能表來安裝套件

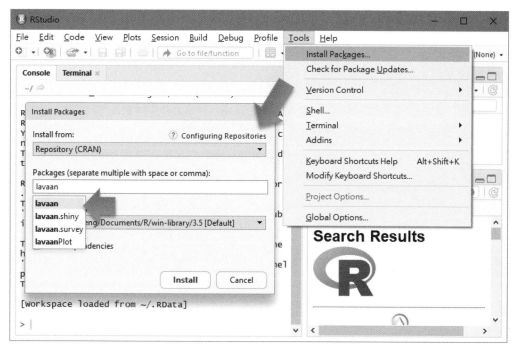

圖**A1-5**　從RStudio的功能表來安裝套件

　　在 RStudio 當中，則是從功能列當中的 **Tools → Install packages** 進入圖 A1-5 的選單來進行套件選擇與安裝，無須選擇鏡像站，操作上比較方便。此外，RStudio 還有套件更新檢查功能，提醒使用者更新套件版本，如圖 A1-6 所示。

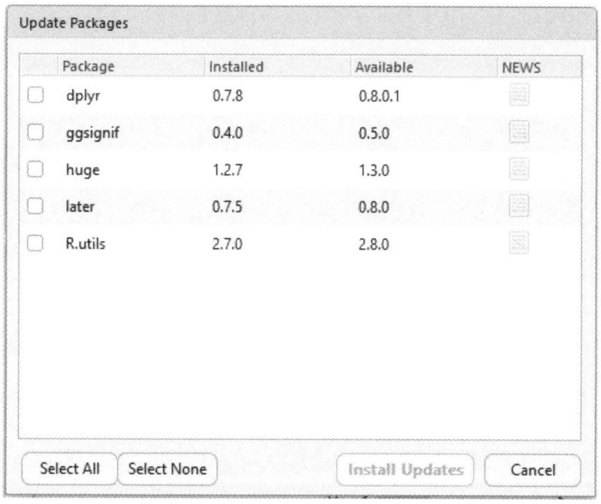

	Package	Installed	Available	NEWS
☐	dplyr	0.7.8	0.8.0.1	
☐	ggsignif	0.4.0	0.5.0	
☐	huge	1.2.7	1.3.0	
☐	later	0.7.5	0.8.0	
☐	R.utils	2.7.0	2.8.0	

圖**A1-6**　RStudio的套件更新查詢與更新功能視窗

第三節　R 的資料與檔案管理

一、R 的基本操作

在 R 當中處理資料非常直觀，只要把作業內容丟到一個物件（object）當中，例如 1> 令 X（物件）只有一個數值且數值為 5（作業），2> 令 Y（物件）有 5 筆數據且數值為 1, 3, 5, 7, 9（作業），3> 令 Z（物件）定義為字串變數（性別），共有三男二女（作業），或是 4> 將 Z 轉變成水準數為 2 的類別變數 ZZ，指令如下：

```
1> X<-5                              # 指定 X 變數的數值
2> Y<-c(1,3,5,7,9)                   # 指定 Y 變數的五個數值
3> Z<-c("男","女","男","男","女")     # 指定 Z 變數的五個文字
4> ZZ<-as.factor(Z)                  # 將 Z 變數由文字轉變為類別變數 ZZ
```

從統計的角度來看，前述 X、Y、Z、ZZ 四個物件可以說是四個變數，指令當中「c」是指欄位（column）或向量（vector），「<-」的功能即為「=」，兩者可互換使用，但為了避免與數學運算式混淆，建議以「<-」來撰寫指令較佳。

在 R 視窗下，可直接下達統計指令進行分析與數學運算，例如求取 Y 變數的平均數、標準差、變異數的指令為 mean(Y), sd(Y), var(Y)，要求取小數點特定位用函數 round()，刪除某個物件可用 rm()，查看記憶體當中有多少個物件可用 objects() 檢視，查閱類別變數的水準數可用 levels() 語法，指令當中如果需要加上註解但無須進行任何動作，可利用 # 來標示，這些指令與作業結果列舉如下：

```
5> mean(Y)                           # 求平均數

 [1] 5

6> sd(Y)                             # 求標準差

 [1] 3.162278

7> round(sd(Y),2)                    # 求標準差並且取小數點 2 位

 [1] 3.16

8> var(Y)                           # 求變異數

 [1] 10

9> rm(X)                             # 刪除物件
10> objects()                        # 查閱記憶體中有何物件
```

```
 [1] "Y" "Z" "ZZ"

11> levels(ZZ)                          #查閱類別變數的水準數

 [1] "女" "男"

>
```

二、讀取外部資料

　　雖然 R 可以直接在指令視窗中逐筆輸入資料，但 R 並不擅長直接在指令欄建立一個完整的多變數、多筆觀察值的資料檔，而是仰賴記事本、Excel、SPSS 等其他軟體來建立資料檔案，然後把這些外部資料檔讀入 R 來進行資料分析。表 A2-1 列出了 R 常用的對接資料庫型態與套件，其中最常用的是 foreign 套件。

→**表A2-1**　讀取外部資料庫的R套件

套件	檔案類型
foreign	SPSS, SAS, Stata, Systat, dBase, Minitab, S3, ARFF, DBF, REC, Octave
haven	SPSS, SAS, Stata
rio	Excel (.xlsx), SPSS, SAS, Stata, JSON, XML, Matlab, Weka
xlsx	Excel (.xlsx)
xlsReadWrite	Excel (.xls)
RODBC	MS Access, Oracle, MySQL server, ODBC databases
RMySQL	MySQLRJBC
RSQLite	SQLite

　　在外部建立資料時，最適合於 R 讀取的資料型態是 CSV（comma-separated values）檔案，也就是以逗號做區隔的資料檔，如果是 Excel 資料檔案，建議轉換成 CSV 檔，就可以直接讀入 R，無須另外安裝套件。

　　CSV 檔案的第一橫列通常是變數名稱，如圖 A2-1a 所示，因此在讀入資料的同時，變數的名稱也直接讀入 R 的資料檔中，如圖 A2-2a 所示。另外，SPSS 的資料檔也非常適合搭配 R 來進行分析，因為 SPSS 的資料檔有完整的變數標籤功能，如圖 A2-1b 所示，讀入 R 之後的資料如圖 A2-2b 所示。

　　以 foreign 套件為例，讀取人事薪資 CSV 檔 Employee data.csv(14>) 與 SPSS 檔 Employee data.sav(16>)，並以 save() 把資料存成 R 的資料格式（RData）(18>)，以

load() 取回 RData 檔（20>）的指令如下：

```
12> library(foreign)
13> # 讀取 csv 資料檔放入 DA1 物件中
14> DA1<-read.csv("c:\\Rdata\\Employee data.csv", header=TRUE)
15> # 讀取 SPSS 資料檔放入 DA2 物件中
16> DA2<-read.spss("c:/Rdata/Employee data.sav", to.data.frame=TRUE)
17> # 將物件資料以 RData 資料檔形式存檔
18> save(DA1,file=("c:/Rdata/Employee data.RData")
19> # 取出 RData 資料檔
20> load("c:/Rdata/Employee data.RData")
```

值得注意的是，一般電腦作業系統在描述檔案路徑時是使用右斜線「\」，例如 c:\Rdata\…，但在 R 當中設定路徑有雙右斜或單左斜兩種形式：c:\\Rdata\\…或 c:/Rdata/…，有別於一般使用的使用習慣。

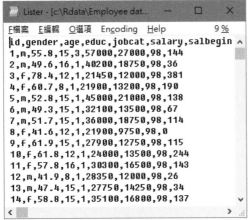

(a)csv 格式資料

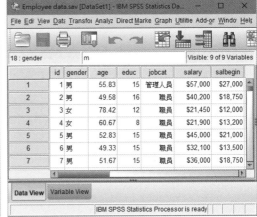

(b)SPSS 格式資料

圖A2-1　以csv與SPSS儲存的範例檔案

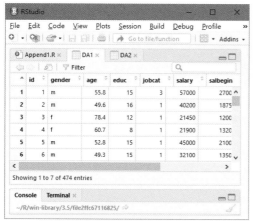
(a)csv 格式的讀入資料

(b)SPSS 格式的讀入資料

圖A2-2　讀入R之後的csv與SPSS格式檔案資料

三、矩陣式資料框架的管理與運用

依照圖 A2-2 所讀入的資料，不論是存放在 DA1 或 DA2 物件下，或是存放在 RData 當中，都是一種矩陣式的結構化資料框架（也即是資料庫）：縱欄是變數，橫列則是觀察值。以下我們介紹基本的 R 資料框架管理與資料處理的指令功能。

（一）資料框架的整體資訊

當利用 R 讀取一個完整的資料框架成為資料庫物件之後，可以利用一些基本指令來瞭解物件內容。例如執行 21>class(DA1) 得知物件性質為資料框架 "data. frame"；執行 22>dim(DA1) 列出 DA1 資料檔案中共有 474 橫列（樣本數）與 9 縱欄（變數數目）；執行 23>names(DA1) 列出 DA1 資料檔案中的變數名稱；利用 24>print(DA1) 可以列出 DA1 物件中所有的資料，25>head(DA1) 則列出 DA1 物件中前六筆資料。

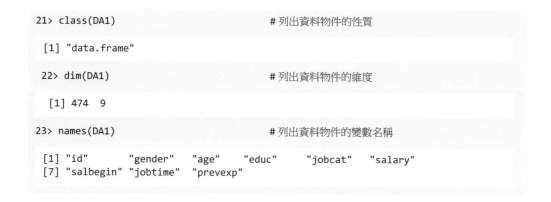

```
21> class(DA1)                        # 列出資料物件的性質

 [1] "data.frame"

22> dim(DA1)                          # 列出資料物件的維度

  [1] 474  9

23> names(DA1)                        # 列出資料物件的變數名稱

 [1] "id"        "gender"   "age"    "educ"    "jobcat"   "salary"
 [7] "salbegin" "jobtime"  "prevexp"
```

```
24> print(DA1)                        # 列出資料物件的所有資料
25> head(DA1)                         # 列出資料物件的前六筆資料

   id gender  age educ jobcat salary salbegin jobtime prevexp
1   1      m 55.8   15      3  57000    27000      98     144
2   2      m 49.6   16      1  40200    18750      98      36
3   3      f 78.4   12      1  21450    12000      98     381
4   4      f 60.7    8      1  21900    13200      98     190
5   5      m 52.8   15      1  45000    21000      98     138
6   6      m 49.3   15      1  32100    13500      98      67

>
```

（二）特定資料的檢視與運用

在 R 語法中，可利用「物件名稱 [橫列編號 , 縱欄編號]」的指令來檢視運用物件中的個別資料。例如：若要列出 DA1 物件當中的第 2 個受測者在第二個變數（gender）的資料，指令為 26>DA1[2,2]，得到結果為 m。如果要列出第 2 個受測者全部的資料，指令為 27>DA1[2,]。如果要列出每一個受測者在第 2 個欄位的變數資料，指令為 28>DA1[,2]，此一指令是指要列出 gender 變數的資料，可以直接用 $gender 來下達列出指令，亦即 29>DA1$gender。同樣的，如果要針對變數（縱欄）資料進行運算，例如對第 4 欄受教育年數（educ）求平均，可以利用 30>mean(DA1[,4]) 或 31>mean(DA1$educ)。

```
26> DA1[2,2]

 [1] m
 Levels: f m

27> DA1[2,]

   id gender  age educ jobcat salary salbegin jobtime prevexp
2   2      m 49.6   16      1  40200    18750      98      36

28> DA1[,2]
29> DA1$gender

  [1] m m f f m m m f f f f m m f m m m m f f m f f f f m m m m m m m m
 [34] m m f m m m f f f m m m m f f m m m m m m m m m m f m m m m m m m
 ...
[463] f m m f f f f m m m f f
 Levels: f m

30> mean(DA1[,4])                       # 求取第 4 個變數（educ）的平均數

 [1] 13.49156
```

```
31> mean(DA1$educ)                        # 求取 educ（第 4 個變數）的平均數

 [1] 13.49156
```

四、資料的篩選與過濾

如果想要從資料物件當中篩選特定條件的資料，可以利用函數 subset() 配合邏輯指令來進行判斷篩選。例如我們想檢視薪資不低於 100,000 者的資料，可以利用 32> 指令，篩選出五筆資料：

```
32> subset(DA1, DA1$salary>=100000)

        id gender  age educ jobcat salary salbegin jobtime prevexp
 18     18      m 51.8   16      3 103750    27510      97      70
 29     29      m 63.9   19      3 135000    79980      96     199
 32     32      m 53.9   19      3 110625    45000      96     120
 343   343      m 54.5   16      3 103500    60000      73     150
 446   446      m 49.3   16      3 100000    44100      66     128
```

再如，若只想保留女性樣本（gender 為 f）的資料，相關指令如下：

```
33> subset(DA1,DA1$gender=="f")                # 列出性別為 f 的所有變數資料
34> subset(DA1[,4:10],DA1$gender=="f")         # 列出 f 的第 4 到 10 個變數資料
35> subset(DA1[,4],DA1$gender=="f")            # 列出 f 的第 4 個變數資料
36> subset(DA1$educ,DA1$gender=="f")           # 列出 f 的 educ 變數資料
37> # 把性別為 f 的 educ 變數資料放入 fdata 物件
38> fdata<-subset(DA1$educ,DA1$gender=="f")
```

前述 33> 至 38> 指令有幾個特點，第一，指定性別為女性的邏輯指令為 DA1$gender=="f"，其中邏輯條件為「==」而不是單一一個「=」，這是 R 指令的特殊設計。其次，因為性別是一個字串變數，因此 f 要加上雙引號 "f"。第三，篩選出來的資料如果要保留在一個新的物件當中（例如 fdata），必須在指令最前方設定新物件名稱。

如果要考慮多重篩選條件，可用「&」來取交集，或以「|」來取聯集。例如薪水不低於 100,000 且教育年數大於 18 年的管理層級（jobcat 編碼為 3）者，邏輯指令為 40> 當中的 salary>=100000 & jobcat==3 & educ>18，執行結果僅得到二筆資料。如果是薪水不低於 100,000 或為教育年數大於 18 年者，邏輯指令就成為 41> 當中的 salary>=100000 | educ>18。

```
39> #包含多重篩選條件
40> subset(DA1, salary>=100000 & jobcat==3 & jobcat>18)

     id gender  age educ jobcat salary salbegin jobtime prevexp
29  29      m 63.9   19      3 135000    79980      96     199
32  32      m 53.9   19      3 110625    45000      96     120

41> subset(DA1, salary>=100000 | educ>18)

     id gender  age educ jobcat salary salbegin jobtime prevexp
18  18      m 51.8   16      3 103750    27510      97      70
27  27      m 53.8   19      3  60375    27480      96      96
29  29      m 63.9   19      3 135000    79980      96     199
32  32      m 53.9   19      3 110625    45000      96     120
34  34      m 58.8   19      3  92000    39990      96     175
...
```

　　如果混雜「&」與「|」的多重邏輯條件，資料篩選就趨於複雜，使用上必須小心，例如 43> 與 44> 兩個指令所得到的結果就有所不同，讀者可以自行嘗試。

```
42> #包含三個篩選條件
43> subset(DA1, salary>=100000 | educ>18 & jobcat<3)
44> subset(DA1, salary>=100000 & jobcat<3 | educ>18)
```

五、資料數據的數學運算

　　在 R 的資料框架下進行變數的加減乘除等數學運算，可直接指定物件內的變數來進行運算。為了簡化語法，可省略「<-」右側的變數名稱前面所必須標示的物件名稱，作法是要先執行 attach（物件名稱）指令，將某特定物件的變數先行擷取到指令視窗來備用。

　　例如要計算年齡（age）的平方，可先設定 attach(DA1)，使得 DA1\$agesq<-DA1\$age^2 可以簡化為 DA1\$agesq<-age^2。值得注意的是，以 attach() 指令所簡化的指令，僅限於該物件當中的既有變數，如果是新創變數，仍須加掛資料物件名稱（例如 58> 新增變數 age12 指令中的 DA1\$age9 即為新增變數），其他的運算指令範例一併介紹於下：

```
45> #變數運算
46> attach(DA1)
47> DA1$age1 <- round(age^2,1)          #將 age 取平方後四捨五入到小數點一位
48> DA1$age2 <- trunc(age^2)            #將 age 取平方後無條件捨去小數點
49> DA1$age3 <- sqrt(age^2)             #將 age 取平方後開根號
50> DA1$age4 <- (age^2)^0.5             #將 age 取平方後開根號
51> DA1$age5 <- round(log(age),2)       #將 age 取自然對數後取小數點二位
52> DA1$age6 <- exp(log(age))           #將 age 自然對數的指數值
53> DA1$age7 <- round(log10(age),2)     #將 age 取 10 為底對數後取小數點二位
54> DA1$age8 <- 10^log10(age)           #將 age 取 10 為底對數後求 10 的指數
55> DA1$age9 <- round(scale(age),2)     #將 age 求 Z 分數後取小數點二位
56> DA1$age10<- -round(scale(age),2)    #取負數
57> DA1$age11<- abs(round(scale(age),2)) #取絕對值
58> DA1$age12<- 10*scale(DA1$age9)+50)  #將 Z 分數再求 T 分數
59> DA1[1:5,10:21]                      #列出前五筆資料的第 10 至 21 個變數資料


     age1   age2 age3 age4 age5 age6 age7 age8  age9 age10 age11 age12
 1 3113.6 3113 55.8 55.8 4.02 55.8 1.75 55.8  0.39 -0.39  0.39 53.93
 2 2460.2 2460 49.6 49.6 3.90 49.6 1.70 49.6 -0.13  0.13  0.13 48.66
 3 6146.6 6146 78.4 78.4 4.36 78.4 1.89 78.4  2.31 -2.31  2.31 73.13
 4 3684.5 3684 60.7 60.7 4.11 60.7 1.78 60.7  0.81 -0.81  0.81 58.09
 5 2787.8 2787 52.8 52.8 3.97 52.8 1.72 52.8  0.14 -0.14  0.14 51.38

60> write.csv(DA1,"c:/Rdata/NewDA1.csv",row.names = FALSE)    #將所有的新舊資料全部寫入
新的 csv 檔案中
```

▍ 第四節　結語

　　研讀完本附錄，想必讀者對於 R 的運用已經具備一定程度的基礎概念，接下來就是利用本書當中的各章實例來進行演練（本書的每一個 R 範例都有寫好的腳本提供讀者演練），除能了解各種分析方法的原理之外，也能具體用 R 實際操作，如此才能達成統計實用的目標。

　　由於本書的主要目的是介紹量化研究與統計分析的概念與方法，並以 SPSS 的操作為主，R 的應用為輔，因此僅以附錄形式來介紹 R 的運作原理與基本操作指令，有興趣深入鑽研 R 各項操作與功能細節的讀者可以參考坊間關於 R 的專門書籍。

　　事實上，SPSS 與 R 甚至於 Excel 都只是量化研究的工具，學習這些工具的背後都是在解決問題，一旦問題不同，解決方案也就不同，有時 SPSS 無法解決問題，或是比較沒有效率之時，R 就可以成為替代方案，例如在處理中介與調節效果分析之時，SPSS 的操作程序顯得複雜，此時 R 所搭配的各種套件就可以出手搭救。至於資料建檔與整備轉換工作，實非 R 的長項，此時若使用 SPSS，會讓事情變得簡單許多。如果研究者熟習這些工具，遇到問題時能左右逢源，讓問題迎刃而

解，這就是本書同時介紹兩種工具的目的之一。

　　從實務與成本的角度來看，R 的免費與開源特性是其最大的優勢，讓越來越多的學者專家與實務工作者從 SPSS、SAS 等商用軟體轉而鑽研 R 的應用，尤其是當學術與實務領域的研究課題不斷推陳出新、日新月異之時，R 的龐大支持者族群能夠集思廣益不斷提出解決方案，使得 R 成為少數能與時俱進的分析工具之一。

　　但是 R 的優點也形成入門的門檻問題，初學者必須具備一定的程式語言先備知識，或是調整好心情不被繁瑣的指令語法所驚嚇，才能逐步進入 R 的世界，即使順利跨越第一道門檻，如大觀園般的 R 的世界還有無數的學習素材等著學習者去一一適應，有時候遇到枝節問題找不到解決方法，上網找也沒有網路資源，也是常有的困境。相對之下，有商業支持的 SPSS 所設計的入門路徑與應用策略就顯得完備許多，這就是本書以 SPSS 為主，以 R 為輔的想法原委。因為在校園當中先利用學校所提供的資源（多數大專院校都會購買 SPSS 提供教學使用），好好研習量化研究方法，同時也培養一些 R 的知識與能力，未來到了實務領域如果不再有 SPSS 付費軟體之後，也可以改用 R 來面對各種挑戰。

　　總之，在學問的世界裡，學習永遠不嫌多，只怕少。對於 R 的探索，開啟我們面向未來的另一扇窗。透過這扇窗，我們可以看到更多的風景，也看到更多的希望。

參考文獻

中文部份

王嘉寧、翁儷禎（2002）。〈探索性因素分析國內應用之評估：1993 至 1999〉。《中華心理學刊》，44，239-251。

余民寧（2006）。《潛在變項模式：SIMPLIS 的應用》。臺北：高等教育。

林清山（1992）。《心理與教育統計學》。臺北：東華書局。

邱皓政（1999）。《組織創新環境的概念建構與測量工具發展》。論文發表於技術創造力研討會，國立政治大學，臺北。

邱皓政（2003）。〈青少年自我概念向度與成份雙維理論之效度檢驗與相關因素研究〉。《教育與心理研究》，26(1)，85-131。

邱皓政（2008）。《潛在類別模式：原理與技術》。臺北：五南圖書公司。

邱皓政（2010）。《結構方程模式：LISREL/SIMPLIS 的原理、技術與應用》（第二版）。臺北：雙葉書廊。

邱皓政（2017）。《多層次模式與縱貫資料分析：Mplus8 解析應用》。臺北：五南圖書公司。

邱皓政（2018）。《量化研究法三：測驗原理與量表發展技術》（第二版）。臺北：雙葉書廊圖書公司。

邱皓政、陳燕禎、林碧芳（2009）。〈組織創新氣氛量表的發展與信效度衡鑑〉。《測驗學刊》，56(1)，69-97。

黃芳銘（2002）。《結構方程模式理論與應用》。臺北：五南圖書公司。

英文部份

Aiken, L. S., & West, S. G. (1991). *Multiple regression: Testing and interpreting interactions.* Newbury Park, CA: Sage.

American Psychological Association (1952). Publication manual of the American Psychological Association. *Psychological Bulletin, 49,* 389-449.

American Psychological Association (1994). *Publication manual of the American Psychological Association* (4th Ed.), Washington, DC: American Psychological Association.

American Psychological Association (2010). *Publication manual of the American Psychological Association* (6th Ed.), Washington, DC: American Psychological Association.

Anastasi, A., & Urbina, S. (1997). *Psychological testing.* Upper Saddle River, NJ: Prentice-Hall.

Anderson, J. C., & Gerbing, D. W. (1988). Structural equation modeling in practice: A review and recommended two-step approach. *Psychological Bulletin, 103,* 411-423.

Anderson, J. L. (1971). Covariance, invariance, and equivalence: A viewpoint. General Relativity and Gravitation, 2:161.

Arnoult, M. D. (1976). Fundamentals of scientific method in psychology (2 ed.). Dubuque, IN: William C. Brown.

Bagozzi, R. P. (1993). Assessing construct validity in personality research: Applications to measure of self-esteem. *Journal of Research in Personality, 27,* 49-87.

Bagozzi, R. P., & Phillips, L. W. (1992). Representing and testing organizational theories: A holistic construal. *Administrative Science Quarterly, 27*(3), 459-489.

Bagozzi, R. P., & Yi, Y. (1988). On the evaluation of structural equation models. Journal of the *Academy of Marketing Science, 16*(1), 74–94.

Baron, R. M., & Kenny, D. A. (1986). The moderator-mediator variable distinction in social psychological research: Conceptual, strategic, and statistical considerations. *Journal of Personality and Social Psychology, 51*, 1173-1182.

Belsley, D. A. (1991). *Conditioning diagnostics: Collinearity and weak data in regression*. New York: John Wiley.

Belsley, D. A., Kuh, E., & Welsch, R. E. (1980). *Regression diagnostics: Identifying influential data and sources of collinearity*. New York: John Wiley.

Bentler, P. M. (1995). *EQS structural equations program manual.* Encino, CA: Multivariate Software.

Berg, I. A. (1967). The deviation hypothesis: A broad statement of its assumptions and postulates. In I. A. Breg (Ed.), *Response set in personality assessment* (pp. 146-190). Chicago: Aldine.

Biesanz, J.C., Falk, C.F., & Savalei, V. (2010). Assessing mediational models: Testing and interval estimation for indirect effects. *Multivariate Behavioral Research, 45*, 661-701.

Block, J. (1965). *The challenge of response sets*. New York: Appleton-Century- Crofts.

Bobko, P., & Rieck, A. (1980). Large sample estimators for standard errors of functions of correlation coefficients. *Applied Psychological Measurement, 4*, 385–398.

Bohrnstedt, G. W., & Knoke, D. (1988). *Statistics for Social Data Analysis*. (2nd Ed.). Itasca, IL: F. E. Peacock.

Bollen, K. A. (1989). *Structural equation modeling with latent variables*. New York: John Wiley.

Bollen, K. A. (2002). Latent variables in psychology and the social sciences. *Annual Review of Psychology, 53*, 605–634.

Brown, T. A. (2006). *Confirmatory factor analysis for applied research*. New York: Guilford Press.

Bryant, F. B. (2000). Assessing the validity of measurement. In: Grimm, Laurence G.; Yarnold, Paul R , *Reading and understanding more multivariate statistics.*(pp. 99-146). Washington, DC, US: American Psychological Association.

Byrne, B. M. (1994). *Structural equation modeling with EQS and EQS/Windows*. Newbury Park, CA: Sage.

Campbell, D. T., & Fiske, D. W. (1959). Convergent and discriminant validation by the multitrait-multimethod matrix. *Psychological Bulletin, 56*, 81-105.

Cattell, R. B. (1966). The scree test for the number of factors. *Multivariate Behavioral Research, 1*, 245-276.

Cattin, P. (1980). Note on the estimation of the squared cross-validated multiple correlation of a regression model. *Psychological Bulletin, 87,* 63-65.

Cheung, G. W., & Rensvold, R. B. (2002). Evaluating goodness-of-fit indexes for testing MI. *Structural Equation Modeling, 9, 235-55.*

Chiou, H.-J. (1995). *The estimation of reliability, validity, and method effects with invariance in the multipopulation-multitrait-multimethod design using hierarchical confirmatory factor analysis.*

Unpublished Doctoral Dissertation, University of Southern California.

Chiou, H.-J., & Hocevar, D. (1995). *Examination of population-invariant construct validity in the Multipopulation-Multitrait-Multimethod design.* Paper presented at the 1995 Annual Convention of the American Psychological Association, New York, NY.

Cliff, N. (1988). The eigenvalues-greater-than-one rule and the reliability of components. *Psychological Bulletin, 103*(2), 276-279.

Cohen, B. H. (1996). *Explaining psychological statistics.* Pacific Grove, CA: Brooks/Cole Publishing.

Cohen, J. (1960). A coefficient of agreement for nominal scales, *Educational and Psychological Measurement, 20*(1), 37-46.

Cohen, J. (1988). *Statistical power analysis for the behavioral sciences* (2nd ed.). Hillsdale, NJ: Eribaum.

Cohen, J., & Cohen, P. (1983). *Applied regression/correlation analysis for the behavior sciences.* (2nd Ed.), Hillsdale, NJ: Lawrence Erlbaum Associates.

Cohen, J., Cohen, P., West, S. G., & Aiken, L. S. (2003). *Applied multiple regression/correlation analysis for the behavioral sciences* (3rd ed.). Mahwah, NJ: Erlbaum.

Comrey, A. L. (1973). *A first course in factor analysis.* New York: Academic Press.

Comrey, A. L., & Lee, H. B. (1992). *A first course in factor analysis.* Hillsdale, NJ: Lawrence Erlbaum Associates, Inc.

Cook, T. D., & Campbell, D. T. (1979). *Quasi-experimentation: Design & analysis issues for field settings.* Chicago: Rand McNally.

Cooper, H., & Findley, M. (1982). Expected effect sizes: Estimates for statistical power analysis in social psychology. *Personality and Social Psychology Bulletin, 8,* 168-173.

Crandall, V. C., Crandall, V. J., & Katkovsky, W. (1965). A children's social desirability questionnaire. *Journal of Consulting Psychology, 29,* 27-36.

Cronbach, L. J. (1946). Response sets and test validity. *Educational and Psychological Measurement, 6,* 475-494.

Cronbach, L. J. (1951). Coefficient alpha and internal structure of tests. *Psychometrika, 16,* 297-334.

Cronbach, L. J., & Suppes, P. (1969). *Research for tomorrow's schools: Disciplined inquiry for education.* (Eds.) New York: Macmillan.

Crowne, D. P., & Marlowe, D. (1964). *The approval motive.* New York: Wiley.

Darlington, R. B. (1990). *Regression and linear model.* New Work: McGraw Hill.

De Winter, J. C. F., Dodou, D., & Wieringa, P. A. (2009). Exploratory factor analysis with small sample size. *Multivariate Behavioral Research, 44,* 147-181.

DeVellis, R. F. (2003). *Scale development: Theory and applications* (2nd Ed.) . Newbury Park, CA: Sage.

Dewey, J. (1910). *How to think.* Boston: D. C. Heath.

Dicken, C. (1963). Good impression, social desirability, and acquiescence as suppressor variables. *Educational & Psychological Measurement, 23,* 699-720.

Dillehay, R. C., & Jernigan, L. R. (1970). The biased questionnaire as an instrument of opinion change.

Journal of Personality and Social Psychology, 15, 144-150.

Duncan, O. D. (1975). *Introduction to structural equation models.* New York: Academic Press.

Dunnett, C. W. (1980). Pairwise multiple comparisons in the unequal variance case. *Journal of the American Statistical Association, 75*, 796-800.

Edwards, A. L. (1953). The relationship between the judged desirability of trait and the probability that the trait will be endorsed. *Journal of Applied Psychology, 37*, 90-93.

Edwards, A. L. (1957). *The social desirability variable in personality assessment and research.* New York: Dryden Press.

Efron, B. & Tibshirani, R.J. (1993). *An introduction to the bootstrap.* New York: Chapman & Hall.

Fabrigar, L. R., Wegener, D. T., MacCallum, R. C., & Stranhan, E. J. (1999). Evaluating the use of exploratory factor analysis in psychological research. *Psychology Methods, 4* (3), 272-299.

Falk, C. F., & Biesanz, J. C. (2015). Inference and interval estimation methods for indirect effects with latent variable models. *Structural Equation Modeling, 22*, 24-38.

Fisicaro, S. A. (1988). A reexamination of the relation between halo error and accuracy. *Journal of Applied Psychology, 73,* 239-244.

Fornell, C., & Larcker, D. F. (1981). Evaluating structural equation models with unobserved variables and measurement error. *Journal of Marketing Research, 18,* 39-50.

Freedman, L. S., & Schatzkin, A. (1992). Sample size for studying intermediate endpoints within intervention trials of observational studies. *American Journal of Epidemiology, 136*, 1148–1159.

Games, P. A., & Howell, J. F. (1976). Pairwise multiple comparison procedures with unequal N's and/or variances: A Monte Carlo study. *Journal of Educational Statistics, 1,* 113-125.

Ghiselli, E. E., Campbell, J. P., & Zedeck, S. (1981). *Measurement theory for the behavioral sciences.* San Francisco: Freeman.

Goldberg, D. P. (1972). *The detection of psychiatric illness by questionnaire.* London: Oxford University press.

Goodman, L.A., & Kruskal, W.H. (1954). Measures of association for cross classifications. Part I. *Journal of American Statistical Association, 49*, 732–764.

Gorsuch, R. L. (1983). *Factor analysis.* Hillsdale, NJ: Lawrence Erlbaum.

Gough, H. G. (1952). On making a good impression. *Journal of Educational Research, 46*, 33-42.

Guilford, J. P. (1946). New standards for test evaluation. *Educational and Psychological Measurement, 6*, 427-439.

Haberman, S. J. (1973). Log-linear models for grequency data: Sufficient statistics and likelihood equation. *Annals of Statistics, 1*, 617-632

Hair, J. F., Anderson, R. E., Tatham, R. L., & Grablowsky, B. J. (1979). *Multivariate data analysis.* Tulsa, OK: Pipe Books.

Hair, J.F. Jr., Black, W.C., Babin, B.J., Anderson, R.E., & Tatham, R.L. (2006). *Multivariate data analysis* (6th ed.). Upper Saddle River, NJ: Prentice-Hall.

Hayduk, L. A. (1987). *Structural equation modeling with LISREL: Essentials and advances.* Baltimore, MD: John Hopkins University Press.

Hays, W. L. (1988). *Statistics* (4th Ed.). New York: Holt, Rinehart, & Winston.

Hayes, A. F. (2013). *An introduction to mediation, moderation, and conditional process analysis.* New York: The Guilford Press.

Hayes, A. F. (2017). *An introduction to mediation, moderation, and conditional process analysis: A Regression-Based Approach (2nd Ed.).* New York: The Guilford Press.

Helmstadter, G. C. (1970). *Research concepts in human behavior: Education, Psychology and Sociology.* NJ: Prentice-Hall.

Horn, J. L., & Engstrom, R. (1979). Cattell's scree test in relation to Bartlett's chi-square test and other observations on the number of factors problem. *Multivariate Behavioral Research, 14,* 283-300.

Horn, J. L. (1965). A rationale and test for the number of factors in factor analysis. *Psychometrika, 30,* 179-185.

Horn, J. L. (1969). On the internal consistency reliability of factors. *Multivariate Behavioral Research, 4,* 115-125.

Hoyle, R. H. (1995). *Structural equation modeling: Concepts, issues, and applications.* Newbury Park, CA: Sage.

Hu, L. T., & Bentler, P. M. (1995). Evaluating model fit. In R. H. Hoyle (Ed.), *Structural equation modeling* (pp. 76-99). Thousand Oaks, CA: Sage.

Hu, L. T., & Bentler, P. M. (1999). *Cutoff criteria for fit indexes in covariance structural Equation Modeling, 6(1),* 1-55.

Humphreys, L. G., & Montanelli, R. G.(1975). An investigation of the parallel analysis criterion for determining the number of common factors. *Multivariate Behavioral Research, 10*(2), 193-205.

Hunsley, J., & Meyer, G. J. (2003). The incremental validity of psychological testing and assessment: Conceptual, methodological, and statistical issues. *Psychological Assessment, 15,* 446-455.

Huynh, H., & Feldt, L. (1976). Estimation of the Box correction for degrees of freedom from sample data in the randomized block and split plot designs. *Journal of Educational Statistics, 1,* 69-82.

Ilgen, D. R., Barnes-Farrell, J. L., & McKellin, D. B. (1993). Performance appraisal process research in the 1980s: What has it contributed to appraisals in use? *Organizational Behavior and Human Decision Processes, 54,* 321-368.

Jackson, D. N., & Messick, S. (1958). Content and style in personality assessment. *Psychological Bulletin, 55,* 243-252.

Jackson, D. N., & Messick, S. (1962). Response styles and the assessment of psychopathology. In S. Messick & J. Ross (Eds.), *Measurement in personality and cognition* (pp. 129-155). New York: Wiley.

John, O., & Robins, R. (1994). Accuracy and bias in self-perception: Individual differences in self-enhancement and the role of narcissism. *Journal of Personality and Social Psychology, 66,* 206-219.

Jöreskog, K. G. (1969). A general approach to confirmatory maximum likelihood factor analysis. *Psychometrika, 34,* 183-202.

Jöreskog, K. G., & Sörbom, D. (1993). *LISREL8: Structural equation modeling with the SIMPLIS command language.* Hillsdale, NJ: Lawrence Erlbaum Associates.

Kaiser, H. F. (1960). The application of electronic computers to factor analysis. *Educational and Psychological Measurement*, 20, 141-151.

Kaiser, H. F. (1970). A second-generation little jiffy. *Psychometrika, 35*, 401-415.

Kaiser, H. F. (1974). An index of factorial simplicity. *Psychometrika, 39*, 31-36.

Kane, J. S., & Lawler, E. E., III (1978). Methods of peer assessment. *Psychological Bulletin, 85*, 555-586.

Kenny, D. A., & Kashy, D. A. (1992).The analysis of the multitrait-multimethod matrix by Confirmatory factor analysis. *Psychological Bulletin, 112*, 165-172.

Kraemer, H. C., & Blasey, C. M. (2004). Centring in regression analyses: A strategy to prevent errors in statistical inference. *International Journal of Methods in Psychiatric Research*, 13(3), 141-151.

Kuder, G. F., & Richardson, M. W. (1937). The theory of estimation of test reliability. *Psychometrika. 2,* 151-160.

Kuhn, T. S. (1970). *The structure of scientific revolutions* (2nd ed.). Chicago: University of Chicago Press.

Lentz, T. F. (1938). Acquiescence as a factor in the measurement of personality. *Psychological Bulletin, 35*, 646-659.

Lomnicki, Z. A. (1967). On the distribution of products of random variables. *Journal of the Royal Statistical Society, Series B, 29*, 513-524.

Long, J. S. (1983). *Confirmatory factor analysis.* Newbury Park, CA: Sage.

Lord, F. M. (1980). *Applications of item response theory to testing problems*. Hillsdale, NJ: Erlbaum Associates.

Lowe, N. K., & Ryan-Wenger, N. M. (1992). Beyond Campbell and Fiske: Assessment of convergent and discriminant validity. *Research in Nursing and Health, 15*, 67-75.

MacCallum, R. C., Widaman, K. F., & Preacher, K. J. (2001). Sample size in factor analysis: The role of model error. *Multivariate Behavioral Research, 36*(4), 611-637.

MacCallum, R. C., Widaman, K. F., & Zhang, S. (1999). Sample size in factor analysis. *Psychological Methods, 4*(1), 84-99.

MacKinnon, D. P. (2008). *Introduction to statistical mediation analysis.* Mahwah, NJ: Erlbaum.

MacKinnon, D. P., Warsi, G., & Dwyer, J. H. (1995). A simulation study of mediated effect measures. *Multivariate Behavioral Research, 30*, 41-62.

Mandler, G., & Kessen, W. (1959). *The language of psychology.* New York: Wiley.

Marsh, H. W. (1988). Multitrait-multimethod analyses. In J. P. Keeves (Ed.), *Educational research methodology, measurement and evaluation: An international handbook.* Oxford, Pergamon.

Marsh, H. W. (1989). Confirmatory factor analyses of multitrait-multimethod data: Many problems and a few solutions. *Applied Psychological Measurement, 13*, 335-361.

Marsh, H. W. (1994). Confirmatory factor analysis models of factorial invariance: A multifaceted approach. *Structural Equation Modeling, 1*, 5-34.

Marsh, H. W., & Hocevar, D. (1988). A new, more powerful method of multitrait-multimethod analysis.

Journal of Applied Psychology, 73, 107-117.

Mayer, J. M. (1978). Assessment of depression. In M. P. McReynolds (Ed.), *Advances in psychological assessment* (Vol. 4, pp. 358-425). San Francisco: Jossey-Bass.

McCare, R. R. (1982). Consensual validation of personality traits: Evidence from self-reports and ratings. *Journal of Personality and Social Psychology, 43*, 293-303.

McDonald, R. P., & Marsh, H. M. (1990). Choosing a multivariate model: Noncentrality and goodness-of-fit. *Psychological Bulletin, 107*, 247-255.

Meehl, P. E. (1959). Some rumination on the validation of clinical procedures. *Canadian Journal of Psychology, 13*, 102-128.

Meehl, P. E., & Hathaway, S. R. (1946). The K factor as a suppressor variable in the Minnesota Multiphasic Personality Inventory. *Journal of Applied Psychology, 30*, 525-564.

Messick, S. (1989). Validity. In R. L. Linn (Ed.), *Educational measurement* (pp. 13-103). Washington, DC: American Council on Education and National Council on Measurement in Education.

Miller, J. G. (1955). Toward a general theory for the behavioral sciences. *American Psychologist, 10*, 513.

Montanelli, R. G., & Humphreys, L. G. (1976). Latent roots of random data correlation matrices with squared multiple correlations on the diagonal: A Monte Carlo study. *Psychometrika, 41*(3), 341-348.

Mosier, C. I. (1951). Batteries and profiles. In E. F. Lindquist (Ed.), *Educational measurement* (pp. 764-808). Washington, DC: American Council on Education.

Mulaik, S. A. (1972). *The foundations of factor analysis*. New York: McGraw-Hill.

Murphy, K. R., Jako, R. A., & Anhalt, R. L. (1993). Nature and consequences of halo error: A critical analysis. *Journal of Applied Psychology, 78*, 218-225.

Neuman, W. L. (1991). *Social Research Methods*. Boston, MA: Allyn & Bacom.

Nunnally, J. C. (1978). *Psychometric theory* (2nd ed.). New York: McGraw-Hill.

Noar, S. M. (2003). The role of structural equation modeling in scale development. *Structural Equation Modeling, 10*, 622-647

Nunnally, J. C., & Bernstein, I. H. (1994). *Psychometric Theory* (3rd ed.). New York: McGraw-Hill.

Osgood, C. H., & Tannenbaum, P. H. (1955). The principle of congruity in prediction of attitude change. *Psychological Review 62*, 42-55.

Osgood, C. H., Suci, G. H., & Tannenbaum, P. H. (1957). *The measurement of meaning*. Urbana, IL: University of Illinois Press.

Paulbus, D. L. (1982). Individual differences, self-presentation, and cognitive dissonance: Their concurrent operation in forced compliance. *Journal of Personality and Social Psychology, 43*, 838-852.

Pedhazur, E. J. (1997). *Multiple regression in behavioral research: Explanation and prediction* (3rd ed.). New York: Holt, Rinehart & Winston.

Pedhazur, E. J., & Schmelkin, L. P. (1991). *Measurement, Design, and Analysis: An Integrated Approach*. Hillsdale, NJ: Lawrence Erlbaum Associates.

Podsakoff, P., & Organ, D. (1986). Self-reports in organizational research: Problems and prospects. *Journal of Management, 12,* 531-544.

Popper, K. R. (1983). *Postscript: Vol. 1. Realism and the aim of science.* Totowa, NJ: Rowman & Littlefield.

Raine-Eudy, R. (2000). Using structural equation modeling to test for differential reliability and validity: An empirical demonstration. *Structural Equation Modeling, 7*(1), 124-141.

Ray, J. J. (1983). Reviving the problem of acquiescent response bias. *Journal of Social Psychology, 121,* 81-96.

Raykov, T. (2004). Behavioral scale reliability and measurement invariance evaluation using latent variable modeling. *Behavior Therapy, 35,* 299-331.

Reise, S. P., Widaman, K. F., & Pugh, R. H. (1993). Confirmatory factor analysis and item response theory: Two approaches for exploring measurement invariance. *Psychological Bulletin, 114,* 552-566.

Rosenberg, M. (1965). *Society and the adolescent self-image.* Princeton, NJ: Princeton University Press.

Sampson, C. B., & Breunig, H. L. (1971). Some statistical aspects of pharmaceutical content uniformity. *Journal of Quality Technology, 3,* 170-178.

Satorra. A., & Bentler, P. M. (1994). Corrections to test statistics and standard errors on covariance structure analysis. In A. von Eye & C. C. Clogg (Eds.), *Latent variables analysis* (pp. 399-419). Thousand Oaks, CA: Sage.

Sechrest, L. (1963). Incremental validity: A recommendation. *Educational and Psychological Measurement, 23,* 153-158.

Snock, S. C., & Gorsuch, R. L. (1989). Component analysis versus common factor analysis: A Monte Carlo study. *Psychological Bulletin, 106* (1), 148-154.

Sobel, M. E. (1982). Asymptotic confidence intervals for indirect effects in structural equation models. Sociological Methodology, 13. 290-312.

Sokal, R. R., Rohlf, J. F. (1994). *Biometry: The Principles and Practice of Statistics in Biological Research* (3rd ed), WH Freeman & Co., New York.

Spielberger, C. D., Gorsuch, R. L., & Lushene, R. D. (1970). *Test manual for the State-Trait Anxiety Inventory.* Palo Alto, CA: Consulting Psychologists Press.

Springer, M. D., & Thompson, W. E. (1966). The distribution of products of independent random variables. *SIAM Journal on Applied Mathematics, 14,* 511-526.

Stevens, S. S. (1951). Mathematics, Measurement, and Psychophysics. In S. S. Stevens (Ed.), *Handbook of Experimental Psychology.* New York: Wiley.

Sudman, S., & Bradburn, N. M. (1974). *Response effects in surveys.* Chicago: Aldine.

Tabachnick, B. G., & Fidell, L. S. (2007). *Using Multivariate Statistics* (5th Ed.). Needham Heights, MA: Allyn and Bacon.

Thompson, B. (2004). *Exploratory and confirmatory factor analysis.* Washington, DC American Psychological Association.

Thurstone, L. L. (1947). *Multiple factor analysis.* Chicago: University of Chicago Press.

Tukey, J. W. (1953). *The problem of multiple comparison.* Princeton, NJ: Princeton University, mimeographed monograph.

Tukey, J. W. (1977). *Exploratory data analysis.* Reading, MA: Addison-Wesley.

Underwood, B. J. (1957). *Psychological research.* New York: Appletion-Century- Crofts.

Waller, N. G., & Meelh, P. E. (2002). Risky Tests, Verisimilitude, and Path Analysis. *Psychological Methods. 7*(3), 323-337.

Wang, L., & Preacher, K. J. (2015). Moderated mediation analysis using Bayesian methods. *Structural Equation Modeling, 22*, 249-263.

Waternaux, C. M. (1976). Asymptotic distribution of the sample roots for a nonnormal population. *Biometrika, 63*, 639-645.

Wiggins, J. S. (1962). Strategic, method, and stylistic variance in the MMPI. *Psychological Bulletin, 59*, 224-242.

Wiggins, J. S. (1964). Convergences among stylistic response measures from objective personality tests. *Educational and Psychological Measurement, 24*, 551-562.

Wiggins, J. S. (1973). *Personality and prediction: Principles of personality assessment.* Reading, MA: Addison-Wesley.

Wilcox, R. R. (2003). *Applying contemporary statistical techniques.* Los Angeles: Academic Press.

Wilcox, R. R., Charlin, V., & Thompson, K. L. (1986). New Monte Carlo results on the robustness of the ANOVA F, W, and F* statistics. *Communications in Statistics-Simulation and Computation, 15*, 933-944.

Wiles, D. K. (1972). *Changing perpectives in educational research.* Warthington, Ohio: Jones.

Wright, S. (1960). Path coefficients and path regressions: Alternative or complementary concepts? *Biometrics, 16*, 189-202.

中文索引

英文索引

D

國家圖書館出版品預行編目資料

量化研究與統計分析：SPSS與R資料分析範例
解析／邱皓政著. -- 六版. -- 臺北市：五
南圖書出版股份有限公司, 2019.04
　　面；　公分
　ISBN 978-957-763-340-8（平裝）

1.統計套裝軟體　2.統計分析　3.量性研究

512.4　　　　　　　　　　108003624

1H47

量化研究與統計分析：SPSS 與R資料分析範例解析

作　　　者 ― 邱皓政（151.1）

發 行 人 ― 楊榮川

總 經 理 ― 楊士清

總 編 輯 ― 楊秀麗

主　　編 ― 侯家嵐

責任編輯 ― 侯家嵐

文字校對 ― 黃志誠

封面完稿 ― 王麗娟

出 版 者 ― 五南圖書出版股份有限公司

地　　址：106台北市大安區和平東路二段339號4樓

電　　話：(02)2705-5066　　傳　　真：(02)2706-6100

網　　址：https://www.wunan.com.tw

電子郵件：wunan@wunan.com.tw

劃撥帳號：01068953

戶　　名：五南圖書出版股份有限公司

法律顧問　林勝安律師

出版日期　2009年 3 月初版四刷
　　　　　2010年10月五版一刷
　　　　　2019年 3 月五版十四刷
　　　　　2019年 4 月六版一刷
　　　　　2023年 4 月六版五刷

定　　價　新臺幣690元

經典永恆・名著常在

五十週年的獻禮——經典名著文庫

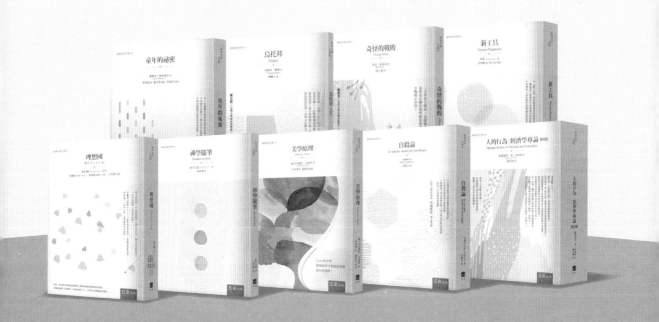

五南，五十年了，半個世紀，人生旅程的一大半，走過來了。

思索著，邁向百年的未來歷程，能為知識界、文化學術界作些什麼？

在速食文化的生態下，有什麼值得讓人雋永品味的？

歷代經典・當今名著，經過時間的洗禮，千錘百鍊，流傳至今，光芒耀人；

不僅使我們能領悟前人的智慧，同時也增深加廣我們思考的深度與視野。

我們決心投入巨資，有計畫的系統梳選，成立「經典名著文庫」，

希望收入古今中外思想性的、充滿睿智與獨見的經典、名著。

這是一項理想性的、永續性的巨大出版工程。

不在意讀者的眾寡，只考慮它的學術價值，力求完整展現先哲思想的軌跡；

為知識界開啟一片智慧之窗，營造一座百花綻放的世界文明公園，

任君邀遊、取菁吸蜜、嘉惠學子！